21世纪财务会计系列教材

国 家 审 计

National Audit

主　编　　厉国威
副主编　　宋夏云　　陈效东

厦门大学出版社
XIAMEN UNIVERSITY PRESS
国家一级出版社
全国百佳图书出版单位

图书在版编目(CIP)数据

国家审计/厉国威,宋夏云,陈效东主编.—厦门:厦门大学出版社,2020.3
ISBN 978-7-5615-7698-4

Ⅰ.①国…　Ⅱ.①厉…②宋…③陈…　Ⅲ.①政府审计—教材　Ⅳ.①F239.44

中国版本图书馆 CIP 数据核字(2019)第 289351 号

—

| 出 版 人 | 郑文礼 |
| 责任编辑 | 许红兵 |

出版发行 厦门大学出版社

社　　　址	厦门市软件园二期望海路 39 号
邮政编码	361008
总　　　机	0592-2181111　0592-2181406(传真)
营销中心	0592-2184458　0592-2181365
网　　　址	http://www.xmupress.com
邮　　　箱	xmup@xmupress.com
印　　　刷	厦门集大印刷厂

开本	787 mm×1 092 mm　1/16
印张	18.75
字数	434 千字
版次	2020 年 3 月第 1 版
印次	2020 年 3 月第 1 次印刷
定价	52.00 元

前言

　　国家审计的历史源远流长,早在西周时期,我国就出现了带有审计职能的官职"宰夫"。美国会计史学家查特菲尔德在其所著《会计思想史》中指出:"在内部管理、预知和审计程序方面,西周时代在古代社会是无与伦比的。"隋唐时期,在刑部之下设立了比较独立的审计机构——"比部",到了宋代设立审计院,"审计"一词正式出现。元明清时代将监察与审计合二为一,形成了制度严密、体系庞大的监察体系。纵观我国古代的国家审计机构,其隶属关系多变,没有形成一个相对固定的、统一的模式。

　　新中国成立后,我国实行的是高度集中的计划经济体制,一直没有设立独立的国家审计机关,审计监督工作主要由设立在财政部门内部的监察机构完成,直至1982年我国才开始恢复国家审计制度。自我国恢复国家审计制度以来,我国国家审计机关在我国社会主义建设的各个领域均发挥了重要的作用。伴随着我国市场经济体制改革的不断深入,国家审计的理念也在不断地发生变化,相应的,国家审计的职能也得到了广泛的拓展,国家审计已经由最初的经济监督逐步拓展到政治领域,并成为国家对公权力进行监督和制约的重要工具。

　　2013年,党的十八届三中全会提出全面推进国家治理体系和治理能力现代化。这是一种全新的治理理念,是一次重大的理论创新。国家审计制度作为一项重要的政治制度,是国家治理体系的一个重要组成部分,国家审计职能的发挥,直接影响着国家治理体系的效率和效果。

　　2018年3月,为了加强党对审计工作的领导,构建集中统一、全面覆盖、权威高效的审计监督体系,更好地发挥审计监督的作用,组建了中央审计委员会,作为党中央决策议事协调机构。习近平总书记在中央审计委员会第一次会议上强调,改革审计管理体制,组建中央审计委员会,是加强党对审计工作领导的重大举措。要落实党中央对审计工作的部署要求,加强全国审计工作统筹,优化审计资源配置,做到应审尽审、凡审必严、严肃问责,努力构建集中统一、全面覆盖、权威高效的审计监督体系,更好地发挥审计在党和国家监督体系中的重要作用。

随着我国国家治理体系的改革,国家审计领导体制的转变,对国家审计的理论和实践都提出了新的要求。在我国,由于实行的是行政型的国家审计体制,国家审计有时又被称为政府审计。但追根朔源,二者还是有差异的。本教材的编写是以国家治理为主线,主要遵循以下思路:(1)以国家治理理论为基础,结合受托责任理论、权力制衡理论、新公共管理理论、公共选择理论等内容,注重从理论上系统阐述国家审计的基本原理、程序和方法;(2)国家审计实务部分按照审计形式内容分章加以阐述,涵盖了目前国家审计领域最主要的审计形式和内容。

本教材共分十五章,各章的具体编写分工如下:第一、二、三、四、七、十五章由厉国威教授编写;第五、十一、十三、十四章由宋夏云教授编写;第六、八、十章由陈效东副教授编写;第九、十二章由陈翔宇博士编写。厉国威教授对全书作了总纂。

本教材由浙江省新形态教材建设立项资助,出版过程中得到了厦门大学出版社的大力支持,浙江财经大学的几位研究生和本科生参与了书稿的校对工作,在此一并感谢。本书编写过程中力求精益求精,但由于国家审计的内容涉及政治、经济、文化等众多领域,篇幅所限,很难做到面面俱到。再加上精力有限、经验不足,教材中难免有错误和疏漏之处,恳请广大读者批评指正,以便今后进一步完善。

编　者
2020 年 1 月

目 录

第一章 国家审计的起源及发展 ··· 1
  第一节 国家审计的起源 ··· 1
  第二节 我国古代国家审计的发展历程 ································· 3
  第三节 我国近代国家审计制度的建立 ································· 6
  第四节 新民主主义革命时期的审计制度 ······························ 8
  第五节 新中国的国家审计制度 ··· 9
第二章 国家审计组织和职能 ··· 13
  第一节 国家审计的含义与特征 ··· 13
  第二节 国家审计的职能 ··· 17
  第三节 国家审计组织和人员 ·· 19
第三章 国家审计的理论基础 ··· 29
  第一节 公共受托责任理论 ·· 29
  第二节 新公共管理理论 ··· 32
  第三节 权力制衡理论 ··· 36
  第四节 公共选择理论 ··· 39
  第五节 国家治理理论——现代国家审计的理论基础 ·············· 40
  第六节 现代国家治理与国家审计的相互关系 ······················ 43
第四章 国家审计参与国家治理的国际比较及启示 ···················· 66
  第一节 国家审计参与国家治理的国际比较 ························· 66
  第二节 国际比较的启示 ··· 73
第五章 国家审计规范 ··· 77
  第一节 国家审计法律规范体系的概念与构成 ······················ 77
  第二节 审计报告规范 ··· 84
  第三节 审计质量控制规范 ·· 90
第六章 国家审计基本业务流程 ··· 94
  第一节 审计项目计划阶段 ·· 94
  第二节 审计项目准备阶段 ··· 100
  第三节 审计项目实施阶段 ··· 103
  第四节 审计项目终结阶段 ··· 109

　　第五节　审计整改检查阶段 ……………………………………………… 112

第七章　国家审计风险管理与质量控制 ………………………………… 114
　　第一节　国家治理理念下审计机关内部风险管理 ……………………… 114
　　第二节　国家治理理念下国家审计质量控制 …………………………… 119

第八章　财政审计 ………………………………………………………… 125
　　第一节　财政审计概述 …………………………………………………… 125
　　第二节　财政审计的目标 ………………………………………………… 127
　　第三节　财政审计的程序 ………………………………………………… 135
　　第四节　本级财政预算执行情况审计的主要内容 ……………………… 143
　　第五节　税收征管审计案例分析 ………………………………………… 145

第九章　固定资产投资审计 ……………………………………………… 150
　　第一节　固定资产投资审计概述 ………………………………………… 150
　　第二节　建设项目开工前审计 …………………………………………… 152
　　第三节　建设项目在建审计 ……………………………………………… 157
　　第四节　建设项目竣工决算审计 ………………………………………… 160

第十章　金融审计 ………………………………………………………… 164
　　第一节　金融审计概述 …………………………………………………… 164
　　第二节　中央银行审计 …………………………………………………… 167
　　第三节　商业银行审计 …………………………………………………… 175
　　第四节　非银行金融机构审计 …………………………………………… 186
　　第五节　国家金融审计实施现状 ………………………………………… 189

第十一章　国有企业审计 ………………………………………………… 196
　　第一节　国有企业审计概述 ……………………………………………… 196
　　第二节　国有企业财务报告审计 ………………………………………… 198
　　第三节　国有企业合规性审计 …………………………………………… 202
　　第四节　国有企业绩效审计 ……………………………………………… 205

第十二章　环境审计 ……………………………………………………… 208
　　第一节　环境审计概述 …………………………………………………… 208
　　第二节　环境审计的内容 ………………………………………………… 211
　　第三节　政府环境保护专项资金审计 …………………………………… 216

第十三章　经济责任审计 ………………………………………………… 222
　　第一节　经济责任审计概述 ……………………………………………… 222
　　第二节　经济责任审计的目标和内容 …………………………………… 227
　　第三节　经济责任审计程序 ……………………………………………… 230

第十四章　绩效审计 ……………………………………………………… 239
　　第一节　绩效审计的产生与发展 ………………………………………… 239
　　第二节　政府绩效审计的程序 …………………………………………… 243
　　第三节　政府绩效审计的方法 …………………………………………… 248

　第四节　政府绩效审计人员的专业胜任能力 ················· 254
第十五章　现代国家治理理念下我国国家审计职能变革 ··········· 260
　第一节　国家治理理念下我国国家审计发挥国家治理功能的现实困境 ······· 260
　第二节　现代国家治理理念下国家审计职能变革的基本原则 ········· 264
　第三节　我国国家审计职能变革的路径选择 ··············· 268

参考文献 ······································ 281

第一章　国家审计的起源及发展

第一节　国家审计的起源

　　审计按照主体来划分有三种类型,即国家审计、内部审计和注册会计师审计。国家审计是指由独立的审计机关对各级政府、经济管理部门、金融机构、国有和国家控股企业和事业单位的财政财务收支以及所反映的经济活动的真实性、规范性、合理性和效益性进行的经济监督、鉴证、评价活动。内部审计是指由本部门和本单位建立的内部审计机构,对本部门和本单位及下属组织的财政财务收支及经济活动的规范性、效益性和效果性所进行的经济监督。注册会计师审计是指由会计师事务所接受国家机关、企业、事业单位和个人的委托,独立承办查账、清算、验资、资产评估、咨询、培训等事项的社会中介服务活动。这三类审计中,国家审计发端最早,演进历史也最为悠久,在各国不同历史阶段的社会政治和经济生活中占有重要地位。

一、关于国家审计起源的基本观点

　　在审计史学上,审计的起源问题是一个争论颇大的问题。不同的审计学家和史学家对此解释不一致,甚至很不一致。文硕(1990)总结了以往关于国家审计起源的三种不同观点。

　　第一种观点是审计起源于会计,认为审计是会计发展到一定阶段的产物,是适应会计检查的需要而产生的。其根据有三:一是会计是运用一定的记录方法,对所有的经济业务进行反映,并且以报告的方式达到特定的计算目的,以供分析和解释;会计记录和报告是否真实、正确,就必须由有关人员进行检查;审计的"计",一般指的就是会计的"计",审计就是审查会计。二是历史上曾将审计表述为"听其会计",英语的 audit 和法语的 audition,均源于拉丁语 audire(听),这表明古代的审计是由会计人员大声朗读会计记录,审计人员听取这些记录,进而判断会计记录是否正确来进行的;在 14 世纪,英国的审计工作是通过听取账户记录(hearing the account)来进行的。三是从审计发展过程来看,在相当长的一段时间内,审计的主要工作内容就是查账,就是以会计资源为对象,以会计和有关财经法规制度为依据。

英国著名历史学家 V.C.柴尔德在其名著《远古文化史》中指出:"世界上最早的文献,是账单和字典。"没有会计,不仅不可能对贡赋收支进行控制和核算,也不可能对国家机器的庞大开支进行控制和核算。文字体系的建立,"有了较原始社会更为复杂的经济统计、行政管理、文化活动与信息交流",需要而且可能建立会计(包括账簿、资产盘存等)已成为无须争辩的事实。我国早在奴隶社会初期的夏代文字就显示,已有简单记账。《尚书·多士》记载:"唯殷先人,有册有典。""册"就是账簿、书籍,殷商的"先人"不会迟于夏代。由此可证,我国奴隶社会初期的夏代,已产生了用文字记载的账簿。其前有更为原始的账簿——刻木(竹)记账。

第二种观点是审计源于财政监督的需要,认为古代审计就是对国家财政收支进行检查,审计是一种财政监督的形式。其主要论据是:财政是国家实现其职能,参与一部分社会产品的分配和再分配的过程。这涉及国家、集体和个人之间的经济关系,所以,最高权力者为了巩固其统治基础,重视财政收支的检查和监督,这种检查形式就是国家审计。

《史记·五帝本纪》有记载,早在黄帝时期,已经"置左右大监"。帝尧老,命舜摄行天子之政,"……群后四朝(诸侯四年朝京师)。偏告以言(述职),明试(考核)以功,车服以庸(表彰)"。舜建立"象以典刑,流宥五刑""三岁一考功,三考绌(贬退)陟(提升)"制度。上述史料说明两点:第一,夏朝的贡赋制度已经比较完备,需要对贡赋缴纳和保管情况进行记载和考核;第二,业绩评价虽然主要是针对政绩的评价,但其依据仍然是贡赋缴纳、支出等情况,因而业绩评价是一种集政绩和经济考核于一体的监察审计行为。对官员的这种经济考核,显然需要审计。

第三种观点是审计源于经济监督的需要。这种观点认为审计从一开始就不是会计的附属品,二者是不同质的两个概念。因为会计产生于经济管理的需要,审计产生于经济监督的需要。我国夏代建立起了贡赋制度,《史记·夏本纪》记载:"自虞、夏时,贡赋备矣。"《春秋左传·哀公七年》记载:"禹合诸侯于涂山,执玉帛者万国。"《春秋左传·宜公三年》记载:"远方图物,贡金九牧,铸鼎象物。"说明诸侯朝贡财物之丰。《后汉书·志第十九郡国一》记载,夏代"公家有三十年之积",说明当时国家积蓄之众多。国家众多的财富,需要保护,需要监督,需要审计。

在总结以往观点的基础上,文硕(1990)引述了审计史学家理查德·布朗的一段话,并阐述了自己的观点。理查德·布朗指出:审计的起源可追溯到与会计起源相距不远的时代。当文明的发展产生了需要某人受托管理他人财产的时候,显然就要求对前者的诚实性进行某种检查。文硕(1990)认为,理查德·布朗实际上提出了一个经济责任的问题,因此,在分析国家审计起源问题时,应以受托经济责任作为研究的起点。因为国家审计的产生和发展与受托经济责任内涵的演变是密切相关的。国家审计因受托经济责任的发生而发生,也因受托经济责任的发展而发展。受托经济责任不仅导致国家审计的产生,也制约着国家审计的发展。从这一意义上说,受托经济责任乃是国家审计起源的前提条件和客观基础。

二、国家审计产生的动因

国家审计是经济发展到一定阶段的产物,与国家政权相伴而生并且成为国家机器的重要组成部分。从历史上看,国家监督活动几乎与国家同时产生,它成为国家实现其职能的必要条件之一。因此,国家审计的产生是与政治、经济的发展密不可分的。究其原因,主要有以下两点:

第一,国家审计是经济发展到一定阶段的产物,与国家政权相伴而生。国家审计机关作为国家治理体系的重要组成部分,其功能主要是从经济上保护或维系国家治理系统的正常运转,维持国家政治、经济的安全。早在我国奴隶制的西周时期,奴隶主的国家内就出现了审计的雏形,审计成为统治者监督和强制保障财政收入、控制财政支出的统治工具。早期的审计是与政府的行政监察、会计检查和司法活动结合在一起的,但是随着社会分工的深化及其对审计需求的增大,审计部门逐渐从司法、监察和事务管理等部门分离出来,成为独立的、特殊的经济监督和管理组织。在我国宋朝时期,政府内出现了独立的"审计院""以辅国家经济之策",国家推行"开垦新田、复浚水利、疏理官道"等兴国之策,为了保证国家有足够的财力支撑经济政策和防止官员贪污、浪费,通过审计手段对国家财政支出进行必要的监督是行之有效的手段。

第二,国家审计是法治的工具。法治是指一个国家在多种社会控制手段面前,选择以法律为主的手段进行社会控制,是与人治根本对立的一种治国方略。因此,"法治"也称为"法治国家"或"依法治国"。不论是奴隶制、封建制社会的"王法"还是现代意义上的法治,都是希望通过法律来实现国家治理。通过国家审计监督,可以加强对权力的监督和制约,维护法的尊严,从而不断促进法的完善和健全,推动法治的进步。没有国家审计,法治的实践是难以取得应有的成效的。

因此,国家审计是国家基本的政治制度和经济制度,是国家治理的工具,是国家政权组织系统的重要组成部分。它的产生是与国家职能相适应的,是一定社会政治经济条件的产物,有着深刻的政治、经济与文化背景。

第二节 我国古代国家审计的发展历程

一、我国古代国家审计的发展过程

在原始社会,由于生产力水平低下,没有剩余产品,也没有私有财产,人类的社会生产活动仅限于满足生存的需要。随着社会经济的发展、社会分工的出现和剩余产品的逐渐增加,人类由原始社会过渡到了奴隶社会,奴隶主阶级建立了国家。为了维持国家机器的运转,必须利用强权参与社会产品的再分配,从而取得财政收入,以用于各项支出。为了对财政收支活动和记载财政收支的账目进行监督检查,政府开始设置审计人员和审计机构,从而形成了国家审计。据史料记载,古罗马帝国时代就已经有了审计活动。纵观我国古代国家审计的发展,国家审计大体上经历了以下四个阶段:

(一)西周时期初步形成阶段

夏商西周时期,是我国审计的萌芽阶段。西周官计制度中的审计,其历史渊源可上溯到夏时代禹会诸侯于茅山的传说,而出土的殷商甲骨文刻辞中也含有一些审计的信息。据《周礼》记载,西周在天子(周王)之下设天官(冢宰)、地官(司徒)、春官(宗伯)、夏官(司马)、秋官(司寇)、冬官(司空)六官。天官冢宰为长,辅佐周王总理国务大事,独揽财计大权,掌管财政支出、会计核算、审计监督。天官之下设司会和小宰,司会掌管会计,小宰掌管财物、财政筹划及支出、政治经济监察。小宰之下设宰夫行使外部审计之权。其审计方式即定期、不定期对王朝的各财物保管部门就地稽查,实地审核财物出入,稽查官吏治绩,监督整个王朝的财政收支情况;每界旬、月、年终则要求王朝财物保管部门将一切账册和会计报告送呈宰夫,由其勾考、核验。

在周王朝,政府配备专司经济监督的审计官吏——宰夫,独立于司会(会计),宰夫在国家财政经济管理中具有一定的地位和权力,这体现出一种原始的分权控制和计财牵制思想。西周时期审计官吏——宰夫专司经济监督,已经明确显现经济监督的职能。我国西周时期审计采用了比较先进的审计方式,即送达审计方式和就地审计方式。但是,与现代国家审计制度相比,当时西周时期的国家审计制度因受当时的政治经济环境影响,有一定局限性,比如尚无独立的审计机构,审计工作尚未体现超然独立性等。西周时期审计制度对后世国家审计发展具有重大意义和深远影响。西周的审计不仅标志着我国国家审计的起源,同时也展现了我国国家审计的初步形态。著名的美国会计学者查特菲尔德在其所著《会计思想史》中指出:"在内部管理、预知和审计程序方面,西周时代在古代社会是无与伦比的。"

(二)春秋战国至秦汉时期的国家审计制度

春秋战国和秦汉时期,包含于上计制度中的审计监督,得到较快发展。西周的官计制度逐步演变为比较规范的上计制度。上计制度重在稽查考核官吏,对官吏财经方面的政绩和经济责任的审查是上计的主要内容之一。随着秦统一六国,上计制度推广到全国,西汉时达到鼎盛,但东汉后期日渐衰落,包含于其中的审计也趋于弱化。这一时期,秦《效律》、汉《上计律》等专门的经济监督律法颁行,为实施审计监督提供了法律基础。秦汉监察体系中一些机构和职官也开始履行审计职责,审计与对官吏的日常监督结合起来。

(三)魏晋南北朝至唐宋时期国家审计制度日臻完善

魏晋南北朝到唐前期,是中国古代审计向独立、专职化方向探索和发展的时期。作为独立的专职审计机构的比部,产生于曹魏,隶属关系不断变更,至隋唐归刑部,审计职能得到不断强化。比部审计时期,财务勾检制度发展较成熟。在中央集权的一元财政体制下,比部审计到唐前期达到鼎盛,中央各行政机构及地方各级政权,均设有身兼行政效率勾检与财务审计双重职责的勾检官,形成了广泛的审计网络。比部通过定期的合规性勾考,对广及中央、地方、军镇的财政收支进行全面审计。《比部格》《比部式》的颁行,标志着专门审计法规的出现。在比部审计占据主导地位的同时,御史台作为独立的监察机构开始形成,御史监察制度有所发展,在对官吏的监督中也实行部分审计职能。

公元12世纪,南宋王朝出现了以"审计"命名的机构,标志着南宋深化了对以审查账簿为基本特征的审计本质的认识和理解,并对宋后各代准确把握审计本质产生了深远影响。从这个意义上讲,宋代审计在中国审计历史上具有划时代意义。从元开始,审计与官吏监察日趋结合,以"检校""照磨""储勘""勾考""稽考""稽查"等来表述审计监督活动。清末的官制改革中,以宋代出现的"审计"一词,将准备设立的专职审计机构命名为"审计院"。

(四)元明清时期国家审计制度

元、明、清三代以科道审计为主,监察机关集监察和审计职权于一身,形成了高度集权、机构庞大、制约严密的强有力的监察体系。元代御史台通过照刷文卷,进行财政财务审计,同时负责财经法纪监督,是明清科道审计的先导。明代废御史台,设都察院,创建了科、道相互独立又相互配合、相互监督的审计制度,审计的独立性和权威性都有所提高。明清还建立了专门负责专项财经活动监督的专职御史,审计监督的针对性得到加强,效率有所提高。明清的户部、工部等行政机关,在财政管理、工程营造活动中都开展了一些审计活动,是对科道审计的补充。明清时代与审计相关的法规日趋完备,特别是清《钦定台规》,对监察审计制度做出系统全面的规定。清末预备立宪中,还借鉴国外经验,准备建立审计院,作为独立于行政系统之外的专门审计机构,是中国审计向近代化道路迈进的一次尝试。

纵观中国古代国家审计制度的演进,大体贯穿着两条线:一条是以勾考账簿为主,审查钱粮收支真实性,类似于今天的财政财务收支审计;一条是以考核官吏财政经济方面的治绩为主,与行政监察职能紧密结合的审计活动。这两者互为补充,在不同的时期又有增减强弱之分。根据不同时期审计的主流形式和历史发展形态,以宋代为界,可以将中国古代审计大体分为两个时期和五个发展阶段,即宋代前中国审计处于萌芽、产生和发展时期,包括官计审计阶段、上计审计阶段、比部审计阶段;宋代后中国审计处于机构、法制日趋完备时期,包括审计司(院)审计阶段、科道审计阶段。

二、我国古代国家审计的主要特征

纵观中国古代审计三千多年的演进历程,审计制度从无到有,经历了漫长的曲折发展、不断完善的历史过程。我国古代审计是植根于中国特定的政治经济制度土壤上的,具有十分鲜明的历史特征。

1.中国古代审计的最高目标是维护王权、皇权,强化中央集权的专制统治。中国古代社会王权、皇权处于至高无上的地位,统一王朝的皇帝和割据一方的国君,都强调"普天之下,莫非王土;率土之滨,莫非王臣",实行君主专制政体。

秦始皇确立了"天下之事无小大皆决于上"的专制主义原则,集国家最高权力于一身,从此,皇帝"总揽威权,柄不借下"。君主的绝对权威不容侵犯,从决策到行使立法、行政、司法权,都表现出独断性和随意性。实行中央集权制,是中国古代政治制度的一大特色。自秦统一确立封建专制统治至清灭亡,两千多年间中央集权制一直延续下来。在中央集权制下,地方政权在政治、经济、军事、文化等各个方面,都要严格服从中央的政令,没有独立性、自主性。为了使各级政权机构在履行政治统治和社会管理职能的过程中,忠实体现最高统治者的意志,保证中央政令得到执行,必须自上而下建立起一整套监督体系,这也是政治职能的分工和权力制衡的需要,中国古代审计正是适应这一需要而产生和发展的。

2.中国古代审计始终以监督财政经济活动为主题,重在维持财政的正常运转。维系国家政权,保证社会安定,须以正常运行的财政机制为条件。国家要供养庞大的官僚机构和各级官吏,维持军事力量保卫边防,应对自然灾害,都离不开丰厚的财力支撑,这对于统治者来说至关重要。国家财政活动以部分社会产品为分配、再分配对象,财政收支活动涉及范围广泛,参与者众多,必须有一强有力的监督系统对其实施有效监控,以防产生弊端,顺利实现国家职能。审计正是为适应这一特定需要而出现的,以"关防天下钱谷"、监督财政为中心任务。尽管我国古代行使审计职权的机构隶属关系、职级地位、审计组织方式多有变异,但都以核查财政财务收支账目或监督具体收支行为发生过程为基本监督手段。

3.我国古代起主导作用的审计机构隶属关系多变,没有形成一种相对固定、统一的模式。我国古代审计机构大体可分为独立的专门审计机构、在财政部门中设置的专职审计机构以及审计与监察相结合的机构三种形式。独立的专门审计机构以盛唐时期刑部下设的比部最具代表性,当时包括户部在内的中央各行政机构都要定期由比部勾账审计。在财政部门中设置专职审计机构以宋代较为明显,隶属于主管财政的度支、户部、盐铁三司,专司审计。而审计与监察相结合的机构,明清的都察院最为典型,以纠劾百官、勾考账籍为主要职责,直接为皇帝服务,权威性强。

第三节　我国近代国家审计制度的建立

一、我国近代国家审计的发展过程

1840年鸦片战争后,在帝国主义侵略和压迫下,我国从一个独立的封建国家逐步沦为半殖民地半封建国家。随着资本主义思想的传播和民族资本主义的逐步发展,民族资产阶级成长起来。清末戊戌变法失败后,民族资产阶级要求改变旧的生产关系,反对封建专制,建立民主政治,发展资本主义的主张已形成时代潮流。清政府为维护其统治,抵制革命,宣布预备立宪。预备立宪中建立审计机关的设计蓝图,随着清王朝的灭亡成了一纸空文,但为中国近代审计制度提供了参照模式。

辛亥革命爆发后,独立的各省在南京成立中华民国临时政府。1912年1月1日,中华民国正式成立。南京临时政府制定的《中华民国临时约法》规定实行国家预决算制度,为建立审计监督制度奠定了基础。从辛亥革命开始,部分独立省份设置审计机关,开展了审计工作。北京政府初期设立了临时审计机关——审计处,隶属于国务总理,后根据《中华民国约法》改为审计院,隶属于大总统。1914年中国近代第一部《审计法》颁布,确立了审计监督的法律地位。北京政府时期的审计活动以财政支出为重点,主要审计政府各机关凭证单据、支出计算书、军费支出、盐务收支和外债。

　　南京国民政府于1927年9月正式建立,正式确立行政、立法、司法、考试、监察五院制的政权架构,审计院改组为监察院审计部,审计职权由监察院掌理。审计部在部分省、市政府所在地设有审计处,在铁路等公营机关设有审计办事处。1928年南京国民政府公布审计法,并制定了施行细则。审计院成立初期对预算执行的监督,主要是审核各个机关、单位支出预算,核签支付命令,之后逐步开展了对国家年度总预算执行中支出预算的审核。这一时期,军费在财政支出中占有较大比重,审计机关十分重视对军务费的审计,监督建设工程项目也是重要内容。

　　民国时期,内部审计和会计师审计制度也逐步建立。一些政府机关、军队、公营企事业单位、民营企业、银行以及社团组织设立了内部审计机构,开展内部审计活动。随着资本主义工商业的发展,诞生了会计师审计制度,会计师队伍不断壮大,会计师事务所大量增加,会计师组织在一些地方纷纷建立,并在1933年成立了会计师的全国性组织——中国会计师协会。

二、民国时期国家审计的主要特点

　　民国时期政府为了维持社会经济秩序、巩固自身统治,纷纷仿效西方共和体制的做法,努力改良经济体制,建设自己的财政审计组织和审计制度,重视审计监督。民国时期的审计制度具有以下特点:

　　1.审计机关具有较高的法律地位和较强的独立性。1912年公布的《中华民国临时约法》确定对财政实行监督的制度。1914年《中华民国约法》、1923年《中华民国宪法》、1929年《训政时期国民政府施政纲领草案》中都明确规定了审计的法律地位和审计机关的职责,奠定了依法审计的基础,使审计工作走向法制化轨道。从体制上看,虽然由于这一时期的政权结构不断变化,审计机关的具体设置也不断变更,但在大部分时间内,审计机关还是具有较为明显的独立性的。

　　2.审计的职能、方式方法适应了不同历史时期客观形势的需要。这一时期,我国处于半殖民地半封建社会,战争不断,财政紊乱,帝国主义列强加快经济侵掠,民国政府背负大量外债。为维系政权,保证政府正常运转,必须大力整顿财政秩序,加强监督,因此监督财政收支一直是这一时期审计机关的主要审计活动。

　　3.注重审计官员的职业化建设。这一时期在审计官员的选拔方面提出了严格的任职资格条件,并将其纳入法律文件。北京政府时期,《审计院编制法》明确规定了审计官、协审官的任职资格。北京政府审计处初建时,留学归国人数达到全处人员的1/3。南京国民政府时期,1928年《审计院组织法》规定了审计、协审的任职条件。1929年《审计部组织法》对审计、协审、稽查的任职资格做出了比审计院时期更加严格的规定。审计机关的编制法、组织法还为审计官员履行职务提供了法律保障。

第四节　新民主主义革命时期的审计制度

一、新民主主义革命时期审计制度的建立

　　1927年，毛泽东在井冈山创建了第一个农村革命根据地。1931年11月，中华苏维埃临时中央政府在瑞金成立。为巩固刚诞生的红色政权，制止乱收乱支、贪污浪费现象，各根据地的一些地方苏维埃政权设立了经济审查委员会等组织，清理财政收支，查处贪污浪费，开展节省运动等活动。1932年8月，根据中央人民委员会的决定，中央政府财政部设立审计处。1933年9月，苏区中央政府成立审计委员会，该委员会由中央人民委员会直接领导，独立于财政委员会之外，负责监督检查各项财政收支的执行情况。1934年2月，中华苏维埃第二次全国代表大会通过《中华苏维埃共和国中央苏维埃组织法》，再次对苏区审计体制进行改革，规定中央审计委员会直接由中央执行委员会领导，与中央人民委员会、中央革命军事委员会、临时最高法庭并列，其成员由中央执行委员会主席团委任，这样就提高了审计机构的地位和权威。中央执行委员会公布的《中华苏维埃共和国中央政府执行委员会审计条例》以法规形式确定了苏区审计的基本性质、地位、任务、职权、程序和方法。中央审计委员会依据审计条例，先后开展了对中央政府各厅、部及瑞金直属县、粤赣省苏维埃财政预决算的审计，并开展了对中央印刷厂、中央邮政总局、苏维埃国家银行等中央单位及群众团体的财务收支审计活动。每次审计结束，中央审计委员会都在中华苏维埃共和国临时中央政府机关报《红色中华》上公布审计结果报告，使审计工作具有透明度和公开性。

　　1935年10月，中共中央和中央红军胜利到达陕北。1937年2月，中华苏维埃临时中央政府设立了国家审计委员会，发布了一些具体规定，规定中强调建立预、决算制度和审计制度。1939年1月，边区参议会经过立法程序，通过了《陕甘宁边区政府组织条例》。条例规定在边区政府下设审计处，并赋予审计处八项职权，从而确立了审计的法律地位。

　　1945年8月日本投降后，中国革命进入解放战争时期。随着解放区的扩大，西北、华北、华东、东北等解放区根据所在区域的政治、军事、经济等方面的具体情况，分别建立了适合本地实际、较为独立、完善的审计体系和审计制度。1946年，陕甘宁边区颁布《陕甘宁边区审计暂行规程》。1948年10月，陕甘宁边区政府、陕甘宁晋绥联防军司令部和中国共产党西北中央局联合颁布《陕甘宁晋绥边区暂行审计条例》。

二、新民主主义革命时期审计制度的特点

　　在新民主主义革命时期，中国共产党领导下的根据地和解放区的审计处于革命战争年代，有其鲜明的特点：

　　1.中国共产党及其领导的人民政权、人民军队，十分重视审计工作，建立了适应革命

战争需要、颇具特色的审计体制。土地革命战争时期,中央审计委员会由中央执行委员会直接领导,与人民委员会、中央革命军事委员会、临时最高法庭并列,并形成了垂直管理的分级审计体系。抗日战争和解放战争时期,各根据地、解放区审计委员会大都由党、政、军主要领导组成,具有很高的权威性,有利于加强对审计工作的领导,提高审计监督的地位。具体承担审计事务的审计工作机构,尽管与财政机关时分时合,但审计职能一直独立存在,审计工作基本没有间断。这种审计工作的领导机关与具体办事机构并存的体制,在中国审计史上实属独创,体现了审计工作在革命战争年代的重要地位。

2.各革命根据地、解放区注重审计法制建设,紧密结合实际情况制定了一些比较实用的审计法规,对审计机关的设置、审计职权、审计方法和程序有较为具体明确的规定。到解放战争时期,各解放区的审计法规基本形成体系。此外,审计机关还参与制定了一些财政管理方面的规章制度。

3.各革命根据地、解放区紧紧围绕革命的中心任务开展审计工作,重点突出。中国共产党领导的革命,目的是用革命的武装斗争夺取全国政权。一切为了革命,一切为了战争,因此节省每一个铜板为着革命和战争的胜利就成为审计的根本目的。在革命根据地、解放区财政经济极为困难、维持革命战争的经济来源有限的情况下,审计工作以监督财政预决算为核心,重点审计经费支出,突出事前审批职能。这些做法在革命战争年代有着很强的针对性和实用性。在审计工作中,审计人员表现出对革命事业高度负责的精神,坚持原则,严肃认真,为革命根据地审计事业的不断发展做出了重要贡献。

中国共产党领导的革命根据地的审计事业,经历了土地革命时期、抗日战争时期、解放战争时期,采取了革命的战时审计体制。在特定的历史环境下,虽然不可能形成全国统一的审计制度和体系,审计制度尚不完善,但审计对中国革命事业的历史贡献十分明显。审计工作在稳定和发展革命根据地的财政经济、开源节流、支持革命战争、防止贪污浪费、保持廉洁奉公的革命本色等方面发挥了积极作用,并为新中国建立初期继续实行审计制度和改革开放后社会主义审计制度的创建提供了宝贵经验。

第五节　新中国的国家审计制度

一、新中国国家审计制度的建立

中华人民共和国的成立,标志着新民主主义革命基本结束,开辟了中华民族历史发展的新纪元。新中国成立后,我国顺利进行了社会主义改造,完成了从新民主主义到社会主义的过渡,确立了社会主义基本制度,发展了社会主义的经济、政治和文化。以中国共产党十一届三中全会为标志,我国社会主义建设进入新时期,开创了中国特色社会主义事业,为实现中华民族的伟大复兴开辟了正确道路。实行改革开放后,我国逐步建立和完善社会主义市场经济体制,国民经济持续、快速、健康发展;建立了独立的和比较完整的国民经济体系,经济实力和综合国力显著增强。

自 1949 年到 1982 年,我国尚未形成独立的审计监督制度,对财政财务收支的审计监督,主要结合财政财务管理工作进行。新中国成立初期,在战争废墟上恢复国民经济,是新生的共和国面临的十分迫切而繁重的任务。为了争取财政经济状况的根本好转,确保国民经济全面恢复,中央领导了统一国家财政经济的工作。为统一财政收支管理,中央政府要求严格执行预算决算制度、审计会计制度,加强对财政财务收支的监督。沿袭革命根据地、解放区的做法,中央和许多地方在财政部门设立审计机构,配备审计人员,开展审计工作,发挥了积极作用。这些审计机构存续时间不长,即被财政检查(监察)机构取代。

以 1982 年宪法规定实行审计监督为开端,我国确立了社会主义审计制度,我国审计事业得到全面、迅速的发展。1982 年颁布的宪法规定在国务院和县级以上地方各级人民政府设立审计机关,依照法律规定独立行使审计监督权,并对审计机关的职责、权限、管理体制等做了原则规定。在国家的根本大法中确立审计监督制度和审计机关的法律地位,是中国审计发展史上具有划时代意义的重大事件,书写了中国审计发展的新篇章。我国最高审计机关——中华人民共和国审计署于 1983 年 9 月正式成立,全国县级以上地方各级人民政府在两年多的时间内也普遍建立起审计机关。1985 年颁布的《国务院关于审计工作的暂行规定》,为贯彻落实宪法规定、规范审计工作提供了必要的法规依据,保障了起步阶段审计工作的开展。

1988 年国务院颁布《中华人民共和国审计条例》后,较为完整的审计制度体系初步形成。1994 年《中华人民共和国审计法》的颁布,标志着审计工作走上了法制化运行的轨道,中国特色审计监督制度框架初步形成。2006 年 2 月 28 日通过的《全国人民代表大会常务委员会关于修改〈中华人民共和国审计法〉的决定》,宣布通过了对 1994 年颁布的《中华人民共和国审计法》的修订。《审计法实施条例》于 2010 年 2 月 2 日经国务院第 100 次常务会议修订通过,2010 年 2 月 11 日国务院总理签署第 571 号国务院令予以公布,自 2010 年 5 月 1 日起施行。

2018 年 3 月,中共中央印发了《深化党和国家机构改革方案》,提出为加强党中央对审计工作的领导,构建集中统一、全面覆盖、权威高效的审计监督体系,更好发挥审计监督作用,决定组建中央审计委员会,作为党中央决策议事协调机构。

二、新中国成立后审计制度的特点

自新中国成立以来,我国国家审计制度的变迁都是政府主导下的强制性制度变迁,依靠政府的力量以较低的成本、较快的速度推进国家审计制度的改革。这一时期我国国家审计制度的变迁大体可以划分为三个阶段,三个阶段各有特点:

(一)单一政府治理型国家治理模式下的国家审计(1949—1978)

我国自 1949 年新中国成立以来,一直实行中央高度集权的计划经济体制,中央到地方各级政府在社会政治、经济文化等领域占据主导地位,社会资源都集中掌握在政府手里,整个社会生产围绕着政府制订的计划而运行,没有独立的市场主体,也没有市场经济,整个政府治理几乎等同于国家治理。新中国成立之初,我国没有设立专门的国家审计机关,由财政部下设的财政监察处履行预算监督的职责。1950 年,中华人民共和国政务院颁布《中央人民政府财政部设置财政检查机构办法》，明确了财政监察工作的职责和权限。为了使财政监察工作能够切实承担起应有的职责，让财政监察工作更加规范化、法制化，1956年我国政务院发布了《各级财政监察机构执行财政监察工作实施细则》等一系列财政监察工作法规。1957年"大跃进"开始后，带有国家审计监督职能的财政监察工作被中断，虽然中间也经历过几次恢复，但直至"文革"结束，财政监察制度一直没有步入正轨。由于这一时期我国长期实行高度集中的计划经济体制，政府是全能型政府，政府在整个社会生活中占据绝对的主导地位，市场经济的发展和公民社会的形成都取决于政府自身治理的改善。

（二）政府主导型国家治理模式下的国家审计（1978—2013）

十一届三中全会以后，我国实行改革开放，对政治经济体制实施了一系列改革措施。1980年，国务院批转了《关于监察工作的几项规定》，明确了财政监察工作的职责。随着我国改革开放的不断深化，国家治理的机制开始转变，逐步转向以经济建设为中心，国家治理的目标也从政治中心向经济中心转变。与此相适应，1982年修改的《中华人民共和国宪法》中明确提出了建立国家审计制度，并对审计长的任免、审计机关的职责和权限做了明确规定。1982年4月，财政部成立了审计机关筹备小组，负责审计机关的设立事宜。1983年，依据《中华人民共和国宪法》的规定，我国恢复了专门的国家审计机关——国家审计署。审计署成立初期的主要任务是合法、合规性审计，以查错防弊为主要目标，重点是对公共财政资金的使用和国有企业的运营进行监督。随着我国改革开放的进一步扩大和经济体制改革的全面深化，国家审计机关在我国经济建设和社会发展各个领域都起着越来越重要的作用，国家治理模式也从单一政府治理型向政府主导型转变。这一阶段市场和社会的力量有了进一步的壮大，但仍然没有改变政府在社会经济生活中的主导地位。1988年9月国务院颁布《中华人民共和国审计条例》并于1989年1月1日实施，标志着我国初步形成了比较规范的国家审计制度体系。

1992年邓小平南方视察发表讲话，提出建设具有中国特色的社会主义市场经济制度，实行政企分开，深化国有企业改革，建立现代企业制度。1994年第八届全国人大第九次会议审议通过了《中华人民共和国审计法》，标志着我国国家审计工作纳入了法制化的进程。《中华人民共和国审计法》对审计对象、目标、依据、方式等方面做出了明确具体的规定。该法明确规定各级审计机关对本级预算的执行情况进行审计监督，并向本级人民政府和上一级审计机关提交审计结果报告，向本级人大提交审计工作报告，简称"两个报告"制度。"两个报告"制度的确立进一步明确了我国国家审计在国家治理中的职能定位。2003年，审计署以促进建立公共财政制度为目标，提出财政收支审计由收支审计并重向以支出审计为主转变。2006年第十届全国人大第二十次会议修订通过了《中华人民共和国审计法》，修订后的审计法进一步规范了审计机关的行为。2010年2月，国务院常务会议通过了新修订的《中华人民共和国审计法实施条例》，进一步完善了国家审计的监督职责，规范了国家审计监督行为。

（三）现代国家治理模式下的国家审计（2013年至今）

2013年11月中国共产党第十八届三中全会在北京召开，会议提出要全面推进国家治理体系和治理能力现代化。一个国家选择什么样的治理体系是由这个国家的文化传统、历史演变、生产力发展水平等多因素综合影响决定的,是一个渐进的过程。党的十八届三中全会适时提出国家治理体系和治理能力现代化的理念,也是综合考虑了我国所处的经济社会发展阶段、民主与法治的完善程度以及国际环境等因素后做出的决断,是基于我国国情而形成的一种政治制度变革的理念。

我国审计机关是世界上为数不多的隶属于政府的行政机关,既承担着国家审计的职能,又承担着政府审计的职能。我国审计机关设立的初衷是以权力制衡为目的,主要是加强对政府履行公共受托责任的监督,防止人民赋予政府的公权力被滥用。从审计工作本身的效率考虑,行政型国家审计模式可能更有利于提高国家审计的工作效率,在市场经济和民主法治不健全的情况下有其合理性,也符合当时的国家治理需要。然而,行政型审计体制在审计独立性和审计监督的公开性、透明性方面存在着明显缺陷。作为隶属于政府的一个行政部门,审计机关的人、财、物都受制于政府,无论是从形式上还是从实质上,国家审计机关都很难做到独立,审计结果的公开性、透明性也大打折扣。因此,为了提高国家审计机关的独立性,将国家审计机关从政府部门分离出来是大势所趋。国家审计机关隶属于全国人大,不仅能够提高国家审计的独立性和权威性,而且从法理上也体现了立法权对行政权的制约。厉以宁在 2002 年参加审议《全国人民代表大会常务委员会工作报告》时曾经指出,制衡即使降低效率,但也是为避免更大的损失而必须付出的代价。因此,从长期来看,监督、制衡非但不会降低效率,反而可以保证效率。

通过对新中国成立以来我国国家审计发展历程的回顾,可以看出我国国家审计的产生和发展都是历史发展的必然选择,是和同一时期的国家治理相适应的。我国在新中国成立初期完全学习苏联的模式,是与当时的政治环境和国际、国内形势密切相关的。到了改革开放后,我国逐步走向法治化建设的轨道,国家治理体系开始重建,由单一型的计划经济向有计划的商品经济过渡,所有制结构也从单一的公有制向以公有制为主体、多种经济形式并存转变。根据这一时期国家治理的需要,我国单独设立了国家审计机关,颁布了一系列和国家审计发展相关的法规制度。随着我国法治化进程的不断深入,国家审计也进入法律规范下的依法审计阶段。

进入 21 世纪,随着我国综合国力全面提升,国内民主与法治得到进一步完善,我国在全球治理中发挥着越来越重要的作用,国家审计机关也从学习国际先进经验发展到与世界各国审计组织平等对话,合作交流,共同参与全球治理。因此,从我国国家审计制度的变迁中可以看出,每一阶段的国家审计制度都是和同时期国家治理的需求相适应的,并且在实践中得到不断的修正与完善。

🔲 思考题

1.国家审计起源的主要观点有哪些?

2.国家审计产生的动因是什么?

3.我国古代国家审计的主要特征是什么?

4.我国新民主主义革命时期审计的主要特点什么?

5.新中国成立后我国国家审计具有什么样的特点?

第二章　国家审计组织和职能

第一节　国家审计的含义与特征

一、国家审计的内涵

(一)国家审计的概念

1983 年我国政府审计机关成立后,审计机关、审计学术团体都在不断探索审计的本质和特征,形成了各具特色的政府审计定义,其中比较有代表性的有:

中国审计学会 1989 年确定的审计定义:"审计是由专职机构和人员,依法对被审单位的财政、财务收支及其有关经济活动的真实性、合法性、效益性进行审查,评价经济责任,用以维护财经法纪,改善经营管理,提高经济效益,促进宏观调控的独立性的经济监督活动。"

1995 年,审计署为了更好地宣传审计工作,使社会各界了解审计的基本含义,理解和支持审计工作,组织审计界广泛研讨审计定义,最终拟定了一个简明通俗的审计定义:"审计是独立检查会计账目,监督财政、财务收支真实、合法、效益的行为。"

在总结我国审计理论研究成果、借鉴国际经验的基础上,根据宪法和审计法关于审计监督制度的基本规定,1997 年国务院颁布的《审计法实施条例》以行政法规形式最终确定了我国审计的定义,即:"审计是审计机关依法独立检查被审计单位的会计凭证、会计账簿、会计报表以及其他与财政收支、财务收支有关的资料和资产,监督财政收支、财务收支真实、合法和效益的行为。"

党的十八届三中全会提出要实现国家治理体系和治理能力的现代化。国家治理是指国家通过配置和运作公共权力,以特定的政治理念为指导,对公共事务进行调控、引导和支配,保持良性和可持续发展的善治状态和过程。国家治理是多层次管理主体共同管理社会公共事务的一系列制度、体制、规则、程序和方式的总和,而国家审计是国家治理这个大系统中重要的组成部分。

因此,我们认为现代国家审计是国家治理中依法用权力制约权力的行为,是国家专职的审计部门和专门的审计人员对使用公共资金、占用公共资源的单位和个人所承担的公共受托责任履行情况进行的监督,通过审计评价其经济活动的真实性、合法性和效益性。这一审计定义涵盖了我国国家审计的基本内涵,主要体现在以下几个方面:

1.国家审计的实施主体是国家审计机关。它包括以下几层含义:一是国家审计活动只能由国家审计机关实施。其他国家机关、社会团体、单位内部的内审机构、社会中介组织等都不能实施国家审计行为,它们从事的具有审计性质的工作,也不能称为国家审计。二是审计机关代表国家行使监督权力,是维护国家利益的手段,为实现国家管理目标服务。也就是说,凡是符合国家利益的行为,审计机关就应当认可和肯定;凡是违背国家利益的行为,审计机关就应当揭露并予以追究。三是我国审计机关是行政监督机关,国家审计具有法律强制性和行政强制性,实施政府审计不以被审计单位同意与否为前提;审计机关的职责、权限、程序等是通过法律加以规定的,被审计单位不得拒绝审计,无权自由选择审计机关,不能要求审计机关改变审计范围、内容、程序等;审计结果对被审计单位具有约束力,被审计单位应当执行审计结果。

2.国家审计的性质和内容是经济监督。这主要有三层意思:一是国家审计是国家实施监督的一个方面,它不执行国家财政经济管理职能,不创立一种新的财政经济管理制度,而是在已有制度基础上,督促管理者遵守执行。其目的是维护财政经济秩序,促进管理者实现管理目标。二是国家审计是对财政、财务收支及其相关的财政经济活动进行监督,主要在财政经济领域发挥作用,具有经济监督性质,不同于立法监督、司法监督、行政监察等国家监督形式。三是我国政府审计主要通过实施检查、做出评价、纠正和制裁违法行为,向社会公布或通报审计结果,借助于舆论监督来实现审计目的,使被审计单位受到外部力量的制约。这种监督职能是国家审计的主要职能,当然并不排除国家审计具有其他职能,但这些职能不居于国家审计职能的主导地位。

3.国家审计的基本要求是依法独立审计。依法审计是依法行政原则在国家审计领域的具体体现。审计机关必须依照审计法及其他相关法律、法规规定的职责、权限和程序进行审计监督,依照有关财经法律、法规做出审计评价和处理、处罚。审计机关违法行使职权,也要受到追究,承担相应的法律后果。国家审计机关在开展审计活动时要保持独立性,如审计机关在地位上与被审计单位要没有利害关系,保持其超然的地位;在职责、权限方面,法律应有明确规定,超脱于具体管理活动之外;在人员、经费方面,应有充分保障,不受被审计一方的制约等。另外,审计机关和审计人员应保持独立的态度,坚持实事求是、客观公正的原则和严谨细致的作风,确保独立安排审计项目,独立委派审计人员,独立做出审计判断、评价和处理、处罚决定等,不受其他行政机关、社会团体和个人的干涉。当然国家审计的独立性不是绝对的,它可能受到多种因素的影响,审计人员要尽可能排除干扰,保持自身的独立性。

4.国家审计的目标是监督财政、财务收支的真实、合法、效益情况。真实主要是指财政、财务收支是否确实存在,是否符合客观实际,它与合法往往是相互关联的;合法是指财政、财务收支是否符合法律和制度要求;效益主要是指对经济运行过程的管理控制能力和水平,以及产生的经济效果及其他效果,包括资金管理和利用的经济性、效率性和效果性。

二、国家审计产生的客观基础和发展动力

(一)国家审计产生的客观基础

国家审计是社会经济发展到一定阶段的产物。国家审计的产生需要一定的客观基础。

1.国家管理者集团的出现是国家审计产生的前提条件。这里有两方面含义:一是管理者必须只是国民中的一部分,如果每一个国民都是管理者,实际上还是没有国家与社会的界限,国家没有产生,也就不可能有代表国家实施经济监督的国家审计;二是国家管理者不是一个人,而是一个由不同层级的管理者形成的管理者集团,只有这样,才有经济监督的需要,才可能产生代表国家对具体管理者进行监督的政府审计。

2.不同层级的管理者之间存在着责任关系是国家审计产生的理论基础。不同管理者之间存在隶属或管理与被管理关系,下级管理者受托经管和使用公共资产,向上级管理者负责,并最终向国家这一公共资产的所有者负责。换句话说,国家管理权是一个统一的整体,不同层级的管理者只是根据国家管理权的划分,承担着某一部分经济管理职能,并负有管理的责任。如果管理者没能恪尽职守,履行管理的责任,则应当据此承担政治、经济、人身方面的惩罚。国家为了弄清不同层级的管理者是否确实履行责任,就需要采取相应的监督措施。这样,才具有产生国家审计的客观基础。

3.国家最高统治者的主客观需要是促使国家审计由潜在可能到现实产生的直接动因。从主观方面讲,国家最高统治者基于管理需要,应对每一管理者履行职责情况有所了解,把信任建立在充分的事实和审查基础上,并帮助管理者寻求更为有效的管理方法,这都需要通过经常性的监督来实现。从客观方面讲,最高统治者,无论是个人还是集体,面对庞大的国家管理者集团,要对其中的每一个人都实施经常性的经济监督是不可能的。同时,由于地域、知识、专业技术等限制,无法亲自实施监督,只能把这项工作交由特定的组织去完成。当人类历史从原始社会发展到奴隶社会后,出现了阶级和国家,同时,由于剩余产品的增多,统治者凭借国家权力征集的资产越来越多,统治者把这些资产委托各级官吏经管、使用,这就需要一个专门机构代表统治者去行使经济监督的职责。此时,国家审计逐步具备了其产生的条件,一些奴隶制国家先后设置了相应官职去行使具有国家审计性质的经济监督职权,这样国家审计便应运而生。

(二)国家审计发展的推动力

国家审计经历了漫长的历史发展过程。在这一过程中,推动国家审计向前发展的主要动力有两个方面:一是社会政治经济的发展,如社会制度的变革、文明程度的提高、民主进程的演进、政权更迭、社会经济制度的变革、经济发展、国家宏观经济政策等都可能成为促进政府审计向前发展的动力。二是国家审计自身的发展。国家审计为适应社会政治经济发展的需要,在国家政治经济活动中发挥更大作用,也在不断探索自身发展的规律。随着审计经验的总结积累,审计理论研究的深入,以及现代先进科学技术在审计领域的运用,国家审计不断发生深刻变化,直接推动国家审计形式和内容的发展。国家审计的发展可以从多个方面表现出来,比如国家审计制度的逐步完善、国家审计范围的不断扩展、国

家审计目标日益多样化、国家审计方法更加科学等方面。

三、我国国家审计的法律地位

国家审计是由审计机关依法对公共资金、国有资产、国有资源管理、分配、使用的真实合法效益,以及领导干部履行经济责任和自然资源资产及生态保护责任情况所进行的独立的监督活动。1982年12月4日,中华人民共和国第四部宪法在第五届全国人大第五次会议上正式通过并颁布,审计监督制度作为国家一项重要的政治制度也得到确立。宪法对我国的审计体制、基本原则、基本职权、审计长的法律地位和任免事宜等做了具体规定。主要内容包括:

1.确立了我国的审计体制。宪法明确规定,国务院和县级以上地方各级人民政府设立审计机关;地方各级审计机关依照法律规定独立行使审计监督权,对本级人民政府和上一级审计机关负责。

2.确立了我国审计监督的基本原则。审计机关在国务院总理领导下,依照法律规定独立行使审计监督权,不受其他行政机关、社会团体和个人的干涉。

3.确立了我国审计机关的基本职权。审计机关对本级各部门和下级政府的财政收支,对国家的财政金融机构和企业事业组织的财务收支进行审计监督。

4.确定了审计长的法律地位和任免事宜。审计长是国务院组成人员,由国务院总理提名,全国人民代表大会或者其常务委员会决定,国家主席任免。

四、国家审计的特征

在我国,国家审计坚持党对审计工作的集中统一领导,依法独立行使审计监督权。具体有以下五个特征:

1.法定性。《中华人民共和国宪法》和《中华人民共和国审计法》及其实施条例等法律法规,以及《中国共产党党内监督条例》等党内法规和《关于完善审计制度若干重大问题的框架意见》及相关配套文件等对审计监督职责做出明确规定,赋予审计机关维护经济秩序、推动改革、推进法治、促进廉政、强化问责、保障发展等职责和任务。

2.独立性。《中华人民共和国宪法》规定,审计机关依照法律规定独立行使审计监督权,不受其他行政机关、社会团体和个人的干涉。

3.全面性。凡是涉及管理、分配、使用公共资金、国有资产、国有资源的部门、单位和个人,都要自觉接受审计、配合审计。审计对象和内容涵盖经济、政治、文化、社会、生态文明等多个领域。

4.专业性。审计的实施需要依赖专业知识和技术方法。审计人员需要具备扎实的专业知识、专业胜任能力和工作经验,同时还需要严格遵守法律法规和国家审计准则,恪守审计职业道德。

5.及时性。审计具有反应快速的特征。审计机关可以根据党和国家中心工作的安排以及国民经济运行形势变化的需要,抽调审计力量开展专项审计,及时向党中央、国务院报送相关信息,供党中央、国务院及时掌握真实情况。

第二节　国家审计的职能

一、国家审计的基本职能

职能是事物本身所固有的功能。审计职能是由审计本质所决定的审计活动的内在功能,对审计职能的确认和把握又从一定程度上反映着人们对审计本质的认识。因此,明确国家审计的基本职能,有助于正确认识国家审计的本质。一般认为国家审计主要有经济监督、经济评价和经济鉴证三项职能。

(一)经济监督职能

经济监督职能是指国家审计机关对经济活动运行的正确与否所发挥的监察和督导功能。审计的监督职能就是监察和督促被审计单位的经济活动在规定的范围内、在正常的轨道上运行;监察和督促有关经济责任者忠实地履行经济责任,同时借以揭露违法违纪,稽查损失浪费,查明错误、舞弊,判断管理缺陷和追究经济责任等。这表明国家审计是一种综合的经济监督活动。它不仅对财政、财务收支的真实性、合法性进行审计监督,而且对其效益性进行审计监督。它不仅对一般被审单位进行审计监督,而且对财政、税务、银行、工商、物价等专业监督部门进行审计监督。经济监督职能是国家审计的首要的、基本的职能。行使经济监督的职能需要具有两个条件:第一,监督必须由权力机关实施,非权力机关或不具有监督权力的主体不能实施监督;第二,要有严格的客观标准和明确的是非判别界限,这是进行监督的必要的先决条件,否则监督将无从实施,得不出应有的审计结论。在我国,国家审计机关进行的财政财务收支审计、财经法纪审计体现了经济监督的职能。国家审计的经济监督职能是首要的、基本的职能,原因有以下几点:

1.国家审计是在公共资源的所有者和经营管理者相分离的条件下基于经济监督的需要而产生的,国家审计存在的目的就是监督公共受托经济责任的履行情况,因此,国家审计的基本职能应是监督职能,而鉴证和评价职能只是国家审计的派生职能。

2.国家审计的监督职能是一种法定的职能。我国宪法和审计法明确规定了国家审计的经济监督职能。《中华人民共和国审计法》第二条规定:"国家实行审计监督制度。国务院和县级以上地方人民政府设立审计机关。"《审计法》第三条规定:"审计机关依照法律规定的职权和程序,进行审计监督。"

3.我国现阶段的经济环境决定了审计监督应成为国家审计工作的基本立足点。我国20世纪80年代初建立国家审计制度的目的,就是对改革开放过程中经济领域的违法乱纪行为进行监督。30多年来,我国在严肃财经纪律、打击经济犯罪方面取得了显著的成绩,但是,目前我国财经领域中弄虚作假、挤占挪用、贪污腐败等问题依然突出,一些不法分子借改革之机化公为私、损公肥私、侵吞转移国有资产等违法违规问题还时有发生。因此,加强经济监督、维护经济秩序仍然是国家审计在当前和今后一段时期的重要任务。

(二)经济评价职能

审计的评价职能,是指通过审核检查,评定被审单位的计划、预算、决策、方案是否先进可行,经济活动是否按照既定的决策和目标进行,经济效益的高低优劣,以及内部控制制度是否健全、有效等,找出显在与潜在的偏差,从而有针对性地提出纠正或预防偏差的意见和建议,以促使其改善经营管理,提高经济效益。我国目前各地区进行的对党政干部的经济责任审计、绩效审计等主要体现了国家审计的经济评价职能。

(三)经济鉴证职能

国家审计的经济鉴证职能是指审计组织和审计人员对被审计单位会计报表及其他经济资料及其所反映的经济活动进行检查和验证,确定其财务状况和经营成果是否真实、公允、合法、合规,并出具书面证明,以便为审计的授权人或委托人提供确切的信息,并取信于社会公众的职能。

国家审计职能不是一成不变的,它是随着客观环境的变化而发展变化的,也就是说不同历史阶段国家治理的模式不同,国家审计的职能也会做出相应的调整。目前就我国国家审计而言,以监督职能为主,评价职能与鉴证职能为辅,一个审计项目有可能多种职能同时发挥。

二、国家审计、内部审计和社会审计的区别与联系

根据审计实施主体和审计监督权来源的不同,一般将审计划分为三大类:国家审计、内部审计和社会审计。三者之间既有区别也有联系。

(一)三者之间的主要区别

1.工作目标不同。国家审计的工作目标是服务国家和社会,维护经济安全,推动全面深化改革,促进依法治国,推进廉政建设,保障经济社会健康发展。内部审计的工作目标是服务组织自身发展,促进组织完善治理,实现组织发展目标。社会审计的工作目标是对财务报表是否在所有重大方面按照适用的财务报告编制基础发表审计意见。

2.工作依据不同。国家审计的工作依据是宪法、审计法、审计法实施条例、国家审计准则、地方性审计法规和规章等。内部审计机构开展内部审计工作的依据是内部审计工作规定、内部审计准则等。社会审计的工作依据主要是注册会计师法、注册会计师执业准则等。

3.工作权限不同。国家审计的权限由法律法规赋予,并以国家强制力保证实施,被审计单位和其他有关单位应当予以支持和配合。内部审计的权限主要由组织内部规章制度确定,审计权限在一定程度上受本组织管理层制约。社会审计的权限是委托人在协议中承诺或授予的,其权限不具有法定性和强制性。

(二)三者之间的主要联系

1.国家审计与内部审计、社会审计之间存在着法定的监督与被监督关系。根据审计法及其实施条例的规定,依法属于审计机关审计监督对象的单位,其内部审计工作应当接受审计机关的业务指导和监督;社会审计组织审计的单位依法属于审计机关审计监督对象的,审计机关有权对该社会审计组织出具的相关审计报告进行核查。

2.国家审计应当有效运用内部审计成果,实现国家审计与内部审计优势互补,有效提升审计全覆盖的质量。内部审计和社会审计是实现审计全覆盖的重要力量。内部审计作为单位经济决策科学化、内部管理规范化、风险防控常态化的重要制度设计和自我约束机制,其工作越有效,单位出现违法违规问题和绩效低下问题的可能性就越小,国家审计监督的综合效能也就越高。

3.审计机关可以按规定向社会审计组织购买审计服务。根据《国务院关于加强审计工作的意见》《国务院办公厅关于政府向社会力量购买服务的指导意见》等规定,审计机关可以有效利用社会审计力量,除涉密项目外,根据审计项目实施需要,可以向社会购买审计服务。

第三节　国家审计组织和人员

一、国家审计机关的组织模式

由于国家政治经济体制和治理模式的差异,各国国家审计监督制度模式也各具特色。世界各国最高审计机关可以与国家机构中的议会、行政或司法系统的关系较为密切,也可以是独立于立法、行政、司法的权力机构。目前,大体可以分为四大类型。

1.立法模式。立法模式国家的最高审计机关隶属于立法机关,立法机关一般为议会或国会。在这一类模式的审计制度下,审计部门依据法律赋予的权力独立行使审计权,一般直接对议会负责,并向议会报告工作。立法机构会对审计工作安排提出要求,并在审计长任命过程中具有一定话语权。英国是这一类型审计制度的先驱,其最高审计机关——国家审计署隶属于议会。此外,世界上还有许多国家实行这一类型的审计制度,如美国、加拿大、澳大利亚、奥地利等。这是一种被广为采用的国家审计制度模式。

2.司法模式。司法模式国家的最高审计机关以审计法院的形式存在,并拥有司法权,有些国家审计官员享有司法地位,从而强化了国家审计的功能。这一类型的审计制度起源于法国,因而法国也就自然而然地成为其典型代表。意大利、西班牙等西欧大陆、南美和非洲的一些国家的审计制度均属于这一模式。由于此种审计制度赋予审计机关独特的司法权,从而使这类审计制度下的国家审计机关具有很高的权威性。

3.行政模式。行政模式国家的最高审计机关隶属于政府行政部门,它是政府的一个职能部门,根据政府所赋予的职责权限实施审计,并对政府负责。属于这一类型的国家主要有瑞典、泰国、沙特阿拉伯等。我国的国家审计署属于国务院,亦属此类。国家审计署首先是政治机关,是党和国家监督体系的重要组成部分,又是国务院总理领导下的行政机关,并受政府委托向人大报告工作。一般而言,这类审计制度下的审计机关的独立性和权威性相对较弱。

4.独立模式。审计制度的另一种类型是独立模式。此种审计制度下的国家审计机关独立于立法、司法和行政部门之外,按照法律所赋予的职责独立地开展工作。其组织形式是会计检察院或审计院。这类型的典型代表是德国和日本。德国的审计院既不属于立法部门，也不属于司法部门，而是一个独立的财政监督机构，只对法律负责；日本的会计检察院亦独立于国会、内阁和司法部门。它们之所以采用这一形式，是基于这样一种观念：国家审计机关只有独立于立法权、司法权和行政权之外，才能独立行使审计权。无论从理论上看，还是从形式上看，此类审计制度下的审计机关的独立性都是最强的一种。

我国一些审计学者还按审计机关的基本职能将政府审计制度分为以下三种类型：

1.单一审计型。单一审计型审计制度中的审计机关，只具有审计的职能，是专门从事审计控制工作的组织，其业务内容比较单一。日本的会计检察院、德国的联邦审计院等都属于这一类型，它们都是单纯的审计控制机关。

2.审计主计型。在审计主计型制度下，其审计机关兼具审计和主计双重职能。英国的政府审计制度则属此类，其国家审计署的主计审计长承担审计和主计两项职责。作为审计长，他要对国家的财政收支、政府部门和一些公共机构的财务收支进行审计；作为主计长，他还要对"统一基金"和"国家信贷基金"进行控制。此外，美国的会计总署、印度的审计署亦同时具有审计和主计双重职能。

3.审计监察型。审计监察型国家的审计机关兼具审计和行政监察两种职能。韩国是此种类型审计制度的典型代表。韩国监察院一方面要对中央政府的各部门、地方自治团体、韩国银行、国家和地方自治团体占1/2以上的法人组织实施审计，另一方面还要对公务员进行职务监察。此外，以色列也属于这一类型。

纵观世界各国的国家审计模式，无论是哪种制度模式，都是建立在该国政治制度、治理方式、历史传承基础之上，与其服务的国家治理体系和问责模式高度契合的。

二、我国国家审计机构的设置

（一）中央审计委员会

党的十九届三中全会提出，要完善坚持党的全面领导的制度，建立健全党对重大工作的领导体制机制，加强党对涉及党和国家事业全局的重大工作的集中统一领导，加强和优化党对深化改革、依法治国、经济、农业农村、纪检监察、组织、宣传思想文化、国家安全、政法、统战、民族宗教、教育、科技、网信、外交、审计等工作的领导。因此，改革审计管理体制，组建中央审计委员会，是加强党对审计工作领导的重大举措，目的是构建集中统一、全面覆盖、权威高效的审计监督体系，更好发挥审计在党和国家监督体系中的重要作用。中共中央总书记、国家主席、中央军委主席习近平担任中央审计委员会主任。

中央审计委员会的主要职责是，研究提出并组织实施在审计领域坚持党的领导、加强党的建设方针政策，审议审计监督重大政策和改革方案，审议年度中央预算执行和其他财政支出情况审计报告，审议决策审计监督其他重大事项等。中央审计委员会办公室设在审计署。

（二）国家审计署及地方审计机关

根据宪法，国务院设立审计署，在国务院总理领导下，主管全国的审计工作。审计长是审计署的行政首长，是国务院组成人员。县级以上的地方各级人民政府设立审计机关，分别在本级人民政府行政首长和上一级审计机关的领导下,负责本行政区域内的审计工作。地方各级审计机关对本级人民政府和上一级审计机关负责并报告工作,审计业务以上级审计机关领导为主。

审计机关根据工作需要,经本级人民政府批准,可以在其审计管辖范围内设立派出机构,派出机构在审计机关的授权范围内依法进行审计工作。审计署经国务院批准设立的派出机构,有派出审计局和地方特派员办事处两种形式,目前共有 30 个派出审计局和 18 个特派员办事处。

此外,我国香港、澳门特别行政区也分别根据其基本法,设立审计署,独立工作,对行政长官负责。香港审计署行政首长称署长,澳门审计署行政首长称审计长。我国台湾地区也设有审计机构。

三、我国国家审计机关的主要职责

(一)我国审计署的主要职责

根据党的十九届三中全会审议通过的《中共中央关于深化党和国家机构改革的决定》《深化党和国家机构改革方案》和第十三届全国人民代表大会第一次会议批准的《国务院机构改革方案》,审计署是国务院组成部门。中央审计委员会办公室设在审计署。审计署贯彻落实党中央关于审计工作的方针政策和决策部署,在履行职责过程中坚持和加强党对审计工作的集中统一领导。主要职责是:

1.主管全国审计工作。负责对国家财政收支和法律法规规定属于审计监督范围的财务收支的真实、合法和效益进行审计监督,对公共资金、国有资产、国有资源和领导干部履行经济责任情况实行审计全覆盖,对领导干部实行自然资源资产离任审计,对国家有关重大政策措施贯彻落实情况进行跟踪审计。对审计、专项审计调查和核查社会审计机构相关审计报告的结果承担责任,并负有督促被审计单位整改的责任。

2.起草审计法律法规草案,拟订审计政策,制定审计规章、国家审计准则和指南并监督执行。制定并组织实施专业领域审计工作规划。参与起草财政经济及其相关法律法规草案。对直接审计、调查和核查的事项依法进行审计评价,做出审计决定或提出审计建议。

3.向中央审计委员会提出年度中央预算执行和其他财政支出情况审计报告。向国务院总理提出年度中央预算执行和其他财政收支情况的审计结果报告。受国务院委托向全国人大常委会提出中央预算执行和其他财政收支情况的审计工作报告、审计查出问题整改情况报告。向党中央、国务院报告对其他事项的审计和专项审计调查情况及结果。依法向社会公布审计结果。向中央和国家机关有关部门、省级党委和政府通报审计情况和审计结果。

4.直接审计下列事项,出具审计报告,在法定职权范围内做出审计决定:国家有关重大政策措施贯彻落实情况;中央预算执行情况和其他财政收支,中央和国家机关各部门(含直属单位)预算执行情况、决算草案和其他财政收支;省级政府预算执行情况、决算草案和其他财政收支,中央财政转移支付资金;使用中央财政资金的事业单位和社会团体的财务收支;中央投资和以中央投资为主的建设项目的预算执行情况和决算,国家重大公共工程项目的资金管理使用和建设运营情况;自然资源管理、污染防治和生态保护与修复情况;中国人民银行、国家外汇局的财务收支,中央国有企业和金融机构、国务院规定的中央国有资本占控股或主导地位的企业和金融机构境内外资产、负债和损益,国家驻外非经营性机构的财务收支;有关社会保障基金、社会捐赠资金和其他基金、资金的财务收支;国际组织和外国政府援助、贷款项目;法律法规规定的其他事项。

5.按规定对省部级党政主要领导干部及其他单位主要负责人实施经济责任审计和自然资源资产离任审计。

6.组织实施对国家财经法律法规、规章、政策和宏观调控措施执行情况、财政预算管理及国有资产管理使用等与国家财政收支有关的特定事项进行专项审计调查。

7.依法检查审计决定执行情况,督促整改审计查出的问题,依法办理被审计单位对审计决定提请行政复议、行政诉讼或国务院裁决中的有关事项,协助配合有关部门查处相关重大案件。

8.指导和监督内部审计工作,核查社会审计机构对依法属于审计监督对象的单位出具的相关审计报告。

9.与省级党委和政府共同领导省级审计机关。依法领导和监督地方审计机关的业务,组织地方审计机关实施特定项目的专项审计或审计调查,纠正或责成纠正地方审计机关违反国家规定做出的审计决定。按照干部管理权限协管省级审计机关负责人。

10.组织开展审计领域的国际交流与合作,指导和推广信息技术在审计领域的应用。

11.完成党中央、国务院交办的其他任务。

12.职能转变。进一步完善审计管理体制,加强全国审计工作统筹,明晰各级审计机关职能定位,理顺内部职责关系,优化审计资源配置,充实加强一线审计力量,构建集中统一、全面覆盖、权威高效的审计监督体系。优化审计工作机制,坚持科技强审,完善业务流程,改进工作方式,加强与相关部门的沟通协调,充分调动内部审计和社会审计力量,增强监督合力。

(二)地方审计机关的主要职责

《中华人民共和国审计法》《中华人民共和国审计法实施条例》以及国家有关规定赋予地方审计机关以下职责:

1.对本级各部门和下级政府预算执行情况和决算,进行审计监督;

2.审计署对中央预算执行情况、中央银行的财务收支,审计机关对国有金融机构的资产、负债、损益,进行审计监督;

3.对国家事业组织的财务收支,进行审计监督;

4.对国有企业资产、负债、损益,进行审计监督,对国家资产占控股地位或者主导地位的企业,进行审计监督;

5.对国家建设项目的预算执行情况和决算,进行审计监督;

6.对政府部门管理的和社会团体受政府委托管理的社会保障基金、社会捐赠资金及其他有关基金、资金的财务收支,进行审计监督;

7.对国际组织和外国政府援助、贷款项目的财务收支,进行审计监督;

8.对与国家财政收支有关的特定事项,进行专项审计调查;

9.对各部门、国有金融机构和企业事业组织的内部审计,进行业务指导和监督;

10.对依法独立进行社会审计的机构,进行指导、监督和管理;

11.其他依法应当由审计机关进行审计的事项。

四、我国国家审计机关的主要权限

1.要求提供资料权。审计机关有权要求被审计单位按照审计机关的规定,及时、准确、完整地提供财务、会计资料以及与其履行职责有关的业务、管理等资料,包括管理、储存、处理和应用的电子数据和有关文档。

2.检查权。审计机关有权检查被审计单位的财务、会计资料以及与其履行职责有关的业务、管理等资料,有权检查被审计单位的资产和信息系统,被审计单位不得拒绝。审计机关进行审计时,有权向与审计事项有关的单位和个人进行调查,取得有关证明材料。

3.采取行政强制措施权。审计机关对正在进行的违反国家规定的财政收支、财务收支行为,有权予以制止;制止无效的,经县级以上审计机关(含省级以上审计机关的派出机构)负责人批准,通知财政部门和有关主管部门暂停拨付与违反国家规定的财政收支、财务收支行为直接有关的款项,已经拨付的,暂停使用。被审计单位正在或者可能转移、隐匿、篡改、毁弃会计凭证、会计账簿、财务会计报告以及其他与财政收支或者财务收支有关的资料和违反国家规定取得的资产,审计机关可以采取封存措施。

4.提请协助权。审计机关履行审计监督职责需要协助的,有关机关和单位应当依法予以协助。

5.移送处理权。一是有关单位或个人涉嫌犯罪需要追究刑事责任的线索,移送相关司法机关查处;二是没有涉嫌经济犯罪,但违反党纪政纪规定需要追究有关人员责任的线索,移送纪检监察机关或相关干部管理部门查处;三是应由主管部门或各级政府进行处理的其他问题,移送有关部门或政府进行处理。

6.处理处罚权。审计机关对被审计单位违反国家规定的财政财务收支行为,有权依法予以处理处罚。《中华人民共和国审计法实施条例》第四十九条规定:"对被审计单位违反国家规定的财务收支行为,审计机关在法定职权范围内,区别情况采取审计法第四十五条规定的处理措施,可以通报批评,给予警告;有违法所得的,没收违法所得,并处违法所得1倍以上5倍以下的罚款;没有违法所得的,可以处5万元以下的罚款;对直接负责的主管人员和其他直接责任人员,可以处2万元以下的罚款,审计机关认为应当给予处分的,向有关主管机关、单位提出给予处分的建议;构成犯罪的,依法追究刑事责任。"

7.通报或公布审计结果权。审计机关可以向政府有关部门通报或者向社会公布审计结果。

8.建议权。就审计发现的有关问题,审计机关有权向被审计单位以及有关部门反映并建议采取相应措施。

五、国家审计成果的利用

（一）向本级审计委员会报告制度

审计署应当每年向中央审计委员会报告年度中央预算执行和其他财政支出情况和其他重大事项。地方成立审计委员会的，地方各级审计机关也应当每年向本级审计委员会报告年度本级预算执行和其他财政支出情况和其他重大事项。

（二）审计工作报告制度

国务院和县级以上地方人民政府应当每年向本级人民代表大会常务委员会提出审计机关对预算执行和其他财政收支的审计工作报告。审计工作报告应当重点报告对预算执行的审计情况。必要时，人民代表大会常务委员会可以对审计工作报告做出决议。

（三）审计结果报告制度

审计署在国务院总理领导下，对中央预算执行、决算草案和其他财政收支情况，规划的实施情况，以及有关经济活动，进行审计监督，向国务院总理提出审计结果报告。地方各级审计机关分别在省长、自治区主席、市长、州长、县长、区长和上一级审计机关的领导下，对本级预算执行情况、决算草案和其他财政收支情况，规划的实施情况，以及有关经济活动，进行审计监督，向本级人民政府和上一级审计机关提出审计结果报告。

（四）专题报告、审计信息和综合报告制度

审计机关对于在审计中发现的违纪违法问题线索，与国家财政财务收支有关政策及其执行中存在的重大问题、关系国家经济安全和信息安全的重大问题以及影响人民群众经济利益等重大事项，可以采用专题报告、审计信息等方式向本级人民政府和上一级审计机关报告。审计机关统一组织审计项目的，可以根据需要汇总审计情况和结果，形成审计综合报告，向本级政府和上一级审计机关报送。

（五）审计移送制度

对审计或者专项审计调查发现的依法需要移送其他有关主管机关或者单位纠正、处理处罚或者追究有关人员责任的事项，或者发现被审计单位所执行的上级主管部门有关财政财务收支的规定与法律、行政法规相抵触的，审计机关应当在审计报告的基础上，出具审计移送处理书，移送有关部门处理。审计机关要跟踪审计移送事项的查处结果，适时向社会公告。

（六）审计结果公告和通报制度

审计机关应当向社会公布审计结果，但涉及国家秘密、商业秘密、个人隐私和依照其他法律、法规可以不予公布的除外。审计机关还可以向有关部门通报审计结果。

六、对国家审计机关自身的监督

（一）审计系统内部的层级监督

上级审计机关通过对下级审计机关的质量检查、被审计单位申请复议或提出的申诉、媒体的报道和公众的举报等渠道，对下级审计机关的审计业务依法进行监督，发现下级审

计机关做出的审计决定违反国家有关规定的,可以责成下级审计机关予以变更或者撤销,必要时也可以直接做出变更或者撤销的决定。

(二)审计系统的外部监督

1.各级党委、人大、政府通过定期组织开展审计法律法规执行情况检查、对审计机关主要领导干部开展经济责任审计,督促审计机关切实加强党风廉政建设,严格依法审计,依法查处问题,依法向社会公告审计结果。

2.聘请民主党派和无党派人士担任特约审计员,对审计工作方针、政策提出意见和建议。

3.有关职能部门的监督,包括司法机关通过审理审计行政诉讼案件实施的监督,有关部门通过调查处理审计移送事项实施的监督等。

4.被审计单位的监督,包括被审计单位通过对审计报告征求意见稿提出异议、对审计决定不服依法采取救济措施或提出申诉等方式实施的监督。

5.社会公众的监督,包括通过群众举报、媒体批评性报道、查阅审计结果公告等实施的监督。

七、我国国家审计的"二十字方针"及"三立"要求

"依法审计、服务大局、围绕中心、突出重点、求真务实"是审计工作的"二十字方针",这一方针最早提出于1998年,是在贯彻落实党的十五大精神、系统概括审计机关成立15年来工作经验基础上提出的。在审计事业创新发展进程中,"二十字方针"被始终坚持,其内涵不断丰富。

"依法审计"是审计工作必须始终坚持的法理精神。它要求审计人员要以宪法有关规定为最高依据,按照法律的授权,法定的程序、权利、义务、职责、依据、标准和手段,依法独立开展审计工作,履行法定责任。

"服务大局、围绕中心"是审计工作必须始终坚持的战略定位,是审计工作不断适应中国特色社会主义建设事业的正确选择。审计工作只有从经济社会发展的大局出发,站在更高层面上,有针对性地提出堵塞漏洞、加强管理、促进改革的建议,才能得到党和政府的重视和肯定,得到社会公众的支持和认可。

"突出重点"是审计工作必须始终坚持的重要方略,也是应对审计风险的一种有效策略和方法。它要求审计机关和审计人员在纷繁复杂的情况下,牢牢抓住事关经济社会发展大局、事关民主法治和反腐倡廉建设的重点和难点,找准对全局、对未来有根本性影响、有重大危害问题的突破口,也就是找准"火源"和引发"火源"的关键所在。在此基础上,区分轻重缓急,整合审计力量,有针对性地提出切断"火源"的建议,发挥好审计的治已病、防未病作用。

"求真务实"是审计工作必须始终坚持的基本原则。它要求在坚持实事求是、坚持真理的基础上,以扎实务实的精神,真抓实干,干出成效;以发展的眼光来认识和处理问题,进而促进制度、体制和机制的改革和完善,确保党和国家的路线方针政策全面贯彻执行,确保各项发展目标顺利实现。

　　"三立"是指以审计精神立身，以创新规范立业，以自身建设立信，是习近平总书记对审计机关自身建设提出的明确要求。2006年10月，时任浙江省委书记习近平同志在浙江省审计厅调研时首次提出并阐释了"三立"要求。2018年5月，习近平总书记在中央审计委员会第一次会议上再次做出强调。

　　——以审计精神立身。审计精神一方面是对法律的信仰和对法治的崇尚；另一方面是一种脚踏实地、扎实苦干、与时俱进、开拓创新的精神，是一种不唯上、不浮躁、鼓实劲、求实效的精神。审计精神最终体现的是对事业的忠诚和对职业的操守，对国家公共资金、国有资产、国有资源的责任和维护。

　　——以创新规范立业。审计机关和审计人员既要创新也要规范，一方面要不断深化审计制度改革，解放思想，与时俱进，创新审计理念，及时揭示和反映经济社会各领域的新情况、新问题、新趋势，坚持科技强审，加强审计信息化建设，不断地去探索、去改进、去创新；另一方面要坚持依法审计、客观求实，不断推进审计各项制度、机制的规范和完善，依法全面履行审计监督职责，维护审计监督的权威性和公信力。

　　——以自身建设立信。必须始终坚持以队伍建设为本、夯实事业发展根基，切实加强政治建设、能力建设、作风建设、廉政建设，努力建设信念坚定、业务精通、作风务实、清正廉洁的高素质专业化审计干部队伍，保证审计事业薪火相传、青蓝相继。

八、世界审计组织

　　世界审计组织（International Organization of Supreme Audit Institutions，简称 IN-TOSAI）是目前国际公认的最具权威性和影响力的全球政府审计专业组织，成立于1953年，现有194个全权会员和5个协作会员及1个附属会员（具备准会员资格的机构）。此外，亚洲、欧洲、非洲、拉美、阿拉伯地区、太平洋地区、加勒比地区等七个地区分别成立了地区性审计组织，与世界审计组织有密切合作。

　　世界审计组织是一个独立自治的非政府组织，具有联合国经济及社会理事会（Economic and Social Council，简称 ECOSOC）的特别咨询身份。组织的核心价值观是"独立、正直、专业、可信、包容、合作、创新"，其目标是促进各成员国审计机关帮助所在国政府充分考虑广大人民的利益，改进绩效，提高透明度，坚守责任，维护信誉，打击腐败，提升公众信任，培养更有效地取得和使用公共资源的能力，推动实现良好治理。世界审计组织秉持其宗旨"经验分享，人人共惠"，为各国最高审计机关提供交流合作的平台，在各成员间进行见识、经验和成果的交流，这成为最高审计机关在新的社会发展中取得持续进步的保证。

　　世界审计组织由世界审计组织大会、理事会、秘书处、地区组织、委员会等机构组成。世界审计组织大会是该组织的最高权力机构，由所有成员组成，每三年召开一次，在各大洲轮流举办。世界审计组织理事会由18名成员组成，经各地区组织推荐，由大会选举产生，向全体成员负责。每年召开一次会议，理事会主席经竞选产生，是世界审计组织最高级别代表和主要发言人。世界审计组织秘书处常设在奥地利审计院，由奥地利审计院院长担任秘书长。世界审计组织下属机构还包括在四大战略目标（责任制和职业准则、机构能力建设、知识共享和知识服务、国际组织典范）下常设的委员会、工作组和特别工作组。

七个地区性组织设有大会、理事会、秘书处以及工作组等机构,负责开展本地区的审计交流与合作。

世界审计组织与联合国、各国议会联盟、国际会计师联合会、国际内部审计师协会、经济合作与发展组织,还有世界银行和其他捐助团体,都是合作伙伴,保持着密切和良好的关系。

中国审计署是世界审计组织的重要成员。1982 年,中国审计署在组建筹备期间加入世界审计组织;1983 年 4 月,参加了在菲律宾召开的世界审计组织第十一届大会。这是中国第一次出席世界审计组织大会。2007 年,中国审计署成为世界审计组织理事会成员。从 2010 年 11 月起,中国审计署审计长担任世界审计组织理事会副主席。2013 年 10 月至 2016 年 12 月,中国审计署审计长担任世界审计组织理事会主席。目前,中国审计署是世界审计组织理事会成员、四大战略目标委员会成员,还担任世界审计组织大数据工作组主席,并加入了世界审计组织框架内的多个工作组,如环境审计工作组、IT 审计工作组、反腐败和反洗钱工作组、金融现代化与监管改革工作组、国家关键指标工作组、最高审计机关的责任与作用工作组等。中国审计署在各专项领域体现出积极态度和专业水准,为世界审计组织的机制完善、话题内容的丰富和各项动议的落实,做出了重要贡献。

亚洲审计组织(Asian Organization of Supreme Audit Institutions,简称 ASOSAI),是全球七个地区审计组织之一,成立于 1979 年 5 月,现有 47 个成员,包括亚洲和大洋洲地区的最高审计机关。

亚洲审计组织是一个专业性的非政府组织,通过加强成员国最高审计机关的经验交流和知识共享,促进各国在政府审计领域的相互理解与合作,提升政府审计工作质量,为政府审计人员提供培训和继续教育,加强本地区与其他地区审计组织的联络和本组织内部各成员之间的联系,并促进本组织与地区其他组织开展密切与良好的合作。亚洲审计组织由亚洲审计组织大会、理事会、秘书处、审计委员会和环境审计委员会等机构组成。大会由所有成员国最高审计机关组成,每三年召开一届,采取简单多数决议制。每届大会期间召开一次主题研讨会。理事会是本组织的政策执行机构,每年开会一次,由 12 名成员组成,理事会主席由本届大会主办国的最高审计机关首长担任。秘书长由大会选举产生,秘书处设在秘书长所在国最高审计机关。审计委员会由大会选举产生的理事会成员以外的 2 名成员组成,每隔三年负责对组织的账目进行审计。环境审计委员会是目前亚洲审计组织唯一的常设工作组,一直由中国审计署担任主席,其秘书处也设在中国审计署。此外,在理事会中专门指定一名成员任培训主管,负责培训事务。

中国审计署是亚洲审计组织的重要成员。曾担任 1991—1994 年、2006—2009 年两届亚洲审计组织主席。2018 年 9 月,中国审计署承接亚洲审计组织秘书处职能,中国审计长任秘书长,任期直至 2027 年。亚洲审计组织唯一一个专业委员会——环境审计委员会,自 2000 年 10 月成立起即由中国审计署担任主席。中国审计署积极推动亚洲审计组织战略发展规划的制定和执行,广泛参与项目科研、能力建设等各项活动,多次承办各类培训班和研讨会,在审计领域进一步拓展与亚洲国家的交流合作。

思考题

1.我国国家审计的内涵是什么？

2.国家审计产生的客观基础是什么？

3.国家审计发展的推动力是什么？

4.我国国家审计的主要特征是什么？

5.世界上国家审计机关的组织模式主要有哪几种？各有什么特点？

6.国家审计的基本职能是什么？

7.简述国家审计、注册会计师审计和内部审计的区别与联系。

8.简述我国国家审计的"二十字方针"及"三立"要求。

第三章　　国家审计的理论基础

第一节　　公共受托责任理论

一、公共受托责任理论概述

受托责任（accountability）是一个复杂和多面性的概念，在多数情况下，是指受托人在委托—受托关系中所负有的责任，其产生源于委托人的授权（权力的让渡）而形成的委托代理关系。根据不同的责任主体，受托责任可以分为政府及非营利组织的受托责任和公司企业的经营受托责任。政府及非营利组织的受托责任即公共受托责任（public account-ability），通常被解释为政府及非营利组织从事各项社会公共事务管理活动的义务，或者是"对公共资源或活动从公众那里转移给政府及非营利组织而应负责任的一种转换，它的产生源于社会公众'公共管理权'的让渡而形成的委托代理关系"（GASB，2002）。

Breton（1996）认为公共部门中存在着三层委托代理关系。第一层委托代理关系如Berle 和 Means 提出的由所有权与控制权分离所引起的所有者与管理人员之间的委托代理关系，公共部门也存在着公民与权力中心之间的委托代理关系（Berle，Means，1932）。第二层委托代理关系是权力中心（和其他机构）中政治家（管理者）与公仆（工人）之间的委托代理关系。这层关系是比较复杂的，因为官僚机构由很多相互关联、纵横交叉的机构构成，每个机构中都存在着管理者与工人的代理关系。第三层委托代理关系是官僚机构与消费它们生产或提供的商品和服务的人（顾客）之间的委托代理关系。按照王雍君（2004）的观点，公共受托责任又可以体现在两个方面：内部受托责任和外部受托责任。内部受托责任指的是政府内部的受托责任，如政府内部各部委必须就公共资源的配置和使用结果对政府整体负责；部委内部所属的单位和机构必须就公共资源的配置和使用结果对其主管部门负责。外部受托责任就是要求整体政府必须就公共资源的配置和使用的结果对全体公民负责。

审计作为一项独立的经济监督活动，因受托责任的产生而产生，并随着受托责任的发展而发展，这在学术界已经达成了共识。国家审计产生和发展也离不开受托责任，而贯穿于国家审计领域的受托责任是一种公共受托责任。公共受托责任是指对社会公共资源管

理和使用方面的责任,它包括行为责任和报告责任两个方面。公共受托责任的内涵通常包括以下四个方面的内容:

1.公共受托责任存在于一种委托代理关系之中。在这种关系中,至少存在委托人(公共资源或财产的所有者即人民)和受托人(公共资源或财产的管理和使用者即政府)两个方面,前者授予后者管理和运营公共资源的权力并要求后者对其管好、用好,后者接受了前者的授权(即委托)并承担起履行相应责任的义务。

2.公共受托责任包括行为责任和报告责任两个方面。行为责任是指承担管理和运营受托资源的责任,这是公共受托责任的核心部分。报告责任是以报告、报表的方式,解释说明受托资源管理状况的责任。

3.公共受托责任中的"责任"可根据法规、合约和惯例来加以规范,即要有一个衡量公共受托责任完成情况的标准。从理论上讲,这个标准应该由委托人向受托人提出并经受托人认可同意,它既代表公众对政府的要求,也反映社会的客观需要。由于公共受托责任反映的是以委托人为代表的社会需求,而社会需要的层次与水平总是不断提高和发展的,因而公共受托责任的内容也自然呈现出不断扩展、丰富的发展趋势,这也正是国家审计的形式、内容、功能不断分化、发展创新的内在依据。

4.公共受托责任的内容具有可计量性。公共受托责任能够通过货币形式或非货币形式予以计量,并通过一定的形式(如财务报告、会计报告或社会报告等)对计量结果予以报告。

公共受托责任的发展经历了受托财务责任阶段、受托管理责任阶段、受托社会责任阶段(李金华,2001)。在受托财务责任阶段,国家审计主要监督公共资金使用的合法、合规性;在受托管理责任阶段,国家审计不仅监督公共资金使用的合法、合规性,而且注重监督公共资金使用的效率和效果性;在受托社会责任阶段,国家审计除了上述两方面目标以外,还要关心国家经济安全、环境、民生等方面的问题。

按照1985年5月在日本东京举行的最高审计机关亚洲组织第三次大会发表的《关于公共受托经济责任指导方针》的宣言中下的定义:"公共受托经济责任是指受托运营公共财产的机构或人员有责任汇报这些财产的运营情况,并负有财政管理和计划项目方面的责任。"最高审计机关世界审计组织认为,公共受托责任是指一种托付给一个受审个人或实体的责任,这种责任表明受审个人或实体已经根据委托人的条件对所接受的资金进行了管理和控制。美国审计总署(GAO)[①]认为,政府的受托责任是指受托管理并有权使用公共资源的政府和机构向公众说明其全部活动的义务。

政府作为一个特殊的公共组织,其内外存在着多层的委托代理关系。第一层委托代理关系存在于公众与政府之间,政府是受公众委托来管理国家公共事务的组织。在这一层面上,公众是委托人,政府是代理人。第二层委托代理关系存在于政府与政府官员之间,政府官员作为政府这一机构意图的具体实施人,政府必须对其进行有效的控制。在这

---

① 美国审计总署原来的英文全称是 General Accounting Office,直译为美国会计总署,英文简称为 GAO。为了强化政府受托责任,2004 年根据美国相关法案该机构更名,更名后的英文全称为 Government Accountability Office,直译为政府责任办公室,英文简称仍为 GAO。按照习惯,本书仍然称之为美国审计总署。

一层面上,政府是委托人,政府官员是代理人。通常所说的公众与政府之间的委托代理关系是指第一层次的委托代理关系。政府官员作为代理人,并不享有特权,他们行使公共权力的过程只不过是在履行受托责任。正是在这个层次上,民主政治中的委托代理关系的直接后果是公共权力的所有权与管理权分离,这种分离的目的是更好地增进公共利益,实现民主。

在民主启蒙时期,人们只要求政府从社会集中公共资源时要有一定限度,至于集中起来的公共资源如何使用一般不加以过问。随着公民民主意识的增强,人们不仅要求政府取之于民的要用之于民,而且要求经济、有效地用之于民。因此,公众作为公共资源的所有者希望获得政府使用和管理公共资源的效率和效果方面的信息。按照委托代理理论,由于政府承担着广泛的公共受托责任,公权力在不受约束的情况下会存在着扩张的倾向,由于政府本身具有信息方面的优势,尤其是公共预算的编制既专业又耗时、耗力,政府可能会利用信息优势扩大预算规模,而议会虽然拥有最终决策权,但由于信息不对称以及预算本身的复杂性、专业性,议会最终可能会接受政府提出的预算方案,致使公共预算的规模逐年扩大。因此,公共权力领域也必然存在着"道德风险"[①]和"逆向选择"[②]。

二、公共受托责任理论与国家审计

国家权力既然来自公民的授权和认可,国家理所当然地应为人民的利益而负责任地履行自己的职责。公民与国家之间的这种授权与被授权关系,本质上是一种委托代理关系,但不同于经济契约中的委托代理关系。政治契约的这些特质对理解责任政府以及国家审计制度改进均有重要意义。

第一,政治契约的委托代理关系具有公共属性。政治契约的委托人和代理人并不是具体的个人,委托人具有多重身份和多重属性,他们的委托目的也具有多重要求,代理人则属于理论上的国家主权者,其权利需要由国家治理结构来承担和体现,代理人受托承担的是提供大量的公共产品和公共服务(包括准公共产品和准公共服务)。因此,政治契约是集体而非个体意志的体现。

第二,政治契约存在严重的信息不对称现象,逆向选择与道德风险普遍存在。委托人可以利用各种信息优势和资源优势,通过各种形式的讨价还价和游说活动来影响契约签订过程及其结果。即使在签约之后,委托人仍可以利用自身在公共决策、公共物品的生产、政府财产管理等方面具有的信息优势,攫取未来的潜在收益,从而出现随意改变政策的机会主义行为。代理人的这种道德风险恰恰是委托人难以控制的,这正是"政府俘获"产生的主要原因。

---

① 道德风险是由于信息不对称而产生的。委托代理理论认为拥有信息优势的代理人利用其信息的优势采取委托人所无法观测或监督到的隐藏性行动或者不行动,从而造成委托人利益损失或者代理人获利。

② 逆向选择源自经济学范畴,通常指的是由于信息不对称造成市场运行无效率,从而导致资源配置的低效率。

第三,政治契约的激励机制作用有限。政治契约的公共属性、多重委托代理关系以及委托人效用函数呈现多元化的趋势、普遍存在的"搭便车"等现象均使得政治契约对于代理人的激励作用有限。同时,代理人的工作绩效不仅难以观察而且难以评价。因此,在政治契约中 N 个委托人的纳什均衡激励机制的激励强度就只有由一个真正统一委托人所提供的次优激励机制激励强度的。

第四,政治契约具有高度不确定性。信息不对称、多重委托代理关系、多重委托代理目标和效用函数等的存在,使得政治契约的结果难以预测。集体行动带来的巨大代理成本迫使委托人必须对代理人进行广泛授权。有限理性下的委托人难以控制代理人的未来策略选择,拥有信息优势的代理人同时也是理性的经济人。

上述多种原因使得政治契约具有高度不完备性。政治学理论的社会契约学说、宪政主义学说,经济学理论的公共物品理论以及公共选择理论均为政治契约的上述特质提供了理论解释。这些理论和学说提醒着人们,政治契约是不完备的。

国家审计在不完备的政治契约中,构建责任政府通常包括四种途径:文化的、自我履行的、契约完全的以及第三方介入的途径。国家审计就是作为第三方介入机制而内嵌进入政治契约之中的,国家审计机构的相对独立性、审计技术和方法的专业性、审计结论的客观公正性等也使得国家审计成为政府问责机制中最具工具性的监督机制,是国家治理机制不可或缺的构成部分。在当代民主国家,国家审计更多是作为回应公民对于政府官员进行监督的诉求的一种制度安排,即通过审计的手段来达到向政府问责的目的。财政收支审计促进了预算管理的规范。领导干部经济责任审计则更是问责审计的直接体现。各种专项审计,例如城市基础教育、财政支农和社会保障等审计和调查,促进了相关领域政策措施的贯彻落实和制度的完善。

总之,国家审计通过监督政府公权力的运用,可以防止政府对公共资源的无节制攫取行为,避免公权力无限制扩张并侵犯市场和社会治理的边界。特别是作为法律保护的一种替代机制,国家审计监督可以有效地遏制经济运行中的腐败及铺张浪费行为,促进国家治理效率的提升。而国家审计制度作为实现社会公众对公权力监督意愿的一种制度安排,其存在和发展的基础是公共受托责任关系。

第二节　新公共管理理论

一、新公共管理理论的起源

新公共管理理论源自 20 世纪 70 年代末至 80 年代初,它是和起源于英国的新公共管理运动相伴而生的。1979 年撒切尔夫人上台以后,英国保守党政府推行了西欧最激进的改革计划,开始了在公共管理领域内以注重商业管理技术、引入竞争机制和顾客导向为特征的新公共管理改革,这就是"新公共管理运动"(New Public Management)。随着新公共管理时代的到来,新公共管理理论也逐渐得到发展和完善。20 世纪 70 年代之后,特别是 80 年代以来,西方社会乃至整个世界发生了根本性的变化,公众的价值观念多元化、需求多样化,民众民主意识、参与意识增强,时代的变化对政府提出了新的要求。而传统公共管理体制僵化、迟钝,具有使行政机构规模和公共预算总额产生最大化的倾向,易于导致高成本、低效率的问题愈来愈突出。西方各国在 20 世纪七八十年代普遍面临的政府开支过大、经济停滞、财政危机、政府部门工作效率低下等问题,也促使政府开始变革传统的公共行政管理方式。

在这种背景下,突破了传统公共行政学的学科界限,把当代西方经济学、工商管理学、政策科学(政策分析)、政治学、社会学等学科的理论、原则、方法及技术融合进公共部门管理的研究之中,以寻求高效、高质量、低成本、应变力强、响应力强、有更健全的责任机制的"新公共管理"模式应运而生。"新公共管理"自 20 世纪七八十年代起源于英国、美国、新西兰和澳大利亚之后,迅速扩展到加拿大、荷兰、瑞典、法国等欧洲国家,进入 90 年代之后,一些新兴工业化国家和发展中国家,如韩国、菲律宾等国也加入了改革的大潮。各国改革的内容、方式和措施并不完全相同,理论界也给这些改革冠以不同的名字,比如"重塑政府"(reinventing government)、"再造公共部门"(reengineering in the public sector)等。新公共管理的核心特征就是对政府绩效和责任的高度关注。在新公共管理运动中,政府绩效和责任成为西方各国政府改革的核心内容,建设一个优质、高效、经济、更负责任的政府成为国家、政府和民众的共识,并采取了切实可行的行动推动这项运动。

二、新公共管理理论的内涵

新公共管理理论认为公共部门的管理方法与私营部门有相似的地方,公共部门管理普遍存在着效率低下的问题,为了解决这一难题,可以尝试将私营部门的方法引入公共部门以提高效率。但是,公共部门毕竟和私营部门的目标是不同的,公共部门并不总是以效率优先作为首要目标。因此,公共部门在可以引入私人部门的方法和手段的领域,应尽量采用私人部门的做法。在具体实施过程中,政府部门可以通过雇员招聘的方式从私营部门引入管理人员,借用它们先进的管理理念和方法,提升政府部门的效率。如在公共服务中引入强制性竞争投标机制,签订绩效合同,推行服务承诺制,利用社会和市场力量实现公共服务社会化,实行分权化改革,放松管制等。这些措施极大地提高了公共部门的管理效率,与此同时,精简政府的组织机构和人员,实行目标考核制度,打造以结果为导向的政府管理理念。概括起来,新公共管理的内容主要体现在以下几个方面:

(一)将私营部门的管理理念引入公共部门

私营部门讲究顾客至上,以服务为导向。新公共管理理论认为私营部门先进的管理理念和方式值得公共部门借鉴,政府管理也应该由管理向服务意识转变,由管理型政府变为服务型政府。政府应改变传统官僚体制的做法,在公共管理中学习商业领域的做法,以服务顾客为导向,提供优质的公共管理和服务。人员聘用方面,政府部门的高级雇员可以从私营部门聘请,政府公务员实行合同制,打破终身制,实行优胜劣汰。政府部门推行的服务承诺制就是公共部门服务意识的体现。

传统公共管理理论认为政府部门与私营部门在管理活动方面的差异远远多于二者的

共性,因而在管理理念、模式和方法等方面,极少借鉴私营部门的经验。但是在新公共管理下,公共服务领域逐渐引入竞争机制,政府运营绩效导向和顾客至上的服务意识逐步强化,私营部门成熟的管理模式和方法,如战略管理、目标管理、成本效益分析、全面质量管理等,逐步具备引入政府公共管理事务中的条件。

(二)公共部门引入竞争机制

私营部门注重效率,竞争意识比较强,强调通过市场竞争实现优胜劣汰。新公共管理理论认为,可以借鉴私营部门的做法,把私营部门的竞争理念和手段运用到公共管理中去,比如政府公共服务外包、政府采购实行统一的招投标制度就是借鉴私人部门的做法。

新公共管理改变了以往传统公共行政管理模式下政府与社会之间的关系,对政府职能及其与市场的关系进行重新定位。这主要表现在两个方面:一是在新公共管理下,政府与社会或市场之间有明确而严格的分工,政府的主要职责是制定政策,而政策的执行则由政府之外的部门或者市场来完成,这种分工方式在提高公共政策制定与执行效率的同时,很大程度上减少了政府部门设租、寻租等贪污腐败现象;二是在公共服务领域引入竞争机制,改变以往由政府完全垄断的局面,提供更多的机会让私营部门参与到公共服务事务中,有效提高公共服务供给的效率和质量。

(三)实行绩效管理,注重结果

新公共管理强调分权化管理,各部门各司其职、分工合作,整个组织形成一个有机的整体。分权化管理的前提是对各个部门的权责要有清晰的界定,并且要有相应的评价和激励机制。以评价经济性、效率性和效果性为主的绩效审计正是适应绩效管理的需求,在这一时期得到了极大的发展。新公共管理理论注重效率与产出,认为公共部门应更多地关注提供公共服务的质量和效率,而不应过分关注公共事务处理的流程。

与传统公共行政强调公共投入的合规性不同,新公共管理更加注重政府活动的产出以及提供公共服务的效率。新公共管理实行严格的绩效目标控制,在政府对公共产品的提供上引入绩效考核,并对政府提供公共服务的成本效益进行分析,同时主张放松以往政府管理过程中过多的行政规制。由此,政府由规则驱动型向目标驱动型转变,从而有助于提高公共管理和服务的效率和效果。

(四)以顾客和市场为导向

新公共管理下,政府应当像负责任的“企业”,政府公务人员应当是负责任的“企业经理和工作人员”,而社会公众则应当成为向政府支付税收的“纳税人”和享受政府服务回报的“顾客”。政府提供公共产品和服务应当以顾客和市场为基本导向,建立公众对于公共产品和服务的需求偏好表达和反馈机制,以充分了解和响应社会公众对于公共产品和服务的需求,提供符合社会公众需要的公共产品和服务。

休斯认为新公共管理具有六个方面的特点:(1)注重结果和管理者的个人责任;(2)强调组织、人事管理、任期和条件更具灵活性;(3)明确规定组织和人事目标,根据绩效指标对工作任务的完成情况进行测量,同样,对计划方案进行评估;(4)资源管理人员更有可能带有政治色彩地致力于政府工作,而不是无党派或中立的;(5)政府职能更有可能受到市场检验;(6)通过民营化和市场检验、签订合同等其他方式减少政府职能。

格里尔概括了新公共管理的各种内涵:(1)公共服务组织的非集成化,即分散化;(2)对该机构人员的雇用实施有限任期的契约制,而不偏好传统的职位保障制;(3)全面货币激励,而不是传统的通过精神、地位、文化或货币等因素的混合和单一的固定工资的公共部门的控制结构;(4)公共服务的供给与生产分开;(5)强调降低成本;(6)重点从政策转向管理,主要重视服务提供的效率和成本,更加重视绩效及评估的量化方法和效率标准;(7)从程序转向产出的控制和责任机制。

经济合作与发展组织也总结了新公共管理的核心内容:(1)更加关心服务效率、效果和质量;(2)高度集权、等级制的组织结构为分权的管理环境所取代,在分权的环境中,资源配置和服务提供的决策更加接近第一线,并且为顾客和其他利益集团的反馈提供更多的余地;(3)灵活地选择成本效益比更好的方法如市场的方法,来替代政府直接提供和管制;(4)更加关心公共部门直接提供的服务的效率,包括生产力目标的设定、在公共部门组织之间建立竞争型的环境;(5)强化国家核心战略能力,引导国家变得能够自动、灵活、低成本地对外界的变化以及不同的利益需求做出反应。

国内的陈振明将新公共管理的特征概括为:(1)强调职业化管理;(2)明确的绩效标准与绩效评估;(3)项目预算与战略管理;(4)提供回应性服务;(5)公共服务机构的分散化与小型化;(6)竞争机制的引入;(7)采用私人部门的管理方法;(8)管理者与政治家、公众关系的改变。

如果用新公共管理理论来解释国家治理实践,政府与社会公众的关系就不是传统的管理者与被管理者的关系,而更像市场领域的公司与客户的关系,是服务与被服务的关系,社会公众通过纳税向政府购买服务,政府理应向社会公众提供满意的服务。美国学者奥斯本(1996)在新公共管理理论的基础上提出了政府改革的十项原则:(1)掌舵而非划桨;(2)重妥善授权而非事必躬亲;(3)注重引入竞争机制;(4)注重目标使命而非繁文缛节;(5)重产出而非投入;(6)具备"顾客"意识;(7)有收益而不浪费;(8)重预防而不是治疗;(9)强调合作的灵活方式而不是机械方式;(10)重市场机制的调节而非依靠行政指令的控制。

新公共管理的核心理念是将市场机制引入公共领域,认为通过竞争机制可以实现政府管理效率的提升。通过恰当的绩效管理,可以将政府官员塑造成具有企业家精神的管理者,最终达到好的管理效果。然而,公共部门的管理毕竟和私人部门之间有很大的差异,很多市场竞争的手段引入公共领域后,可能短期能看到效率的提升,但是从长期看,可能会产生其他的一些社会问题,这也是新公共管理理论推行以来饱受指责的地方。另外,经济学理论把人假设为自利的"经济人",公共选择理论认为政治领域里的官员也具备"经济人"的特性,其做出的选择也会寻求自身利益最大化,而新公共管理理论认为官员是具有企业家精神的管理者,这也是新公共管理理论与其他理论的一个重要分歧。

三、新公共管理理论与国家审计

作为公共管理一种新的模式,这场新公共管理运动对于西方公共部门管理尤其是政府管理的理论与实践产生了重大而深远的影响,同时也促进了西方一些国家的审计尤其是政府效益审计的发展。新公共管理为政府效益审计所创造的政治环境从根本上说是一种政治需求,一种对政府绩效审计结果的需求,正是国家、政府和社会民众对政府绩效的高度关注,产生了绩效审计的政治需求。新公共管理运动是一个公共行政模式由规制导向发展为市场导向的进化历程,它对政府责任及其绩效的关注不仅促进了政府效益审计的发展,还导致其从一种政治意义上的权力制约机制转变为一个市场化的绩效评估工具。新公共管理运动是政府绩效审计发展的环境,从一定程度上促进了政府绩效审计的发展。新公共管理理论认为政府应重视管理活动的产出和结果,应关注公共部门直接提供服务的效率和质量。因此政府管理应该是以结果为本的管理,即通过使命、目标以及产出或结果逐级描述,直至分解成"可测量的效益指标",从而最终通过效益的是否达成来体现行政机构和管理者的责任。

第三节　权力制衡理论

一、权力制衡理论概述

法学中把权力分为三大类:人身权力、财产权力和公共权力。其中,人身权力包括生命权、生存权、言论权、劳动权等,财产权力包括财产私有权、继承权、赠与权、处置权等。而公共权力是指凌驾于社会之上,并通过法律或者其他方式授予政府管理社会公共事务的权力,包括立法权、司法权、行政管理权、课税权、公共财产所有权等。

英国政治思想约翰·洛克认为,人类初期经历了一个自然状态时期,但这个自然状态是一个有自由、有平等、有自己财产的状态,是一种尽管自由却是充满着恐惧和经常危险的状况。为了保护私有财产,人们"甘愿各自放弃他们单独行使的惩罚权力,交由他们中间被指定的人来专门加以行使,而且要按照社会所一致同意的或他们为此目的而授权的代表所一致同意的规定来行使",由此产生了立法和行政权力的原始状态。[①] 马克思和恩格斯在对雅典、罗马、克尔特人和德意志人由氏族制度转变为国家制度的历史研究的基础上,指出国家的本质和基本特征:"国家决不是从外部强加于社会的一种力量……国家是社会在一定发展阶段上的产物。国家是表示这个社会陷入了不可解决的自我矛盾,分裂为不可调和的对立面而又无力摆脱这些对立面。而为了使这些对立面,这些经济利益互相冲突的阶级不致在无谓的斗争中把自己和社会消灭,就需要有一种表面上凌驾于社会之上的力量,这种力量应当缓和冲突,把冲突保持在'秩序'的范围以内。这种从社会中产生但又自居于社会之上并且日益同社会脱离的力量,就是国家。"

公共权力是为了维护社会公共秩序和公共利益的需要通过部分私人权力的依法让渡而形成的。公共权力是人类理性的产物,是公民为了维护自身的权利,推选出部分公民代表制定法律以确定公共权力的运行规则,由政府掌握的公共权力应在法律确定的范围内行使,公共权力在没有经过法律授权的范围内不得行使。公共权力与公共责任是对等的,

---

① 洛克.政府论(下篇)[M].瞿菊农,叶启芒,译.北京:商务印书馆,1981:5-6;77-78.

政府作为行使公共权力的主体必然要承担相应的公共受托责任。

　　从公共权力的来源来看无外乎三种形式：第一种是基于继承的权力，主要表现为权力世袭制，这种权力继承的维系依据的是家族的血缘关系。我国自夏朝废除了禅让制度后就开始了权力继承的历史，世界上其他国家也经历了漫长的权力世袭的历史。第二种是基于暴力的权力，通过暴力获取权力和依靠暴力执掌权力，一个政权的最初更迭一般是通过暴力手段的实现的。第三种是基于契约的权力。英国哲学家托马斯·霍布斯认为，国家是独立的个人为摆脱"人自为战"的混乱状态相互缔结契约形成的，国家是人们遵守"自然法"订立契约所形成的一部人造机器。法国著名启蒙思想家卢梭认为，国家是建立在自由人直接的社会契约之上的，社会契约是以公意为基础，通过社会契约赋予国家和构成国家的每个人的绝对权力，国家主权属于全体民众，政府的组建是源于人民的委托与权力的让渡。而法律则是公意的体现，宪法被认为是社会契约的一种规范化的表现形式。这种公共契约不同于私人契约，和私人契约相比具有以下几个方面的特征：

　　1.公共契约不是个人与个人之间缔约的结果，它是集体意志的体现，是为了促进公共利益。

　　2.基于公共契约成立的机构拥有一定的权力和承担相应的责任。

　　3.由于公共契约履行的成本不是由个人来负担的，政府机构官员会有风险偏好和机会主义倾向。

　　4.公共契约保护的是社会公众的利益，就每一个社会成员来看，政府提供的公共服务和公共物品与其承担的纳税义务并不对等。

　　权力制衡，是指在公共政治权力内部或者外部，存在着与权力主体相抗衡的力量，这些力量表现为一定的社会主体，包括个人、群体、机构和组织等等。他们在权力主体行使过程中，对权力施以监督和制约，确保权力在运行中的正常、廉洁、有序、高效等，并且使国家各部分权力在运行中保持总体平衡。这些制衡有利于保证社会公正合理的发展方向，以及社会整体目标的实现。

　　政治制度中的分权制衡机制有广义与狭义之分。狭义的分权制衡就是通常所说的三权分立，广义的还包括各种非国家权力之间的制衡，如利益集团、媒体、政党等社会力量对国家权力的制衡。如果说三权分立并不具有必然的普遍意义，那么分权制衡原理则具有必然的普遍意义。

　　现代国家的政府作为公权力的使用者，其手中所掌握的公权力具有自我扩张的特性，再加上公权力具有很大的自由裁量权，这很容易导致政府官员决策时为了满足自身利益的需要而损害社会公众利益，造成权力滥用、权力寻租、政府不作为等现象的发生。而由于存在着信息不对称，社会公众和代议机构又很难对政府行为进行有效的监督。权力制衡就是在公共政治权力内部或外部存在着与权力主体相抗衡的力量，它们之间相互牵制。权力制衡一般是通过分权实现的，目的是防止权力过分集中，有利于提高权力的使用效率，保证权力运行的合法和安全。关于权力制衡理论最早的论述可以追溯到古希腊的政治家亚里士多德，他认为一切政体都应当由三个要素作为构成的基础，即议事机能、行政机能和审判机能（亚里士多德，1965）。近代资产阶级权力制约的代表人物洛克认为，如果政府的权力成为不受限制的绝对权力，就会成为专制的权力，必然会危害人民的生命、自由、财产安全。洛克在《政府论》中提出"用强力对付强力"的原则,主张立法权、执行权和联盟权三权分立。公共权力分属于不同的机构掌握,就会形成一种制衡,当某一权力机构试图超越边界行使公共权力时,会受到来自于其他权力机构的牵制,从而在一定程度上对权力的滥用形成制约。公共权力的复杂性决定其必须要"分权"。即使在政体上是君主拥有绝对的权力的专制体制下,内部也存在王权的纵向授予和分权。分权理论的思想渊源可追溯到古希腊的亚里士多德,他在《政治学》中提出:"一切政体都有三个要素——议事机能、行政机能和审判机能。"

二、权力制衡理论与国家审计

现代国家审计机构作为代表民意对政府实施监督的机关,其审计监督权的来源具有公共性,审计监督权的公共性意味着国家审计监督必须为公共利益服务。通常,政府能否合理利用掌握的公权力管好用好社会公共资源是公众所普遍关心的问题,公众希望政府公开解释、说明其使用权力的方式,并在权力被滥用时加以约束和限制。然而,公共契约和私人契约最大的不同就在于私人契约在合约到期后产生的合作剩余①可以在缔约方之间按约定进行合理分配,而履行公共契约所产生的剩余只能归全体公众所有,这就会存在公共契约对于政府官员的激励作用有限的问题。而按照"经济人"假定,政府官员参加政府机构也要实现自身利益最大化,以此假定为前提,政府官员在政治活动时就有可能出现消极、假公济私、舞弊等行为。

因此,有学者认为,在一个权力运行良好的国家,政府必须接受来自两方面的约束:一是公民施加的外部约束,即政府对公民承担的垂直受托责任;二是立法机关对政府施加的约束,即政府对立法机关承担的水平受托责任。上述两种机制共同作用保证受托方完整有效地履行公共受托责任。垂直受托责任中,政府面临的压力包括公民的选举行为,社会组织、媒体的监督等。水平受托责任中,政府面临的压力包括来自立法、审计等方面的监督。国家审计制度就是维持契约关系均衡的一种有效机制,是代表国家对政府的监督。通过国家审计,对政府公共管理的全过程进行监督,审计报告提交给代议机构审查,并将审计结果向全社会公告,这样可以有效解决社会公众、代议机构与政府之间的信息不对称问题,提高政府工作的透明度,实现对公共权力运用的有效监督,从而提高国家治理的效率。

---

① 合作剩余是指通过合作获得的纯收益与通过竞争(或者不合作)获得的纯收益之间的差额,是道德哲学使用的概念。

第四节　公共选择理论

一、公共选择理论

公共选择理论(public choice theory)是一种以现代经济学分析民主立宪制政府的各种问题的学科,传统上属于政治学的范畴。公共选择理论研究选民、政治人物以及政府官员们的行为,假设他们都是出于私利而采取行动的个人,以此研究他们在民主体制或其他类似的社会体制下进行的互动。

公共选择理论是 20 世纪 60 年代逐渐形成和发展起来的一个理论流派,它把经济学理论应用于政治领域的问题研究,以"经济人"假设为前提,研究政治市场上人的行为及行为规律。公共选择理论将人类社会分为经济市场和政治市场,经济市场上交易的对象是私人物品,活动的主体主要是消费者和企业;政治市场上交易的对象是公共物品,活动的主体主要是选民、政治家、政府官员以及不同的利益集团。公共选择理论认为,在政治市场上活动的人和在经济市场活动的人是同一个人,没有理由相信一个昨天还在经济市场上斤斤计较的"经济人",由于变成了官员就成为道德高尚的人。公共选择理论将经济学的理论和方法用于政治市场的研究,力图在政治市场上建立一套科学、严谨的理论分析体系。公共选择理论认为政治市场上的官员同样具有"经济人"特性,官员一旦有机会便会以权谋私,以损害公共利益为代价谋求个人私利,这势必导致政府治理的效果严重偏离公共利益,甚至出现政府非但不能解决问题还会使问题恶化的现象,出现"政府失灵"。一般来说,政府失灵主要包括两个层次:一是政府"不是好的政府",即政府干预不是以公共利益最大化为出发点,这个层次的政府失灵主要表现为政府管制俘虏①与权力寻租②;二是好的政府也会"好心办坏事",主要表现为政府干预下的企业低效率,而实施政府干预本身又需要花费高昂的成本。公共选择理论提出了防止出现"政府失灵"的对策:(1)进行宪政改革,建立科学高效的管理体制;(2)采用平衡预算原则;(3)在公共部门之间建立竞争机制,打破公共物品供给的垄断;(4)在政府部门内部建立激励机制。

公共选择理论的奠基者是英国北威尔士大学的教授邓肯·布莱克,他于 1948 年发表了《论集体决策原理》一文,标志着公共选择理论的诞生。公共选择理论的繁荣和发展是在 20 世纪 60 年代,其重要代表人物之一是美国弗吉尼亚大学教授詹姆斯·布坎南。布坎南在公共选择领域发表了众多的理论研究成果,他也因为在公共选择领域的贡献而获得了诺贝尔经济学奖。公共选择理论的另一代表人物是美国著名经济学家戈登·塔洛

---

① 管制俘虏是指政府管制的目的是为了促进产业的发展,提高资源配置的效率。但是,作为管制者的政府最终可能被利益集团所控制,成为利益集团的代言人。

② 权力寻租源于经济学的寻租理论,简单来说就是公权力的拥有者以权力为筹码谋求私人利益。权力寻租是一种腐败行为,但腐败并不仅仅指权力寻租。

克,他于1966年创办了《公共选择》杂志,并和布坎南一起完成了《一致同意的计算:宪法民主的逻辑基础》这一经典著作。

公共选择理论的独到之处就是使自己的触角突破了传统经济学的范畴,大胆地涉及被经济学家所忽视的政治过程,包括国家理论、选举规则、选民行为、党派纷争、官僚体制等。它认为公共选择的过程是一个利益冲突的过程,而不是通过政府官员的安排社会福利最大化的过程。公共选择理论认为应当通过必要的手段对政府部门的行政权力加以约束,以完善政府的治理活动。

二、公共选择理论与国家审计

公共选择理论将政治领域看作一个特殊的市场,其主要特征是用经济学的方法来研究广泛的非市场决策的政策问题,这一理论为我们科学认识政府的公共管理行为及其效益提供了经济学解释,为对公共资源管理及使用效益的审计提供了方法论。

政府或官员有追求个人威信和政绩的强烈动机,因而政府部门具有提供过剩公共服务倾向,造成公共资源浪费。政府行为中的一个特点是其决策的着眼点往往不是增进公众的实际利益,而是去扩大自身的影响,这些行为均会影响政府行为的效率和效果。我国正处于制度体制的变革过程中,尚未建立起严密的抑制官僚主义的法律制度与有效的监督管理机制,迫切需要对各级政府以及官员的职能履行加强约束,对政府管理和使用公共资源的动机和能力加强监督,这也客观上对国家审计监督提出了要求。党的十六、十七大、十八大均提出审计监督应作为权力的制约和监督的手段之一。

第五节　国家治理理论——现代国家审计的理论基础

一、国家治理理论

(一)治理理念的提出

治理(governance)的原意是指控制(control)、操纵(manipulate)和引导(guide),是源于拉丁语和古希腊语的一个词语。治理从本质上讲是政治活动方面的术语,是指借助权威使无序的状态变得有序。现代治理理念自20世纪30年代开始产生,进入20世纪80年代,现代治理理念在西方国家广为流行,西方的学者和政治家也赋予了治理更多的内涵,治理不再仅仅局限于政治领域,而是涉及社会、政治、经济、文化、生态等各个方面,是一个广义的范畴。

应该说自从有了国家就有了治理,但是传统意义上的国家治理指的是如何通过统治来稳固国家政权,现代意义上的治理内涵和传统的统治有着本质的区别。最早将现代意义上的治理理念引入国家治理中的是世界银行,1989年世界银行关于非洲的一份研究报告中首次使用了"治理危机"这一表述,1991年世界银行将治理界定为政治机构利用公共资源管理社会事务的活动。随后,世界银行在1992年以"治理与发展"为标题发布了年度报告。联合国全球治理委员会在1995年发表的研究报告中,对治理的内涵作了比较全面的解释,该研究报告认为治理是使不同的利益主体相互协调并保持良好合作关系的动态过程。治理可以是正式的制度安排,也可以是非正式的制度安排,治理是个协调、持续互动的过程。

现代治理理论的主要创始人之一詹姆斯·罗西瑙(2001)①通过治理与统治的比较来界定治理的内涵。他认为与统治相比,治理是一种内涵更为丰富的现象,它既包括政府机制,同时也包括非正式、非政府的机制,随着治理范围的扩大,各色人等和各类组织得以借助这些机制满足各自的需要和各自的愿望。库伊曼②等(1993)认为治理作用的发挥要依靠多种相互发生影响的行为者的互动,治理所要创造的秩序不能由外部强加。

世界银行在1997年对治理的内涵作了描述,认为治理包括:(1)国家政治权力系统的构建;(2)促进一国经济发展和有效利用社会资源过程中各种权力(包括公共权力但不仅限于公共权力)使用的过程;(3)政府公共政策的制定和执行能力。

联合国开发署(1997)认为治理包括治理机制、治理过程和治理制度三个方面的内容。治理是通过权力的行使来处理一国所有事务,在这一过程中公民个人及各类社会组织可以充分表达利益诉求,行使其合法权利并承担相应的责任和义务。

美国学者格里·斯托克认为治理源自政府但又不局限于政府,它是一种网络状的自治行为,治理过程中各个行为主体之间存在着权利依赖关系,治理过程中由于不同利益主体之间存在着界限和责任方面的模糊,需要通过互动、协商的方式解决。

格里·斯托克(2000)对治理的内涵进行了五个方面的界定:(1)治理的主体来自政府但又不完全限于政府;(2)由于社会和经济问题存在责任的模糊性,因此治理的对象也存在模糊性;(3)治理主体需依赖权力但并不局限于公共权力;(4)治理主体最终将形成自治式的网络;(5)政府可以使用多种新工具或技术对治理活动进行控制和指引。

从"管理"到"治理",虽仅一字之差,但是可以看出由"管"到"治"实现了治国理政的质的飞跃和进步。管理与治理虽非截然对立,但至少有如下显著区别(江必新,2014):

1.目标和职责不同。管理的目标和职责是实现多数人的意志和利益,往往忽视少数人的意志和利益;而治理的目标和职责是实现全社会的公共利益,实现所有人的利益最大化,寻求所有社会成员意志和愿望的最大公约数。

2.主体不同。管理的主体只是政府,而治理的主体还包括社会组织乃至个人。党的十八大以来,中央多次强调要"加快形成党委领导、政府负责、社会协同、公众参与、法治保障的社会管理体制",实际上已经体现了多元共治的理念。这一变化意味着,国民是国家政权的所有者,也是国家治理过程的参与者;政府不再只是治理的主体,也是被治理的对象;社会不再只是被治理的对象,也是治理的主体。

3.权源不同。政府的管理权来自权力机关的授权。尽管权力机关授权从根本上说是人民授权,但人民授权毕竟是间接的。而治理权当中的相当一部分由人民直接行使,这便

① 詹姆斯·N.罗西瑙.没有政府的治理[M].张志新,等译.南昌:江西人民出版社,2001.

② 库伊曼,等.管理公共组织[M].利希尔市:萨吉出版公司,1993.

是所谓的自治、共治。

4.权威的性质、根据和向度不同。管理的权威依赖国家机器自上而下的强制;治理的权威除来源于国家法律规范之外,更多地来源于国民和社会组织的权利、共识合意、协商、契约等。管理的权威形成过程往往是单向的、强制的、刚性的,因而管理行为的合法性、民主性常受质疑,其有效性常难保证;治理的权威形成过程是复合的、合作的、包容的,治理行为的合理性受到更多重视,其有效性大大增加。

5.方式、方法不同。管理更多以命令、权力、规制、设定负担和处罚责任为基本方式,而治理则强调更少的强制、更多的合意,更少的负担、更多的服务,更少的独断专行、更多的沟通协商,更少的排斥和歧视、更多的共赢,更少的惩罚制裁、更多的激励,更少的任性擅断、更多的规则治理,更少的暗箱操作、更多的阳光透明,更少的行政命令、更多的行政指导,更少的原始"刀耕火种"、更多地运用科学技术,更少的被动应付、更多的能动规划预测,更少的猝不及防、更多的风险预防,等等。

应当说,近些年来中外学术界对"治理"问题的广泛关注绝非偶然,而是具有深刻的社会历史背景,是伴随着"治理"问题出现和"治理危机"产生而日益受到重视的。传统国家依靠政府实施管理的模式在全球化背景下显得力不从心,政府管理也不断受到来自市场和社会的种种挑战,政府管理不得不向"治理"转变。从横向看,主权国家日益融入全球化进程之中,主权国家需要考虑协调好与其他主权国家、国际组织、非政府组织甚至跨国公司等多方主体的关系,共同面对和处理超出主权国家治理能力范围的公共问题。主权国家对这些关系的处理,不可能完全依靠传统管理模式,需要更多地依靠磋商、沟通、协议、合作解决,这样才能实现"治理"。从纵向看,主权国家传统上在对国内实施管辖权时,大多依靠单向的行政命令、强制方式,不考虑或者较少考虑与被管理对象的协商、互动解决。但是,面对政府超强管理可能出现的政府失灵,政府在促进经济社会发展时,必须尊重市场、社会作为一种治理力量的存在,要考虑与市场、社会的共生共进关系。特别是现代经济社会发展面临的突出问题和复杂形势,单靠政府、市场、社会任何一方力量都难以有效解决,必须推动政府、市场、社会的协商合作,这就需要把三者之间的关系建立在"治理"的基础上。"总之,治理问题的提出意味着传统的、由政府自上而下实施权力的单中心统治过程已经日益被多中心、多向度互动协调的治理过程所取代,国家内部与外部不同组织、制度与行为主体之间的关联性、相互依赖性越来越紧密。"(张慧君,2009)

综上所述,治理理念的提出是和社会经济的发展相适应的,体现了单纯依靠政府实施单向度管理的传统行政理念已经发生了改变,社会需要以一种新的理念和方式进行治理。

(二)治理的内涵

从上面几种关于治理的定义可以看出,广义治理的内涵和外延是宽泛的,关于治理的内涵不同的学者和组织对其定义是不同的,涵盖了社会政治、经济等各个领域,目前还没有一个统一的、大家普遍认可的定义,而且,随着时代的发展,治理的内涵也在不断地丰富。但是,正如任何学科的发展规律一样,治理理念也不是横空出世的,它也是在传统理论基础上的扬弃。综合各家观点,我们认为治理的内涵是由以下几个要素构成的:

1.治理的主体并不必定是政府。从主体上看,强调主体多元化,治理是出自于政府,但又不限于单一的政府组织。在治理理念下,不再局限于传统的政府与市场的二分法,取而代之的是政府、市场与社会三分法。治理强调政府要放权,注重市场和社会力量在治理中的作用。

2.治理是一种利益协调机制,强调行为主体的自主性。治理有别于传统的控制,强调不同利益主体之间的平等对话,不同主体之间具有平等的法律地位,注重不同利益主体之间相互参与、对话与合作。

3.从治理的手段上分析,治理不再强调单一的自上而下的管理模式,也不过于注重管理的技术手段,而是强调"多中心"、"协同化"等多重手段和方式,强调全社会对公共事务的共治。

4.治理可以是政府颁布的正式的制度,也可以是企业、社会形成的非正式的制度。

当社会发展到一定阶段,随着民主的进步,单纯依赖国家权力垄断政治和公共事务的"统治"的办法已经不能适应人类社会发展的需要,传统的国家治理方式需要变革。将治理理念引入到国家层面就是国家治理,是指国家通过政治权力的行使,对政治或公共事务做出一系列的制度安排。我国原国家审计署审计长李金华认为,公司治理不好会给投资人造成损失,需要加强公司治理,国家同样需要治理,国家治理效率低下就会造成社会混乱,产生腐败、权力寻租等问题。与传统国家行政理念相比,现代国家治理理念克服了传统国家行政下的权力垄断,体现了一种主权在民的思想,是多中心治理,更注重协商和合作,更关注国家权力和社会权力的互动,体现了社会治理的价值取向。国家治理体系包括规范行政行为、市场行为和社会行为的一系列制度和程序,政府治理、市场治理和社会治理是现代国家治理体系中三个最重要的次级体系(俞可平,2014)[①]。在三个次级体系中,政府治理是核心,政府作为唯一执行公共权力的机构,能否合理利用公共权力维护公共秩序和实现公共利益是国家治理的关键。

因此,现代国家治理是以国家公权力的配置为核心的,按照国家治理的架构将其分为政府、市场和社会三个主体,其中每一个主体都是由一系列的组织架构、治理机制和相关法规、制度构成的,国家治理就是协调政府、市场和社会三者之间关系,寻求一种新的互动方式,以应对社会问题的复杂性、多样性和动态性。现代国家治理的核心问题是合理界定政府、市场和社会的边界,促使三者之间形成相互协调、相互制约的治理机构,实现社会资源的有效配置,共同推动社会经济的持续、均衡发展。与传统的国家管理理念相比,国家治理理念是一种基于社会分权基础上的治国方略,它充分考虑了国家政治权力和社会力量的互动关系,其实质是国家权力向社会的回归,是寻求建立国家政治力量与社会力量的良好合作和协调的新型运行机制,是民主进步和社会发展的必然结果。

第六节　现代国家治理与国家审计的相互关系

一、现代国家治理理念的主要变化

国家治理理念的提出体现了对传统的政府管理观念的革新,与传统的政府管理理念

---

① 俞可平.推进国家治理体系和治理能力现代化[J].前线,2014(1).

相比,国家治理理念的变化主要体现在以下几点:

(一)从传统行政理念到治理理念的转变

传统行政管理是建立在韦伯式官僚体制理论基础上的。传统行政模式下,政府管理者处于行动的中心,行政部门处于政治领导的控制之下,政府内部实行层级管理,政府内部组织具有永久性和稳定性。传统行政模式下权力的产生是自上而下的,整个行政体制是金字塔式的等级森严的体系,行政机构是单一的治理主体,对社会进行单向管理。这种治理理念适用于外部环境变化缓慢、信息量比较小、管理事务相对单一的传统时代。而在全球化的今天,科技发展日新月异,新旧事物更替的周期越来越短,特别是随着互联网时代的到来,信息传播迅速,信息量爆炸式增长,人们之间的空间距离在缩短,政府失去了对信息资源的垄断,传统的行政模式已经不能适应社会经济的发展,人们希望能够得到更加快捷、优质、公平的公共服务,现代国家治理模式正是随着社会需求的改变应运而生。

现代国家治理模式下,各种利益关系进入并参与公共政策的制定和公共事务的决策,国家治理中虽然政府组织发挥着主导作用,但是治理活动已经不再仅仅局限于政府组织这个单一主体,它还包括其他政治组织、经济组织、社会团体和公民的参与。这就意味着国家治理模式下国家和社会关系的重新调整,政府与市场、社会组织、个人之间要建立互动的合作关系,政府公权力的行使过程要体现出公开、公正、透明、回应和公民参与等特征。公共领域的多元主体参与意味着政府组织要和其他社会组织和公民在制度框架范围内共同分享治理权力、分担治理责任,政府在这一过程中要积极为多元主体参与国家治理创造良好的制度环境。

管理理念下,政府希望通过行政权力对组织、个人及其行为进行控制,存在着主体与客体之分,即政府部门的管理者是主体,被管理者是客体。管理型政府行政权力相对比较集中,管理体现了国家意识形态,权力的运行是自上而下的,依靠行政命令垂直地执行政府的管理职能。进入20世纪80年代,传统的行政管理模式引起了社会公众的强烈不满,以英国政府为代表的西方各国发起了新公共管理运动,强调把私人部门的管理理念引入到公共部门。但是,政治的过程和市场的过程是不同的,新公共管理理念由于忽视了公共部门和私营部门之间的差异,过分强调市场竞争的作用,在实践中也具有一定的局限性。

由于以政府为中心的传统行政模式和引入私人部门理念的新公共管理运动都不能很好地提高治理效率,人们开始寻求第三种方式,那就是治理模式。通过多年的实践探索,人们逐渐意识到市场和政府都是有缺陷的,单纯依靠市场机制无法实现资源配置的帕累托最优,而单纯通过政府行政手段同样存在着"政府缺陷",国家治理模式正是为了克服传统行政体制的弊端,改善国家治理的效率和效果而产生的。国家治理模式需要以日益壮大的公民社会为基础,它是政府和市场力量的重要支撑。公民社会组织的突出特征是自发性和非政府性,它在一些领域具有得天独厚的优势,可以通过和政府合作,行使一些管理职能,也可以通过和其他社会组织签订的一些非正式条约解决政府和市场无法解决的问题。

现代国家治理模式下,治理主体是多元的,政府的职能是提供公共服务,政府活动的范围大大缩小,政府不再是无所不能的"全能型"政府。在整个国家治理体系中,政府、市场和公民社会的地位是平等的,分别在各自的领域发挥其作用,各主体在制度框架内协同配合、相互支撑。传统的行政模式下,政府是管理的主体,权力的运行是单向的,从管理者传递到被管理者,而治理模式下,权力的运行是多项的、互动的。因此,现代国家治理理念是一种协同理念,国家治理注重的是服务、协商和互动,权力中心是多元的,通过政府、社会组织及个人之间的平等对话协商解决矛盾争端,改变了传统行政模式下的管理与被管理模式,整个国家治理体系是一个各组织、成员平等组成的共同体,政府、社会组织及个人均以提供公共服务为宗旨,公共信息是公开的,各组织、成员间的信息是对称的。

(二)从一国理念到全球理念的转变

第二次世界大战以后,随着科学技术的发展,世界经济日益突破国家和地区的界限,呈现全球化的趋势,经济发展的全球化也引发了政治、文化、环境、社会等领域的全球化过程。英国学者苏珊·斯特兰奇认为全球化会造成国家权威的衰弱,它侵蚀着国家和政府的主导作用。① 全球化背景下国家不会消亡,但国家治理结构需要重新调整,全球化迫使国家在治理国内事务时要有全球化的视野。传统时代国家政策的出台只需要关注国内因素就可以单独决定,而全球化和互联网时代的到来,使得很多国家事务已经超越国界,不再是单独某个国家内部的事情。全球化导致公共物品的提供和私人物品的生产跨越了国界。菲利普·G.切尼(Cerny,1995)认为,经济全球化造成不同的经济活动(由物品/资产的结构而定)越来越需要不同层次和不同规模的制度安排进行规制。全球化在给世界各国带来发展机遇的同时,也产生了大量全球性的问题。诸如全球环境问题、人口问题、毒品问题、艾滋病问题、金融危机问题等等,面对如此众多的公共问题,任何一个国家都难以做到独善其身,也很难通过一国之力单独解决上述问题,需要世界各国通力合作,在全球范围内利用政府或者非政府组织,通过签订正式的和非正式的国际条约,实现公共事务的全球共同治理。

综上所述,全球化对国家事务决策所带来的影响主要体现在两个方面:一是国家要积极加入全球化进程。一个国家要在全球化的进程中避免被外部世界所淘汰,必须积极加入国际社会,国家治理举措要有全球化的公共视野,在制定经济政策、环境治理、提供公共服务等内部事务方面要适应国际规则,考虑国际市场变化以及其他国家对策等因素。全球化要求国家治理的目标不再单独局限于国家领土范围之内,而是全球的视角,应充分考虑国际社会的共同利益和需求。二是如何应对全球化带来的问题,如全球化带来的环境、经济安全、贫穷、移民等问题。由于很多问题是全球性问题,单靠某一国家无法单独解决,全球化导致国家的单一决定在一定程度上丧失了权威性。因此,世界各国在国家治理决策中要采取一种合作的态势,在维护国家主权的同时应积极融入国际社会,参与全球治理。正如全球治理委员会 1995 年的报告所言:"在全球层面,治理事务过去主要被看作是处理政府间关系,而现在必须这样理解,它也包括非政府组织、公民运动、跨国公司和全球资本市场。"

(三)引入公民社会的理念

公民社会(civil society)一词最早出现在古希腊亚里士多德的《政治学》一书中,也翻译为"民间社会",最初指的是城邦国家。经历了漫长的历史演进,人们对公民社会的认知

---

① 安东尼·吉登斯.民族—国家与暴力[M].胡宗泽,赵力涛,译.上海:三联书店,1998.

已经大大超越了城邦的范畴,无论是公民社会的内涵还是外延都发生了巨大的变化,公民社会已经从最初的城邦扩展到了整个社会公共领域。我国学者俞可平(2006)将公民社会定义为国家或政府系统,以及市场或企业系统之外的所有社会组织或民间关系的总和。一般都把公民社会组织看作是公民社会的核心要素,是公民社会的基础和载体,一些学者甚至直接在二者之间画等号,把公民社会等同于公民社会组织。一般说来,公民社会组织有两大特点:(1)非政府性。公民社会组织不代表任何国家或者政府,它独立于行政权力之外,和政府之间的关系是协商与互动。一方面,公民社会组织的健康发展需要政府创建一系列的规制;另一方面,公民社会组织可以和政府合作代行一些公共事务职能。(2)非营利性。公民社会组织开展活动的主要目的是提供公共产品和公共服务,活动所取得的资金收益也仅仅是为了维持组织活动的开展。

公民社会组织是政府和市场之外的所有社会组织,是传统政府和市场二元中心之外的另一政治中心。从西方国家的政治实践分析,公民社会意味着政府权力的边界,它是独立于政府权力干预的领域,是多极化国家政治中心中的一极。公民社会的兴起对传统的行政管理理念产生了强烈的冲击。传统的行政理念注重的是管理,权力是自上而下单向使用的,政府居于政治权力的中心。而公民社会的兴起,使得社会与国家关系重构,主要体现在两个方面:一是公民社会组织的自主领域不断扩大,国家要给予其充分的自主权,减少国家干预;二是国家职能要重新界定,国家要注重培育、保护和调节公民社会组织。

公民社会组织是存在于市场和政府之外的第三种力量,随着这一力量的不断壮大,形成了国家治理结构中政府、市场和社会组织三足鼎立的局面,这就要求国家治理要注重政府、市场和社会三者之间的互动和融合。我国在计划经济时代,国家权力高度集中,公民社会被国家权力所湮没。改革开放以来,政府在各个领域实施简政放权,市场经济得到了飞速发展,与之相伴的是社会利益主体多元化,各种社团组织广泛兴起并发展壮大。而随着社会力量的不断壮大,公民社会的自组织能力增强,民间自治组织广泛参与国家治理,弥补了政府和市场的不足,社会力量通过自愿或者购买公共服务的方式提供公共产品,可以有效地缓解"政府失灵"和"市场失灵"问题。

二、现代国家治理架构

(一)国家治理体系的总体架构

虽然对于国家治理的内涵学术界尚没有统一的定义,但是从人类社会发展的长期过程来看,政府、市场(私人部门)和公民社会三者共同构成了国家治理的基本要素。国家治理的目标就是通过科学划分政府、市场和社会三者的界限,合理配置公共权力,实现政府、市场和社会三者之间有机的协调、互动,使社会资源得到有效配置,更好地满足人们的需要。

在人类社会发展过程中,政府、市场和公民社会在不同的历史时期扮演的角色和所起的作用是不同的,政府作为公共权力的拥有者,自从产生那天起无疑就在国家治理体系中起着最重要的作用。然而,随着时代的发展,市场和社会的力量的逐步壮大,政府、市场和公民社会三者力量之间存在着此消彼长的关系。随着市场经济的发展和公民民主意识的增强,公民社会自治能力的提高,社会公众希望政府成为"有限政府",要求政府向社会放权,把更多的自主权交还给市场和公民社会。因此,政府、市场与社会三者在国家治理过程中的力量对比是一个动态博弈的过程。进入20世纪80年代以后,随着民主的进步和市场力量的壮大以及全球经济的一体化,引发了国家治理理念的巨大变革,世界各国都在追求一种"善治",希望通过政府、市场与社会三者力量的重新构建和互动协调,创造出一种更加有效的国家治理机制。

综合学术界的不同观点,本书认为现代国家治理理念下的国家治理结构如图3-1所示。

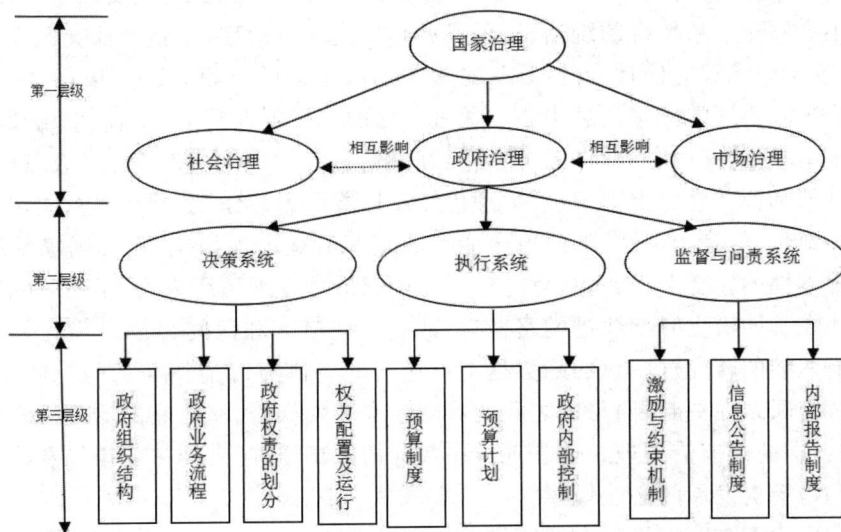

图 3-1　国家治理构造

资料来源:张文秀,等.国家治理、问责机制和国家审计[J].审计与经济研究,2012(6)(略有修改).

国家治理架构,实质上是国家治理权责在政府、市场和社会三者之间的配置。在整个国家治理架构体系中,第一层级指的是政府治理、市场治理和社会治理三者在整个国家治理体系中的权责配置及相互间关系。从形式上看,尽管政府、市场和社会呈三足鼎立势态,政府治理、市场治理和社会治理相互协调与互动,但从地位来说,拥有公权力的政府无疑处于主导地位,社会的法律及其实施的保障系统、社会的基本制度环境以及主要的公共物品都是由政府来提供的,没有政府治理创造的制度环境,市场治理就会呈现一种无序的状态,社会治理也会成为利益集团俘获政府的工具。与政府治理相比,市场治理机制表现为一种横向的制度协调,通过自由竞争、优胜劣汰实现对社会资源的配置。社会治理通常具有非官方性,是由社会组织自愿参与,社会组织成员在独立、自愿、平等、互惠的基础上协调集体活动,参与社会事务。美国行政学家Kornai(2001)认为在国家治理结构上要警惕三个谬误:一是对政府治理的过度迷信;二是对市场矫正的过度迷信;三是对公民社会、非政府组织、非营利机构以及社会资本的过度迷信。这也就是说,在国家治理架构上,政府治理、市场治理和社会治理各自发挥其功能,但均不完美,需要外部手段加以制衡和协调。第二层级是政府、市场和社会各自内部的权责构成。其中政府权责构成包括三个子系统——决策系统、执行系统和监督系统,而每一系统内部又涉及不同部门之间的相互关系及权责的界定。决策权、执行权和监督权的相互制衡及有机协调是保证政府治理运行良好的重要因素,其中决策系统是核心,执行系统是关键,监督系统是保障。国家治理的最终目标是实现政府、市场和社会三者之间达到动态的协调,整合社会各方力量形成合力,共同促进整个社会健康、稳定、和谐发展,实现社会资源的优化配置和社会分配的公平与正义。

美国著名政治和行政学家 B.盖伊·彼得斯(B.Guy Peters)(1982)认为国家治理是一个持续不断的过程,也是一个永恒的主题,而且几乎可以肯定的是:只要国家存在,这一过程就永远不会停止。从传统的统治、管理发展到现代国家治理,是整个社会民主不断进步的表现,体现了政府权力向社会的回归,是一个还政于民的过程,政府、市场、社会三者之间共同构成国家治理的三个治理中心。通过上面的分析可以看出,政府、市场和社会三者在国家治理中不是各自独立的体系,而是相互融合、相互依赖。现代国家治理理念下,虽然在政治领域和公共事务方面,政府治理仍然发挥着巨大的作用,并在整个国家治理体系中居于主导地位,但是,与传统的政府全能型的国家治理理念相比,现代国家治理理念已经发生了根本性的转变。而且,从世界各国的国家治理发展历程来看,虽然不同国家其国家治理模式在不同历史时期演进的路径有所不同,但市场和民间力量逐步壮大以及由此引发的政府职能的转变这一总的趋势是不可逆转的。伴随着全球经济的一体化,世界各国的命运紧密联系在一起,国与国之间的界限越来越模糊,国家之间的治理模式也相互影响与融通,各国的国家治理理念也表现出一些共同的特征,越来越多的市场和社会力量参与国家治理是历史发展的必然规律。

(二)政府治理在国家治理中的地位

国家治理就是在一定的国家治理架构中通过公共权力的合理配置和运用,实现对国家和社会公共事务的管理与服务,最终实现国家治理目标。现代国家治理表现为治理主体的多元化和治理中心的多样性,在多元的治理主体中政府仍然是治理的核心。[①] 究其原因,主要表现在以下几个方面:(1)政府是公共产品的主要供给者;(2)政府是维持社会秩序的法规、制度的主要提供者;(3)政府是其他社会行为主体发生矛盾或纠纷的仲裁者;(4)在市场和社会力量还比较弱小时,政府是市场和社会力量壮大的维护者。

一个有效的政府应该是在法律约束下的"有限政府",也就是说政府只是享有人民授予它的公权力,公权力的行使也只是为了人民授予它的目的,政府公权力要在法律的框架内依法行使,而政府透明度和公信力则是衡量政府治理效率的重要因素。因此,一个有效的政府应该是法治政府、透明政府和服务型政府。

由于政府是国家治理体系中的核心,政府治理效率的高低就会直接影响着国家治理的效果。政府治理的目标既要促进整个社会的全面发展又要兼顾公平,要注重保护社会

---

① 西方有学者认为政府并不必然成为政治权力的中心,市场和社会组织同样可以在政治生活中占据主导地位。鉴于我国的国情,本书认为在今后相当长的一段历史时期内,政府在我国政治生活中仍然处于主导地位。

中的弱势群体的利益。对于能够交给市场和社会的事务,政府都要坚决地退出,政府要通过制度设计创造出一个有利于市场和社会发展的公平环境,让市场和社会组织真正发挥其应有的作用,真正成为和政府地位同等的治理主体。

政府应在"市场失灵"和"社会失灵"①的领域充分发挥其作用,政府处理公共事务要与市场治理主体和社会治理主体之间通过合作、对话、协商的方式进行沟通。需要说明的是,市场和社会组织作为国家治理的主体之一,在参与国家治理过程中虽然法律地位和政府是平等的,但在法律授权的情况下仍需接受政府的管理。

市场治理和社会治理主体要发展壮大,诚信机制和良好的社会道德规范是必不可少的。但是,市场机制的有效运行和社会组织的壮大单纯依靠诚信和社会道德规范是无法顺利实现的,还需要政府颁布法令对参与国家治理的市场主体和社会组织的行为加以规范。政府通过为市场交易提供规则实现市场的公平竞争,防止恶性竞争和垄断的发生,实现政府治理的目标。从市场经济的发展历程看,私人商业仲裁制度让位于正式的法律仲裁制度就充分证明了政府在整个市场经济发展中的重要作用。政府在尊重诚信和社会规范的基础上,借助公权力通过颁布法令为市场经济提供制度保障,成为市场秩序重要的提供者和维护者。当然,在政府治理过程中如果行为不当,也会出现"越位"或者"缺位"的问题,产生"政府失灵",政府治理机制就没有很好地发挥作用。对社会组织的成长,政府可以通过颁布法令的方式明确社会组织的权利和义务,以及社会组织参与国家治理的领域、方式和路径,为社会组织参与国家治理提供依据。

(三)市场治理在国家治理中的地位

市场是商品交换的场所,也是商品交换关系的总和,它既包括人们直接能感知到的物与物之间的交换关系,也包括隐藏在商品交换关系背后的人与人之间的关系。对于市场机制亚当·斯密在其《国富论》中有过这样的论述:每一个人在决定自己行动的时候,所考虑的并不是社会的利益,而是他自身的利益,但是人们在追求自身利益的时候,会在一只"看不见的手"的指引下,实现增进社会福利的目的,这只"看不见的手"就是市场机制。世界经济的发展实践已经证明市场机制是实现资源配置效率最有效的机制,市场通过自由竞争一方面为各参与主体提供了一个平等、自由竞争的环境,另一方面通过优胜劣汰将资源配置到使用效率最高的部门。

市场治理实际上是治理理念在市场领域的应用。市场机制需要一定的秩序,这种秩序的本质是使市场处于有序竞争状态,市场上的各利益关系主体相互协调。青木昌彦对市场治理机制进行了总结,他认为现今市场经济中的主要治理机制包括:(1)道德准则;(2)自我实施(雇佣)合同;(3)惠顾关系;(4)个人信任;(5)交易者社会规范;(6)第三方的信息传播;(7)数字化实施;(8)第三方强制实施;(9)法治系统。与此相对应,机制的实施者分别是自我、交易伙伴、市场上的交易者、第三方组织、政府法庭等。青木昌彦(2001)认为,即便是在发达的市场经济体系,私有产权和合同也不仅仅由正式的法律系统来执行,各种各样的治理机制——无论是私人的还是公共的、正式的还是非正式的,它们作为制度安排的复合体都同时发挥作用。市场治理就是为了降低交易费用、稳定交易预期、规范交

---

① 社会失灵是指社会丧失了自治能力,社会正义缺失,出现集体沉默和边缘化的盲目。

易秩序而形成的规范政府、企业、个人等市场经济活动主体之间的交易关系与经济行为的制度安排。(王刚,2010)这种制度安排是一个动态的博弈过程,是市场上各利益主体经过多次重复博弈后达到的一种动态均衡状态。

市场治理源自市场上的各参与主体对市场利益最大化的追求,市场主体希望通过市场治理来化解由于市场的无序竞争而造成的低效率,希望通过一系列清晰的制度来正确引导市场竞争,以实现对社会资源的有效配置。理论上讲,市场治理的目标有四个方面:一是市场秩序的稳定;二是不同经济主体的广泛参与;三是经济社会的可持续性发展,包括资源的有序开发及经济的可持续增长;四是社会福利与分配正义。市场治理目标的多元性要求市场治理不能用一个目标否定另一个目标,要综合考虑各方面因素,采取某一个阶段以某一目标为主其他目标兼顾的市场治理策略。

马克思在《资本论》中也对市场机制做了深刻的阐述。马克思认为市场机制作为市场特有的一种调节方式,其基本要素包括供求机制、价格机制和竞争机制。供求的变化受价格和竞争机制的制约,供求决定价格,价格是调节生产与消费的最主要的市场信息,只有当价格能够灵敏地反映供求变化关系时,价格机制才真正发挥作用。在市场治理不完善状态下,供求关系扭曲,价格信息就会失真,而失真的价格会导致市场上的供求双方做出错误的决策,造成社会资源的浪费。而竞争机制是市场机制中的另一个重要组成,在市场治理不完善的状态下,市场上会出现垄断、不正当竞争等问题,导致市场竞争机制无法正常发挥作用。因此,财产私有化与生产社会化的矛盾需要市场治理来解决,市场专业化与社会化的矛盾也需要市场治理来解决,要求市场治理必须注重消除垄断、不正当竞争等不利于市场自由竞争的因素,为市场主体创造一个公平竞争的市场环境,通过治理使整个市场变得有序竞争。青木昌彦在其《比较制度分析》一书中认为市场治理体系的构成应该如下表 3-1 所示。

表 3-1　维系市场经济秩序的治理机制体系

治理机制	实施者	预期行动决策规则 (内生性博弈规则)	域特征
个人信任	交易伙伴(第二方)	对欺骗行为的报复	重复性双边贸易机会
交易者社会规范	社区内共享沟通网络的交易者	社区对欺骗行为的驱逐	由(综合性)沟通交流网络连接的交易者
惠顾关系	已经付出拉关系费用的交易伙伴	以终止关系惩罚不诚实的交易者	事前匿名但事后可重复的交易机会
俱乐部规范	由初始者交纳会员费组成的内生性"俱乐部"的交易者	将不诚实的加油站从"俱乐部"中驱除	事前匿名但事后可重复的交易机会
自我实施(雇佣)合同	市场上的交易者	欺骗行为引致合同终止及其对后果的预期	行为和结果可观察但无法证实

续表

治理机制	实施者	预期行动决策规则 （内生性博弈规则）	域特征
第三方的信息传播	第三方组织（如商法仲裁者、信用局、网上拍卖组织、电子商务的认证机构）	对欺骗行为的信息传播、因欺骗而失去交易机会	匿名交易者
第三方的强制实施	第三方组织（如政治统治者、黑社会）	对欺骗行为的暴力惩罚	强制性暴力的不对称分配，不诚实交易的巨大收益
道德准则	自我（第一方）	因欺骗行为引起的消极的道德情感	享有相同习俗的相对均质的参与人
法治系统	法庭	对欺骗行为的依法惩治	匿名交易者，行动或结果可证实，政府对强制性暴力的垄断
数字化实施	由交易伙伴设计的计算机程序	只根据程式化的条件实施的方式交货	通过网络可提供的数字化的内容和服务的交易

资料来源：青木昌彦.比较制度分析[M].周黎安，译.上海：上海远东出版社，2001：82.

随着时代的发展，政府和市场的边界也会发生冲突。一方面，市场主体作为公共产品和公共服务的需求者，希望政府能够提供充分的公共产品和公共服务；另一方面，市场主体也希望在可行的情况下参与到一些公共产品和公共服务的供给中。市场主体不仅是公共产品的需求者，也希望成为部分公共产品和公共服务的供给者，希望打破由政府垄断公共产品和服务供给的局面。因此，在现代市场经济条件下，私人秩序与公共秩序是不可分割的，市场治理与政府治理也绝非相互独立的，而是彼此间相互融合，二者之间具有互补性。市场治理中政府是其中的一个参与者，如果没有政府的参与，市场可能会呈现出一种无序的状态，难以持续繁荣，市场治理同样也无法达到预期的效果（青木昌彦，2001）。

（四）社会治理在国家治理中的地位

社会治理是指社会组织参与国家治理，在国家政治生活中发挥其作用。社会组织是指公民为满足社会全体或部分成员需要，按照一定宗旨自愿组成的共同活动的群体。在国外，社会组织有不同的叫法，如非营利组织（non-profit organization，NPO）、第三部门[①]等称谓，在我国也称为民间非营利组织。前文已提到，现代社会中，国家一元模式和政府与市场的二元模式逐渐被政府、市场和社会三元模式所取代，社会力量的日益壮大是和公民社会相关联的，公民社会强调公民对社会政治生活的参与和对国家权力的监督与制约。随着公民社会的兴起，社会组织在国家治理中发挥着越来越重要的作用，在公共事务的治理和公共产品的供给中扮演着重要的角色。社会组织在国家治理中的形式和地位如图3-2所示。

---

① 第三部门是相对于公共部门（第一部门）和私人部门（第二部门）而言的，是介于国家和市场之间的非营利组织，各国对第三部门的定义各不相同，在此对这一定义不作深入的探讨。

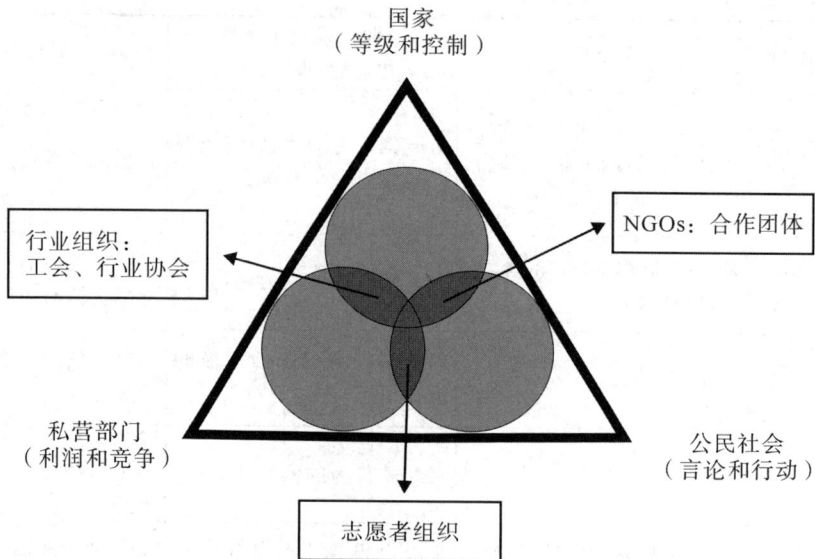

图 3-2 国家、市场和公民社会三者关系
资料来源：世界银行发展报告——变革世界中的政府，1997.

社会组织作为国家治理体系中的三个主体之一，其自身力量的壮大对政府和市场都会产生影响，具体来说体现在以下两个方面：

(一)社会治理对政府治理的影响

1.社会治理是政府治理的重要补充

现代社会对公共产品和公共服务的需求具有多元化、层次性的特点，不同的社会主体在时间、空间、内容、形式等方面的需求是不同的。由于社会公众对公共产品和公共服务的要求越来越高，由政府单一主体提供公共产品和服务显然不能满足整个社会的需要，而由社会组织来提供公共产品和服务有助于弥补政府供给的不足。并且，随着社会的进步，人们的权利观念和社会责任意识发生了深刻的变化，人们逐渐认识到，政府由于多层级代理和信息不对称等原因，有时很难做到向民众真正地负责，很多公共事务只有依赖社会公众的参与，通过社会治理才能有效解决，如贫困、就业、环境、教育、医疗等问题。但是，社会力量要参与公共事务的治理，单纯依靠个体力量是很难实现的，必须依赖群体的力量。社会组织就是顺应这一需要而产生的。

社会组织广泛地参与公共事务的治理，可以极大地弥补政府能力的不足，促进政府与民众、政府与市场的广泛协商与合作，有利于更好地实现国家治理目标。国外学者库曼(1993)在《现代治理：政府与社会新互动》一书中指出："一种倾向社会中心的治理模式逐渐在欧盟兴起，这是一种社会政治的治理改造工程，而不仅止于政府结构与员额的整并与精简；它是一种涉及政府与民间社会互动关系的行为面、过程面、结构面的动态结合。"弗朗西斯(2001)认为公民相互接触越活跃，加入非政府组织与民间组织的成员越多，"社会资本"就越雄厚。

2.社会治理促进政府治理变革

改革开放以来,我国社会经济结构发生了深刻的变化,社会资源的控制和使用呈现多元化趋势,个体的自由度增大,自我发展的选择权增多,受政府控制、身份限制的程度减弱,私人产权在社会经济结构中所占的比重逐年增加。随着个体政治权利和经济权利的改变,个体开始寻求建立政府组织以外的社会组织,经济、社会、文化等领域的社会组织日益成为社会生活中不可或缺的重要力量。社会力量的不断壮大要求国家权力结构进行适当调整,充分考虑社会组织的利益诉求。党的十八届四中全会也再次提出要"发挥人民团体和社会组织在法治社会建设中的积极作用。构建完善的社会组织参与社会事务、积极维护社会的利益、扶贫救援、预防犯罪的机制"。这充分说明了在新的历史时期,社会组织在推动国家治理体系和治理能力现代化中的重要作用。社会组织既可以通过积极地参与政治和公共事务,影响公共政策的制定,又可以通过和政府合作或者向政府机构施加影响,改善政府机构提供公共服务的水平。并且,社会组织通过积极参与公共事务,能及时了解到政府政策制定和法律实施方面的信息,既有助于提高政府活动的透明度,又有助于实现社会的公平与正义。我国学者俞可平认为如果没有一个健康的公民社会,就不可能有真正的良好治理。因此,良好的国家治理需要社会组织的广泛参与,需要政府与社会组织之间的自愿合作和有效的协调,社会公众只有改变传统观念,积极参与到社会公共事务的治理中来,才能充分保障自身权益,促进整个国家治理效率的提升。

(二)社会治理对市场治理的影响

1.弥补"市场失灵"

市场治理除了需要政府的干预,同样也需要社会组织的积极参与。社会组织不同于市场上的供求双方,通常是一般意义上的没有直接经济利益的社会公众组织,它不直接受政府的控制。和政府通过颁布正式的法令参与市场治理不同,社会组织参与市场治理更多的是从社会道德、风俗习惯等方面对市场行为加以规范,体现的是一种软约束。在市场治理不完善的领域,社会公众的参与可以缓解信息不对称和降低交易成本,弥补由于"市场失灵"所带来的不足。社会组织可以有效地弥补市场在提供公共产品和服务方面的不足,促进政府、市场与社会组织和公民个人的广泛合作。

2.协调市场与政府之间的关系

社会组织主要通过行业协会、中介组织、社区等机构的参与影响市场治理,为市场参与主体搭建公共服务平台,实现市场的效率和公平目标二者兼顾,维护社会的公平与正义。同时,社会组织又可以促使政府部门简政放权,增加政治透明度,为市场发展创造更好的环境。因此,社会组织在弥补"政府失灵"和"市场失灵"方面具有不可替代的作用。

需要注意的是,社会组织关注的目标往往与社会上的部分群体有关,而不是与整个社会有关。德国学者康保锐认为国家治理价值最优化的模式是公民社会的高度发展。他概括的国家、市场和公民社会之间的模式如表3-2所示。

表 3-2　国家、市场和公民社会之间的关系模式

状态	国家	市场	公民社会
调控最优化	高	微弱	中等
竞争最优化	微弱	高	中等
价值最优化	中等	中等	高

资料来源：康保锐.市场与国家之间的发展政策：公民社会组织的可能性与界限[M].北京：人民大学出版社，2009.

以美国为例，美国是一个市场经济高度发达的国家，但是其社会组织公共服务的水平仍然很高。美国的社会组织在高等教育、医疗、社会福利服务等领域发挥了重要的作用，根据约翰霍普金斯大学相关研究数据（萨拉蒙，2002），高等教育领域社会组织提供的就业数量占整个非营利部门就业数量的 21.5%，卫生、保健领域的社会组织所提供的就业数量占整个非营利部门就业数量的 46% 以上，社会福利服务领域的社会组织提供的就业数量占非营利部门就业数量的 13.5%。社区服务在美国社会组织中也占有重要的地位，要实现"小政府、大社会"的国家治理目标，社区服务组织无疑是对政府公共服务的有力补充，社区服务组织既是社区层面的代理者，又是政府部门的合作者，在政府和民众之间发挥桥梁和纽带作用，而广泛发展的各类社区组织也极大地带动了服务业的发展，为社会提供了更为广泛的就业岗位。美国的社区组织数量众多，其提供的公共服务几乎涵盖了所有公共服务领域，对实现较好的国家治理起到不可替代的作用。

总而言之，现代国家治理理念体现的是多元治理，政府应将属于社会的权力和职能交还给社会，政府应鼓励社会组织参与国家治理，支持社会组织承担一部分公共职能，以满足社会公众的利益诉求。社会组织是国家治理的重要一元，社会的自我管理离不开社会组织，广泛的社会组织参与社会公共事务是实现国家治理现代化的必由之路。政府应通过法律法规、制度安排为社会组织的发展创造一个良好的环境，协调各社会组织之间的利益关系，把很多原来需要政府完成的公共事务通过社会力量的参与来完成。但是，政府将部分公共事务交给社会组织完成，并不意味着政府要远离社会，而是保持一定程度的分离与融合。德国的哈贝马斯教授认为社会的国家化和国家的社会化是同步进行的。在国家治理体系中，政府、市场和社会在满足社会公众对公共物品需求方面的定位是不同的，政府有责任和义务满足社会公众需求，市场在追求私人利益最大化的同时兼顾社会公众需求，而社会组织则是自愿性地提供公共物品。

三、国家审计与国家治理的相互关系

（一）国家审计与政府审计辨析

社会契约理论认为，国家起源于人民根据自由意志所缔结的社会契约，人民订立契约建立国家，人民便是国家权力的主人，国家主权应属于人民。社会契约与普通契约最大的

不同就是社会契约一旦订立就很难被撤销。在政治实践中,国家主权的拥有者——人民由于专业知识和法律许可等方面的限制,不可能全部亲自的参与管理国家的具体事务,通常通过选举组成一个委员会,由委员会将这种公共权力委托给一个特殊的机构——政府来行使,这样就形成了公共权力的委托代理关系。

1.国家审计是国家审计机关代表人民对政府的监督

国家作为公民意志的集中体现,更多的是一种象征意义,公民所让渡出来的公权力主要是由政府代为行使的。政府作为代理人接受社会公众的委托运用公共权力管理社会资源,政府仅仅是获得了公共资源的管理和使用权,政府对公共资源并无所有权,公共资源的所有权属于全体人民。但由于激励不相容、权责不对等、信息不对称等方面的原因,代理人可能采取各种有利于自身利益同时损害委托人利益的行为。由于政府管理者对公共资源管理和使用的好坏,不直接影响政府管理者自身经济利益,这就有可能使他们对公共资源的管理和使用不具有责任心,有时甚至可能会滥用权力,侵占公共资源,这些都会造成公共资源的直接或间接损失。正如诺思(1994)指出的:"国家基础机构的创立旨在界定和实施一套产权,并指定统治者代理人的权力代表。由于代理人的效用函数与统治者并不一致,因此统治者要设立一套规则以图迫使他的代理人与他自己的利益保持一致。"因此,在客观上就需要一个独立于委托人和受托人之间的第三者,独立、客观、公正地评价政府受托责任的完成情况,而国家审计正是基于这种需要而产生的。由此可见,国家审计是代表公共资源的所有者——人民,对公共资源的受托管理者——政府实施的审计监督。

2.政府审计是政府为了履行受托责任而建立的内部监督机制

政府作为受托人承担着庞大的公共受托责任,政府要较好地完成所承担的公共受托责任,也需要一个系统、复杂的机构来执行。政府作为一个公共组织其内部也存在着多层的委托代理关系。第一层委托代理关系存在于中央政府与地方各级政府以及地方各级政府之间。由于中央政府和地方政府之间以及地方各级政府之间的目标可能会出现不一致,因此在这一层委托代理关系中也会出现"道德风险"问题。第二层委托代理关系存在于各级政府与政府雇员之间,政府雇员作为政府这一机构意图的具体实施人,政府必须对其进行有效的控制。这一层面上政府是委托人,政府雇员是代理人。为了有效预防和纠正政府雇员不负责任和舞弊等行为,唯一可行的办法,就是建立对他们的约束机制,加强监督,促使他们最大限度地履行公共受托责任。政府审计就是对政府行为进行监督的一种有效的方式。通过政府审计,可以实现上级政府对下级政府以及各级政府对官员履行职责的有效监督。

在我国,由于没有专门的服务于立法机构的审计机关,国家审计和政府审计的职责都是由政府审计机关完成的。因此,国家审计和政府审计有时是不加以区分的。事实上,审计机关每年向人大所做的审计工作报告实际上是在履行公共资源的受托人——政府向公共资源的委托人——人民报告的职责,也就是行使国家审计的职能。而审计机关向政府内部提供的审计结果报告则是在履行政府审计内部监督的职责。

(二)国家审计与国家治理的相互关系

治理这一提法虽然是20世纪七八十年代才出现的,但自从国家产生之后其实就存在着国家治理问题。传统的国家治理是一种统治的理念,国家治理的目的是巩固王权或者皇权。随着民主的进步,国家治理由统治转为管理,尤其是随着新公共管理理念的出现,政府逐步由管理向服务理念转变。然而,不管是统治或者管理,传统的国家治理的权力是单向度的,而现代国家治理的权力是双向度的,是多主体、多中心的互动模式,现代国家治理的本质是通过国家职能的发挥有效地协调社会矛盾以创建和谐的社会秩序。因此,相较于传统的国家治理内涵,现代国家治理已经发生了革命性的变化。国家审计具有悠久的历史,国家审计制度几乎是随着国家的成立而建立起来的,虽然在不同的历史发展阶段,世界各国的国家审计形式各不相同,国家审计制度也会随着国家治理需求的变化而改变,但是,国家审计服务于国家治理的本质属性是不会改变的。具体说来,二者之间的关系主要体现在以下两个方面:

1.国家治理决定国家审计

(1)国家审计是国家治理系统中的一个子系统。国家审计机关作为宪法授权的代表社会公众监督政府的法定机关,国家的政治体制不同决定了国家审计的类型各异。目前世界上常见的国家审计体制主要有立法型、司法型、行政型和独立型四种类型,不管何种类型的国家审计机关,在推动其国家民主、法治、公平、正义等方面发挥着不可替代的作用。国家审计署审计长刘家义在中国审计学会第三次理事论坛上的讲话中指出:在国家治理中,审计实质上是国家依法用权力监督制约权力的行为,其本质是国家治理这个大系统中的一个内生的具有预防、揭示和抵御功能的"免疫系统",是国家治理的重要组成部分,通过发挥预防、揭示和抵御功能,在不断完善国家治理,进而在国家的可持续发展等方面发挥积极作用。国家审计作为一种制度安排,是审计机关依据法律授权用权力制约权力的重要方式,国家治理结构决定着国家审计的地位及作用的发挥,也影响着国家审计制度的变迁。萧英达等(2000)认为,审计制度作为一种上层建筑,除了受各国生产力发展水平不同的影响外,必然还要受到各国不同的社会环境因素的影响。这些因素有很多,但归纳起来,对审计制度起决定作用的因素,除了生产力发展水平外,还有社会的经济制度和管理方式以及与其他国家的经济联系、国家的政治法律制度、文化传统和教育水平等因素。

国家治理是个大的系统,包含国家的政治、经济、军事、司法、行政、文化、社会等众多系统。按照系统论的观点,一个完善的系统至少要由决策、执行和监督三个环节构成。从形式上分析,国家审计属于国家治理中的监督系统。然而,现代国家治理理念下,国家审计的职能已经得到了极大的拓展,国家审计不再局限于监督领域,其职能已经渗入决策和执行环节。在决策环节,国家审计可以为决策机构提供专业的咨询意见,有助于提高决策的科学水平和准确性。在执行环节,国家审计可以跟踪政策的落实,通过过程的监督进而保证权力运行的合法、合规性,跟踪审计就是这一职能的具体体现。但是,不论国家审计职能如何拓展,其服务国家治理的宗旨是永远不变的,国家审计永远是国家治理这个大的系统中的一个子系统,只是不同阶段其所发挥作用的领域会有所差异。随着国家治理的不断发展,国家审计服务国家治理的模式及作用也在不断变化,以适应国家治理的需求。

因此,国家审计与国家治理二者具有内在的统一性,作为国家治理中的一个监督子系统,国家审计机关有权力也有责任对国家治理体系中的权力运行及经济资源的使用进行全面的监督。国家审计这个子系统的完善和能力提升,与国家治理的总体架构设计以及其他子系统的完善是分不开的,国家审计机构能否有效参与国家治理,国家审计能否在国家治理体系中发挥其应有的作用,很大程度上取决于国家审计在国家治理这个大的系统中的地位以及不同子系统之间的相互作用。

(2)国家治理需求决定着国家审计的产生和发展。一个完善的国家治理机制必须要有对权力进行监督和制约的机制,如果公权力缺乏制约,那么权力就会被滥用,降低国家治理的效率。按照公共受托责任理论,国家审计是对公共资源的受托管理者所承担的受托责任进行检查、评价,并对其经济活动的真实性、合法性和效益性提出报告的一项独立的监督活动。自从有了国家,就有了国家审计,国家审计的产生源自国家治理需求,虽然不同国家在不同的历史时期,其国家审计机关的形式和隶属关系不同,但其本质都是为国家治理服务的,国家审计制度是国家治理系统中的顶层设计和制度安排。

然而,国家审计的功能并不是一成不变的,它是随着经济社会的发展而不断拓展的。国家治理中,公权力的运行和公共资源的使用总是交织在一起,社会公众作为公共资源的所有者,对公共资源使用方面的要求会随着民主的进步而逐渐改变,也就是说,政府所承担的公共受托责任的内容是随着时代的发展而不断扩展的。在民主启蒙时期,人们只要求政府取之于民的要有一定的限度,至于政府集中上来的公共资源如何使用社会公众并不关心。然而,随着民主意识的增强,人们不仅要求取之于民的要有一定的限度,而且要求公共资源的使用要注重节约,要讲究效率和效果。国家审计从传统的财务审计发展到绩效审计,以致扩展到对环境、收入分配公平、宏观经济政策、国家经济安全等领域进行监督,充分说明国家审计的职能是根据国家治理的需要而不断扩展的。世界审计组织(IN-TOSAI)在其2005—2010年策略规划中曾提出世界审计组织未来发展的目标包括为世界各国最高审计机关提供最佳实务治理、协助各国政府增进绩效、强化透明度、明确责任、保持可信度、对抗贪污、提升公共信赖等内容。从世界审计组织的策略规划可以看出,世界各国的国家审计机关已经由传统的监督模式向以国家治理为中心的治理模式转变,以适应时代的变革。

因此,从国家审计的形式和内容变迁可以看出,国家审计的发展方向是由不同历史时期的国家治理需求决定的,随着国家治理体系的变革,国家审计的职能理应做出调整以满足国家治理的需要。国家审计要围绕着国家治理的目标需求,通过自身职能的发挥,不断优化国家治理环境,改善国家治理方式,提高国家治理效率。作为国家治理体系的一个组成部分,国家审计无论是在体制设计还是职能变革方面均应服从国家治理的总体需求,国家审计机关的审计理念、审计职责、能力提升等制度设计均应以有效服务国家治理为核心,以实现良好的国家治理为终极目标。

(3)国家治理机制影响着国家审计职能的发挥。与民间审计和内部审计不同,国家审计具有政治属性,其目标要围绕着国家治理的目标。同样,其职能的发挥也受一定时期国家治理机制的影响。如前文所述,国家审计作为国家治理大系统中的一个子系统,国家治理机制的好坏,直接影响着国家审计职能的发挥。首先,国家治理架构设计是否合理,直接影响着国家审计权的发挥。国家审计权也是公权力的一部分,国家治理的架构设计要考虑不同权力之间的相互制衡,这种制衡也包括审计权力本身。国家治理机制越合理,国家审计参与治理的效率就越高。其次,国家治理环境的好坏直接影响着国家审计职能的发挥。如果一个国家拥有稳定的政治环境、法律环境和道德环境,那么审计监督权在行使的时候就会遇到比较少的干扰和阻力,会有利于国家审计监督权的发挥。相反,如果一个国家政治动荡、司法腐败,国家审计权也无法游离于大的环境之外而独善其身,其参与国家治理的职能也会弱化。

2.国家治理目标的实现离不开国家审计

国家审计是国家监督控制系统中的一个子系统,在根本目标上国家治理与国家审计是一致的。国家治理目标的实现,需要有效的监督反馈机制,以不断提升国家治理的水平。国家审计是国家治理中的一系列监督反馈系统(诸如司法监督、行业监督、社会监督)中比较特殊的独立于政府体制之外的专业监督反馈系统。国家治理体系中,政府治理占据着重要地位,由于政府手中掌握的公权力具有自我扩张的趋势,政府已经习惯于扮演管理者的角色,认为在国家治理中政府应占绝对的统治地位,总是试图将公权力扩大,甚至希望将社会组织和市场体系统纳入政府的控制范围之内。公权力无限制扩大的后果是政府公权力吞噬了市场私权和公民自治权,政府变成了高度集权的统治型政府,这种现象在人类社会的发展史上也屡见不鲜。因此,如果国家权力架构中缺少必要的监督机制,就会产生公权力异化,导致政府、市场、社会、公民之间的边界不清,影响社会公众参与国家治理的热情,甚至对政府的公信力产生怀疑,引发对政府的信任危机,影响国家治理目标的实现。如我国《审计法》第三十四条规定:"审计机关对被审计单位正在进行的违反国家规定的财政收支、财务收支行为,有权予以制止,制止无效的,经县级以上人民政府审计机关负责人批准,通知财政部门和有关主管部门暂停拨付与违反国家规定的财政收支、财务收支行直接有关的款项,已经拨付的,暂停使用。"第三十五条规定:"审计机关认为被审计单位所执行的上级主管部门有关财政收支、财务收支的规定与法律、行政法规相抵触的,应当建议有关主管部门纠正;有关主管部门不予纠正的,审计机关应当提请有权处理的机关依法处理。"因此,为了防止公权力异化,国家审计作为国家治理的一个监督子系统成为必然。在整个国家治理体系中,立法机关需要借助国家审计实现对公共预算的监督,进而提升公共资源的治理水平,政府希望通过国家审计报告公正的反映政府治理的效率和效果,社会公众希望通过审计报告还以知情权。

因此,国家审计这个子系统功能的提升,直接影响到整个国家治理体系的完善和功能的提升。通过国家审计的监督,评价政府受托责任的完成情况,对于发现的问题进行问责,可以实现对公权力的有效约束。在这一过程中,国家审计制度的优劣及审计人员治理能力的高低会直接影响着国家治理的效果,最终影响国家治理目标的实现。2013 年世界审计组织《北京宣言》中指出,各国国家审计机关应该致力于通过对公共权力的监督,建设清正廉洁的政府,维护法律秩序,揭露违法行为,遏制滥权,维护民主法治;通过监督和评价政府的活动,揭示国家治理和控制体系存在的缺陷,从而提高政府效能。

(三)国家审计在国家治理体系中的作用

如前文所述,现代国家治理已经走向政府、市场和社会三元结构共同治理时代,这就要求国家治理体系的构建除了传统的政府、市场二元结构以外,还应考虑社会力量参与国家治理这一因素。而在分析国家治理监督体系的构建及国家审计在国家治理中的作用时,也应三者兼顾。

1.国家审计在政府治理中的作用

现代民主社会是间接民主,社会公众虽然是公共权力的拥有者,但并不直接行使公共权力,也就是说,公共领域的公权力的所有者和使用者是相互分离的。武考特和普利切特(2007)把政府的服务分为两个方面:一是它的事务量;二是它的自由裁量性。前者指组织需要做出决定的次数,后者则指一个业务熟练的决策者在不完全信息条件下不按例行程序做出的决策。由于政府管理的公共事务量众多,权力使用过程中又具有很大的自由裁量性,公权力的使用如果缺乏必要的监督就很容易被滥用。国家审计制度是对政府公权力实施监督的外部机制,在政府治理中的作用主要体现在对权力的设立、运行过程和运行结果的制约三个方面。

(1)对权力设立的制约。在国家治理中,公共权力的运用是通过对公共资源的分配和使用实现的,公共权力及公共资源的合理使用是影响国家治理目标实现的重要因素。对权力的制约强调通过制度化的程序和规则对权力的行使设置边界,并划定权力主体之间的权力分工和职责分配,其首要原则是对正当程序的遵循(陈国权,2013)。由于人性的弱点,一切有权力的人都容易滥用权力,因此,任何权力都应是有一定限度的权力。一种权力只有受到其他权力的监督、制约和平衡,成为一种相对的权力,权力主体才能在合理的范围内行使权力,真正发挥权力的效用。权力的制约主要是通过权力运行的制度化、规范化和程序化来制限制和约束权力主体的行为。英国思想史学家阿克顿勋爵有句名言:"权力容易使人腐蚀,绝对的权力导致绝对的腐化"(阿克顿,2001)。对权力制约最好的方式就是分权,应将国家权力分为若干系统,不同权力之间相互独立并相互牵制,并交由不同的机构和人员掌握。纵观世界各国的分权实践,主要在国家、政府、社会之间分权,包括立法、司法和行政之间的分权,政府与市场之间的分权以及政府体系内部的分权。其中政府内部的分权又包括中央政府与地方政府之间的分权以及行政组织内部各层级之间的分权。

国家审计作为专业的监督机构,在开展审计工作过程中非常注重对机构权力分设和相互牵制的评价,经过多年的审计实践,针对权力的分设,国家审计已经积累了丰富的经验,形成了一套比较专业的判断标准。因此,国家审计机关可以从专业监督的角度,结合审计中发现的问题,为政府部门机构改革出谋划策,为国家权力的分设提供专家意见。而且,国家审计监督权本身作为国家权力的一个组成部分,也是经过权力分设后成为国家治理体系的一个子系统,依法对公共资源的管理和使用进行监督,以保障公权力运行的合法、有效。以立法型国家审计机关为例,审计监督权本身独立于行政权之外就是一种分权的体现,国家审计机关代表立法机关审查预算,立法机关通过后再交由政府机关来执行,预算的执行结果要接受国家审计机关的审查,这种做法本身就体现了一种分权思想。

(2)对权力运行过程的制约。国家治理是通过各种社会资源的不断投入以实现治理目标的过程,在我国国家治理过程中,政府通过公共财政手段分配的社会资源占有很大的比重。我国国家治理相关规范中对政府的行为空间以及政府公共权力的运行、公共资源的运用等方面均做了系统的、具体的规定,包括政府公共权力运用的程序、流程和路线。政府在国家治理活动中只有按照既定的规范开展活动才能确保其行为围绕着国家治理的目标。传统的政府治理观念认为政府是绝对理性的,政府可以掌握决策需要的全部信息,了解事情发展的原因、过程和结果,政府能够完全站在维护社会公共利益的立场上行使其职权。然而,公共选择理论认为,民选的官员和政治家在参与公共决策时有自私的动机,公共利益不可能必然成为政治家行为的最高标准。因此,不能把政府的行为过于理想化。由于政治市场不可能像经济市场那样通过供求机制来协调不同的利益主体,因此,政府治理需要外部的监督予以制衡。

公权力的运行是个持续不断的过程,公权力的运行过程之所以能被监督,是基于以下三个前提:其一,公权力的运行是在法律授权的范围内行使的。这就意味着公权力的运行要受到法律的约束,公权力的行使如果超越法律许可的范围,不管其动机如何,都属于滥用权力。其二,权力和责任对等。政府官员手中掌握着一定的公权力,就要相应地承担公共受托责任,这也是法律赋予公权力主体的义务,并且这种公共受托责任是可以量化和考核的。其三,权力的运行过程有严格的内控制度。像企业组织需要内控一样,公权力的运行也都有一套严格的内部控制制度,包括授权批准、执行、内部监督等相关机制,公权力运行的每个环节都应严格遵守规定的制度和程序,以避免权力的随意性。如果公权力的行使者违反了规定的程序,就属于越权,严重的要承担相应的法律责任。

国家审计对政府权力运行过程的制约在政治层面上主要是通过监督权力运行的过程是否合法实现的。国家审计机关依据国家相关法规,对政府部门在国家治理过程中公权力的行使是否合法实施监督,对权力运行过程是否符合法定程序实施监控,目的就是保证权力在法定的框架内有序运行,避免公权力被滥用。而在经济层面上主要是通过对国家预算执行过程的监督实现的。2010年审计署发布的《国家审计准则》第六条明确指出:"审计机关的主要工作目标是通过监督被审计单位财政收支、财务收支以及有关经济活动的真实性、合法性、效益性,维护国家经济安全,推进民主法治,促进廉政建设,保障国家经济和社会健康发展。"国家审计通过监督公共资金使用的经济性、效率性和效果性,进而评价政府治理的效率和效果,发现公权力运行中存在的制度缺陷,为今后政府治理效率的提升提供决策建议。

因此,国家审计对国家治理目标实现的促进作用是通过对权力运行过程的控制和监督实现的,国家审计通过监督公共权力运行程序的合法性和评价公共资源运用的效果性来保证国家治理目标的实现,发现国家治理过程中存在的问题与矛盾,评价国家治理目标的实现程度,提供政策执行、权力运行过程中的反馈信息,为政府调整资源配置、完善公共权力的运行提供决策参考。国家审计对权力运行过程中相关信息反馈的及时性、准确性以及与国家现阶段国家治理目标的契合性是影响国家治理目标的重要因素。

(3)对权力运行结果的制约。政府通过公共权力的运用,调动公共资源提供包括政治、军事、经济、文化、社会等领域的公共治理服务。传统政府治理假定政府和社会之间的信息是完全的和对称的,然而,客观上政府部门在制定各种公共政策过程中,不可能完全观测到所有相关信息。表面上看,政府管理部门处于社会信息的中心地位,应具有相对于其他人的信息优势,但实际上政府管理部门并不必然处于社会信息的中心地位,即便政府机构处于社会信息的中心地位,它所能了解到的信息相对于整个社会所拥有的信息总量来说也是相当有限的。另外,由于政府机构内部缺乏充分的激励机制,加上政府官员知识的固有局限性,使得行政机构没有办法收集有关领域的全面信息,无论是作为集体的政府还是作为个体的成员常常是无知的,它们也都具有通常人们所具有的有限理性。制度经济学家斯蒂格勒(1998)认为很难有人付得起从一无所知到无所不知这一过程的信息成本,包括政府在内,政府全知的条件并不存在。

国家审计机关是由具备专业知识和能力的人员组成的专业队伍,通过依法审计对政府在政治、经济、文化、教育等领域的治理效果进行评价,从而促进国家治理目标的实现。国家治理以善治作为目标,国家审计应从政府治理结构、权力运行机制、目标实现程度等方面多维度、多层次、全方位的进行控制和评价。由于国家在不同的发展阶段其国家治理目标的侧重点是不同的,因此,政府决策机构对国家审计评价结果的利用程度很大程度上取决于国家审计对政府治理结果评价的及时性、准确性以及与国家治理目标的契合性。而按照信息经济学的理论,通过国家审计可以发挥信号显示和信号传递两个方面的作用。一方面,通过审计结果公告制度将审计的结果向社会公开,可以通过信号显示机制显示国家治理的运行效果,向社会公众传递公共资源的使用是否合法、合规,使用的效率和效果如何,与市场主体、社会组织、新闻媒体等进行信息的传递和交换;另一方面,利用信息传递功能,通过审计报告可以向国家治理的决策机构及其他相关主体传递公权力的使用及其效果方面的信息,以降低国家治理成本,提高国家治理的效率。国家审计通过对政府公共权力和公共资源运用合法性、效益性的评价,从而促进政府运用公共资源提供公共治理服务效率和效果的提升。

2.国家审计在市场治理中的作用

市场经济的发展必须有一个有序的市场环境,而有序的市场环境是以必要的制度为前提的,这里的制度是个广义的概念,包括与市场经济相适应的法律体系、财产制度、人力和公共产品的供给等方面。青木昌彦认为,市场治理是各种经济主体在市场上经过多次重复博弈形成的各方所一直遵循的规则的过程。

市场失灵理论指出市场本身不是万能的,存在着内在的缺陷,这是由市场机制内生的。在完全竞争的市场条件下,可以通过市场调节实现资源配置的"帕累托最优"。然而,完全竞争市场是一种理想状态,现实的市场条件是无法满足完全竞争市场条件的,当完全竞争市场所假定的条件得不到满足而导致的市场在配置资源上缺乏效率时就称为"市场失灵"。一般认为,导致市场失灵的原因是多方面的,但自然垄断、外部性、公共物品、不完全信息及社会公平等问题则是市场失灵的最常见和最为典型的表现形态。世界银行在2004年的发展报告中认为政府需要通过颁布法规来解决由于市场失灵而造成的社会不公平问题。

市场天生是不平等的,因为市场机制承认人们的所有差别,包括生理素质、选择运气、工作能力、社会地位、财富拥有量等等,市场会将所有这些差别转化为收入的差别。市场不能有效调节国民收入在社会各部门、各地区、各阶层和各成员之间合理分配,市场无法缩小收入差距、体现社会公平,即使在经济运行达到所谓"帕累托效率"的条件下,市场也不会自动实现收入公平分配。萨缪尔森(2009)指出市场并不必然能够带来公平的收入分配,市场经济可能会产生令人难以接受的收入水平和消费水平的巨大差异。由此可见,放任的市场无法解决由贫富差距所带来的公平问题,而这种不平等的结果具有累加性,随着社会总财富的不断增长,贫富之间的差距也将随之扩大。奥斯特罗姆(1992)也认为市场的自由运行不仅削弱了社会的内聚力,而且培养了不公正,因而不可避免地破坏了维系社会的政治纽带。这种结果的不公平如果任其存在并不断加剧的话,必然会导致市场运行的规则受到破坏。

对于市场失灵,按照经济学的理论一般采用间接干预的方式。国家审计对市场失灵的干预同样也是采用间接的方式,主要通过审计监督解决政府在公权力运用适当性方面存在的问题,尤其是政府对市场进行干预的行为及其效果方面的问题,监督政府这只"看得见的手"发挥"帮助之手"(helping hand)的作用而不是成为"攫取之手"(grabbing hand)。通过国家审计监督,规范政府与市场的行为边界,消除不公平竞争,更好地促进市场经济的发展、公民社会的形成,重构政府治理与市场治理的关系,促进收入分配公平。国家审计参与市场治理的路径主要体现在以下几个方面:

(1)评价政府宏观调控政策的合理性。宏观经济的稳定运行需要两种力量的制约:一是市场机制内生的自我调节力量,称为"看不见的手";二是来自于市场外部的政府宏观调控的力量,称为"看得见的手",一般来说,政府对宏观经济的干预主要是通过货币政策和财政政策两大手段。市场失灵需要政府出台宏观经济政策对市场进行干预,然而,政府出台的宏观经济政策是否合理、政策的执行是否到位以及执行的效果如何等问题都离不开国家审计的监督和信息反馈。通过国家审计的监督,一方面可以保证国家宏观调控政策的有效执行,确保政策的落实到位;另一方面,通过审计监督评价政策的执行效果,并及时将信息反馈给政策的决策和执行机构,为宏观经济政策的修正提供建议。

发达国家的国家审计机关普遍具有对政府宏观调控政策评价的职能。美国政府早在2003年就颁布了《政策规定绩效分析》,对公共政策的评价做了系统的规定,包括定量的和定性的评价方法及指标。美国审计总署的一个重要职能就是评价美国联邦政府预算政策的合理性。国家审计对国家宏观调控政策的评价主要应关注以下三个方面的问题:其一,宏观调控政策出台的目的是什么,要解决什么经济问题;其二,宏观调控政策的实施与所要解决的问题有没有因果关系;其三,宏观调控政策有没有替代方案,准备实施的政策是不是最优方案。而且,任何政策的出台都会对市场产生一定影响,政府出台的宏观经济调控政策虽然是间接调控,但是,由于是通过政府这只"看得见的手"实施的,必然会对市场运行机制产生影响。因此,国家审计还应关注政府的宏观调控政策是否会破坏市场机制的运行规律,降低资源配置的效率。

(2)规范国有企业的经营行为。在市场经济体制中,国有企业的地位具有一定的特殊性。一方面,国有企业作为市场上的经营主体,它和其他企业没有什么不同,都要依法经营、照章纳税;另一方面,由于国有企业是占用国家的资产经营,而国家资产是属于全体公民所有的,因此,国有企业还应向国家上缴资本利得。我国是社会主义公有制国家,国有企业在市场经济中具有举足轻重的地位,国家作为资产的所有者,将资产交给国有企业经营管理,国有企业负有管好、用好资产的义务。按照市场法则,国有企业与民营企业、个体经济一样,是平等的市场主体,平等地受法律保护,通过公平的市场竞争获取利润,实现资产的保值、增值。然而,由于国有企业和政府之间存在着产权、管理、监督、利润分配等千丝万缕的联系,导致国有企业在土地、资源、政府补贴、贷款、税收减免等方面具有得天独厚的优势,破坏了公平竞争的市场环境,甚至在一些领域出现垄断性政策的支持,市场失去了自由竞争的基本条件,违背了市场经济的基本要求。

发达国家普遍会出台一些保护政策,尤其是针对小企业出台一些保护性政策,如美国针对政府采购就制定了非常详尽的采购政策和程序,以保证所有的企业都有平等的机会参与竞争。对于小企业,美国政府还会出台特别的保护政策,美国政府小企业局出版了《美国政府买卖指导》《小企业局的采购技术帮助项目》《小企业分包合同项目指导》等专业手册,指导小企业参与政府采购竞标,美国政府还会单列一些项目给小企业,扶植小企业的发展。反观我国,政府很多政策的出台会优先考虑国有企业的发展,造成国有企业在很多领域占据着垄断地位,破坏了自由竞争的市场规则。因此,国家审计通过监督国家相关政策的依法落实,规范国有企业的经营行为,防止国有企业利用自身地位获取不合理的垄断地位,为市场主体创造一个公平竞争的市场环境。

(3)监督市场主体提供的准公共产品。经济物品大体上可分为两大类:私人产品和公共产品。而公共产品又可分为三类:第一类是纯公共产品,具有非竞争性和排他性;第二类是消费上具有非竞争性但是却可以轻易地做到排他性的产品,如公共图书馆、公共桥梁等,有人称之为可收费公共产品;第三类是在消费上具有竞争性但却无法做到排他性的公共产品,如公共牧场、渔场等。由于第二类和第三类公共产品不同时具备非竞争性和非排他性,被称为准公共产品。一般说来,纯公共产品由政府来提供,准公共产品可以由政府、市场和社会来提供。

准公共产品的供给由政府来提供可以解决"搭便车"问题,但是由于公共领域缺少市场竞争机制,政府在准公共产品供给中的效率低下问题难以避免。如果在准公共产品的供给中引入市场机制,则可以发挥其竞争优势,降低成本、提高效率,为社会提供更多、更好的准公共产品,实现与政府供给的优势互补。而且,随着社会的发展,政府承担的公共受托责任越来越多,人们对公共产品和准公共产品的需求的数量、品种和质量方面的要求也越来越复杂、多样,在政府公共财力有限的情况下,单纯依赖政府来满足这种差异化的需求是很困难的。因此,通过市场机制来解决准公共产品的供给,既可以缓解政府财政的压力,又可以满足社会公众的差异化需求,打破政府垄断公共产品的状态,实现资源配置的帕累托改进。

然而,私人部门具有逐利性,只有能够获得合理回报的准公共产品私人部门才会提供,所以私人部门会选择那些排他性的准公共产品,通过收费的方式来获得收益,比如私立的学校、医院、收费性高速公路等项目,再比如一些独立的社会中介机构,如注册会计师事务所、律师事务所等。这就可能造成准公共产品消费的极度不公平,导致社会上最需要准公共产品的弱势群体由于缺少购买力而无法消费,加剧了社会分配的不公平。市场的逐利性会使得市场主体把追求效率放在第一位,而忽视社会的公平、环境、可持续发展、人类的自由等因素,导致垄断、污染环境、欺诈等问题的出现。

因此,在公共产品和准公共产品供给领域,效率并不是社会发展所追求的唯一目标,健康、自由、公平、公正等都是人类社会所追求的目标。公共领域的资源配置除了要讲究效率,还应该兼顾公平、可持续性、环境等因素。对于准公共产品的供给,凡是由市场主体提供的,国家审计都要予以正确的引导和适当的监督以保证质量,维护社会的公平与正义。如国家审计机关开展的环境审计、对注册会计师事务所的业务质量监管等事项,都是上述宗旨的体现。而对于社会收入分配上的差距,国家审计可以通过监督国家税收政策的制定和落实,实现社会财富分配的公平。

3.国家审计在社会治理中的作用

社会治理作为国家治理体系的一个组成部分,主要表现为社会组织作为国家治理的主体积极地参与到社会公共事务的治理中去,通过社会力量自发地解决社会公共问题,从而在一定程度上实现社会的自治。社会治理是为了弥补政府失灵和市场失灵而产生的第三种形式,它在整个国家治理体系中起到必要的融合作用。现代国家与社会之间是一种既相互合作又相互制约的模式,社会治理体现了公权力向社会的回归,政府向社会分权,这种分权实质上是政治分权,是民主进步的体现。国家审计在社会治理中的作用主要体现在以下几个方面:

(1)国家审计为社会组织参与国家治理提供发展空间。社会治理与政府治理之间存在着此消彼长的态势,政府公权力如果不受限制的任意扩张,必然会影响到社会组织的生存环境,削弱社会组织对公权力的制约和监督。只有政府公权力得到有效制约,社会组织才有生存和发展的空间,社会组织的力量才能不断壮大,才能更好地参与国家治理。国家审计通过对政府行政权力的监督,实质上间接为社会组织的发展提供了空间,为社会组织参与国家治理创造了条件。而社会组织广泛参与国家治理,又可以有效地实现对公权力的制约和监督,更好地保障公民的合法权利。因此,二者是相辅相成的,是一个良性互动的过程。

(2)国家审计为社会组织参与国家治理提供信息。国家审计通过审计结果公告制度,将审计结果向社会公开,一方面满足了社会公众的知情权,便于社会公众了解与公众利益相关的信息,促进国家治理体系中政府、市场、社会治理主体进行充分的信息交换和沟通,提高政府的透明度,有利于培育诚信、和谐的社会环境,增强社会公众参与社会治理的意识,提升国家治理的效率;另一方面,通过审计结果公告制度,将社会公众普遍关心的问题的审计结果公之于众,可以全面评价政府行政的过程和结果,把政府行为置于社会公众的监督之下,有利于促进政府依法行政,社会公众也可以通过积极参与行政程序维护自己的合法权益,广泛参与到国家治理之中。

(3)国家审计为社会组织公益性捐赠提供审计服务。前文提及,准公共产品除了可以由政府和市场提供之外,社会组织也是准公共产品供给的一支重要力量。社会组织供给是以实现公共利益为使命的一种公共产品供给方式,国外称为自愿性供给,我国称为公益性捐赠。社会组织参与准公共产品的供给,一方面可以弥补政府和市场供给的不足,缓解政府准公共产品供给能力和资金方面的压力;另一方面,社会组织参与国家治理,可以替代政府的许多功能,充当社会的润滑剂,避免形成一个庞大的政府官僚机构。

社会组织提供准公共产品的资金来源主要是社会公益性捐赠,有时政府也会补助一部分资金。公益性捐赠在资金使用上存在两方面的问题:一是由于所有者缺位,客观上导致其内部缺乏有效的监督机制,在资金的管控上缺乏严格管理的动机;二是社会组织的公益性特征,不以营利为目的,也使得代理人缺乏追求降低成本的原动力,造成资金使用的浪费,违背了捐赠人的初衷,甚至影响到一些社会组织的公信力,降低了社会治理的效率。国家审计作为国家治理体系中的专业监督机构,对社会公益性捐赠实行审计监督是义不容辞的责任,通过对社会组织公益性活动资金的监督,提高其资金使用的效率和效果。同时,通过审计结果公告制度,将公益性捐赠资金的使用结果向社会公开,可以提高资金使用的透明度,提升社会组织的公信力,有利于促进社会组织规范发展和逐步壮大,更好地实现社会、市场和政府三者之间动态的协调和互补。

思考题

1.公共受托责任的内涵包括哪几个方面?

2.什么是新公共管理运动?其内涵主要包括哪些内容?

3.与私人契约相比,公共契约具有怎样的特点?

4.简述公共选择理论的起源和发展。

5.什么是治理?管理和治理的主要区别是什么?

6.简述国家治理的主体及相互关系。

7.论述国家治理与国家审计的相互关系。

第四章   国家审计参与国家治理的国际比较及启示

世界各国国家审计机关参与国家治理的形式各异,概括起来主要有四种类型:立法型、司法型、独立型和行政型。我国属于行政型的国家审计,这种类型的审计模式在世界上比较少。"他山之石,可以攻玉",我们希望通过对西方发达国家国家审计制度的研究,主要针对立法型或者偏重立法型模式的研究,总结其成功的经验,以便找出适合我国国家审计制度变革的路径。

第一节   国家审计参与国家治理的国际比较

一、美国国家审计职能演变

美国是实行三权分立的联邦制国家,国家的权力分为立法、司法和行政三种,分别由国会、政府和法院掌管,它们之间既相互独立又相互制约。美国的立法权属于国会,国会分为参议院和众议院两院。在立法方面,法案必须经过参、众两院通过才能生效。美国国会除了拥有立法权还拥有监督权,监督权的行使主要依赖美国审计总署。

美国审计总署是依据 1921 年通过的《预算和会计法案》(Budget and Accounting Act)设立的,按照该法案,审计总署对国会负责,主要"审查政府所有账目、支出和公共经费的应用问题",并就联邦政府的运转情况向国会提出报告。《预算和会计法案》颁布的基本目的是加强对国家预算的监督。该法案授予审计长广泛的调查权,并且不受其他任何机构和部门的干涉,这样在组织机构上极大地保障了国家审计的独立性。美国联邦政府的预算由审计总署实施监督,地方政府的预算由地方各州议会、地方议会设立的审计长办公室实施监督,不同层次的审计机构向同级议会报告审计工作,审计总署不直接领导各州和地方政府审计机关,但地方审计机关要统一执行审计总署制定的审计准则,审计总署对地方审计机关会定期开展业务检查。美国审计总署从成立直至 20 世纪 40 年代,其工作的重点就是审查政府公共收支的合法、合规性。

1945 年美国国会通过了《政府公司控制法》,使得美国国家审计从财务合规性审计逐步向绩效审计过渡。美国国会 1950 年通过了《预算和会计程序法案》,明确划分了美国审计总署的审计责任和行政部门的会计责任。该法案规定:建立会计系统,提供完整、合法的信息是行政部门的责任;检查政府的财务活动,审查其是否建立了充分的内部控制是审计总署的责任。审计总署作为一个隶属于国会的调查机构,主要从以下几个方面协助国会工作:(1)审查联邦政府财政决算收支的执行情况,将意见报告国会。(2)审查联邦政府各部门和公共机构的各项收入、支出及其经济效果,包括审计其采购和承包工程合同;调查所有与公共资金的收入、支出和运用有关的事务,向国会和总统递交审计报告。(3)审查联邦公营企业的财务收支。(4)起草会计和审计法规草案。(5)制定政府审计工作准则;审查批准联邦各部门的会计准则。(6)向国会提出经济、有效地使用公共资金的立法建议。(6)指导联邦各部门的内部审计工作。(7)审核总统授权国会拨款咨文副本,向国会报告。(8)国会交办的其他事项。① 由于法律规定联邦审计总署向国会负责,所以审计总署还要在以下方面协助国会:(1)向国会呈送审计报告;(2)对国会将要讨论通过的有关法律提出专业性的咨询意见;(3)派出专业人员到国会有关委员会工作;(4)在国会听证会上作证;(5)向国会提供有关审计方面的背景资料。

1972 年,美国审计总署根据立法所赋予的权限制定了《政府的机构、计划项目、活动和职责的审计准则》,这份被称为"黄皮书"的审计准则,突出强调了"3E"审计的重要性,并规定了如下的审计项目:(1)检查财务活动和遵循现行法律和规定的情况;(2)评价管理工作的经济性和效率性;(3)评价在实现预测成果过程中的项目成果。"黄皮书"的颁布表明美国审计总署的工作重点已经从合法、合规审计移到绩效审计方面。1978 年美国国会通过了《1978 监察长法》,规定联邦政府各部门均设立监察长办公室,负责内部审计工作。在各个监察长办公室均应由一名监察长负责,监察长由总统根据参议院的建议和同意任命,监察长的任命不考虑被任命者的政党派系,而只是根据其廉政无私以及其在会计、审计、财务分析、法律、管理分析、公共行政管理或调查工作等方面表现出来的能力(审计署科研所,2009)。监察长办公室主要对下列目的的活动进行领导和协调,并提供政策建议:(1)提高行政机关对项目和日常工作管理的经济性、效率性和效果;(2)防止和发现在此类项目和日常工作中的欺诈行为以及滥用职权的行为;(3)提供一种手段,使国会和行政机关的负责人能够全面、及时地了解到在对上述行政机关的项目和日常工作进行管理时存在的问题和不足,以及采取纠正措施的必要性及进展情况。美国联邦政府各部门和地方政府的监察长办公室是政府部门的内部审计机构,与审计总署之间没有领导与被领导关系。2004 年根据美国审计总署人力资源改革法案修正案,美国审计总署正式更名,更名后的全称英文缩写虽然仍为 GAO(Government Accountability Office),但其工作内容已经发生了本质的变化。更名后的 GAO 主要工作内容是项目评估、政策分析等方面,涉及的范围是广泛的,涵盖了联邦政府在世界各地正在开展或者将要开展的所有项目和行动,不仅要监督联邦政府的资金使用是否合法、合规,而且要关注联邦项目和政策是否达到了预期的效果,并且每一份审计报告和在议会上的证词都会于发布当天在网上公布。

为了对审计总署自身的活动进行监督,2008 年 9 月 22 日《美国审计总署法案》正式

---

① 萧英达,张继勋,刘志远.国际比较审计[M].上海:立信会计出版社,2000.

生效,该法案规定在美国审计总署内部设立一个监察长办公室,以监督审计总署的活动是否合法、有效,防止出现审计总署滥用职权、徇私舞弊等问题。美国审计署在《2014 年至 2019 年战略规划》中归纳了四个方面的战略目标:①协助国会解决当前对美国人民福祉和金融安全构成潜在和现实威胁的各种挑战。②协助国会应对不断变化的安全威胁和全球相互依存所形成的挑战。③协助联邦政府变革职能定位,有效应对各种挑战。④向国会提供及时、有效的服务,推动美国审计署自身成为联邦机构中的标杆,最大限度地实现其价值(审计署科研所,2010)。

从美国审计总署的发展历程来看,美国审计总署成立的时间比较早,隶属于议会,独立性较强,相关法律也比较健全。美国审计总署以为国会和政府的国家治理战略目标实现为己任,以促进联邦政府公共服务提升为导向,不断寻求实现审计价值最大化。美国审计总署参与国家治理的范围比较广泛,每年向议会和社会公众提供大量的审计报告和咨询建议,在促进国家治理的完善方面发挥了巨大的作用。经过多年的审计实践,美国审计总署认为国家审计机关除了履行传统财务审计和绩效审计的职能外,还应发挥前瞻性功能,在此基础上提出了审计机关成熟度模型,如图 4-1 所示。

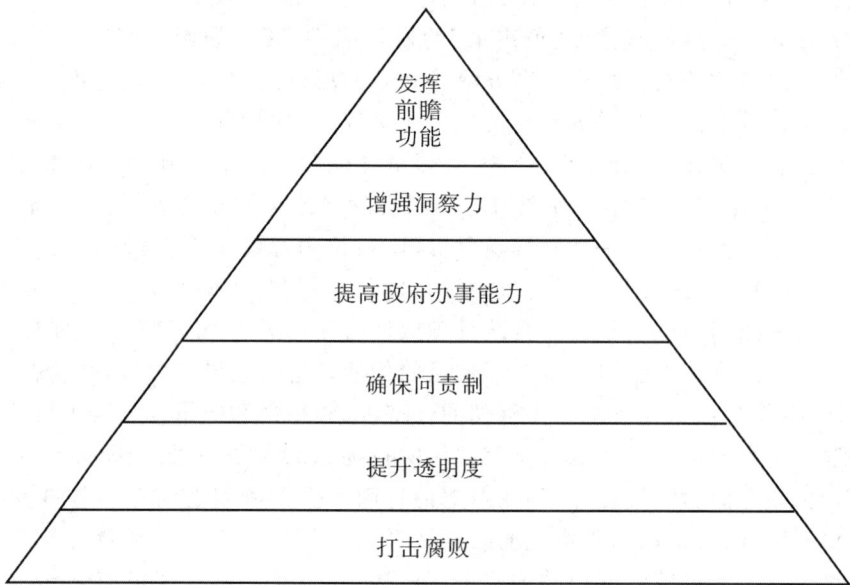

图 4-1 审计机关成熟度模型

从审计机关成熟度模型可以看出,模型底层的功能是国家审计最初级的功能,随着社会的发展、民主的进步以及国家治理结构的变化,审计机关的职能也是不断调整的,从最初的打击腐败,发展到为打造一个公开、透明的政府服务,监督政府履行公共受托责任,对政府官员实行问责制。而随着民众民主意识的进一步增强,不仅要求政府公共支出要合法、合规,而且更要关注支出的效果,于是国家审计从财务收支审计为主发展到以绩效审计为重点。而随着全球经济的一体化,国与国之间相互依存度越来越强,经济发展的可持续性以及环境等方面的问题已经超越了国界,变成了世界各国共同面临的问题,尤其是互联网技术的发展,使得国家经济安全问题凸显,给国家治理带来了严峻的挑战。为了满足国家治理的需要,美国审计总署的职能也从绩效审计扩展到增强洞察力和发挥前瞻功能。审计机关成熟度模型说明国家审计职能的拓展是个渐进的过程,是根据不同历史时期国家治理的需求而不断发展变化的,不同层次的国家审计职能都是与其相应时期的国家治理需求相一致的。国家审计发挥作用的层次越高,说明国家审计参与国家治理的范围越广,国家审计在国家治理中的地位也越重要。

二、英国国家审计职能演变

英国是典型的君主立宪制国家,实行三权分立的政治体制,议会是国家最高的立法机关,由国王、上院和下院组成,议会掌握着公共预算的监督权,国家预算只有经过议会通过后才具有法律效力。英国的审计制度最早可以追溯到14世纪,而现代意义上的国家审计制度则源于19世纪。1861年,英国议会通过了格莱顿议案,在议会下面成立了公共账目委员会,其主要职责是:(1)审查国家审计署的年度费用预算报告,并转呈议会审批;(2)负责国家审计署的拨款事项;(3)审查和调查审计报告的有关内容;(4)为国家审计署任命审计师。通常情况下,在对国家审计署的审计报告进行审查时,要向公共账目委员会一并报送国家审计署审计的公共账目和主计审计长的报告,以便进行审查(萧英达等,2000)。

1866年英国议会通过了《国库和审计部法案》,设立审计总长,审计总长隶属于下院,直接协助下院审计委员会。依据该法案,英国成立了国库和审计部,负责对政府和公共机构的财政、财务收支活动进行监督,该法案的通过标志着世界上第一个立法型的国家审计制度的诞生。该法案规定政府的每一笔收支都要经过国库和审计部的审核,这一做法使议会解决了支出应当由非议员身份的专家控制还是由议员身份的非专家控制这一难题。但是,随着公共预算规模的扩大,对预算收支要做到逐笔审查变得越来越困难,于是公共领域开始转向注重内部控制建设。《国库和审计部法案》于1921年做了修订,明确规定了主计审计长的职责。法案规定主计审计长负责审查政府拨款和赠款的使用是否符合议会的要求,审查支款程序是否符合授权权限,审查政府部门及其下属机构的商业和生产活动账目是否真实正确。

进入20世纪60年代,受到来自国会和社会公众的压力,英国开始变革国家审计制度以适应政府角色的转变,赋予了审计长更加独立的地位,重点开展对政府部门绩效的评价,并将评价结果提交给国会。英国议会于1983年通过了《国家审计法》,成立国家审计署(National Audit Office,简称NAO)取代国库与审计部。该法案规定英国国家审计署的主计长有权对政府部门和公共机构进行审计,但不含国有企业和地方政府。该法案强调了主计审计长的独立性,规定审计署的最高领导人为主计审计长,由国王任命,但须获得首相和议会的公共账目委员会的同意,除非议会的上议院和下议院共同提请国王撤换,不得无故免职。2000年通过的《政府资源与会计法》进一步扩大了国家审计的监督范围,要求所有的政府部门、机构和社会团体都要以权责发生制为基础编制年度会计报表,并接受主计审计长的审计。

为了更好地促进政府工作的公开、透明,英国国家审计署还十分重视审计结果的公开,国家审计署所有的审计报告均可以在审计署网站上查阅,以便接受社会公众的监督。为了便于媒体的监督,英国国家审计署还在内部专门设立了一个处负责对外宣传,主要发布拟公告的审计报告的新闻通告,同时联系可能对审计报告有兴趣的新闻单位,通报相关的信息。如果审计项目或发现的问题比较重大,英国国家审计署还会专门召开新闻发布会通报有关信息,并安排新闻媒体采访被审计项目的相关负责人。目的是借助新闻媒体的力量扩大审计报告的影响,从而对被审计单位形成一种压力,有利于被审计单位违规行为的改进和对审计意见的采纳。

从英国国家审计参与国家治理的发展历程来看,英国国家审计的演变过程与国家政治权力结构的演变是密切相关的,在不同的历史时期还会受到当时特定的文化、经济发展水平的影响。和美国相比,英国国家审计署相对独立,它是通过公共账目委员会间接地和议会发生关系,而美国审计总署则是隶属于议会的一个机构。从英国国家审计参与国家治理的历史演变可以发现,英国国家审计机构在英国国家治理中的作用不断提升,由最初关注公共财政支出的合法、合规性,逐步演变为注重公共资金使用效率和效果。进入 21 世纪,英国已经将国家审计上升到了评估国家公共政策的战略高度。

三、法国国家审计职能演变

法国是一个中央集权的议会共和制国家,国家政治体制兼具了议会制和总统制的特征,从中央到地方共分为中央、大区、省、市或市政联合体四级政府,政治、经济、军事等重大权力属于中央政府,地方政府自治的权力很小。法国国家审计机关是司法型审计模式的代表,1807 年法国依据法律成立了世界上第一个审计法院,主要职责是每年向财政部递交财政决算是否符合法律规定的总声明并转给议会。

法国审计法院是独立于政府和议会的隶属于司法体系的监督机构,审计法官拥有独立的调查权。19 世纪法国的审计法院主要进行合法、合规性审计。1948 年法国颁布了《公共财政法院法》,该法规定在审计法院内设立财政预算纪律法院。1958 年法国《第五共和国宪法》第 47-2 条第 1 款规定,审计法院不仅协助议会对政府的监督,而且还协助议会与政府对财政法、社会安全财政法执行监督,并协助他们评估国家的公共政策。1982 年以前,法国没有地方法院,所有审计事项都由国家审计法院完成。1982 年,为了适应地方政府分权的需要,法国在各省都设立了地方法院,到目前为止,法国在本土和海外共设立了 26 个地方审计法院。法国审计法院的人员由院长、法官、非法官的审计官员和行政人员组成,其中法官分为初、中、高三个等级。虽然法律规定地方审计法院是独立的,但是,由于地方审计法院院长均是由法国国家审计法院的高级或中级法官担任的,因此实际上地方审计法院在很大程度上是受国家审计法院影响的。

法国审计法院院长的职责主要包括:(1)全面负责审计法院的工作组织,结合各法庭庭长的建议,制定审计法院年度工作计划;(2)主持案件的审理、顾问室、法庭联合会议、报告委员会和日程委员会的工作;(3)任命审计法院官员;(4)负责签署审计法院的决定和命令;(5)向有关部门通报审计法院的意见。法国审计法院的法官实行终身制,这一制度解除了法官的后顾之忧,保证了审计工作不受外来因素的影响,为审计法官能够客观、公正地行使审计司法权创造了良好的客观环境。

法国审计法院审计业务分为两类:司法性审计和非司法性审计。司法性审计主要检查公共会计在收入和支出方面是否良好地履行了职责,并对其履行责任情况进行裁决。非司法性审计主要是对国家机构、公共部门、国有企业的管理效益进行检查。法国审计法院无论是进行司法性审计还是非司法性审计,其最终的工作成果都需要以审计报告的形式对外公开。法国审计法院每年要公开发表两份审计报告:一份是上报给总统的年度审计报告;一份是每年公开出版发行的对上一年度预算法规执行情况的审计报告。

1985 年法国将审计法院的职权写入了宪法,并于同年颁布了《审计法院法》,这样在法律上为审计法院工作的开展提供了保障。法国《宪法》和《审计法院法》将审计职权界定为审查权、调查权、责令纠正错误权、获取信息资料权、报告和公布审计结果权五项。与英美的立法模式的国家审计相比,法国的国家审计机构具有明显的司法特征,其各个组成部门都是以法庭的形式出现的,具有司法审判权。

四、德国国家审计职能演变

德国是独立型国家审计模式的典型代表,其审计机关不隶属于任何国家机构,独立于行政、立法和司法三权之外,单独形成国家政权的一个分支,国家审计机关按照法律的规定独立开展工作。德国最早的国家审计距今约 300 多年的历史,早在 1714 年德国就成立了对国王负责的"普鲁士会计总署",后更名为"最高会计署",负责会计和审计监督工作。这是一个独立的、专业的对外审计机构,其总部最初设立在柏林,后于 1818 年迁到波茨坦。该机构的任务是对国家的会计账目进行审计,向国王报告审计结果,并就政府体制改革提出咨询建议。1871 年,德意志帝国审计院成立,负责德意志帝国账目的审计,但并没有取消最高会计署。作为普鲁士的审计机构,最高会计署一直存在至 1945 年才被取消。

德国真正现代意义上的国家审计机关是 1949 年《德意志联邦共和国基本法》通过后确立的。1950 年《联邦审计院法》的颁布进一步明确了联邦审计院的独立地位,该法规定联邦审计院既不隶属于议会,也不隶属于政府和法院,只对法律负责,也有人将其称之为独立于三权之外的第四种权力。德国联邦审计法院的主要职责有三个:一是审查政府公共预算。主要监督政府预算的编制是否合规,是否符合经济性、效率性和效果性的原则。二是为议会提供咨询服务。联邦审计法院主要从专业的角度为议会提供预算审查的建议,不提出有关政治方面的建议,咨询报告是非公开内部使用的。三是为政府制定法律法规提供信息。德国联邦、州和县乡均设有审计院,联邦、州和县乡审计机关,在独立、平等的基础上进行合作交流,没有领导与被领导的关系。1969 年德国《预算法修正案》规定各级审计院要配合同级议会做好对国家预算的审查,审计院要为议会提供决策支持。德国联邦审计院有权在预算编制之前介入,参与财政政策的制定,对部门预算发表意见。1985 年德国颁布了《联邦审计院法》,该法案进一步明确了联邦审计院是德国的最高审计机关,是介于议会和政府之间的独立的机构,拥有公正无私的调查权,审计监督只对法律负责。同时,联邦审计法院作为顾问,可以向议会和政府提供咨询建议。德国联邦审计院院长由政府提名,联邦议院和联邦参议院多数票通过后经总统任命,任期 12 年,并且不得连任,这样就从制度上避免了审计长为谋求连任而寻求各方支持问题的出现。

1998年年初，为优化和加强国家审计工作，德国成立了9个地区审计局，地区审计局隶属于联邦审计院，并接受联邦审计院的监督和业务指导。地区审计局的局长对整个地区局的表现负责，他们要确保组织在联邦审计院的指示下运行，并在联邦审计院需要的时候提供支持。德国联邦审计院每年都收到大量的来自纳税人及其他机构的信件、电话、电子邮件，反映一些公共部门在管理过程中可能存在的或明确的问题，特别是公共资金使用方面的问题，要求联邦审计院介入调查。这些渠道反映的线索往往非常有价值，对审计工作的开展提供了巨大的帮助。当然，联邦审计院没有义务调查每一个申请。因为，考虑有限的资源，联邦审计院必须设定审计的优先次序，否则，一些更重要的审计项目就不得不被放弃。

德国联邦审计院每年根据审计结果向公共部门提出建设性的建议，以帮助这些部门提升管理水平，对于即将出台的公共决策，联邦审计院也会提出前瞻性的建议，涉及法律方面的问题，联邦审计院会敦促立法机构及时修订法律。德国联邦审计院的地位、人员和基本职能由德国联邦宪法确定，其审计范围涵盖了联邦及各州所有的公共部门，审计结果只对法律负责。德国联邦审计院每年的审计报告要全部提交给议会讨论，议会讨论通过后，将审计报告和审计建议一并送交预算委员会审查。德国联邦审计院每年还要向议会和政府提交综合审计报告，就审计中发现的问题和改进措施提出专业的建议，同时还要对审计中发现的重大问题向议会和政府提交专项审计报告。每年的审计报告由议会汇编成册并向社会公开发行，所有的审计结果均向社会公开。联邦审计院也会定期召开新闻发布会，将审计报告的重点内容向社会公开披露，在公开的媒体上公布审计结果。德国联邦审计院2012年年度审计报告中以流程图的方式描述了德国年度审计报告的形成过程（见图4-2）。

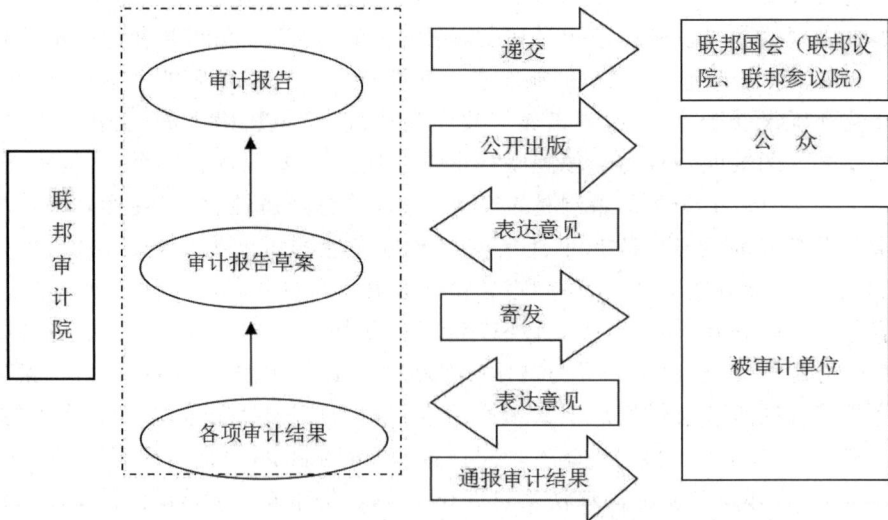

图 4-2　德国联邦年度审计报告流程图

德国联邦年度审计报告是国会对政府进行绩效评估的重要依据,也是国会做出重大决议的参考。国会可以根据审计报告的意见督促政府采取有效措施改进治理,提高绩效。联邦年度审计报告通过国会的监督发挥重要的咨询和监督作用。

第二节　国际比较的启示

国家审计服务国家治理是个永恒的主题,但由于不同国家的国家治理模式及历史沿革不同,国家审计在完善国家治理中的形式和路径也略有差异。通过比较研究,我们发现以下几个方面的规律是值得我们借鉴的。

一、国家审计职能的变迁是和国家治理的变革相适应的

上面分析了以英美为代表的立法型、法国为代表的司法型和德国为代表的独立型三种代表性的国家审计模式,通过比较研究,我们发现这些国家的审计机关都是通过国家明确立法的形式确立其法律地位,包括审计人员的任命、经费保障和审计监督权的行使等方面都在法律上做了具体规定,这样就从法律上保障了国家审计的独立性和权威性。通过回顾西方主要国家的国家审计发展历史,可以发现立法型审计模式的优点是审计监督权掌握在议会手中,独立于行政权之外,能够起到权力制衡的作用,避免了行政权对审计的过度干预。缺点是由于其不像行政部门那样能够掌握及时、充分的信息,在监督效率方面会有所减弱。司法型国家审计模式的优点是审计监督权属于司法机关,具有较高的独立性和权威性,但与立法型审计模式相比,司法型审计模式所获取的信息相对较少,审计结果的利用程度也相对滞后。独立型国家审计模式虽然只对法律负责,独立性比较强,但及时性方面相对较弱。

从英、美、法、德四国国家审计的发展历程可以看出,不论哪种类型的国家审计模式,都是为了适应当时的国家治理需求而存在的。如英国是世界上第一个建立议会制的国家,所以其国家审计服务于立法机关;美国的制度和英国是一脉相承,延续了立法型的国家审计模式。从英、美两国的国家审计制度变迁可以看出,每次都是在立法机关的推动下通过议会颁布法案实现的,变革的动因都是源于立法权对行政权的约束。法国属于中央集权国家,国家审计的监督要保持高度的权威性,所以,其国家审计模式选择司法模式也有其历史必然性。德国属于大陆法系,独立型的审计模式实质上更倾向于立法机关,对法律负责。Mautz 和 Sharaf(1961)在《审计哲学》中提到:从审计发展的历史研究可以看出,审计的范围和内容随着环境变化的需要而扩大了,同时有迹象表明审计现在和将来还会随时准备适应时代的变化。

二、国家审计机构的独立性较强

国外不管是立法型、司法型还是独立型的国家审计机关,审计机关始终处于权力的中

心,在机构设置、人员经费及审计长的任免等方面都独立于行政权力之外,保证审计机关超然独立的地位。独立性是国家审计的灵魂,是国家审计的根本属性,审计机关只有保持独立性,才能保证审计结论的客观、公正。如美国审计总署(GAO)在国家治理中依赖其独立于行政机构的超然地位,可以独立地向国会提供客观的、专业的审计报告。美国审计长由国会选举并经总统任命,任期为15年,不受政府变更和国会换届的影响,这样长的任期使得美国审计总署和审计长可以对审计工作做出长远的规划。美国审计总署的经费也是在预算中单独列支的,其机构设置和人员配备由主计长自主确定,这也使得审计总署在人员招聘方面可以基于知识、技能和未来需要进行综合考虑,极大地保证了审计总署的独立性。从审计长的任期看,英国和法国审计长的任期实行终身制,德国和美国的审计长也保持了较长的任期,很好地保证了国家审计的独立性。

在保持独立性方面,发达国家也非常重视相关规范的制定。如美国审计总署2011年修订的《政府审计准则》中将审计独立性的威胁分为七类:一是自身利益威胁,是指那些财务或其他方面的自身利益会导致审计师做出不恰当的判断或行为;二是自我评价威胁,在审计师(审计机构)对被审计单位提供非审计服务的情况下,审计师对以往做出的职业判断或提供的非审计服务将很难做出评价;三是倾向性威胁,审计师的政治、思维、社会等倾向将使其立场不够客观;四是亲密关系威胁,审计师与被审计单位管理层或职员的亲密关系,将导致审计师的立场不够客观;五是过度影响威胁,外界影响或压力将影响审计师做出独立客观的职业判断的能力;六是参与管理威胁,审计师兼任管理层职位或代表被审计单位行使管理职能可能使独立性受损;七是组织威胁,审计机构以及被审计的政府部门在政府组织机构中的位置,将会影响审计机构从事审计工作和客观地报告审计结果的能力。针对来自于这七个方面的威胁,美国《政府审计准则》也给出了相应的防范措施。

三、审计结果公开制度比较完善

国家审计结果的公开透明是现代民主政治发展的必然要求,西方发达的市场经济国家,不论其采用的是哪一种国家审计模式,都非常注重审计结果的公开。上述英、美、法、德四国都很早就确立了审计结果公告制度,把国家审计机关所审计事项的审计程序、内容、过程、结果和反映问题的方式等均向社会公众和媒体公开,主动接受社会的监督,以确保审计程序的合法性,保证审计过程、结果的公开性和透明性。以立法型审计模式的代表美国为例,美国审计总署不仅向国会提交审计报告,并且将其审计结果向新闻媒体和社会公众公开,社会公众可以通过公开的媒体和网站获取政府审计结果的相关信息。据统计,美国审计总署的审计结果97%以上公开向社会公众公布,只有少数涉及国家机密的审计结果只向国会报告。另外,对于存在资金使用效率不高的单位,国会在必要时会召开听证会,公开审计结果,虽然听证会不会做出任何处理结果,但是,公开的审计报告通过媒体的报道,会对被审计单位产生强大的舆论压力,有利于审计发现问题的整改和落实。英国国家审计署也有专门的机构负责对外宣传和联络事宜,国家审计署的所有审计报告均在审计署网站上公布,每个公民均可以通过登录审计署网站随时查阅审计报告。从1936年开始,法国国家审计法院每年都要将重要的审计结果汇编成册并向国会和总统提交,其中年度预算审计结果还须在国家公开的报纸上公布,让全社会都了解国家预算的执行情况。每年汇编成册的审计报告经过摘编后公开出版,向全社会发行,接受公民的监督。德国联邦审计院每年的最后一个季度通过新闻发布会公布年度审计报告,两年后公布年度审计报告被议会采纳的程度。

四、民主和法治是国家审计参与国家治理的基础

国家审计的变革实质上是个政治过程,民主的进步对国家审计的发展起着决定性作用。在民主启蒙时期,人们只要求政府从社会集中的公共资源有一定限度,至于集中起来的公共资源如何使用,一般不加以过问。随着社会的发展和民主的进步,人们不仅要求政府取之于民的要用之于民,而且要求其有效地用之于民,社会公众希望获得有关政府使用和管理公共资源的效率和效果方面的信息,这也是国家审计由传统财务收支审计发展到绩效审计的动因。英、美、德、法等西方国家的国家审计,不管是立法型、司法型还是独立型的审计模式,其审计报告大多都要向议会报告并将审计结果公之于众,并且广泛引入了公民参与机制,如美国的听证制度、质询制度等,这些做法充分体现了民主的理念。

法治是现代国家审计存在的前提和基础,法治要求国家审计机关要在法律的框架内依法行使监督权。西方各国在国家审计参与国家治理的历程中,不同的发展阶段都是法律先行,制定了和当时国家治理相适应的完备的法律,对审计机关的权责做了详细的规定,从宪法、国家审计法的高度对审计机关负责人及工作人员的机构设置、人员任免、审计长任期、经费来源做了专门的规定,以保证审计监督活动依法开展。

五、社会公众的参与度比较高

所谓公众参与是指社会公众通过各种渠道与方式参与到政府的管理和服务活动中,以提高政府公共管理和服务水平。如果政府部门存在着工作效率低下、铺张浪费等现象,会极大地影响其在社会公众中的形象,尤其是公职人员的贪污腐败问题,既破坏了政府公务人员自身的形象,又极大地挫伤公民对政府的信心。为了杜绝类似问题的发生,社会公众一方面对国家审计机关寄予了极大的期望,希望通过国家审计预防和惩治腐败,提升国家治理效率;另一方面,社会公众也有极强的意愿参与到国家审计监督活动中,社会公众希望通过法律途径提出审计请求,为审计机关开展审计活动提供有用线索,这一点在发达国家表现得尤为突出,也取得了良好的效果。

社会公众采取自下而上的方式参与国家审计活动,有助于揭露那些比较隐蔽、常规手段不容易发现的问题,很好地提升政府机关的透明度和公正性。发挥社会公众的监督作用,可以做到以较低的监督成本获得较好的监督效果,通过公众参与,有助于疏导公民的不满情绪,解决政府与公众之间信息不对称问题,缓解社会矛盾。

■ 思考题

1.简述英国国家审计的起源及发展过程。

2.美国国家审计制度有哪些方面值得我们借鉴?

3.与英美国家审计制度相比,法国国家审计制度有什么不同?

4.德国的国家审计制度与监审合一的审计制度相比有什么不同?

5.西方国家的审计制度对我国国家审计制度建设有什么借鉴意义?

第五章 国家审计规范

第一节 国家审计法律规范体系的概念与构成

国家审计法律规范是指国家审计监督制度建立的法律依据和国家审计机关及其审计人员在审计工作过程中应当遵循的各种审计规范、制度、准则等的总称,包括国家审计法律体系、国家审计法规体系、国家审计准则和职业道德四个层次。

一、国家审计法律体系

国家审计法律体系由全国人民代表大会及其常务委员会制定的《宪法》《审计法》和其他与审计有关的法律组成,是层次最高、法律效力等级最高的审计规范。

《宪法》是国家的根本大法,它主要确定国家根本的政治制度、经济制度,公民的基本权利和义务,国家机构的设置和职权等。我国 1982 年制定的《宪法》明确规定我国建立国家审计监督制度。之后,虽然经过了 1988 年、1993 年、1999 年、2004 年和 2018 年修正,但是关于审计监督制度的内容一直保持不变。《宪法》中有两条专门规定国家审计制度,第 91 条规定:"国务院设立审计机关,对国务院各部门和地方各级政府的财政收支,对国家的财政金融机构和企业事业组织的财务收支,进行审计监督。审计机关在国务院总理领导下,依照法律规定独立行使审计监督权,不受其他行政机关、社会团体和个人的干涉。"第 109 条规定:"县级以上的地方各级人民政府设立审计机关。地方各级审计机关依照法律规定独立行使审计监督权,对本级人民政府和上一级审计机关负责。"此外,还有关于审计机关行政首长的地位和任免的相关规定。

《审计法》是 1994 年 8 月 31 日第八届全国人民代表大会常务委员会第九次会议通过的新中国第一部审计法,2006 年 2 月 28 日第十届全国人民代表大会常务委员会第二十次会议《关于修改〈中华人民共和国审计法〉的决定》修正了 1994 年通过的《审计法》,于 2006 年 6 月 1 日开始实施。《审计法》是调整和规范审计监督活动的基本法,集中体现和反映了社会对审计监督的根本要求。修正后的《审计法》共 7 章 54 条,对我国审计监督的总则、审计机关和审计人员、审计机关职责、审计机关权限、审计程序、法律责任等国家审计的基本制度做了全面规定。总则包括:审计法制定的目的和依据,审计监督的范围和目标,独立性的要求,客观公正的办理审计事项等。审计机关和审计人员包括:国家审计机关的设置,地方审计机关的领导关系,派出机构的设立,审计经费预算的来源,审计人员的专业胜任能力,利害关系的回避,严守秘密,依法审计的法律保护等。审计机关职责包括:财政收支审计职责,财务收支审计职责,经济责任审计职责,通报审计情况和审计结果的职责,其他审计职责,审计署组织领导全国审计职责等。审计机关权限包括:要求报送资料权,检察权,调查取证权,采取强制措施权,建议纠正处理权,通报或公布审计结果权,提请协助权。审计程序包括:依据审计项目计划组建审计组、下达审计通知书;检查会计资料及资产、调查有关单位或个人;审计组向审计机关提交审计报告并附送被审计单位意见;审计机关审定审计报告、下达审计决定书、出具审计意见书。法律责任包括:被审计单位或个人违反审计法和国家规定的财政、财务收支行为应承担的法律责任,审计人员违反审计法应当承担的法律责任。

其他与审计有关的法律主要有两类:一是有关财经法律,主要有《中华人民共和国预算法》《中华人民共和国税收征收管理法》《中华人民共和国海关法》《中华人民共和国中国人民银行法》《中华人民共和国商业银行法》《中华人民共和国会计法》等,这些财经法律就审计机关对这些领域的审计监督做了明确规定,同时这些财经法律也是审计机关实施审计后对被审计单位的违法行为进行处理处罚的依据;二是对国家行政活动进行监督管理的法律,主要有《中华人民共和国行政复议法》《中华人民共和国行政处罚法》《中华人民共和国行政诉讼法》《中华人民共和国国家赔偿法》等。政府审计监督活动属于国家的行政行为,审计机关作为国家行政机关,开展审计监督时应该遵守这些法律的规定。

二、国家审计法规体系

国家审计法规体系由国务院制定的有关审计行政法规和地方人民代表大会及其常务委员会制定的地方性审计法规组成。审计法规体系是我国层次较高,法律效力等级仅次于审计法律的审计规范。

审计行政法规是国务院根据《宪法》《审计法》及有关法律制定的,在全国范围使用的具有普遍约束力的有关国家审计的规范性文件。主要有:1997年10月颁布,2010年2月国务院第100次常务会议修订通过的《中华人民共和国审计法实施条例》;1998年6月国务院办公厅印发的《国务院办公厅关于印发审计署职能配置、内设机构和人员编制规定的通知》;2010年12月中央办公厅印发的《党政主要领导干部和国有企业领导人经济责任审计规定》。除此之外,国务院还制定了其他与国家审计有关的行政法规、行政措施等,如《关于实行罚款处罚和收缴分离的办法》《全民所有制工业企业转换经营机制条例》《国务院关于加强抗灾救灾管理工作的通知》等。

地方性审计法规是地方人民代表大会及其常务委员会在不与宪法、法律、行政法规相抵触的前提下制定的,在本地区范围内使用的有关国家审计的规范性文件。主要有两种类型:一是地方人民代表大会及其常务委员会制定的专门规定国家审计的地方性法规,如2001年深圳市通过市人大立法出台的《深圳经济特区审计监督条例》;二是地方人民代表大会及其常务委员会制定的与政府审计有关的其他地方性法规。

三、国家审计准则

审计准则是审计机关和审计人员在实施审计过程中应遵守的技术规范,是执行审计业务的职业标准,是评价审计工作质量的基本尺度。国家审计准则是国家审计法律法规内容的进一步细化,具体而言,是《审计法》内容的具体化、细化,是审计实践中贯彻审计法律法规的操作性规范。制定科学的审计准则并严格遵循,对保证审计执业质量,实现审计工作的规范化,维护政府审计人员的权益,维护社会公众利益,树立国家审计的威信具有重要的作用。

(一)国际上公认的国家审计准则体系

国际上政府审计公认的准则体系是世界审计组织颁布的最高审计机关国际准则体系(International Standards of Supreme Audit Institutions,简称ISSAIs)。具体包括两部分内容:一是最高审计机关国际准则,旨在为最高审计机关的职责、基本审计原则和审计指南设定基础性原则;二是世界审计组织良好治理指南,目的是推动公共部门实现良治。准则体系分为四个层次:

第一层次是根本原则,旨在处理建立独立高效的最高审计机关的相关问题,并为审计规则提供指南,如《利马宣言》等。

第二层次是最高审计机关履行职能的前提,包括世界审计组织发布的最高审计机关有效运行和遵守职业守则的必要前提,如《墨西哥宣言》等。

第三层次是基本审计原则,阐释公共部门审计的实质,确保公共部门进行高效、独立的审计并得到广泛认同的职业原则,如《公共部门审计的基本原则》、《绩效审计的基本原则》等。

第四层次为审计指南,是将基本审计原则细化为具体日常审计工作操作指南,如《绩效审计指南》等。与第四层平行的还有一些世界审计组织为公共部门制定的内部治理与会计标准的良治指南,主要包含世界审计组织对各国政府及其他负责公共资金管理的机构的建议。

(二)我国国家审计准则体系

1.我国制定国家审计准则的依据与目标

依据《中华人民共和国审计法》(以下简称《审计法》)和《中华人民共和国审计法实施条例》,结合中国审计机关审计工作实践,借鉴国际公认审计准则经验,我国制定了中国国家审计准则。制定中国国家审计准则的目标是:

(1)全面落实《审计法》,推进依法治国,促进依法行政,实现审计工作的法制化、制度化和规范化。

(2)促使审计机关和审计人员按照统一的审计准则开展审计工作,规范审计行为,提高审计质量,明确审计责任。

(3)促进审计机关和审计人员依法履行职责,维护国家财政经济秩序,促进廉政建设,保障国民经济健康发展。

2.中国国家审计准则的体系

中国国家审计准则体系是中国审计法律规范体系的组成部分,它由中华人民共和国国家审计基本准则(以下简称国家审计基本准则)、通用审计准则和专业审计准则、审计指南三个层次组成。

(1)国家审计基本准则。审计基本准则是制定其他审计准则和审计指南的依据,是中国国家审计准则的总纲,是审计机关和审计人员依法办理审计事项时应当遵循的行为规范,是衡量审计质量的基本尺度。

(2)通用审计准则与专业审计准则。通用审计准则是依据国家审计基本准则制定的,是审计机关和审计人员在依法办理审计事项,提交审计报告,评价审计事项,出具审计意见书,做出审计决定时,应当遵循的一般具体规范。专业审计准则是依据国家审计基本准则制定的,是审计机关和审计人员依法办理不同行业的审计事项时,在遵循通用审计准则的基础上,同时应当遵循的特殊具体规范。

(3)审计指南。审计指南是对审计机关和审计人员办理审计事项提出的审计操作规程和方法,为审计机关和审计人员从事专门审计工作提供可操作的指导性意见。

3.中国国家审计准则的法律效力

(1)国家审计基本准则、通用审计准则和专业审计准则,是审计署依据《审计法》规定制定的部门规章,具有行政规章的法律效力,全国审计机关和审计人员依法开展审计工作时必须遵照执行。

(2)审计指南,是指导审计机关和审计人员办理审计事项的操作规程和方法,全国审计机关和审计人员应当参照执行,不具有行政规章的法律效力。

4.中国国家审计准则的适用范围

中国国家审计准则是审计署制定的规范全国审计机关依法审计的部门规章,适用于各级审计机关和审计人员依法开展的审计工作。其他审计组织承办国家审计机关审计事项也应当遵守本准则。

5.中国国家审计准则的制定、发布与修订

审计署成立审计准则体系构建工作领导小组。领导小组下设办公室,具体承担制定审计准则的日常组织管理等工作。审计署有关司局及有关特派员办事处、省(自治区、直辖市)审计厅(局)分别承担审计准则的草拟工作,向审计准则体系构建工作领导小组办公室提交审计准则草稿。审计准则体系构建工作领导小组办公室聘请审计机关的专家成立内部专家组,聘请审计机关以外的专家成立外部专家组,负责对审计准则的草稿进行讨论及修改。讨论、修改后的审计准则草稿经广泛征求全国审计机关及社会有关方面意见后,由审计准则体系构建工作领导小组办公室进一步修改、审核,报审计署审计长会议审定,由审计署批准发布施行。

我国审计署自 1989 年开始,就一直致力于审计准则的研究、制定、修订和完善,1996年起陆续发布了一系列审计准则,2000 年又对已发布的审计准则进行了全面的修订和补充,形成了包括国家审计基本准则、通用审计准则和专业审计准则以及审计指南,层次分明、相互依存、相互补充、内容完整的国家审计准则体系。2010 年我国审计署在借鉴 IS-SAIs 制定经验及成文范例基础上,根据我国国家审计的具体特点和工作需要,制定了一个既能满足国家审计工作需要又具体实用的国家审计准则——《中华人民共和国国家审计准则》。该准则颁布后,原来的国家审计基本准则、通用审计准则和专业审计准则以及审计指南被废止。

《中华人民共和国国家审计准则》的内容包括总则、审计机关和审计人员、审计计划、审计实施、审计报告、审计质量控制和责任、附则,共7章200条。

"总则":制定国家审计准则的目的、依据,审计准则的定义,审计准则的适用范围,被审计单位的责任与审计责任的划分,审计目标,审计范围,审计程序的总体要求。

"审计机关和审计人员":是对审计机关及其审计人员应当具备的基本资格条件和职业要求所做的规定。主要内容包括:审计机关执行审计业务应具备的资格条件;审计人员执行审计业务应具备的职业要求,如审计人员应遵守的基本职业道德,独立性的要求;审计人员应具备专业胜任能力的要求,审计人员应合理运用职业判断和保持应有的职业谨慎等。

"审计计划":审计机关对本年度审计项目所做的规划。主要内容包括:(1)审计实施方案:组成审计组,下达审计通知书,审计实施方案的编制、调整和审定,了解被审计单位及其相关情况,测试内部控制的有效性和安全性。(2)审计证据:审计人员应获取充分、适当的审计证据,审计人员获取审计证据的方法和程序。(3)审计记录:审计人员应当真实完整地编制审计记录,审计记录包括了解记录、审计工作底稿和重要管理事项记录,审计工作底稿的编制方法和内容,审计工作底稿的检查和复核的要求。(4)重大违法行为检查:审计人员需要关注的可能存在重大违法行为的情况及针对重大违法行为采取的应对措施。

"审计报告准则":审计组反映审计结果、提出审计报告以及审计机关审定审计报告时应当遵守的行为规范。其主要内容包括:(1)审计报告的形式和内容:审计机关提交审计报告的程序,审计报告的编制要求,审计决定书和审计移送处理书出具的情形和内容。(2)审计报告的编审:审计组编制审计报告要求,审计组向审计机关业务部门报送的资料,审计机关业务部门复核的内容和要求,审理机构的审理内容和要求,审计报告和审计决定书的审定和签发。(3)专题报告和综合报告:专题报告和综合报告使用的情形、编制要求和报送,本级预算执行情况和其他财政收支情况的审计报告需经本级政府首长审定后向本级人民代表大会常务委员会报告。(4)审计结果公布:依照法律审计结果和审计调查结果需要公布和不得公布的信息,审计机关公布审计结果和审计调查结果的要求。(5)审计整改检查:审计机关审计整改检查的内容、整改检查的方式、整改检查报告的内容、整改检查结果的报送。

"审计质量控制和责任":审计机关为了督促有关人员严格遵守法律法规和准则、做出恰当的审计结论和依法进行处理处罚所做的规定。其主要内容包括:审计机关应当围绕审计质量责任、审计职业道德、审计人力资源、审计业务执行、审计质量监控建立审计质量控制制度;审计机关实行审计组成员、审计组主审、审计组组长、审计机关业务部门、审理机构、总审计师和审计机关负责人对审计业务的分级质量控制;审计机关对其业务部门、排除机构和下级审计机关的审计业务质量进行检查的方式、内容和要求。

"附则":不适合准则的审计机关的工作,地方审计机关可以结合本地实际情况依据准则制定实施细则。

四、国家审计职业道德

(一)国家审计人员职业道德的含义和作用

国家审计人员的职业道德是指国家审计人员在国家审计实践活动中应遵循的、具有自身职业特征的道德要求和行为规范。中外国家或组织均制定了较为详尽的国家审计职业道德规范。例如,世界审计组织《道德守则》(Code of Ethics,1998)指出,审计师的核心职业道德态度包括正直、独立、客观、无偏、职业保密,以及保持专业胜任能力等。美国《一般公认政府审计准则》(GAGAS,2007)规定,审计师的职业道德态度包括公共利益、正直、客观、适当使用政府信息和资源,以及保持较高的职业行为水准等。中国国家审计准则(2011)规定,审计人员应当恪守严格依法、正直坦诚、客观公正、勤勉尽责、保守秘密等基本审计职业道德。

国家审计职业道德的作用包括:(1)职业道德是完成国家审计工作的保障;(2)职业道德是树立审计专业精神的依靠;(3)职业职业道德能够补充纳入必要而又未成法规的事项;(4)职业道德直接关乎社会道德风尚的方向。

(二)国家审计职业道德的内容

《审计机关审计人员职业道德准则》(2001)指出,审计人员职业道德是指审计机关审计人员的职业品德、职业纪律、职业胜任能力和职业责任。其具体规定包括:

1.审计人员应当依照法律规定的职责、权限和程序,进行审计工作,并遵守国家审计准则。

2.审计人员办理审计事项,应当客观公正、实事求是、合理谨慎、职业胜任、保守秘密、廉洁奉公、恪尽职守。

3.审计人员在执行职务时,应当保持应有的独立性,不受其他行政机关、社会团体和个人的干涉。

4.审计人员办理审计事项,与被审计单位或者审计事项有直接利害关系的,应当按照有关规定回避。

5.审计人员在执行职务时,应当忠诚老实,不得隐瞒或者曲解事实;提出处理处罚意见时,应当做到依法办事,实事求是,客观公正,不得偏袒任何一方。

6.审计人员应当合理运用审计知识、技能和经验,保持职业谨慎,不得对没有证据支持的、未经核清事实的、法律依据不当的和超越审计职责范围的事项发表审计意见。

7.审计人员应当具有符合规定的学历,通过岗位任职资格考试,具备与从事的审计工作相适应的专业知识、职业技能和工作经验,并保持和提高职业胜任能力。不得从事不能胜任的业务。

8.审计人员应当遵守审计机关的继续教育和培训制度,参加审计机关举办或者认可的继续教育、岗位培训活动,学习会计、审计、法律、经济等方面的新知识,掌握与从事工作相适应的计算机、外语等技能。

9.审计人员参加继续教育、岗位培训,应当达到审计机关规定的时间和质量要求。

10.审计人员对其执行职务时知悉的国家秘密和被审计单位的商业秘密,负有保密的义务。在执行职务中取得的资料和审计工作记录,未经批准不得对外提供和披露,不得用于与审计工作无关的目的。

11.审计人员应当遵守国家的法律、法规和规章以及审计工作纪律和廉政纪律。

12.审计人员应当认真履行职责,维护国家审计的权威,不得有损害审计机关形象的行为。审计人员应当维护国家利益和被审计单位的合法权益。

13.审计人员违反职业道德,由所在审计机关根据有关规定给予批评教育、行政处分或者纪律处分。

五、依法审计对审计机关及审计人员的要求

依法审计是依法治国对审计行为的最基本要求,贯彻了审计行为应受法律约束的法治理念。审计机关在新时代取得新突破,需要牢牢把握"依法审计"这一生命线,并将其作为开展审计工作的首要原则与重要指导方针。依法审计要求审计机关及审计人员要坚持审计职权法定、审计程序合法、审计方法遵法、审计标准依法、审计保障用法。

1.审计职权法定。审计机关的所有权限及职责都应当由法律来进行规定,审计机关没有超越法律授权的其他权限,也不得法外自行设定权力,即"法无授权不可为";审计机关及审计人员在履行职权过程中要严格依照法定的权限、职责、程序、方式和方法开展工作,一切行为均不得与法律、法规和规章相抵触;审计机关及其派出机构必须按照法律、法规和规章规定的职权范围认真履行职责,不得息于行使职权,即"法定职责必须为"。

2.审计程序合法。审计机关应当树立行政程序法治观念,坚持程序与实体并重;审计机关在审计过程中必须依法、全面、有序履行审计程序,保障被审计单位的合法权益;审计机关应当正确处理程序与效率的关系,通过合理配置审计资源、优化程序衔接机制等方式,在程序公正的基础上,兼顾审计结果的有效性。

3.审计方法遵法。审计机关应当使用合法的手段和方式获取证据材料,排除来源和形式非法的证据材料;审计机关应当严格按照审计法、审计法实施条例和国家审计准则的要求,正确行使检查权、调查权、行政处罚权,不得超出权限范围。

4.审计标准依法。审计机关及审计人员在审计过程中应当坚持"以法律为准绳,以事实为依据",正确适用法律、法规、规章和其他规范性文件等审计标准,一切从具体的案件情况出发,使认定的事实完全符合案件的客观真相;坚持实事求是的原则,严格落实"三个区分开来"要求,客观公正做出评价;在行使自由裁量权时应当符合法律的立法目的,排除不相关因素的干扰,采取的措施和手段应当合理、适当。

5.审计保障用法。审计机关应当通过"立改废释"保障审计监督权的有效落实,将党的政策文件要求转化为法律法规和规章,细化审计权的适用规定,并设定相应的责任条款;通过建章立制的方式推进审计队伍正规化、专业化、职业化建设,有效提升审计人员的法治素养和依法审计能力。

第二节 审计报告规范

一、审计报告的形式和内容

审计报告包括审计机关进行审计后出具的审计报告以及专项审计调查后出具的专项审计调查报告。

审计组实施审计或者专项审计调查后,应当向派出审计组的审计机关提交审计报告。审计机关审定审计组的审计报告后,应当出具审计机关的审计报告。遇有特殊情况,审计机关可以不向被调查单位出具专项审计调查报告。审计报告应当内容完整、事实清楚、结论正确、用词恰当、格式规范。

(一)审计报告基本要素

审计机关的审计报告(审计组的审计报告)包括下列基本要素:

1.标题;

2.文号(审计组的审计报告不含此项);

3.被审计单位名称;

4.审计项目名称;

5.内容;

6.审计机关名称(审计组名称及审计组组长签名);

7.签发日期(审计组向审计机关提交报告的日期)。

经济责任审计报告还包括被审计人员姓名及所担任职务。

(二)审计报告的基本内容

1.审计报告的主要内容

(1)审计依据,即实施审计所依据的法律法规规定;

(2)实施审计的基本情况,一般包括审计范围、内容、方式和实施的起止时间;

(3)被审计单位基本情况;

(4)审计评价意见,即根据不同的审计目标,以适当、充分的审计证据为基础发表的评价意见;

(5)以往审计决定执行情况和审计建议采纳情况;

(6)审计发现的被审计单位违反国家规定的财政收支、财务收支行为和其他重要问题的事实、定性、处理处罚意见以及依据的法律法规和标准;

(7)审计发现的移送处理事项的事实和移送处理意见,但是涉嫌犯罪等不宜让被审计单位知悉的事项除外;

(8)针对审计发现的问题,根据需要提出的改进建议。

审计期间被审计单位对审计发现的问题已经整改的,审计报告还应当包括有关整改情况。经济责任审计报告还应当包括被审计人员履行经济责任的基本情况,以及被审计人员对审计发现问题承担的责任。

核查社会审计机构相关审计报告发现的问题,应当在审计报告中一并反映。

采取跟踪审计方式实施审计的,审计组在跟踪审计过程中发现的问题,应当以审计机关的名义及时向被审计单位通报,并要求其整改。跟踪审计实施工作全部结束后,应当以审计机关的名义出具审计报告。审计报告应当反映审计发现但尚未整改的问题,以及已经整改的重要问题及其整改情况。

专项审计调查报告除符合审计报告的要素和内容要求外,还应当根据专项审计调查目标重点分析宏观性、普遍性、政策性或者体制、机制问题并提出改进建议。

2.审计决定书的主要内容

对审计或者专项审计调查中发现被审计单位违反国家规定的财政收支、财务收支行为,依法应当由审计机关在法定职权范围内做出处理处罚决定的,审计机关应当出具审计决定书。审计决定书的内容主要包括:

(1)审计的依据、内容和时间;

(2)违反国家规定的财政收支、财务收支行为的事实、定性、处理处罚决定以及法律法规依据;

(3)处理处罚决定执行的期限和被审计单位书面报告审计决定执行结果等要求;

(4)依法提请政府裁决或者申请行政复议、提起行政诉讼的途径和期限。

3.审计移送处理书的主要内容

审计或者专项审计调查发现的依法需要移送其他有关主管机关或者单位纠正、处理处罚或者追究有关人员责任的事项,审计机关应当出具审计移送处理书。审计移送处理书的内容主要包括:

(1)审计的时间和内容;

(2)依法需要移送有关主管机关或者单位纠正、处理处罚或者追究有关人员责任事项的事实、定性及其依据和审计机关的意见;

(3)移送的依据和移送处理说明,包括将处理结果书面告知审计机关的说明;

(4)所附的审计证据材料。

出具对国际组织、外国政府及其机构援助、贷款项目的审计报告,按照审计机关的相关规定执行。

二、审计报告的编审

审计组在起草审计报告前,应当讨论确定下列事项:

(1)评价审计目标的实现情况;

(2)审计实施方案确定的审计事项完成情况;

(3)评价审计证据的适当性和充分性;

(4)提出审计评价意见;

(5)评估审计发现问题的重要性;

(6)提出对审计发现问题的处理处罚意见;

（7）其他有关事项。

审计组应当对讨论前款事项的情况及其结果做出记录。审计组组长应当确认审计工作底稿和审计证据已经审核，并从总体上评价审计证据的适当性和充分性。

审计组根据不同的审计目标，以审计认定的事实为基础，在防范审计风险的情况下，按照重要性原则，从真实性、合法性、效益性方面提出审计评价意见。

审计组应当只对所审计的事项发表审计评价意见。对审计过程中未涉及、审计证据不适当或者不充分、评价依据或者标准不明确以及超越审计职责范围的事项，不得发表审计评价意见。

审计组应当根据审计发现问题的性质、数额及其发生的原因和审计报告的使用对象，评估审计发现问题的重要性，如实在审计报告中予以反映。

审计组对审计发现的问题提出处理处罚意见时，应当关注下列因素：

（1）法律法规的规定；

（2）审计职权范围，属于审计职权范围的，直接提出处理处罚意见，不属于审计职权范围的，提出移送处理意见；

（3）问题的性质、金额、情节、原因和后果；

（4）对同类问题处理处罚的一致性；

（5）需要关注的其他因素。

审计发现被审计单位信息系统存在重大漏洞或者不符合国家规定的，应当责成被审计单位在规定期限内整改。审计组应当针对经济责任审计发现的问题，根据被审计人员履行职责情况，界定其应当承担的责任。

审计组实施审计或者专项审计调查后，应当提出审计报告，按照审计机关规定的程序审批后，以审计机关的名义征求被审计单位、被调查单位和拟处罚的有关责任人员的意见。经济责任审计报告还应当征求被审计人员的意见；必要时，征求有关干部监督管理部门的意见。审计报告中涉及的重大经济案件调查等特殊事项，经审计机关主要负责人批准，可以不征求被审计单位或者被审计人员的意见。被审计单位、被调查单位、被审计人员或者有关责任人员对征求意见的审计报告有异议的，审计组应当进一步核实，并根据核实情况对审计报告做出必要的修改。

审计组应当对采纳被审计单位、被调查单位、被审计人员、有关责任人员意见的情况和原因，或者上述单位或人员未在法定时间内提出书面意见的情况做出书面说明。对被审计单位或者被调查单位违反国家规定的财政收支、财务收支行为，依法应当由审计机关进行处理处罚的，审计组应当起草审计决定书。对依法应当由其他有关部门纠正、处理处罚或者追究有关责任人员责任的事项，审计组应当起草审计移送处理书。

审计组应当将下列材料报送审计机关业务部门复核：

（1）审计报告；

（2）审计决定书；

（3）被审计单位、被调查单位、被审计人员或者有关责任人员对审计报告的书面意见及审计组采纳情况的书面说明；

（4）审计实施方案；

(5)调查了解记录、审计工作底稿、重要管理事项记录、审计证据材料；

(6)其他有关材料。

审计机关业务部门应当对下列事项进行复核，并提出书面复核意见：

(1)审计目标是否实现；

(2)审计实施方案确定的审计事项是否完成；

(3)审计发现的重要问题是否在审计报告中反映；

(4)事实是否清楚、数据是否正确；

(5)审计证据是否适当、充分；

(6)审计评价、定性、处理处罚和移送处理意见是否恰当，适用法律法规和标准是否适当；

(7)被审计单位、被调查单位、被审计人员或者有关责任人员提出的合理意见是否采纳；

(8)需要复核的其他事项。

审计机关业务部门应当将复核修改后的审计报告、审计决定书等审计项目材料连同书面复核意见，报送审理机构审理。审理机构以审计实施方案为基础，重点关注审计实施的过程及结果，主要审理下列内容：

(1)审计实施方案确定的审计事项是否完成；

(2)审计发现的重要问题是否在审计报告中反映；

(3)主要事实是否清楚、相关证据是否适当、充分；

(4)适用法律法规和标准是否适当；

(5)评价、定性、处理处罚意见是否恰当；

(6)审计程序是否符合规定。

审理机构审理时，应当就有关事项与审计组及相关业务部门进行沟通。必要时，审理机构可以参加审计组与被审计单位交换意见的会议，或者向被审计单位和有关人员了解相关情况。审理机构审理后，可以根据情况采取下列措施：

(1)要求审计组补充重要审计证据；

(2)对审计报告、审计决定书进行修改。

审理过程中遇有复杂问题的，经审计机关负责人同意后，审理机构可以组织专家进行论证。审理机构审理后，应当出具审理意见书。审理机构将审理后的审计报告、审计决定书连同审理意见书报送审计机关负责人。

审计报告、审计决定书原则上应当由审计机关审计业务会议审定；特殊情况下，经审计机关主要负责人授权，可以由审计机关其他负责人审定。审计决定书经审定，处罚的事实、理由、依据、决定与审计组征求意见的审计报告不一致并且加重处罚的，审计机关应当依照有关法律法规的规定及时告知被审计单位、被调查单位和有关责任人员，并听取其陈述和申辩。对于拟做出罚款的处罚决定，符合法律法规规定的听证条件的，审计机关应当依照有关法律法规的规定履行听证程序。

审计报告、审计决定书经审计机关负责人签发后，按照下列要求办理：

(1)审计报告送达被审计单位、被调查单位；

(2)经济责任审计报告送达被审计单位和被审计人员；

(3)审计决定书送达被审计单位、被调查单位、被处罚的有关责任人员。

三、专题报告与综合报告

审计机关在审计中发现的下列事项,可以采用专题报告、审计信息等方式向本级政府、上一级审计机关报告：

(1)涉嫌重大违法犯罪的问题；

(2)与国家财政收支、财务收支有关政策及其执行中存在的重大问题；

(3)关系国家经济安全的重大问题；

(4)关系国家信息安全的重大问题；

(5)影响人民群众经济利益的重大问题；

(6)其他重大事项。

专题报告应当主题突出、事实清楚、定性准确、建议适当。审计信息应当事实清楚、定性准确、内容精炼、格式规范、反映及时。

审计机关统一组织审计项目的,可以根据需要汇总审计情况和结果,编制审计综合报告。必要时,审计综合报告应当征求有关主管机关的意见。审计综合报告按照审计机关规定的程序审定后,向本级政府和上一级审计机关报送,或者向有关部门通报。

审计机关实施经济责任审计项目后,应当按照相关规定,向本级政府行政首长和有关干部监督管理部门报告经济责任审计结果。审计机关依照法律法规的规定,每年汇总对本级预算执行情况和其他财政收支情况的审计报告,形成审计结果报告,报送本级政府和上一级审计机关。审计机关依照法律法规的规定,代本级政府起草本级预算执行情况和其他财政收支情况的审计工作报告(稿),经本级政府行政首长审定后,受本级政府委托向本级人民代表大会常务委员会报告。

四、审计结果公布

审计机关依法实行公告制度。审计机关的审计结果、审计调查结果依法向社会公布。审计机关公布的审计结果和审计调查结果主要包括下列信息：

(1)被审计(调查)单位基本情况；

(2)审计(调查)评价意见；

(3)审计(调查)发现的主要问题；

(4)处理处罚决定及审计(调查)建议；

(5)被审计(调查)单位的整改情况。

在公布审计和审计调查结果时,审计机关不得公布下列信息：

(1)涉及国家秘密、商业秘密的信息；

(2)正在调查、处理过程中的事项；

(3)依照法律法规的规定不予公开的其他信息。

涉及商业秘密的信息,经权利人同意或者审计机关认为不公布可能对公共利益造成重大影响的,可以予以公布。审计机关公布审计结果和审计调查结果应当客观公正。审计机关公布审计结果和审计调查结果,应当指定专门机构统一办理,履行规定的保密审查和审核手续,报经审计机关主要负责人批准。审计机关内设机构、派出机构和个人,未经授权不得向社会公布审计结果和审计调查结果。审计机关统一组织不同级次审计机关参加的审计项目,其审计结果和审计调查结果原则上由负责该项目组织工作的审计机关统一对外公布。审计机关公布审计结果和审计调查结果按照国家有关规定需要报批的,未经批准不得公布。

五、审计整改检查

审计机关应当建立审计整改检查机制,督促被审计单位和其他有关单位根据审计结果进行整改。审计机关主要检查或者了解下列事项:

(1)执行审计机关做出的处理处罚决定情况;

(2)对审计机关要求自行纠正事项采取措施的情况;

(3)根据审计机关的审计建议采取措施的情况;

(4)对审计机关移送处理事项采取措施的情况。

审计组在审计实施过程中,应当及时督促被审计单位整改审计发现的问题。

审计机关在出具审计报告、做出审计决定后,应当在规定的时间内检查或者了解被审计单位和其他有关单位的整改情况。

审计机关可以采取下列方式检查或者了解被审计单位和其他有关单位的整改情况:

(1)实地检查或者了解;

(2)取得并审阅相关书面材料;

(3)其他方式。

对于定期审计项目,审计机关可以结合下一次审计,检查或者了解被审计单位的整改情况。检查或者了解被审计单位和其他有关单位的整改情况应当取得相关证明材料。审计机关指定的部门负责检查或者了解被审计单位和其他有关单位整改情况,并向审计机关提出检查报告。检查报告的内容主要包括:

(1)检查工作开展情况,主要包括检查时间、范围、对象和方式等;

(2)被审计单位和其他有关单位的整改情况;

(3)没有整改或者没有完全整改事项的原因和建议。

审计机关对被审计单位没有整改或者没有完全整改的事项,依法采取必要措施。审计机关对审计决定书中存在的重要错误事项,应当予以纠正。审计机关汇总审计整改情况,向本级政府报送关于审计工作报告中指出问题的整改情况的报告。

第三节 审计质量控制规范

审计机关应当建立审计质量控制制度,以保证实现下列目标:(1)遵守法律法规和准则;(2)做出恰当的审计结论;(3)依法进行处理处罚。为了保证上述目标的实现,审计机关应当针对下列要素建立审计质量控制制度:(1)审计质量责任;(2)审计职业道德;(3)审计人力资源;(4)审计业务执行;(5)审计质量监控。

审计机关实行审计组成员、审计组主审、审计组组长、审计机关业务部门、审理机构、总审计师和审计机关负责人对审计业务的分级质量控制。

一、审计组成员的工作职责和责任

(一)工作职责

(1)遵守准则,保持审计独立性;

(2)按照分工完成审计任务,获取审计证据;

(3)如实记录实施的审计工作并报告工作结果;

(4)完成分配的其他工作。

(二)责任

审计组成员应当承担如下责任:

(1)未按审计实施方案实施审计导致重大问题未被发现的;

(2)未按照准则的要求获取审计证据导致审计证据不适当、不充分的;

(3)审计记录不真实、不完整的;

(4)对发现的重要问题隐瞒不报或者不如实报告的。

二、审计组组长的工作职责包括及责任

(一)工作职责

(1)编制或者审定审计实施方案;

(2)组织实施审计工作;

(3)督导审计组成员的工作;

(4)审核审计工作底稿和审计证据;

(5)组织编制并审核审计组起草的审计报告、审计决定书、审计移送处理书、专题报告、审计信息;

(6)配置和管理审计组的资源;

(7)审计机关规定的其他职责。

审计组组长应当从下列方面督导审计组成员的工作:

(1)将具体审计事项和审计措施等信息告知审计组成员,并与其讨论;

(2)检查审计组成员的工作进展,评估审计组成员的工作质量,并解决工作中存在的问题;

(3)给予审计组成员必要的培训和指导。

(二)责任

审计组组长应当对审计项目的总体质量负责,并对下列事项承担责任:

(1)审计实施方案编制或者组织实施不当,造成审计目标未实现或者重要问题未被发现的;

(2)审核未发现或者未纠正审计证据不适当、不充分问题的;

(3)审核未发现或者未纠正审计工作底稿不真实、不完整问题的;

(4)得出的审计结论不正确的;

(5)审计组起草的审计文书和审计信息反映的问题严重失实的;

(6)提出的审计处理处罚意见或者移送处理意见不正确的;

(7)对审计组发现的重要问题隐瞒不报或者不如实报告的;

(8)违反法定审计程序的。

三、主审的工作职责

根据工作需要,审计组可以设立主审。主审根据审计分工和审计组组长的委托,主要履行下列职责:

(1)起草审计实施方案、审计文书和审计信息;

(2)对主要审计事项进行审计查证;

(3)协助组织实施审计;

(4)督导审计组成员的工作;

(5)审核审计工作底稿和审计证据;

(6)组织审计项目归档工作;

(7)完成审计组组长委托的其他工作。

审计组组长将其工作职责委托给主审或者审计组其他成员的,仍应当对委托事项承担责任。受委托的成员在受托范围内承担相应责任。

四、审计机关业务部门的工作职责及责任

(一)工作职责

(1)提出审计组组长人选;

(2)确定聘请外部人员事宜;

(3)指导、监督审计组的审计工作;

(4)复核审计报告、审计决定书等审计项目材料;

(5)审计机关规定的其他职责。

业务部门统一组织审计项目的,应当承担编制审计工作方案,组织、协调审计实施和

汇总审计结果的职责。

（二）责任

审计机关业务部门应当及时发现和纠正审计组工作中存在的重要问题,并对下列事项承担责任：

（1）对审计组请示的问题未及时采取适当措施导致严重后果的；

（2）复核未发现审计报告、审计决定书等审计项目材料中存在的重要问题的；

（3）复核意见不正确的；

（4）要求审计组不在审计文书和审计信息中反映重要问题的。

业务部门对统一组织审计项目的汇总审计结果出现重大错误、造成严重不良影响的事项承担责任。

五、审计机关审理机构的工作职责和责任

（一）工作职责

（1）审查修改审计报告、审计决定书；

（2）提出审理意见；

（3）审计机关规定的其他职责。

（二）责任

审计机关审理机构对下列事项承担责任：

（1）审理意见不正确的；

（2）对审计报告、审计决定书做出的修改不正确的；

（3）审理时应当发现而未发现重要问题的。

六、审计机关负责人的工作职责及责任

（一）工作职责

（1）审定审计项目目标、范围和审计资源的配置；

（2）指导和监督检查审计工作；

（3）审定审计文书和审计信息；

（4）审计管理中的其他重要事项。

（二）责任

审计机关负责人对审计项目实施结果承担最终责任。审计机关对审计人员违反法律法规和准则的行为,应当按照相关规定追究其责任。审计机关应当按照国家有关规定,建立健全审计项目档案管理制度,明确审计项目归档要求、保存期限、保存措施、档案利用审批程序等。审计项目归档工作实行审计组组长负责制,审计组组长应当确定立卷责任人。立卷责任人应当收集审计项目的文件材料,并在审计项目终结后及时立卷归档,由审计组组长审查验收。

七、审计业务质量检查

审计机关实行审计业务质量检查制度,对其业务部门、派出机构和下级审计机关的审计业务质量进行检查。审计机关可以通过查阅有关文件和审计档案,询问相关人员等方式、方法,检查下列事项:

(1)建立和执行审计质量控制制度的情况;

(2)审计工作中遵守法律法规和准则的情况;

(3)与审计业务质量有关的其他事项。

审计业务质量检查应当重点关注审计结论的恰当性、审计处理处罚意见的合法性和适当性。审计机关开展审计业务质量检查,应当向被检查单位通报检查结果。审计机关在审计业务质量检查中,发现被检查的派出机构或者下级审计机关应当做出审计决定而未做出的,可以依法直接或者责成其在规定期限内做出审计决定;发现其做出的审计决定违反国家有关规定的,可以依法直接或者责成其在规定期限内变更、撤销审计决定。

审计机关应当对其业务部门、派出机构实行审计业务年度考核制度,考核审计质量控制目标的实现情况。审计机关可以定期组织优秀审计项目评选,对被评为优秀审计项目的予以表彰。审计机关应当对审计质量控制制度及其执行情况进行持续评估,及时发现审计质量控制制度及其执行中存在的问题,并采取措施加以纠正或者改进。审计机关可以结合日常管理工作或者通过开展审计业务质量检查、考核和优秀审计项目评选等方式,对审计质量控制制度及其执行情况进行持续评估。

思考题

1.什么是审计结果公告制度?

2.我国国家审计法律规范体系由哪几部分构成?

3.审计报告准则的主要内容有哪几个方面?

4.审计组长的工作职责主要包括哪些方面?

5.如何提高国家审计人员的职业道德水平?

第六章　国家审计基本业务流程

第一节　审计项目计划阶段

一、审计计划概述

(一)审计计划的含义

审计计划是指审计机关对未来一定时期内的审计工作任务做出的统一安排。为了更好地履行审计监督职责、充分发挥审计的作用,各级国家审计机关有必要考虑国家经济建设和廉政建设的要求,配合政府需要着力解决的经济管理中的热点和难点问题,根据现有的审计资源,对一定时期审计工作的指导思想、总体思路、项目安排的特点、重点领域、具体任务、完成措施、时间和步骤等进行事前的具体安排,形成审计计划。

(二)审计计划的种类

按照审计计划涵盖期限的长短,审计计划可以划分为中长期审计计划和短期审计计划。中长期审计计划的计划期一般应在 1 年以上,大多采用滚动计划法进行编制。如我国审计署 2008—2012 年审计工作发展规划就其内容和性质看,就是一种着眼于中长期的战略计划。短期审计计划,也称年度审计项目计划,其涵盖的期限一般为 1 年。年度审计计划是审计计划的主要形式,是审计机关在本年度开展审计工作的依据。本节下文介绍的审计计划为年度审计计划。

按照编制的主体,审计计划可以划分为审计署审计项目计划和地方审计机关审计项目计划。审计署审计项目计划是审计署为履行审计职责而对其计划期内的审计项目和专项审计调查项目做出的具体安排,是审计署在本年度开展审计工作的依据。地方审计机关审计项目计划是地方审计机关为履行审计职责而对其管辖范围内的审计项目和专项审计调查项目做出的具体安排,是地方审计机关在本年度开展审计工作的依据。

按照审计计划的从属关系,审计计划可以分为审计项目计划、审计工作方案和审计实施方案。审计项目计划是审计机关为履行审计职责而对其计划期内的审计项目和专项审计调查项目做出的具体安排,是审计机关在本年度开展审计工作的依据。审计工作方案是审计机关统一组织多个审计组共同实施一个审计项目或者分别实施同一类审计项目时,由审计机关业务部门编制的审计工作方案,是对审计项目的审计目标、范围、内容和重点、组织等方面所做的安排,其目的是协调统一行动,完成共同的审计目标,提高审计效率。审计实施方案是由审计组编制的对审计人员具体、详细操作安排的方案,包括项目总体审计方案和具体审计方案,是审计人员审计工作的指南。

二、审计项目计划的内容

(一)审计项目的构成及确定

审计项目是指按照被审计单位或被审计的具体对象进行划分的审计活动的种类。审计项目计划中的审计项目按其来源可以分为以下几类:

1.上级审计机关统一组织项目。它是上级审计机关为了更好地发挥审计在宏观调控中的作用,围绕政府工作重心所确定的在所辖区域内由下属各级审计机关统一开展的审计项目,该类项目应作为下级审计机关的必选项目。

2.授权审计项目。它是由上级审计机关授权下级审计机关实施的、属于上级审计机关管辖范围内的审计项目,该类项目同样属于下级审计机关的必选项目。

3.政府交办项目。它是各级政府要求审计机关实施审计的项目,对于该类项目,各级审计机关也必须及时列入项目计划。

4.其他交办、委托或举报项目。如本级人大或政协等交办的项目,纪律检查委员会、监察部门、组织人事部门和业务主管部门委托的项目,审计机关认为应当实施的群众举报项目。

5.自行安排项目。它是指各级审计机关根据自己的审计力量情况,在本机关审计管辖和分工范围内,自行安排开展的审计项目。

审计机关选择审计项目需要遵循下列步骤:

1.调查审计需求,初步选择审计项目。审计需求一般包括:国家和地区财政收支、财务收支以及有关经济活动情况,政府工作的中心,本级政府行政首长和相关领导机关对审计工作的要求;上级审计机关安排或者授权审计的事项;有关部门委托或者提请审计机关审计的事项;群众举报、公众关注的事项;经分析相关数据认为应当列入审计的事项以及其他方面的需求。

2.对初选审计项目进行可行性研究,确定初选审计项目的审计目标、审计范围、审计重点和其他重要事项。可行性研究重点调查研究下列内容:与确定和实施审计项目相关的法律法规和政策,管理体制、组织结构、主要业务及其开展情况,财政收支、财务收支状况及结果,相关的信息系统及其电子数据情况,管理和监督机构的监督检查情况及结果,以前年度审计情况,其他相关内容。

3.对初选审计项目进行评估,确定备选审计项目及其优先顺序。评估因素为:项目的重要程度,项目的风险水平,审计项目的预期效果,审计项目的频率和覆盖面,项目对审计资源的要求。

对于审计机关必选的审计项目,可以不经过上述选择步骤,直接列入审计项目计划。下列项目需要列入必选审计项目:法律法规规定每年应当审计的项目,本级政府行政首长和相关领导机关要求的审计项目,上级审计机关安排或者授权的审计项目。根据中国政府及其机构与国际组织、外国政府及其机构签订的协议和上级审计机关的要求,审计机关确定对国际组织、外国政府及其机构援助、贷款项目进行审计的,应当纳入审计项目计划。

对于预算管理或者国有资产管理使用等与国家财政收支有关的特定事项,符合下列情形的,可以进行专项审计调查:事项涉及宏观性、普遍性、政策性或者体制、机制问题的,事项跨行业、跨地区、跨单位的,事项涉及大量非财务数据的,其他适宜进行专项审计调查的。

(二)审计项目计划的内容

审计项目计划的核心是审计项目的安排。审计项目一定要按照上级审计机关统一组织项目、授权项目、政府交办项目和自行安排项目的顺序进行安排。审计项目计划可以采取文字的形式,也可以用财务表格的形式,或者采用文字和表格相结合的形式。审计项目计划的文字部分主要包括:上年度审计项目计划的完成情况,本年度审计项目安排的指导思想,审计项目计划编制的依据,所确定的主要任务,完成计划的重要措施。表格部分主要列明审计项目的名称、类别、级别和数量,完成计划项目的时间要求和责任单位,被审计单位的名称及其主管部门和所在地区等。另外,采取跟踪审计方式实施的审计项目,审计项目计划还应当列明跟踪的具体方式和要求。专项审计调查项目的审计项目计划应当列明专项审计调查的要求。

实例

审计项目计划举例

一、2016年审计工作的指导思想和总体思路

2016年是"十三五"规划的开局之年,全省审计工作的指导思想是:坚持"依法审计、服务大局、围绕中心、突出重点、求真务实"的工作方针,围绕全省经济发展大局,认真履行审计职责,充分发挥审计的宏观调控功能,努力促进全省经济的健康运行。

2016年全省审计项目计划安排的总体思路:强化财政审计、金融审计和企业审计,抓好重点专项资金审计、重点投资项目审计、重点行业审计,全面推进领导干部经济责任审计,积极开拓资源环境审计新领域,稳步开展外资公证审计工作。

二、2016年具体审计项目安排

(一)本级预算执行情况审计

1.省级财政预算执行情况审计。对2015年度省级预算执行情况进行审计,促进各项积极财政政策措施的有效落实,加强财政管理,完善预算制度,规范资金分配行为,提高财政资金使用效益。由财政处负责实施,2015年4月底完成。

2.省发改委2015年度组织分配的财政投资情况审计。对省发改委2015年度组织分配的财政投资情况进行审计,以促进完善投资分配制度,提高投资分配的科学性和透明度,提高资金使用绩效为目标。由投资处负责实施,2016年4月底完成。

3.重点部门预算执行情况和决算(草案)审计。对省工业和信息化厅、省卫生厅、省住房和城乡建设厅、省科学技术厅、省水利厅等5个省级部门2015年度预算执行情况和决算(草案)审计,分别由金融处、农业处、发展建设处、科教处、农业水处等组织实施,2016年4月底完成。以促进相关部门编制科学的部门预算,严格执行部门预算,部门预算决算

公开透明,提高财政资金使用效益。

4.税收收入征管情况审计。对省、市、县(区)地税机关 2015 年度税收征管情况进行审计,以揭示税收制度漏洞和税收征管的薄弱环节,分析税收政策的执行效果,促进完善税收政策制度和征管体制改革。财政处负责组织实施,2016 年 4 月底完成。

(二)下级政府财政收支审计

1.直管县财政收支决算审计。对部分直管县财政收支决算进行审计。检查财政收支决算的真实性、合法性,以及财政收支结构变化情况,专项资金使用及效益情况。财政处负责组织实施,2016 年 10 月底完成。

2.市级财政收支决算审计。2016 年,对两个某地级市本级 2014—2015 年度财政收支决算进行审计,重点关注"同级审"的难点和盲点,关注执行统一财税政策情况、上级转移支付资金预算管理和分配使用情况、财政支出结构情况、财政体制运行情况和地方政府债务情况。财政处负责实施,2016 年 10 月底完成。

(三)重大政府投资建设项目审计

1.重点基础设施投资项目竣工决算和跟踪审计。对沿海高速公路建设项目竣工决算进行审计,对省博物馆扩建工程项目、省图书馆改扩建工程项目进行跟踪审计。检查建设资金和工程造价真实性、合法性、效益性,保障建设资金合理、合法和有效使用。投资处负责实施,2016 年 4 月至 12 月进行。

2.关系国计民生的政府重大投资项目跟踪审计。统一组织全省审计机关对中小学校校舍安全工程建设进行跟踪审计。通过审计,及时掌握我省中小学校校舍安全工程建设资金的筹集、拨付、使用及项目建设管理动态情况,提出整改和加强管理的建议。

投资处负责统一组织协调,各市根据工作方案,制定审计实施方案,组织对本级职责范围内校舍工程的审计,2016 年全年进行。

(四)社会保障、教育等民生支出审计

1.企业养老保险基金审计。根据审计署统一安排,对 2015 年度企业养老保险基金进行审计。通过审计,揭露养老金筹集、管理、支出使用环节存在的问题,提高养老保险基金使用效益。社保处负责制定审计工作方案,汇总审计综合报告,2016 年 10 月底完成。

2.高等院校财务收支审计。对省属 4 所大学 2015 年财务收支情况进行全面审计,通过审计从体制、机制上揭示高等院校普遍存在的问题,促进完善制度,规范管理。科教处负责制定审计工作方案,汇总审计综合报告,2016 年 9 月底完成。

(五)经济责任审计

根据组织部委托和政府指令组织审计。项目实施中,要与财政预决算审计、高校财务收支审计相结合,一次审计,多项成果。

(六)专项审计调查

1.矿产资源专项资金审计调整。对 2014—2015 年度矿产资源专项资金的管理使用和矿产资源费的征收缴纳情况进行审计调查。通过审计调查,摸清矿产资源补偿费及探矿权使用费的征收、入库和管理使用情况,揭示资金收缴和分配使用中存在的问题,促进预算收入征缴力度的加大,维护国家矿产资源的勘查、保护和合理开发。农业处直接对省国土资源厅、省地矿局、相关直属单位及部分重点县进行审计调查,2016 年 9 月底完成。

2.环保专项资金审计调查。对省环境保护厅 2014—2015 年度矿产资源专项资金的管理使用和矿产资源费的征收缴纳情况进行审计调查,并直接对重点环境保护专项资金进行审计调查。由农业处实施,2016 年 10 月底完成。

(七)交办事项审计

完成省政府临时交办事项和审计署授权项目审计。

三、审计项目计划的编制、调整、报告与检查

(一)审计项目计划的编制原则

为了保证国家审计项目计划的科学有效和切实可行,审计项目计划编制过程中应遵循以下原则:

1.依法审计、独立监督的原则。在法定职责内自主安排审计项目,排除来自其他行政机关、社会团体和个人的干扰。

2.服务全局的原则。在选择审计项目时,要注意围绕国家和本地区经济工作中心和宏观经济调控重点展开。

3.全面审计与重点审计相结合的原则。安排审计项目时既要注意审计的覆盖面,又要确保重点审计项目不遗漏。

4.量力而行、留有余地的原则。安排审计项目时既要充分利用现有的审计资源,又要适当预留一部分审计资源以应付计划执行过程当中可能会发生审计风险。

5.协调平衡、避免重复的原则。安排审计项目时既要注意避免将很多项目安排在相同的时间内实施,又要避免出现重复审计的现象。

审计机关编制国家审计项目计划,除上级审计机关统一组织的审计项目外,应当在规定的审计管辖范围内安排。审计署统一组织的国家审计项目计划,由审计署各专业审计司或者派出机构在调查审计需求、进行可行性研究、确定备选项目的基础上,于每年 11 月提出安排意见,并填制统一印发的审计项目工作量测算报表;审计署计划管理部门对备选审计项目进行排序,配置审计资源,编制审计项目计划草案,将审计项目计划草案报审计长会议,审计长会议根据审计项目评估结果,确定年度审计项目计划。省级本地区国家审计项目计划,报经本级政府行政首长批准,与每年 4 月底报审计署备案。

(二)年度审计计划的主要内容

审计机关年度审计项目计划的内容主要包括:

1.审计项目名称;

2.审计目标,即实施审计项目预期要完成的任务和结果;

3.审计范围,即审计项目涉及的具体单位、事项和所属期间;

4.审计重点;

5.审计时间;

6.审计项目组织和实施单位;

7.其他需要说明事项。

采取跟踪审计方式实施的审计项目,年度审计项目计划应当列明跟踪的具体方式和要求。

专项审计调查项目的年度审计项目计划,应当列明专项审计调查的要求。

(三)审计项目计划的调整

经过审批确定的国家审计项目计划,规定了审计机关在一定时期内的工作目标和责任,是审计机关开展审计工作的重要依据。国家审计项目计划一经下达,各级审计机关应当采取积极有效的措施,将审计项目及时下达到审计项目组织和实施单位,执行审计的单位必须认真组织实施。同时,为了完成审计项目规定的审计目标,审计机关应当对确定的审计项目配备必要的审计人力资源、审计时间、审计技术装备、审计经费等审计资源。

没有特殊情况,国家审计项目计划不应变更和调整。下列情况除外:本级政府行政首长和相关领导机关临时交办审计项目的,上级审计机关临时安排或者授权审计项目的,突发重大公共事件需要进行审计的,原定审计的被审计单位发生重大变化导致原计划无法实施的,需要更换审计项目实施单位的,审计目标、审计范围等发生重大变化需要调整的,需要调整的其他情形。

遇到上述特殊情况,应当按照规定的程序报批,经批准后方可进行调整。具体程序为:第一,审计署统一组织国家审计项目计划的调整,由审计署有关专业审计司提出意见,送审计署办公厅协调办理,报审计署领导审批后,通知有关单位执行;第二,授权地方审计机关对国家审计项目计划的调整,由省级审计机关提出意见,报审计署审批;第三,地方政府审计项目计划的调整,由下达计划的审计机关审批;第四,领导交办的项目,应及时报批、调整。

(四)审计项目计划执行情况的报告与检查

为了使审计项目计划真正落到实处,审计机关必须实行审计项目计划执行情况的报告制度。凡审计署统一组织审计项目计划的执行情况,由审计署有关专业审计司、审计署派出机构和省级审计机关向审计署提出书面报告。报告的主要内容包括:计划执行进度,计划执行中发现的主要问题,措施和建议等。审计署有关专业审计司、审计署派出机构和省级审计机关应当分别于每年 7 月和次年 2 月向审计署提出上半年及全年计划执行情况的综合报告。

此外,各级审计机关应当组成审计项目质量检查组,根据有关法律、法规和章程的规定,对本级派出机构或下级审计机关完成审计项目的质量情况进行检查。检查的主要内容包括:计划编制、执行情况报告的及时性、完整性,计划安排的科学评价意见或结论。例如,审计署每年有重点地对中央授权项目的审计质量进行抽查,对未按规定认真履行职责,或审计质量未能达到要求的地方,予以通报批评,并暂停对其授权。凡因审计机关和审计人员工作失职、渎职等造成重大审计质量问题的,要依法追究有关领导和直接责任人员的责任。

四、审计工作方案的编制和调整

(一)审计工作方案的内容及格式

当年度审计项目计划确定审计机关统一组织多个审计组共同实施一个审计项目或者分别实施同一类审计项目时,审计机关业务部门应当编制审计工作方案。

审计工作方案的内容一般包括文字和表格两部分。文字部分主要表述:编制审计方案的依据和目的、审计范围、审计内容及重点、组织分工以及实施进度及汇总报告等。表格部分是根据审计目标和内容,以及汇总分析需要而设计的一些指标,用以填报有关该项目审计情况和问题的数据资料。

(二)审计工作方案的编制、审批和调整

审计工作方案由审计机关业务部门编制,经综合计划部门会签后报所在审计机关批准。审计机关业务部门应当根据年度审计项目计划形成过程中调查审计需求、进行可行性研究的情况,开展进一步调查,对审计目标、范围、重点和项目组织实施等加以确定。

审计工作方案由综合计划部门负责审核。审核审计工作方案时要注意以下几点:审计目的、审计范围及审计重点的确定是否恰当;组织分工、实施进度和汇总报告方式是否可行;表格部分设计的指标是否必要和合理,是否具有可操作性。

审计工作方案经批准后,在审计项目的整个实施阶段都要遵照执行。审计机关业务部门根据审计实施过程中情况的变化,可以申请对审计工作方案的内容进行调整,并按审计机关规定的程序报批。

第二节　审计项目准备阶段

审计项目准备阶段,是指从组成审计组到编制审计实施方案为止的这一段时期。准备阶段在整个审计项目流程中居于重要位置,准备阶段各项准备工作是否充分,直接影响着审计工作能否顺利进行,影响审计工作效率的高低和预定审计目标能否实现。

一、组成审计组

审计机关应当根据审计项目计划所确定的审计事项,按照其特点和要求,选派适当的审计人员组成审计组。审计组由审计组组长和其他成员组成,实行审计组组长负责制,审计组组长由审计机关确定。审计组组长可以根据需要在审计组成员中确定主审,主审应当履行其规定职责和审计组组长委托履行的其他职责。

成立审计组时,应注意以下三个问题:

1.人员的数量和知识结构。审计机关应根据审计项目的性质、预计工作量、项目的难易程度和完成的时间要求等因素,确定所需的审计人员数量及知识结构。

2.保持审计人员分工的稳定性。为了提高审计效率,在确定审计组成员时,应尽量包括曾经对该类项目进行过审计的人员或以此类人员为主。

3.严格遵守回避制度。为了保证审计工作的客观公正,凡是与被审计单位有利害关系的人员,均不得进入审计组。

二、进行审计前调查

制订审计实施方案是审计准备阶段的核心工作。审计实施方案合理与否,关乎审计工作效率的高低和审计质量的好坏。为了确保审计方案的切实可行,组成审计组后,应进行初步的审前调查。其内容包括:

1.被审计期间的宏观经济环境,例如国民经济的景气程度、财政政策、货币政策等;

2.被审计单位在行业的情况,例如市场供求关系和竞争格局,经营的周期性或季节性,行业的关键指标及统计数据,行业的现状及其发展趋势,行业使用的法律、法规和特定会计准则以及其他特殊惯例,生产经营技术变化等;

3.被审计单位的内部治理结构和经营管理体制,特别是经营业绩的考评办法;

4.被审计单位的生产经营业务流程及其特点;

5.被审计单位内部控制的设置和贯彻情况;

6.被审计单位的财务状况和经营成果等。

审前调查可以采取实地调查,查阅相关资料,走访上级主管部门、监管部门、组织人事部门,在被审计单位召开座谈会等。审前调查一般在送达审计通知书前进行,必要时,也可以在送达审计通知书后进行。

三、开展审前培训

为了使参审人员明确要求,熟悉有关审计依据,正确掌握政策界限,应当组织审前培训。特别是上级审计机关统一组织的审计项目、审计机关首次开展的新型审计项目,或其他一些大型审计项目,审前培训尤其重要。培训内容应当包括:有关法律法规和政策规定,被审计单位核算程序及方法,主要的专业管理规定,以及必要的相关审计技术和方法等。

审前培训形式可以多种多样,如编制审计讲解提纲,请专家介绍情况,审计人员互相交流审计方法和经验。同时,在审前培训时,要锁定培训重点,结合行业或专项资金的业务特点,有重点、有针对性地进行深入的分析和研讨,重实用、讲实效。

四、下达审计通知书

审计通知书,也称审计指令,是审计机关通知被审计单位接受审计的书面文件,是审计组执行审计任务、进行审计取证的依据。审计通知书的主要内容包括:被审计单位名称,审计依据、审计范围、审计迄止日期,审计组组长及成员名单,以及对被审计单位配合审计工作提出的要求,审计机关公章及签发日期等。审计机关认为需要被审计单位自查的,应当在审计通知书中写明自查的内容、要求和期限。具体格式见下例。

实例

审计通知书

××（审计机关全称）

对××（项目名称）进行审计（专项审计调查）的通知

××（主送单位全称或者规范简称）：

　　根据《中华人民共和国审计法》第××条的规定，我署（厅、局、办）决定派出审计组，自20××年×月×日起，对你单位××进行审计（专项审计调查），必要时将追溯到相关年度或者延伸审计（调查）有关单位。请予以配合，并提供有关资料（包括电子数据资料）和必要的工作条件。

审计组组长：×××

审计组副组长：×××

审计组成员：×××（主审）　　×××　　×××　　×××

附件：××

（审计机关印章）

××年×月×日

　　按照《审计法》的规定，审计机关应当根据国家审计项目计划的安排，在实施审计三日前，向被审计单位送达审计通知书。遇有特殊情况，经本级人民政府批准，审计机关可以直接持审计通知书实施审计。审计通知书应由审计机关的负责人签发，在发送被审计单位的同时，还应抄送被审计单位的上级主管部门和有关部门。审计机关向被审计单位的法定代表人和财务主管人员就与审计事项有关的会计资料的真实、完整和其他相关情况做出承诺。承诺书经被审计单位法定代表人和财务负责人签字后，应作为审计证据编入审计工作底稿。

五、编制审计项目实施方案

　　审计项目实施方案是审计组实施审计项目的具体安排和内容，是保证审计工作取得预算效果的重要手段，也是审计机关检查、控制审计质量和审计工作进度的基本依据。审计组应根据审计项目计划的要求，结合对被审计单位基本情况所做的调查，并围绕审计项目来编制审计项目实施方案。

　　审计项目实施方案的内容包括：编制的依据，被审计单位的名称及基本情况，审计目标，审计范围，审计内容、重点和审计措施（审计应对措施），审计工作要求（审计进度安排、职责分工、审计组内部重要管理事项），预计的审计工作起讫日期，审计组组长、成员及其分工，编制的日期等。详见表6-1。

实例

表 6-1　审计项目实施方案

被审计单位名称		审计方式	
审计项目名称		编制人员	
编制依据		编制日期	
被审计单位基本情况：			
审计目标、范围、内容和重点：			
审计方法和实施步骤：			
预定时间：			
审计组组长及成员：			
人员分工：			
部门负责人审批：			
主管领导审批：			

编制审计项目实施方案应当根据重要性原则,围绕审计项目,确定审计的范围和重点。审计实施方案编制时还应适当留有余地,以便实际情况发生变化时做出相应的调整。审计实施方案经审计组所在部门领导审核,并报审计机关主管领导批准后,由审计组负责实施。

第三节　审计项目实施阶段

审计项目的实施阶段是审计组进驻被审计单位,就地审查会计凭证、会计账簿、财务会计报告,查阅与被审计单位事项有关的文件、资料,检查现金、实物、有价证券,并向有关单位和个人调查,以取得证明材料的过程。这一阶段是审计实施方案付诸实施的过程,也是审计目标实施的过程。

一、进驻被审计单位

下达审计通知书后,审计组随即可以进驻被审计单位。在向有关单位人员进行调查取证时,审计人员出示工作证件和审计通知书副本。为了保证审计工作中沟通有效以及审计工作的顺利进行,为了取得被审计单位领导及其工作人员的配合,应当召开由被审计单位负责人、财会人员、相关负责人参加的审计动员大会,就审计的目的、范围、内容,审计的时间安排、人员分工,审计的工作纪律,彼此沟通的联系人员和方式等做出说明;被审计单位要介绍有关情况,包括基本组织结构、规章制度、财务会计工作情况,审计通知书所要求的资料、自查材料等。被审单位与审计组要交接有关资料,包括被审计单位的会计凭证、会计账簿、会计报表、有关文件及自查资料等。需特别强调的是,必须办理交接手续。

二、了解被审计单位的基本情况

(一)了解被审计单位基本情况的必要性

审计组实施审计时,应当调查了解被审计单位相关情况,尤其是被审计单位相关内部控制及其执行情况、信息系统控制情况等,为审计人员做出职业判断提供重要基础:确定职业判断标准,判断可能存在的问题及其重要性,确定审计应对措施。

通过了解被审计单位的基本情况,可以确定可供选择的判断标准。一般来说可供选择的判断标准包括:法律、法规、规章和其他规范性文件,国家有关方针和政策,会计准则和会计制度,国家和行业的技术标准,预算、计划和合同,被审计单位的管理制度和绩效目标,被审计单位的历史数据和历史业绩,专业机构或者专家的意见,其他标准。审计人员针对不同的审计事项,选择适当的审计标准。适当的审计标准应该遵循客观、适用、相关和公认等原则。客观性是指作为衡量被审计事项的标准应该真实可靠;适用性是指判断标准适用于被审计事项;相关性是指判断标准与审计结论是相关的;公认性是指判断标准为有关各方所认可。

审计人员应当运用职业判断,根据可能存在问题的性质、数额及其发生的具体环境,判断其重要性。如果存在下列情形,则属于应当关注的重要问题:涉嫌犯罪的问题,法律法规和政策禁止的问题,故意作为所产生的问题,涉及数量或者金额较大的,涉及政策、体制或者机制的严重缺陷,涉及信息系统缺陷的,政府行政首长和相关领导机关及公众关注的重要问题,其他特别关注的问题。

审计组应当评估被审计单位存在重要问题的可能性,以确定审计事项和审计应对措施,必要时调整审计实施方案。

(二)了解被审计单位基本情况的具体内容

审计人员可以从下列方面调查了解被审计单位及其相关情况:单位性质、组织结构、经营范围、业务活动及其目标,相关法律法规、政策及其执行情况,财务管理体制和业务管理体制,适用的业绩指标体系以及业绩评价情况,经济环境、行业状况及其他外部因素,以往接受审计和监督及其整改情况,其他情况。

审计人员可以从下列方面调查了解被审计单位相关内部控制及其执行情况:控制环境,即管理模式、组织结构、责权配置、人力资源制度等;风险评估,即被审计单位内部控制目标相关的风险,以及采取的应对措施;控制活动,即根据风险评估结果采取的控制措施,包括不相容职务分离控制、授权审批控制、资产保护控制、预算控制、业绩分析和绩效考评控制等;信息与沟通,即收集、处理、传递与内部控制相关的信息,并能有效沟通的情况;对控制的监督,即对各项内部控制设计、职责及其履行情况的监督检查。

审计人员可以从下列方面调查了解被审计单位信息系统控制情况:一般控制,即保障信息系统正常运行的稳定性、有效性、安全性等方面的控制;应用控制,即保障信息系统产生的数据的真实性、完整性、可靠性等方面的控制。

(三)了解被审计单位基本情况的方法

审计人员可以采取下列方法调查了解被审计单位及其相关情况:(1)询问,书面或者口头询问被审计单位内部和外部相关人员;(2)检查有关文件、报告、内部管理手册、信息系统的技术文档和操作手册;(3)观察有关业务活动及其场所、设施和有关内部控制的执行情况;(4)追踪有关业务的处理过程;(5)分析相关数据。审计人员根据审计目标和被审计单位的实际情况,运用职业判断确定调查了解的范围和程度。审计人员对被审计单位基本情况的了解应贯穿于审计工作过程的始终。

审计人员对于了解到的被审计单位的基本情况应该形成审计工作记录,以此作为支持原来审计实施方案或修改审计实施方案的依据。调查了解记录的内容主要包括:对被审计单位及其相关情况的了解情况,对被审计单位存在重要问题可能性的评估情况,确定的审计事项及其审计应对措施。审计人员应针对调查了解的事项逐项形成审计记录,主要包括被审计单位基本情况、内部控制情况、信息系统控制情况三个方面的记录。详见表6-2。

实例

表 6-2 被审计单位基本情况表

审计名称: 编号:

被审计单位名称		法定代表人	
经济性质		主管部门(单位)	
法定地址		联系电话	

基本情况
  注册资金
  其中:国家资本金
    法人资本金
    个人资本金			

生产经营状况			
财务状况 (主要经济指标)			
其他情况			
审计评估			

审计主管: 编制人: 编制日期:
审核人: 审核日期:

审计组组长应该复核了解阶段的记录,以检查对被审计单位情况的了解是否充分,可能存在问题的重要领域的判断是否正确,选用的审计标准是否恰当,准备采取的应对措施是否能够实现预定的审计目标等,最终目的是检查审计实施方案的可行性,确保审计目标的实现。

三、测试内部控制,评价相关信息系统

审计组应当根据对被审计单位内部控制了解的情况,评估内部控制的可信赖程度,决定是否需要测试内部控制的有效性。在下列情况下,必须测试内部控制的有效性:某项内部控制设计合理且预期运行有效,能够防止重要问题的发生;仅实施实质性审查不足以为发现重要问题提供适当、充分的审计证据。在下列情况下,可以直接进行实质性测试:审计人员决定不依赖某项内部控制的,可以对审计事项直接进行实质性审查;被审计单位规模较小、业务比较简单的,审计人员可以对审计事项直接进行实质性审查。测试控制运行的有效性,主要是测试内部控制在各个不同时点按照既定设计是否得以一贯执行。测试的程序与了解内部控制的程序基本相同。

如果被审计单位对日常交易或与财务报表相关的其他数据(包括信息的生成、记录、处理、报告)采用高度自动化处理,会计信息是以电子形式存在的,那么审计证据是否充分和适当通常取决于自动化信息系统相关控制的有效性和安全性。此时,审计组还应考虑是否检查相关信息系统的有效性、安全性;仅审计电子数据不足以为发现重要问题提供适当、充分的审计证据;电子数据中频繁出现某类差异。审计人员在检查被审计单位相关信息系统时,可以利用被审计单位信息系统的现有功能或者采用其他计算机技术和工具,检查中应当避免对被审计单位相关信息系统及其电子数据造成不良影响。

测试内部控制和评价相关信息系统的直接目的,是检查内部控制系统是否有效运行,相关信息系统是否安全、有效。最终目的是判断审计实施方案是否科学,是否需要调整。如果发现原审计方案所确定的审计重点、范围、具体实施步骤和方法与测试和评价的结果不吻合,则必须按照规定的程序及时修订审计方案,对实质性测试的范围和重点做出切合实际的调整。修订后的审计方案需经派出国家审计组的审计机关主管领导批准后方可组织实施。

四、对被审计项目进行实质性测试

审计组在完成了被审计单位内部控制测试和相关信息系统评价后,即可开始对被审计单位的经济业务进行有重点、有目的的实质性测试。实质性测试是审计人员对各类交易、账户余额、列报的真实性进行的测试。实质性测试是项目审计工作的中心环节,它既是审计人员收集、鉴定和综合审计证据的过程,也是审计机关出具审计意见书和做出审计决定的基础。这一阶段的工作主要是正确运用各种审计方法,取得充分适当的审计证据,编制审计工作底稿等。

(一)审计证据的概念及特征

审计证据是指审计人员获取的能够为审计结论提供合理基础的全部事实,包括审计人员调查了解的被审计单位及其相关情况和对确定的审计事项进行审查所获取的证据。审计人员获取的审计证据必须具备适当性和充分性两大特征,才能够支撑审计结论。

适当性是指审计证据的质量。具体来说,审计证据的适当性又包括相关性和可靠性。

证据的相关性是指审计证据与审计事项及其具体审计目标之间具有实质性联系。证据的相关性包括三层含义:一是审计证据与该审计事项相关,如证实应收账款的存在,需要将审计证据限制在应收账款范畴,将不属于应收账款的证据,如预收账款、其他应收款排除在外。二是审计证据与某审计事项的具体审计目标相关,如应收账款函证获取的审计证据,只能证明函证应收账款的金额,不能证明未函证应收账款金额的正确性。三是证实同一目标的全部证据能够相互印证,如测试内部控制运行的有效性,需获取内部控制是否存在、内部控制是否一贯遵守、内部控制是否有效等证据,以形成相互印证的证据群。审计人员在确定审计证据的相关性时,应注意以下两个方面的问题:(1)一种取证方法获取的审计证据可能只与某些具体审计目标相关,而与其他具体审计目标无关。如对存货的盘点,只能证实存货是否存在的命题,不能证明存货的价值。(2)针对一项具体审计目标,可以从不同来源获取审计证据或者获取不同形式的审计证据。如证实应收账款存在,可以函证,也可以检查有关账目。

审计证据的可靠性是指审计证据真实、可信。审计证据的可靠性通常受其来源和性质的影响,并取决于获取审计证据的具体环境。审计人员可以从下列方面分析可靠性:内部控制健全有效情况下形成的审计证据比内部控制缺失或者无效情况下形成的审计证据更可靠;直接获取的审计证据比间接获取的审计证据更可靠;从被审计单位财务会计资料中直接采集的审计证据比经被审计单位加工处理后提交的审计证据更可靠;原件形式的审计证据比复制件形式的审计证据更可靠。需要说明的是,当不同来源和不同形式的审计证据存在不一致或者不能相互印证时,审计人员应当追加必要的审计程序,确定审计证据的可靠性。

(二)获取审计证据的方法

《中华人民共和国国家审计准则》第88条规定:审计人员根据实际情况,可以在审计事项中选取全部项目或者部分特定项目进行审查,也可以进行审计抽样,以获取审计证据。

1.存在下列情形之一的,审计人员可以对审计事项中的全部项目进行审查:审计事项由少量大额项目构成的;审计事项可能存在重要问题,而选取其中部分项目进行审查无法提供适当、充分的审计证据的;对审计事项中的全部项目进行审查符合成本效益原则的。

2.审计人员可以在审计事项中选取下列特定项目进行审查:大额或者重要项目;数量或者金额符合设定标准的项目;其他特定项目。需要说明的是,选取部分特定项目进行审查的结果,不能用于推断整个审计事项。

3.在审计事项包含的项目数量较多,需要对审计事项某一方面的总体特征做出结论时,审计人员可以进行审计抽样。

审计人员可以采取下列方法向有关单位和个人获取审计证据:

1.检查,即对纸质、电子或者其他介质形式存在的文件、资料进行审查,或者对有形资产进行审查;

2.观察,即察看相关人员正在从事的活动或者执行的程序;

3.询问,即以书面或者口头方式向有关人员了解关于审计事项的信息;

4.外部调查,即向与审计事项有关的第三方进行调查;

5.重新计算,即以手工方式或者使用信息技术对有关数据计算的正确性进行核对;

6.重新操作,即对有关业务程序或者控制活动重新进行操作验证;

7.分析,即研究财务数据之间、财务数据与非财务数据之间可能存在的合理关系,对相关信息做出评价,并关注异常波动和差异。

(三)编制审计工作底稿

审计工作底稿,是指审计人员在实施审计过程中形成的与审计事项有关的工作记录。其在审计工作中居于非常重要的位置,具有非常重要的作用。因为审计工作底稿是编写审计报告的基础,是检查审计工作质量的依据,同时也是行使审计复议和再度审计时需要审阅的重要资料。因此,审计人员应当对实施审计的过程、获取的审计证据、得出的审计结论和与审计项目有关的重要管理事项做出记录,真实、完整、及时地编制审计工作底稿,以实现下列目标:支持审计人员编制审计实施方案和审计报告,证明审计人员遵循相关法律法规和审计准则,便于对审计人员的工作实施指导、监督和检查。

审计工作底稿的内容主要包括:审计项目名称、审计事项名称、审计过程和结论、审核人员的姓名、审计工作底稿的编制日期及签名、索引号(即页码)、附件数量。其中,审计工作底稿记录的审计过程和结论主要包括:实施审计的主要步骤和方法、取得的审计证据的名称和来源、审计认定的事实摘要、得出的审计结论及其相关标准。详见表6-3、表6-4。

实例

表 6-3　审计工作底稿

索引号:　　　　　　　　　　　　　　　　　　　　　　　　第　　页(共　　页)

项目名称	
审计(调查)事项	
审计人员	编制日期

审计过程:

审计认定的事实摘要及审计结论:

审核意见:

审核人员	审核日期

实例

表6-4　审计取证单

第　　页（共　　页）

项目名称	××市长任期经济责任审计	
被审计（调查）单位或个人	××市环保局	
审计（调查）事项	环境保护政策措施制定情况	
审计（调查）事项摘要		
审计人员		编制日期	
证据提供单位意见	（盖章）	
	证据提供单位负责人（签名）	日期

附件：　　页

第四节　审计项目终结阶段

审计项目终结阶段,也称审计报告阶段,是项目审计流程的重要组成部分。该阶段的主要工作有:复核审计工作底稿,编制审计报告并征求被审计单位意见,审计机关复核审计报告等。

一、复核审计工作底稿

一般来说,对于每一审计事项,审计人员都要编制审计工作底稿,有时一个被审计事项可能要编制多份审计工作底稿。因此,在编制审计报告前,审计工作底稿虽然经过编制人之外的其他审计人员的复核,但这一复核只是站在事项本身角度进行的,而不是站在被审计单位角度进行的,因此不能直接作为编制审计报告的依据。在审计组起草审计报告前,审计组组长必须完成对审计工作底稿的审核。

审计组组长应当支持对下列事项进行复核:具体审计目标是否实现;审计措施是否有效执行;事实是否清楚;审计证据是否适当、充分;得出的审计结论及其相关标准是否适当;其他有关重要事项。审计组组长复核支持审计实施方案和审计报告的审计工作底稿,可以根据情况提出如下意见:予以认可;责成采取进一步审计措施,获取适当、充分的审计证据;纠正或者责令纠正不恰当的职业判断或者审计结论。

二、审计组编写审计报告并征求被审计单位的意见

审计工作底稿复核完成后,审计组应讨论审计报告提纲,然后依据讨论确定的提纲草拟审计报告。审计报告草案需在审计组内讨论修改,最后由审计组组长审定。

(一)审计机关复核和审定审计报告

审计组提交的审计报告草案、审计决定书草案和审计移送处理书,需要经过审计机关业务部门、审计机构和审计机关业务会议或负责人的三级复核或审定,最后提出审计机关的审计报告、审计决定书和审计移送处理书。

(二)审计机关业务部门的复核

审计机关业务部门复核审计组报送的下列资料:审计报告;审计决定书;被审计单位、被调查单位、被审计人员或者有关责任人员对审计报告的书面意见及审计组采纳情况的书面说明;审计实施方案;调查了解记录、审计工作底稿、重要管理事项记录、审计证据材料;其他有关材料。重点复核下列内容:审计目标是否实现,审计方案确定的审计事项是否完成,审计发现的重要问题是否在审计报告中反映,事实是否清楚、数据是否正确,审计证据是否恰当、充分,审计评价、定性、处理处罚和移送处理意见是否恰当,使用的法律法规和标准是否恰当,被审计单位、被调查单位、被审计人员或者有关责任人员提出的合理意见是否采纳。审计机关业务部门复核后,应当出具书面复核意见。审计机关业务部门应当将复核修改后的审计报告、审计决定书等审计项目材料连同书面复核意见,报送审理机构审理。

(三)审计机关审计机构的审理

审计机构以审计实施方案为基础,重点关注审计实施的过程及结果,主要审理下列内容:审计实施方案确定的审计事项是否完成,审计发现的重要问题是否在审计报告中反映,主要事实是否清楚,相关证据是否恰当、充分,使用的法律法规和标准是否适当,评价、定性、处理处罚意见是否恰当,审计程序是否符合规定。审计机构根据审计结果,出具审计意见书,审计意见书根据不同的审理结果出具不同的意见:要求审计组补充重要审计证据,对审计报告、审计决定书进行修改。

(四)审计机关业务会议或负责人的审定

审计机构将审理后的审计报告、审计决定书连同审计意见书报送审计机关业务会议或负责人。审计报告、审计决定书原则上应当由审计机关审计业务会议审定;特殊情况下,经审计机关主要负责人授权,可以由审计机关其他负责人审定。如果审计决定书经最终审定,处罚的事实、理由、依据、决定与审计组征求意见的审计报告不一致并且加重处罚的,审计机关应当按照有关法律法规的规定及时告知被审计单位、被调查单位、被审计人员和有关责任人员,并听取其陈述和申辩。

(五)审定后的审计报告、审计决定书、审计移送处理书的格式

审计机关审计业务会议或审计机关负责人最终审定签发并送达被审计单位、被审计人员和有关责任人员的审计报告的格式。如下例所示。

实例

××××（审计机关全称）

审计报告

× 审× 报〔20× × 〕 × 号

被审计单位:×××××××

审计项目:××××××××

根据《中华人民共和国审计法》第× 条的规定,×× (审计机关全称或者规范简称)派出审计组,自×× 年× 月× 日至×× 年× 月× 日,对×× (被审计单位全称或者规范简称)×× (审计范围)进行了审计,对重要事项进行了必要的延伸和追溯。×× (被审计单位简称)及有关单位对其提供的财务会计资料以及其他相关资料的真实性和完整性负责。×× (审计机关全称或者规范简称)的责任是依法独立实施审计并出具审计报告。

一、被审计单位基本情况

二、审计评价意见

三、审计发现的主要问题和处理(处罚)意见

四、审计建议

对本次审计发现的问题,请×× (被审计单位简称)自收到本报告之日起× 日(审计机关根据具体情况确定)内,将整改情况书面报告×× (审计机关全称或者规范简称)。

(审计机关印章)

×× 年× 月× 日

实例

×× (审计机关名称)关于×× (审计范围)的审计决定

×× (被审计单位全称或者规范简称):

自×× 年× 月× 日至×× 年× 月× 日,我署(厅、局、办)对你单位×× (审计范围)进行了审计(专项审计调查)。现根据《中华人民共和国审计法》第四十一条(专项审计调查项目同时引用《中华人民共和国审计法实施条例》第四十四条)和其他有关法律法规,做出如下审计决定:

一、关于×× 问题的处理(处罚)

二、关于×× 问题的处理(处罚)

本决定自送达之日起生效。你单位应当自收到本决定之日起×日(审计机关根据具体情况确定)内将本决定执行完毕,并将执行结果书面报告我署(厅、局、办)。

(审计机关印章)

××年×月×日

实例

×　×(审计机关名称)关于×　×(审计范围)的审计移送处理书

　　×　×(主送单位全称或者规范简称):

　　我署(厅、局、办)在×　×(审计范围)审计(专项审计调查)中发现,×　×(单位名称或者人员姓名)×　×(涉嫌犯罪、违法违规或者违纪行为)。具体情况如下:

　　依据《中华人民共和国刑法》(或者《中华人民共和国刑法修正案》等刑事法律)第×条的规定,上述行为涉嫌构成×　×罪,应当依法追究刑事责任。现移送你单位依法处理。请将立案情况及查处结果及时书面告知我署(厅、局、办)。

　　附件:证明材料×份

(审计机关印章)

××年×月×日

三、被审计单位对审计决定有异议的处理

　　审计机关应当在审计决定中告知被审计单位救济的途径和期限,根据审计对象和审计内容的不同,救济途径和期限也不相同,主要包括以下两种:

　　1.对审计机关做出的有关财政收支的审计决定不服的,可以自审计决定送达之日起60日内,提请审计机关的本级人民政府裁决,本级人民政府的裁决为最终决定。

　　2.对审计机关做出的有关财务收支的审计决定不服的,可以自审计决定送达之日起60日内向本级人民政府或上一级审计机关依法申请行政复议,或者自审计决定送达之日起6个月内向做出审计决定的审计机关所在地基层人民法院或中级人民法院提起行政诉讼。

第五节　审计整改检查阶段

　　审计整改期,是指自被审计单位收到审计机关审定后的审计报告和审计决定书之日到整改结束之日。在这一阶段被审计单位要根据审计决定书和审计移送处理书,完成相关事项的整改和移送处理。审计机关在审计整改期结束后,对被审计单位执行审计决定

情况进行审计。审计整改检查,可以督促被审计单位认真执行审计处理决定,可以发现并纠正原审计处理决定存在的不当之处,因此,审计整改检查有利于维护审计机关的权威性和严肃性。

审计整改检查的主体可以是审计机关原审计组人员,也可以另行指派审计人员。但为了提高审计工作的效率,一般应由原审计组成员负责审计整改检查。审计整改检查的时间没有明确的规定,审计机关认为较为适当的时候就可以进行,但距离审计整改期结束后的时间间隔不宜过长;如果是定期审计,审计机关可以结合下一次审计,检查或者了解被审计单位的整改情况,检查或者了解被审计单位和其他有关单位的整改情况应当取得相关证明材料。

整改检查的内容主要包括:执行审计机关做出的处理处罚决定情况;对审计机关要求自行纠正事项采取措施的情况;根据审计机关的审计建议采取措施的情况;对审计机关移送处理事项采取措施的情况。审计整改检查的方式包括:实地检查或者了解;取得并审阅相关书面材料;其他方式等。

审计整改检查结束后,应撰写审计整改检查报告。审计整改检查报告的内容主要包括:检查工作开展情况,主要包括检查时间、范围、对象和方式等;被审计单位和其他有关单位的整改情况;没有整改或者没有完全整改事项的原因和建议。审计机关汇总审计整改情况,向本级政府报送关于审计工作报告中指出问题的整改情况的报告。

思考题

1.我国国家审计机关审计项目的来源有哪些? 选择审计项目的步骤包括哪些?

2.我国国家审计机关审计项目计划在什么情况下需要调整?

3.简述审计项目计划、审计工作方案和审计实施方案的联系和区别。

4.简述了解被审计单位基本情况的程序。

5.在什么情况下必须测试内部控制的有效性? 在什么情况下无须测试内部控制的有效性?

6.简述国家审计机关审计证据的特征。

第七章　国家审计风险管理与质量控制

第一节　国家治理理念下审计机关内部风险管理

现代国家治理体系是以民主和法治为基础的,随着社会的进步、民主政治的发展,国家管理方式上发生了很大的变化,分权、分治普遍实行,社会公众要求国家审计机关的工作要公开、透明,审计结果要全部向社会公众公开,还人民群众知情权,通过社会公众的民主监督提升国家治理的效率。因此,随着国家政治文明的发展、政府透明度的提高以及国家审计结果公告制度的实施,国家审计工作的质量和结果越来越受到社会公众的广泛关注,把审计结果公告于社会,实质上是把整个国家审计工作置于全社会的监督之下,势必加大国家审计机关的审计风险。

而且,自国家审计诞生至今,国家审计能力的有限性和国家及社会公众对国家审计需求的无限性始终是一个矛盾。审计结果公告制度的实施,会使得国家和社会公众对国家审计的这种需求进一步加大。把审计查出的问题公之于社会,一方面会在社会上引起强烈的反响,公众认为在普遍存在信任危机的社会背景下,审计还是敢于揭露真相的;另一方面,社会公众会对国家审计的期望值也大大提升,公众期望能够通过国家审计尽可能地发现公共资金使用领域中所有的违法、违规和舞弊等行为。这样就进一步加剧了国家和社会公众对审计需求的无限性和国家审计机关审计能力有限性之间的矛盾,使得国家审计始终无法达到国家和社会公众所期望的程度,也使得国家审计风险被扩大化。

2004 年世界审计组织在研究公共部门特殊性的基础上结合 COSO 委员会 2004 年发布的《企业风险管理框架》颁布了《公共部门内部控制准则指南》,该指南规范了公共部门风险的评估与管理,突出强调了公共部门资源安全控制的重要性。因此,加强国家审计机关内部风险管理与控制是国家机关的责任和义务,对于提升政府公信力、保证国家审计质量具有重要的意义,国家审计机关要在内部广泛开展风险管理与控制,把风险理念贯穿到审计业务的每一个环节。

一、国家审计风险的类型

和其他任何组织一样,国家审计机关在开展工作的过程中也面临着很多风险,这些风险如果控制不当就会给组织带来不利的影响,不仅影响国家审计机关的形象,而且会影响整个国家机关的公信力,降低国家治理的效率,甚至影响国家治理的效果。具体来说,国家审计在参与国家治理中面临的风险主要有以下几个方面:

(一)战略风险

风险的基本内涵是损失的不确定性,是指事物发展的结果与人们的预期产生差异的可能性。战略风险则可理解为组织整体损失的不确定性。国家审计机关在履行其职责时如果不能实现既定的战略目标,就会面临战略风险。关注国家审计的战略风险,是从国家审计的长期发展考虑,从总体上来识别和防范审计风险。

一个组织要实现其目标,首先要有战略。国家审计战略是经过多方论证形成的包含国家审计的使命、未来发展方向、战略目标、战略方针和战略指导思想等方面的内容。为了保证战略的实施,需要制订长期的战略规划,国家审计机关也不例外,要依据中长期战略目标制定比较全面、长远的发展计划,这也是世界各国审计机关的通行做法。战略规划首要任务是战略定位,战略定位是否准确是产生战略风险的重要因素,由于审计机关的战略目标服务于整个国家治理体系,要和国家总体战略目标相一致,这就对国家审计机关领导者的能力提出了较高要求,要求国家审计机关领导者能力,包括领导者的知识结构、经历、经验、学习能力、创新能力、事业心、决策风格和风险偏好等,要与总体战略目标相匹配。如果领导者的观念落后,知识结构陈旧,视野不够开阔,政治觉悟不高,就会影响审计战略规划的制定和实施。

加强战略风险的管理与控制,是一种系统思考国家审计未来发展机遇与挑战的思维方法。通过对战略风险的管理与控制,可以在确保国家审计机关运营稳定的基础上,系统地思考组织未来的发展目标,辨识发展机遇,通过加强管理将战略风险威胁转化为组织成长的机遇,提高国家审计机关的工作效率,降低成本,提高政府机关的公信力,避免社会资源的浪费。

(二)运行风险

运行风险是指由于国家审计机关内部业务流程和资源管理方面存在问题而引起的风险,或者是由于外部因素诸如政治的、经济的事件所造成的负面影响而带来的风险。运行风险主要表现在两个方面:

1.审计机关组织架构的设置风险。国家审计机关组织架构的设置应满足三个方面的标准:一是有利于实现组织战略,避免审计机关工作偏离整体战略目标;二是有利于提升组织的运行效率,表现在部门之间分工明确,相互配合,权责划分清晰;三是满足内部控制的要求。如果组织架构设置不合理,就可能导致组织偏离战略目标,运行效率不高,权责不清,工作相互推诿,降低整个组织的运行效率。

2.审计机关的日常运行风险。再好的制度设计最终都是要通过人来执行的,由于人受专业胜任能力、职业道德等方面因素的影响,可能会存在好的制度设计但是没有得到很好的贯彻执行的问题。原因是多方面的,可能是领导者能力欠缺,也可能是工作人员态度不积极、部门之间本位主义严重,这些因素都会降低国家审计机关的运行效率。

(三)法律风险

法律风险是指国家审计机关由于没有履行法定职责或者其他法律方面的要求所面临

的风险。主要体现在以下几个方面：

1.审计程序不当风险。是指国家审计机关在开展工作的过程中没有依法按照规定的审计程序开展审计活动所带来的风险。我国《审计法》及相关准则中明确规定了审计机关开展工作的法律程序，国家审计机关如果工作程序违法，就有可能要承担相应的法律责任。

2.适用法律不当风险。由于审计人员对被审计单位的审计往往是在比较短的时期内完成的，获取的信息资料及审计证据是有限的，再加上审计固有的局限性，如果形成的审计结论适用的法律、法规不恰当，审计查出的问题定性不准确，审计处罚缺乏相应的法律依据，或者审计机关越权处理，都有可能导致审计机关承担相应的法律责任。

3.行政不作为风险。我国现行的法律对于行政不作为的内涵没有作统一的定义，只是在《行政诉讼法》和《行政复议法》中列举了行政不作为的具体表现形式。就国家审计机关而言，行政不作为主要体现在两个领域：一是投诉举报领域。公民个人、法人组织或者其他社会团体以书面、电子邮件、传真、电话、上访等形式向国家审计机关投诉或提供举报线索，反映其他法人组织、社团或者个人涉嫌违法、违纪的行为，要求审计机关予以查处。审计机关在接到投诉或者举报后，应对审计线索予以筛选，经筛选后认为重要的线索要予以查实，并将审计结果向提供线索的单位、个人及社会公众做出及时的反馈和说明。如果审计机关对于收到的线索不予理睬，就是行政不作为，就会产生法律风险。二是政务公开领域。我国《政府信息公开条例》明确规定行政机关在履行职责过程中制作或者获取的以一定形式记录、保存的政府信息，行政机关应当及时、准确地公开。因此，审计机关应将本部门所颁布的规章、制度、部门职责、工作流程等内容及时地通过网站、媒体等公开渠道向社会公布，以便社会公众查询、了解。审计报告也应按照法定程序及时向社会公布，审计结果在不涉及保密的情况下应全部向社会公开。如果国家审计机关的信息公开、透明做得不到位，也会产生法律风险。

(四)声誉风险

声誉风险是指可能对组织的公信力和声誉产生负面影响的风险。

政府信息的公开、透明，一方面将知情权还给了社会公众，另一方面也将政府工作置于全社会的监督之下。审计结果向全社会公开之后，社会公众对审计机关的权责、审计计划、审计任务、审计程序、审计成本、审计结果的处理、处罚等情况都有了全面、细致的了解，如果审计结果公告的信息是社会公众迫切想了解的信息，说明审计工作是"急人民所急、想人民所想"，在真正维护社会公众的利益。审计查出的违法、违规问题如果处理、处罚的得当，审计处理意见都落到了实处，社会公众就会比较满意，审计机关的工作美誉度就会提升。反之，如果审计工作效果不明显，审计发现的问题都没有及时得到解决，同样的问题"年年查、年年有"，就会影响审计机关的社会声誉，降低政府的公信力。

二、国家治理理念下国家审计风险的防控

为了提升国家治理的效率，国家审计机关应主动加强对自身风险的识别和评价，有针对性地建立系统的风险管理与控制措施，通过对风险的识别、评价和控制，将国家审计的

风险控制在合理的范围之内,最大限度地降低审计成本,保证审计质量。

(一)总体应对策略

风险管理体系应当作为一种战略和运行管理的工具建立起来,用以识别、监测和控制组织在实现其使命和目标时所面临的主要风险。这一体系应当涵盖组织中高层次、全面性的综合问题以及与单项审计工作有关的所有风险。国家审计机关可以确定在不同领域所能够容忍的风险水平,并采取适当的控制措施实施风险管理以使其达到所要求的水平。可容忍的风险水平可能因不同的风险和环境而有所不同。当已识别的风险发生变化,或风险控制不充分时,应对风险管理体系作相应调整。

审计机关要防控自身的风险,首先要建立有效的风险识别机制,对来自于审计机关内、外部的风险予以恰当的识别。外部因素带来的风险主要是由于政治环境、国家政策、经济形势、法律环境、社会信用、文化传统等社会因素的变动产生的。内部因素主要是由于管理者职业操守、专业胜任能力、组织结构、内部控制、信息系统等因素引起的。对于来自由内、外部因素引起的审计风险,国家审计机关要建立一套行之有效的风险识别机制,通过政策研判、任务分析、问卷调查、内部讨论会等形式识别相关的风险因素,并对已识别的风险因素进行定性和定量的分析,分析其发生的可能性和影响程度,并依据风险的重要性水平,通过专业判断,对不同类别的风险因素设置不同的权重,按照发生的可能性及影响程度进行综合排序,确定应当重点关注的审计风险。

其次,审计机关根据风险分析情况,结合风险成因、审计机关整体风险承受能力和具体业务层面上的可接受风险水平,确定风险应对策略。一般包括以下四种应对策略:(1)风险回避,是指审计机关对超出整体风险承受能力或者具体业务层面上的可接受风险水平的风险实行回避原则,放弃或者停止超出其承受度的审计业务活动以规避风险的策略;(2)风险承担,是指审计机关对于整体风险承受能力和具体业务层次上的可接受风险水平之内的风险,在考虑成本效益原则的基础上不准备采取进一步控制措施降低风险的策略;(3)风险降低,是指审计机关在考虑成本效益原则的基础上准备采取有效措施降低风险或减少损失的策略,将风险降到可以接受的范围之内;(4)风险分担,是指审计机关在权衡成本效益之后愿意借助外部力量,采取业务分包等方式将风险控制在承受范围之内的策略。

风险应对策略与审计机关的具体业务相联系,针对不同的审计业务可以采取不同的风险应对策略,对于同一审计业务在不同的时期也可以采取不同的风险应对策略,同一审计业务在同一时期也可以综合运用风险降低和风险分担应对策略。

(二)具体应对策略

1.国家审计机关应制定专门的风险管理措施。(1)审计机关应该自上而下的形成全员风险管理意识,把风险管理意识融入日常工作的每个细节。(2)审计机关应识别出可能面临的风险类型,并针对识别出的风险制定应对办法,明确划分风险控制责任,将风险控制职责落实到每个岗位、每个人员。(3)建立风险预警、风险评估和风险应对体系,并对这一体系进行定期的检查,评估其有效性。

2.国家审计机关内部可以设立内部风险管理委员会。内部风险管理委员会独立地开展工作,人员由国家审计机关的领导层及重要职能部门的负责人构成,其主要职责是对风险管理进行战略决策,对风险管理的过程实施控制。

(三)具体审计活动过程中的风险控制

1.选择审计项目的风险控制

国家审计机关既有法定的审计任务又有机动任务,机动任务包括审计机关自选的、地方政府临时交办的以及突发事件的审计任务。国家审计机关面临的挑战就是如何高效地完成法定的审计任务,从而腾出更多的时间和精力去完成机动的审计任务,最大限度地发挥审计资源的作用。

(1)制定科学、合理的审计计划。由于我国地方审计机关实行双重领导体制,首先,国家审计机关在选择审计项目时,应该综合考虑法定任务和机动任务,合理地选择机动任务,并结合地方政府的工作安排制定一个合理的审计计划,保证审计机关的资源得到有效的利用。审计计划应包括审计项目、时间进度、职责分工、监督措施以及所需要的资源。

(2)审慎地选择审计项目。结合以往的审计经验和审计整改的效果,通过风险评估对可能的审计项目按照优先顺序进行排序。

(3)选择关系到国计民生并且社会公众普遍关注的热点项目。由于这些项目涉及社会公众的切身利益,关注度比较高,我国又是人口大国,国家投入的公共资金的总量比较大,审计结果影响面也比较广,容易引起权力机关、媒体、社会公众的广泛关注,能够收到比较好的审计效果。

2.审计过程的风险控制

审计机关在开展审计工作时,面临的审计对象是复杂的,承担的审计任务也是多样的。不同类型的审计对象和审计任务其审计目的、审计要求、审计风险及需要采取的审计方法和手段等都是不同的,审计机关要从总体上把握每个审计项目的重要程度、每个项目的时间进度、需要占用的审计资源等方面的问题,对于重要的、高风险项目要选派专业能力强、经验丰富的工作人员,并给予一定的技术指导和恰当的监督,必要时聘请外部专家给予指导,以确保审计工作能够符合审计职业准则的相关要求,保证审计质量。

国家审计属于行政执法范畴,其行为必须遵守法定的方式、方法、步骤、时间和顺序,违反了法定的审计程序或超过管辖范围,无疑会招致国家审计风险。因此,国家审计也必须不断加强自我约束,严格按照法定的程序办事,在审计过程中应严格执行审计法规和规范,以防止滥用、错用审计权力。

另外,对国家审计人员的审计过错,要真正实行审计过错责任追究制度。审计过错是指审计机关的审计人员在实施审计和审计调查的过程中,违反法定的审计程序,对审计事项的处理、处罚不当,或包庇被审计单位的违法违规问题,给他人合法权益造成损害、给本单位造成不良影响或给国家造成损失的具体行政行为。因此,为了保证审计工作的依法进行,尽可能把审计风险控制在最低限度,必须在审计机关内部建立一套审计过错责任追究制度,详细规定出审计机关行政领导、审计复核机构、审计组长、审计人员的责任和因未能履行职责应受到的处罚。对于审计质量监督过程中发现的审计过错,要严格按照审计过错责任追究制度进行责任追究。只有这样,审计项目质量检查制度和审计过错责任追究制度才能相互配合,才能推动审计人员自觉提高审计质量。

3.对审计效果的风险控制

国家审计机关在国家治理中发挥的作用最终是通过审计后的效果体现出来的,通过被审计单位积极采纳审计机关提出的建议,对错误和问题及时地纠正,改善了被审计单位的治理效率和效果,从而提升整个国家治理的效果。那么怎样判断国家审计的效果呢?一般说来可以有以下三个标准:一是审计发现的问题是否得到了纠正,审计意见是否得到了认真执行;二是原有的问题经过审计后是否得到彻底改观,经济秩序和财经纪律是否有明显的好转,屡查屡犯的现象是否从根本上扭转;三是被审计单位的治理效率和效果显著提升。

要提升审计的效果,首先,审计机关要清楚地知道审计工作是如何帮助被审计单位实现良好的治理和提高效率的;其次,审计机关提出的咨询和整改意见是恰当的；第三,审计机关要对审计意见如何被采纳、审计建议如何被落实进行持续的跟踪,注意从被审计单位搜集有关审计建议执行情况的反馈信息,并建立适当的监控机制,定期公布被审计单位采纳审计建议和结论后所带来的好的结果。

第二节 国家治理理念下国家审计质量控制

国家审计质量的高低直接关系到国家审计机关在国家治理体系中的地位、作用及未来发展。而国家审计服务作为一种特殊的公共物品,它具有过程的不可观测性,人们通常难以通过外在的形式来判断审计质量的高低。Cook(1987)将政府审计质量的定义为"审计过程与审计标准相符合的程度"。美国 GAO(2007)对政府审计质量的定义是:"审计师按照既定标准依法实施审计,以合理的方式保证被审计单位的财务报表不存在由于错误或舞弊导致重大错报风险,并已按照公认会计准则进行披露。"

DeAnglo(1981b)认为以审计过程为出发点研究审计质量是十分困难的,因为审计质量不仅难以观察和衡量,即便可以衡量,其成本也很高。对审计质量的评价目前比较有代表性的观点是 Sutton and Lampe(1991)提出来的,他们认为审计质量可以分为程序审计质量和结果审计质量。程序审计质量是将审计人员在审计过程中对审计准则的遵循程度作为衡量审计质量的标准,结果性审计质量是以审计活动的最终结果及其产生的影响作为审计质量的度量指标。

高质量的审计是国家审计参与国家治理的重要保障。我国国家审计机关由于承担的任务意义非凡,对审计机关的审计质量要求也会比一般的部门更高。审计机关只有高质量地完成审计任务,才能够真正具有权威性,赢得社会公众的尊重,获得良好的社会声誉。这就意味着审计机关在开展工作的时候要严格遵循职业操守,认真执行职业准则,开展审计活动时要采用科学的方法,以最有效的方式开展工作,并获取充分、适当的审计证据。

高质量的审计是不会自动实现的,它需要建立一套质量管理体系用以管理和控制国家审计机关的审计活动。这套质量管理体系要嵌入到国家审计机关日常的审计工作中,并且随着外部环境的变化持续改进。

国家审计机关的领导应对国家审计的质量最终负责。因此,推动国家审计质量体系的建设也是领导层的首要任务。这就要求领导层从思想上高度重视,从审计全局战略的高度强调审计人员遵循职业准则、保证审计质量的重要性,向每一位工作人员明确传达审计质量管理体系的目标、任务和工作人员的职责。

一、国家审计质量控制的总体应对策略

国家审计机关应对年度审计任务从总体上予以把握,明确审计战略目标和实施重点,对重点审计任务的完成进度要进行过程控制,评估其进度及完成的质量。为了保证国家审计机关年度所承担的审计任务都能够按计划、保证质量的完成,审计机关首先需要制定内部的质量控制标准及评价指标体系,为审计机关从整体上控制审计质量提供一个系统的依据,保证审计机关程序性的审计质量。其次,通过具体的评价指标衡量审计机关在开展审计工作和日常行政管理中的绩效,绩效指标应涵盖审计工作的全过程,既可以有定量指标,也可以有定性指标,绩效指标的数量和类型可以针对不同的审计对象和审计任务而有所不同,从而保证审计机关结果性的审计质量。

二、国家审计质量控制的具体措施

(一)建立恰当的审计工作绩效评价指标体系

检验公共部门服务质量最有效的手段就是开展绩效评价,而客观的评价需要一套评价指标体系来支撑。国家审计机关通过各种指标对自身审计质量进行评价,在内部管理活动中采用和示范最佳实务的做法,可以起到率先垂范的作用。

审计机关应围绕总体战略目标进行层层分解,制定出不同级次的绩效评价指标体系,这一指标体系应明确界定并覆盖国家审计机关各项工作的主要内容,每一项指标均应同国家审计机关的战略目标相关联,清晰界定预期结果,并对一些实施细节加以详细的说明。恰当的绩效评价指标体系的建立需要国家审计机关内部各部门的认真准备和精心设计,相互之间要注意沟通和协调,反复讨论和测试。在设计绩效指标时,每一项目的指标应为一个区间,以对审计机关的整体绩效进行客观的评价。在设计指标体系时,对于单项的、具体的指标设计相对比较容易,也便于明确责任。而对于一些综合的、难以量化的指标设计相对就比较困难。

设计审计机关绩效指标体系的目的是为了对审计工作进行相对客观的、量化的评价,最终目的是为了保证审计质量。在对审计工作实施绩效评价的过程中,如果发现现有的指标体系不完善,需要补充,或者发现现有的指标不够合理,国家审计机关应组织专门的人员进行分析,研究这些指标本身是否定的过高,超出了实现目标的能力范围,或者随着外部环境的变化,最初设定的指标本身有不合理之处,需要及时地进行调整。

1.绩效指标的制定原则

为了确保绩效指标体系能够有效地评价审计机关的工作效率和效果,绩效指标的设计应符合以下原则:

(1)相关性原则。相关性原则要求绩效评价指标设计要满足三个方面的需求:一是要与审计机关的战略目标相关,有利于最终实现审计机关的最终目的;二是要与被考核的对象相关,绩效指标应是考核对象能力范围之内可以完成的,并且便于提供相关的绩效信

息;三是要与绩效指标的使用者相关,因为不同的利益主体对政府审计机关的绩效诉求是不同的,比如上级主管部门、企业、社会团体、居民个人对国家审计机关的审计需求是有差异的,要兼顾各方利益。

(2)明晰性原则。指标的内涵要表述清晰,易于理解和操作,对每一指标要有清晰、确定的解释,避免工作中出现歧义,不要出现模棱两可的表述,语言表述上要规范,避免使用过于专业或者抽象难懂的术语。

(3)可比性原则。可比性原则是指绩效指标在不同的评价对象和不同的期间前后可比。由于审计机关的审计对象种类繁多,差异性也比较大,信息的采集标准和方法等均有很大的差异,要做到评价对象相互可比是比较困难的。但是可以做到前后期间相互可比,因为同一项目在短时间内其评价标准和信息搜集会相对稳定,政策不会朝令夕改。

(4)可验证性原则。绩效指标的设计应当保证搜集的数据是客观、准确的,运用绩效指标评价的结果是可以重复检验的。

(5)成本效益原则。绩效评价最终的目的也是为了提升组织绩效。因此,绩效指标的设计要充分考虑数据信息采集的成本,要避免设计一些难以获得的、数据信息搜集成本比较高的评价指标,不要为了评价而评价,给审计机关增加过多的、不必要的成本。

(6)避免反向激励原则。绩效评价指标设计要避免被评价对象将问题转移到不评价的领域而将优质资源全都分配到不评价领域的现象,指标设计要注意全面、平衡。

(7)时效性原则。绩效评价的标准要充分考虑其时效性,使用老的标准评价新事物会导致评价结论出现偏差。因此要注意绩效评价标准的时效,绩效评价标准要随着评价项目的变化及外界审计需求的变化而及时地调整,老的、过时的标准要及时更新。

2.绩效指标的种类

针对政府提供的公共服务进行绩效评价在发达国家已经是比较成熟的制度了。布鲁德尼等(1982)认为可以从效率、效益、回应性和公平性四个维度对公共服务进行评价。纽科默(Newcomer,2002)认为政府公共服务的绩效评价既要针对结果评价,又要针对投入和过程进行评价。纽科默针对政府公共服务评价设计了投入、过程、产出和效果四类指标。国际上绩效审计的内容也从经济性、效率性和效果性为主的"3E"审计发展到包含公平性和环境因素的"5E"审计。但从上述观点我们可以看出,回应性、公平性和环境等因素其实都是反映在公共服务的效果上。因此,对国家审计质量的绩效评价指标设计,应从经济性、效率性和效果性三个方面考虑。

(1)经济性指标。经济性指标主要是评价国家审计提供审计服务的各项资源的占用和耗费是否节约和经济,防止在运营或管理环节出现浪费资源或不经济的现象。经济性指标可以包含资金投入总额、资金转化率、业务开支与行政开支比等方面的指标。

(2)效率性指标。效率性指标主要评价国家审计机关所提供服务的质量和数量与用以提供服务的成本之间的对比关系。效率性是一个相对指标,对审计机关服务效率的评价包括许多方面,比如:人力、财力和其他资源是否得到有效应用;政府项目、单位和活动是否得到有效管理;审计服务是否及时提供;审计项目目标的实现是否符合成本效益原则等。通常效率性与经济性评价两者是相互关联的,在实务中,有时很难将两者加以严格的区分。因此,效率性审计评价的内容也包括对经济性内容的审查。

（3）效果性指标。效果性是指确保一定的审计活动正在实现预期的效果，或项目结果多大程度上达到了预期目标。效果性评价实际由两部分内容组成：①政策目标是否得到实现；②所达到的理想结果是否可以归功于所采用的政策。

要判断目标在多大程度上得到了实现，需要在制定目标时采用能够对目标实现程度进行评价的方式。所以，在制定目标时就要有比较明确而具体的标准，以便于将政策目标与实际项目实现的结果加以比较，从而判断政策目标在多大程度上得以实现。判断审计质量高低的关键是确定经过审计的项目是否达到了预期的效果。国际上用"涟漪效应"方法评价审计服务是否达到了预期效果。所谓涟漪效应方法是指审计机关提供的某项审计服务，就像一块石头扔入了水中，会在周围产生几层涟漪，内层涟漪代表短期的审计效果，容易量化，外层涟漪反映了审计服务的长期效果。因此，反映审计效果的指标既要有短期的阶段性指标，又要有长期的战略性指标。另外，审计效果还可以通过一些回应性指标来衡量，比如通过社会满意度指标可以观察社会公众对审计质量的满意程度，通过投诉数量指标可以从另一个角度观察国家审计机关的工作效果。

（二）审计机关之间开展审计质量互查

和注册会计师审计相比，国家审计机关的工作是法定义务，而且不能由其他机构和组织替代，因而其工作本身是缺乏竞争性的。面对复杂多变的外部环境和缺乏竞争机制的内部环境，国家审计机关工作本身又缺乏行业之间的可比性，要保证国家审计的工作质量只能依靠国家审计机关自身不断的自我完善。

而开展国家审计机关之间的互查（注册会计师审计叫作同业复核）是提高国家审计质量的行之有效的方法。就是由其他地区国家审计机关的人员对本地区国家审计工作的内容、方式、方法进行检查。这种审计机关之间的互查是按照严格的标准进行的，以便识别出审计工作中存在的问题，从而促进国家审计机关整体绩效的提升。这个标准可以由国家审计署统一制定，也可以由各省、自治区、直辖市审计厅（局）参照审计署的标准制定地方标准，互查可以是在本省行政区划内开展，也可以在审计署统一组织下跨省开展互查。互查可以是综合的，也可以针对某个专项进行检查，被查到的国家审计机关内部要成立相应的工作小组，配合开展相关工作。

为了使同行之间的互查取得更好的效果，在开展互查之前审计机关内部要先进行自查，查摆问题，自我纠正。对于互查的结果、发现的问题、结论及建议，被复核的审计机关要进行内部讨论，及时与其他审计机关的检查人员进行信息沟通，共同商讨解决问题的策略，有助于找到最佳解决路径，提升审计质量。

（三）对已完成审计项目的质量进行抽查

高质量的国家审计对于提升国家审计机关的公信力是十分重要的，为了进一步保证国家审计的质量，可以对以往年度已经完成的审计项目采取抽查的方式，对审计质量进行复核。通过复核，一方面可以提高审计质量，提升审计结果的可信度；另一方面可以发现一些潜在的问题和隐患，避免带来不必要的麻烦和损失。国家审计机关可以对以往审计项目进行随机的抽查，也可以有重点的选取部分项目进行复查，抽查的项目应是不同审计类型并能够代表审计机关最主要的战略目标。为了提高政府部门工作的信息透明度，也可以将复查的结果定期向社会公布，从而使社会各界及时了解审计工作的开展情况。

(四)加强审计机关职业能力建设

审计能力是国家审计机关履行法定职责、参与国家治理的重要保障。世界各国普遍重视审计机关能力建设,许多国家将审计能力建设作为国家审计机关履行职责的重要因素,写入国家审计发展战略规划中,如英国将国家审计能力建设写入了《2012—2015战略规划》中。世界审计组织也于2006年成立了能力建设委员会,旨在帮助世界各国国家审计机关的能力提升。世界审计组织于2007年发布了审计能力建设指南,用来指导世界各国国家审计机关的审计能力建设,该指南是由英国审计署开发的。借鉴世界审计组织审计能力建设指南的框架,我们认为国家审计能力建设应该注重几个方面:

1.加强能力建设的战略管理

加强战略管理是国家审计能力建设的首要问题。首先国家审计机关应该从战略上对其自身能力进行评价,结合社会发展趋势及未来所面临的战略任务,客观评价审计机构的整体运行状况,找出自身能力的优势和不足,确定今后审计能力建设的方向,制定明确的审计机关能力建设战略规划和审计能力建设指南。制定审计能力建设战略和审计能力建设指南时,要在借鉴世界审计组织及发达国家审计机关审计能力建设经验的基础上,充分考虑我国国家审计机关自身的情况及所面临的内外部环境,对能力建设所需要的资源、时间、未来发展趋势等因素综合考虑。在战略规划实施过程中,应注重加强审计战略实施的管理与控制,并及时总结经验,及时进行战略调整。要加强与其他相关部门的协调与沟通,获得其他高层权力部门的支持,保证审计战略能够按计划、有序地实施。

2.加强职业胜任能力建设

胜任能力最早是由戴维·麦克利兰教授(David McClelland,1973)提出的,是指能将某一工作中有卓越成就者与普通者区分开来的个人的深层次特征,包括动机、特质、自我形象、态度或价值观、某领域知识、认知或行为技能等任何可以被可靠测量或计数的,并且能清晰区分优秀与一般的个体特征。Guglielmino(1979)将胜任力定义为能够把普通工作水平者与高绩效者分开的各种动机、态度、技能、知识、行为或个人特点。审计职业胜任力是指在一定的环境下,优秀的审计人员所具备的可以客观衡量的个体特征及由此产生的可预测的、指向绩效的行为特征。包括履行职责所应具备的政治素养、职业道德、专业素质以及综合能力等。

审计职业胜任能力是国家审计发挥国家治理作用的重要前提,也是审计机关实现战略目标、履行法定职责的重要保障。国家审计职业能力建设应注重从以下三个方面入手。一是注重政治素养的提升。我国是公有制国家,实行的是中国共产党领导下的多党合作制度,国家审计机关作为国家治理的一个组成部分,维护中国共产党的领导和社会主义公有制是其义不容辞的责任,作为国家机关的审计工作人员,要讲政治、识大局,维护国家和人民利益,审计人员要注重提升个人的政治素养,并将其融合到日常的审计工作中,从而保证国家审计工作与整个国家治理的目标相一致。二是注重职业道德建设。国家审计机关的工作人员是维护社会公众利益的公职人员,承担着公共受托责任,其工作成果的社会影响面也比较大。因此,国家审计机关的工作人员平时应注意加强职业道德建设,提升自身的道德觉悟,不断完善自我,真正做到不辱使命。三是注重专业素养的提升。由于我国处于经济转型时期,各项法规、制度都需要根据环境的变化进行及时的修订,与审计工作密切相关的财经制度、法规以及会计、审计准则也都在不断地修订和完善。因此,审计人员应加强专业学习,不断更新自己的知识结构,确保自己的专业知识能够和所在的工作岗位相匹配。

3.加强审计业务管理能力建设

良好的业务管理能力有利于审计机关提高审计资源的利用效率,以较少的投入获得较多的产出,实现审计机关的战略目标。业务管理能力包括计划能力和资源管理能力两个方面。计划能力要求审计机关宏观上要有战略规划,具体审计项目要有审计计划,要对人员、任务进度、资源调配等内容做出合理安排,并根据情况变化做出适时的调整,以保证审计任务的完成。资源管理能力要求审计机关要做到以下三个方面:一要提高审计资源的利用效率。审计机关要加强审计项目管理,合理配置审计人力资源,加强审计过程的控制和监督,提高不同审计项目之间的连接效率,努力实现审计资源的最合理配置;二要创新审计管理模式。国家审计机关的人员要及时更新审计管理理念,积极改进审计技术与方法,创新内部组织及审计项目管理模式,努力消除现有体制及审计模式的弊端;三要改革人员考核评价机制,充分调动审计人员的主观能动性,做到人尽其才、物尽其用,建立充满活力的人员考核评价机制。

管理能力是国家审计在良好国家治理中有效发挥作用的重要因素。管理能力的高低决定了国家审计的效率。因此,要注重从根本上提升国家审计机关的管理能力,为国家审计的长期发展打下坚实的能力基础。

4.加强审计机关协调能力建设

国家治理是一个庞大的组织体系,国家审计机关应提升对外部环境的适应能力,协调与国家治理体系中其他部门之间的关系,以增强部门之间的协同效应。国家审计需要协调的部门比较多,要求国家审计机关要结合自身所处的内外部环境,恰当处理好与立法机关、行政机关、司法机关、新闻媒体、社会组织及其他利益相关者之间的利益冲突,最大限度的整合社会资源,发挥各个部门、组织之间的协同效应,形成合力,避免出现内部矛盾和利益纷争所引起的内耗现象。

🎲 思考题

1.国家审计的风险类型主要有哪几种?

2.国家审计风险的防控策略有哪些?

3.国家审计质量控制的具体措施有哪些?

4.如何加强审计机关的职业能力建设?

第八章　　　　　　　　　　　　　　　　　　**财政审计**

　　财政作为政府行使职能和进行社会公共活动的一种财力和物力保障,代表国家支配和管理公共资源。而有限的社会公共资源如何分配和使用,达到促进经济和社会协调发展,增进公共利益目标,就产生了外部监督和评价问题。审计机关应依据法律法规规定,审查财政资金使用的合规性和有效性,保护公民公共利益。

第一节　　财政审计概述

　　市场经济体制下,市场是一种资源配置系统,在很多方面是一种有效率的运行机制。但市场机制并非万能的,它有其本身固有的缺陷;政府也是一种资源配置系统,财政是政府集中一部分国民收入进行分配和再分配的经济活动。"市场失灵"和"市场缺陷"为政府介入和干预公共活动,提供了必要性和合理性的依据。财政作为政府行使职能和进行社会公共活动的一种财力和物力保障,代表政府支配和管理公共经济资源。而有限的社会公共资源的分配和使用,如何才能促进经济和社会的发展,以增加公共利益,就产生了外部监督和评价问题。公共财政的支出责任在于效率和效益,其根据就在于此。审计部门应根据政府财政的工作重点和资金流向进行审计,审查财政资金使用合规性和绩效,保护公民公共利益。

一、财政审计的含义

　　财政审计是审计机关依照相关法律和行政法规,对中央和地方政府及其所属部门的财政财务收支的真实性、合法性和效益性进行监督、评价和报告的行为,是保障国家治理机制有效运行的制度安排,是国家审计的核心内容。

二、财政审计的特征

(一)审计对象的广泛性

　　财政审计对象是国家审计财政财务收支,审计对象具有广泛性。具体包括各级财政预算执行情况和财政政策及有关经济活动;同级政府各部门财政、财务收支及有关的经济活动;各级财政和同级政府各部门管理和使用的其他财政收支及有关经济活动;与财政预算执行和决算有关的企业、事业单位的财务收支及其有关经济活动;财政预算执行和财政决策审计中涉及的特定事项和使用专项资金单位的财务收支及有关的经济活动。

(二)审计内容的综合性

审计机关开展财政审计,不仅要审查预算执行情况、财政决策、其他财政收支和内部控制系统的真实性,而且要对其合法性和效益性进行审核、检查和鉴定,进而把各级财政作为一个整体来观察和分析,以综合评价各级财政的宏观调控能力和水平。各项财政收支是否符合客观事实,是否符合国家法律和制度规定,是否取得了预期的社会效益和经济效益,内部控制是否健全、严密和有效,预算执行和决算中存在什么问题,哪些问题具有普遍性,应提出何种改进建议等,都是综合评价的内容。

(三)审计依据及审计方式的特定性

财政审计的依据,是国家审计机关和审计人员判断财政收支真实性、合法性和效益性的准绳,是提出财政审计意见、出具财政审计报告的根据。财政审计有其特定的依据,包括《中华人民共和国审计法》、《中华人民共和国预算法》、《中华人民共和国审计法实施条例》等系列法律法规。这些法律法规为各级审计机关开展财政审计工作提供了具体法律依据和审计规范。在审计方式上也具有特定性,即坚持"六个结合":一是加强专业审计目标与财政审计目标的结合;二是加强一般部门单位审计与财政预算执行审计的结合;三是加强财政财务收支审计和财政绩效审计的结合;四是加强经济责任审计与财政审计的结合;五是加强专项审计调查和财政绩效审计的结合;六是加强审计信息化建设与财政审计结合。

三、财政审计的作用

(一)有利于发挥宏观控制作用,为宏观调控政策制定提供决策依据

审计机关是政府的职能部门,是专司综合性经济监督的,具有得天独厚的条件,能够真实、完整地掌握宏观经济政策执行情况的第一手资料,审计成果实际上就是宏观经济政策执行情况的真实写照。审计机关通过经常的、大量的、具体的对微观经济活动的审计监督,能够揭露并制止微观经济活动中的不规范行为,并且能够通过对所掌握的第一手资料进行综合分析,对带有普遍性、倾向性的国民经济运行中的弊端,宏观经济调控政策制定的不当和宏观经济调控手段使用的不当等问题提出意见和建议,作为宏观经济政策制定修改的依据,为宏观经济决策服务。在制定宏观经济调控政策和措施过程中,应发挥审计监督的参谋助手作用,为宏观调控的制定提供决策依据。

审计机关开展的宏观经济政策落实情况的审计调查,在对宏观调控政策措施进行追踪反馈过程中,发挥着监督作用,促进宏观经济决策落实到位。

(二)维护财经法纪,监督、保障和促进各项宏观调控政策的贯彻执行

我国社会主义市场经济体制下的宏观调控,主要由中央银行、财政、计划、工商管理等部门制定和实施,并通过运用货币政策、财政税收政策、产业结构政策和产业组织政策及有关措施来实现。审计机关可以发现宏观调控政策实施不力和经济杠杆使用不当等问题,促进国家各项宏观调控政策、法规落实到位,促使微观经济活动按照宏观经济发展目标良好有序地运行,从而促进国民经济的健康运行与总量平衡。另一方面,在国家宏观经济运行中,审计也可以在一定程度上起到抑制通货膨胀的作用。审计机关加强对投资项目的常规审计,对一些违反国家产业政策、法律规定的投资项目进行严肃处理,同时对大型的停缓建项目进行跟踪审计,使固定资产投资规模有所控制。此外,审计机关通过对企事业单位微观经济运行中违纪违规行为的查处,在一定程度上可以控制消费基金的过快增长,从而使投资、消费需求与相应的供给趋于平衡,发挥抑制通货膨胀的作用。

四、财政审计的对象和主要内容

财政审计的对象主要是参与国家财政收支管理及有关经济活动的各级政府和相关部门、各级财政的预算单位和其他管理分配使用财政资金的单位,主要包括:(1)管理分配使用财政资金的本级政府及其组成部门、直属机构,下级政府和其他有关部门、单位;(2)负责征收财政收入的税务、海关和其他有关部门、单位;(3)其他取得财政资金的单位和项目等。

审计机关依法对政府的全部收入和支出、政府部门管理或其他单位受政府委托管理的资金,以及相关经济活动进行全面审计,主要内容包括:(1)财政预算执行及决算草案审计。对各级政府预算执行及决算草案进行审计,主要监督检查预决算的真实、合法和效益情况,以及财税政策执行、政府预算体系建设、重点专项资金管理使用、财政体制运行、政府债务管理等情况,促进加快建立现代财政制度,建立权责清晰、财力协调、区域均衡的中央和地方财政关系;(2)部门预算执行及决算草案审计。对各级党政工作部门、事业单位、人民团体等的部门预算执行和决算草案进行审计,主要监督检查部门预决算的真实、合法和效益情况,重点关注贯彻中央八项规定及实施细则精神、"三公"经费和会议费支出等情况,严格预算约束,建立全面规范透明、标准科学、约束有力的预算制度;(3)税收审计。对海关、税务系统收入征管情况进行审计,主要监督检查依法征收、税制改革推进,以及结构调整、科技创新、大众创业、环境保护等方面税收优惠政策落实情况及效果,推动清费立税,完善税收体系,促进建立税种科学、结构优化、法律健全、规范公平、征管高效的税收制度。

第二节　财政审计的目标

一、财政审计合作冲突博弈及其分析

审计风险表现为"审计失败"的可能性。为防止或发现会计报表出现重大错报和漏

报,美国注册会计师协会(AICPA)在1983年提出的审计风险模型中指出,审计风险包括重大错报风险和检查风险。根据审计风险的分析,审计人员执行审计的过程,实际上是一个"不完全信息博弈"的过程。尽管拥有审计调查权和审计处理权,但由于存在信息的非对称性和不完全性,审计机关处于信息掌握的劣势。不过,审计人员可以对固有风险和控制风险进行评估,并通过设计相应的检查措施,调整检查风险的水平,以使审计风险降低到可以接受的程度。但如果审计人员不能发现存在的错误和舞弊,这些问题最终将存在于报表之中,造成会计报表的错报或漏报。因此,检查风险直接影响最终的审计风险。在财政审计过程中,如果审计机关工作人员和被审计单位串通起来,采取不正当手段向审计人员寻租,从中谋利,也会导致检查风险上升。审计合谋的产生,主要有两方面的原因:一是审计机关进行有效审计的成本很高;二是被审计单位进行信息完全披露的风险会损害既得利益。

实施有效审计的成本主要来自两个方面:一是由于信息不对称和审计手段的相对滞后,审计机关为进行有效审计必须消耗较高的人力、物力和财力成本。在审计经费"刚性"、审计报酬激励机制缺位的情况下,审计人员消极审计可以降低审计成本,或者收受被审计单位回馈的"辛苦费",被审计单位提供贿赂诱使审计人员帮助隐瞒不利信息。对于被审计单位而言,如果隐瞒信息可以维护既得利益,而披露信息可能损害既得利益,那么被审计单位就会千方百计隐瞒信息或降低信息披露的程度,与审计人员实现串谋的可能性越大。二是对审计重要性的评估会影响审计工作量决定。审计人员对被审计单位财政财务报告是否存在重大错报或漏报以及重要性水平的判定,主要依赖其执行控制测试及实质性测试之后的职业判断。对重要性的评估水平越高,可接受的检查风险越低,实质性测试的工作量增加,虽然可以达到期望的审计风险水平,但会造成审计成本的增加或浪费;重要性的评估水平过低,可接受的检查风险过高,所设计的审计程序会过少,虽然可以降低审计成本,但难以将审计风险降低到期望水平。

(一)模型的基本假设

1.为了简化模型,假设博弈双方是审计人员和被审计单位的双方博弈。现实情况是审计人员与被审计单位及其所属地方政府,以及被审计单位与其隶属的地方政府之间的博弈(两者之间则是一种"囚徒困境"式的博弈)。

2.本章将审计合谋定义为审计机关由于接受被审计单位的好处而不进行有效审计的行为,即审计不作为。

3.博弈双方都是风险中立的理性经济人,各自为追求自身利益最大化而做出决策选择。

4.博弈双方选择策略具有随机性,即博弈一方无法猜测到对方的策略或所选策略的概率分布,同时也不能让对方猜测到自己的策略,该博弈模型属于不完全信息博弈。

5.审计人员与审计机关利益一致,被审计单位与其隶属的地方政府利益一致。

6.审计人员具有完备的业务能力,即审计人员只要按照审计规则认真审计,完全可以发现被审计单位的重大舞弊行为。

7.如果审计人员与被审计单位合谋,审计不作为,则审计成本为0。

8.引入第三方监管机构,当审计人员未按照审计规则进行有效审计时,将会承担监管结构查处被审计单位舞弊后的连带责任。

9.政府监管部门对审计结果和审计工作报告的质量进行事后监督,并对发现的违规行为进行惩罚。

(二)财政审计博弈过程的描述

在财政审计合谋——舞弊博弈中,无论是审计人员还是被审计单位都是理性经济人,都会根据效用最大化或利益最大化原则来选择其行为:被审计单位的领导层首先行动,他们会基于自身利益和风险的考虑以决定披露信息的真假和多少;审计人员根据自己所搜集到的信息对审计风险进行判断,并基于自身利益最大化的考虑来选择有效审计还是合谋。这样可以得到四个行动策略组合:(舞弊,有效审计)、(不舞弊,有效审计)、(舞弊,合谋)、(不舞弊,合谋)。收益矩阵表见表8-1,各个字母代表的意思如下(以下字母均大于0):

a.审计人员正常的工作报酬;

b.审计人员与被审计单位合谋而增加的收益;

c.审计人员进行有效审计的成本;

d.审计人员与被审计单位合谋以后可能被监管机构发现被处以惩罚;

e.审计人员揭露被审计单位确实存在舞弊行为给予的奖励;

m.被审计单位披露真实会计信息产生的收益;

n.被审计单位披露虚假会计信息产生的收益;

s.被审计单位舞弊被发现后处以的惩罚;

r.被审计单位舞弊后被监管机构发现的概率(则未被发现的概率为 $1-r$);

p.被审计单位舞弊的概率(则未舞弊的概率为 $1-p$);

q.审计人员与被审计单位合谋的概率(则有效审计的概率为 $1-q$)。

表8-1 财政审计博弈不同战略组合收益矩阵表

情形	舞弊	不舞弊
合谋	$(a+b+rd, m+n-rs)$	$(a+b, m)$
有效审计	$(a-c+e, m+n-s)$	$(a-c, m)$

(1)对被审计单位舞弊行为的分析。

根据上述博弈双方的支付矩阵,当被审计单位选择舞弊的概率为 p 时,审计人员的期望收益函数 U_1 满足以下式子:

$$U_1=[(a+b-rd)p+(a+b)(1-p)]q+[(a-c+e)p+(a-c)(1-p)](1-q)$$
$$=(-rdp+b-ep+c)q+ep+a-c$$

对审计人员的期望收益函数就其合谋概率 q 求一阶偏导等于0,可得:

$$rdp-b+ep-c=0$$

则被审计单位选择舞弊的最优概率 p^* 满足:

$$p^*=\frac{b+c}{rd+e}$$

由此可以得到以下结论：

① 审计机关的有效审计成本 c 越高，被审计单位舞弊的概率越大，所以改进审计人员的业务水平，借助审计电算化等信息化手段以更低的审计成本揭露更多的问题，可以降低被审计单位舞弊的概率；

②被审计单位通过增加对审计人员与之合谋的回报收益 b，来增加自己舞弊不被有效审计的概率；

③增加对审计人员揭露查处被审计单位舞弊行为的奖励力度 e，可以降低被审计单位舞弊的概率；

④监管机构对审计人员与被审计单位合谋情况的处罚力度 d 越大，被审计单位舞弊的概率越小；

⑤当第三方监管机构的监管能力 r 提高时，被审计单位舞弊的概率越小。

（2）对审计人员与被审计单位合谋行为的分析

根据上述博弈双方的支付矩阵，当审计人员选择合谋的概率为 q 时，可以描述被审计单位的期望收益函数 U_2 为：

$$U_2 = [(m+n-rs)q + (m-n-s)(1-q)]p + [mq + m(1-q)](1-p)$$
$$= (n-rs+s)pq - sp + m$$

对被审计单位的期望收益函数对其舞弊概率 p 求一阶偏导等于 0，可得：

$$(n-rs+s)q - s = 0$$

则审计人员合谋的最优概率：

$$q^* = \frac{s-n}{s-rs}$$

$$= \frac{1 - \frac{n}{s}}{1-r}$$

由此，我们可以得到以下结论：

由于 r 一定小于 1，若要保证审计人员合谋的概率 $q^* > 0$，则要满足条件 $s > n$。这是因为，审计机关和被审计单位之间本身是一种监督和被监督的关系，如果被审计单位确实存在舞弊行为的话，他向审计人员寻租就存在很大的风险性，所以被审计单位只有在其舞弊行为被发现带来的损失大于其披露虚假信息获取的收益时，即 $s > n$ 时，才会向审计人员寻求合谋，且被审计单位因舞弊被发现的损失 s 越大，其向审计人员寻求合谋的动力越高，审计合谋的概率越大。

开展财政审计，是对政府的经济工作和经济活动加以监督、评价，目的是要净化执法环境，规范行政行为，促使公共部门依法办事，防治腐败，理顺各相关政府部门关系，提高政府工作效率。从行政法律关系上看，审计机关和被审计单位是监督与被监督的关系，在被审计单位存在经济违纪的时候，审计机关的任务就是进行有效审计，杜绝腐败合谋行为，揭露被审计单位的舞弊行为，从制度上建立一套廉洁高效的政府行政服务体系。

二、财政审计的目标

(一)财政审计的总体目标

财政审计目标是财政审计工作所要达到的最终目的与要求,也是检验财政审计工作成效的标准。根据《中华人民共和国国家审计准则》的规定:审计机关的主要工作目标是通过监督被审计单位财政收支、财务收支以及有关经济活动的真实性、合法性、效益性,维护国家经济安全,推进民主法治,促进廉政建设,保障国家经济和社会健康发展。审计法对"财政收支"的界定是指依照《中华人民共和国预算法》和国家其他有关规定纳入预算管理的收入和支出,以及下列财政资金中未纳入预算管理的收入和支出:(1)行政事业性收费;(2)国有资源、国有资产收入;(3)应当上缴的国有资本经营收益;(4)政府举借债务筹措的资金;(5)其他未纳入预算管理的财政资金。

在构建财政审计大格局的理念和平台上,财政审计的总体目标是:在财政收支真实、合法、效益审计的基础上,充分发挥审计保障国家经济社会健康运行的"免疫系统"功能,维护财政安全、防范财政风险、规范财政管理、确保财政政策的有效实施、提高财政资金的绩效,为推进建立完整的政府预算体系和公共财政框架体系发挥审计的建设性作用。

主要内容包括:一是深化财政收支真实合法效益审计。严格监督预算执行过程,促进提高预算执行效果,逐步建立和健全审计结果公开制度。二是推动建立完整的政府预算体系。促进完善公共财政预算,规范和细化政府性基金预算,加快推进国有资本经营预算和社会保障。三是着力维护国家财政安全。加强对地方政府债务特别是融资平台的审计监督,及时发现问题,促进规范地方政府融资行为,防范财政风险。四是推动深化财政体制改革。促进建立财权与事权相匹配的公共财政体制和统一规范透明的财政转移支付制度,完善社会主义公共财政体系。

(二)财政审计目标的具体实现

财政审计目标规定了财政审计的基本任务,决定了审计的基本过程和应办理的审计手续。审计机关应当首先制定总体审计策略,用以确定财政审计工作的范围、时间安排和方向,以及指导制定具体审计计划。再根据审计目标实施相应的审计程序,获取审计证据,得出审计结论,最后将各项目的审计结论汇总分析,形成对财政收支的整体审计意见,并出具审计报告。

为了确保财政审计目标的实现,在财政审计的不同阶段应具体注意以下问题:(1)审计证据的真实性、正确性。考察被审计单位提供的反映其执行财政收支活动过程的财务会计资料和其他相关文件资料的真实性、正确性,查明这些资料是否如实地、恰当地反映财政收支状况和相应经济活动的真相。(2)政府行为的合法性、合规性。考察被审计单位的财务收支及其有关经济活动的合法性和合规性,借以评价其财务收支活动是否符合国家相关法律、法规的规定,防止违法、违规、违纪行为的发生。(3)财政活动的合理性、效益性。对政府财政收支活动的合理性、效益性进行审计,以评价相关公共部门主体在进行财政收支活动时对资源的配置是否符合经济、节约、便利和成本最小化原则,以防止损失、浪费的发生。(4)财政活动的社会性目标。审计的具体目标还包括审查评价政府收支活动的社会性,以评价其经济行为是否符合社会的需要与要求,符合社会整体利益的需要并为社会做出贡献。

在实践中,根据不同的财政审计类型和内容而各有侧重,具体审计目的和重点都有所不同。对预算管理部门进行审计时,主要审计财政、税务和海关等部门具体组织实施的年度预算情况和国库办理预算资金收支情况。对重点部门进行审计时,主要审计发展改革部门、国土资源部门、住建部门、教育部门等执行预算的情况和管理使用财政资金的情况。对专项财政资金进行审计,主要审计三峡工程、科教、环保、农业开发、扶贫等专项资金的管理、使用和效益情况。审计机关对财政收支的审计监督应逐步做到经常化、制度化、规范化。但是,由于我国财政审计起步较晚、审计人员的整体素质和经验有待提高,以及我国财政审计问题的复杂性和审计对象的多样性,要实现财政审计经常化需要一个长期的发展过程。

三、我国现代财政制度构建面临的挑战

推进国家治理体系和治理能力现代化是我国全面深化改革的总目标。预算是政府的财政收支计划,与国家治理存在密切的关系。Schick(1990)认为:"一个国家的治理能力在很大程度上取决于它的预算能力。"财政集中和预算监督是预算国家具有的两个基本特征(马骏、王绍光,2008)。从"领地国家"到"税收国家"再到"预算国家"是西方发达国家在发展过程中出现过的两次重要转型,成功转型为预算国家后,西方国家治理效率得到了提高。我国1994年财税体制改革以后,国家财政收入迅速增长,特别是中央财政收入增长速度比较快,在整体财政收入中占比稳步上升。2000年以来,我国以部门预算改革为中心、以支出预算管理为重点,预算改革取得了积极进展。2013年至今,增值税扩围、"三公"经费公开等改革措施陆续展开。但我国现代财政制度构建中仍然面临以下问题:

首先,预算还不够完整、预算编制不够细化、支出结构不合理、没有制定中期预算、预算执行过程中违规问题仍然大量存在、财政资金使用效率不高。2003年我国提出全口径预算的概念,此后经过多年努力,政府性基金预算、国有资本经营预算、社会保障预算逐步纳入预算体系中,我国政府预算管理朝着这一方向取得了积极进展,但尚未与一般公共预算有效衔接。以国际货币基金组织《2001年政府财政统计手册》的政府预算核算范围作为参照,我国当前政府预算规模和范围还存在一定差距,如执行率低,地方债仍然没有纳入预算管理。我国现阶段的预算编制不够细化,导致在执行过程中大量预算支出没有落实到具体项目和单位。在现行的预算体制下,科技、教育、医疗、社保等支出必须与财政收支增幅或者GDP挂钩,导致地方政府难以统筹安排财政资金。支出结构不合理,财政资金用于固定资产投资比例过高,行政机关自身支出比例过大,导致财政资金投入公共服务、社会保障部分较低。预算执行过程中仍然存在较多不规范的现象,预算在部门内的"二次分配"现象仍然在一定范围普遍存在。年底突击花钱现象在一定范围内存在,这与预算资金下达过迟、预算违规现象较多存在密切关系。没有建立跨年度预算平衡机制,目前实行的年度预算容易导致短期行为,特别容易影响重大工程等跨年度执行项目的顺利进行,年度预算由于执行时间的限制诱导了预算部门的年末突击花钱行为,降低了财政资

金使用效益。另外,受制于绩效评价机制、评价指标体系和专业人员素质等问题,绩效预算尚未大规模推广。预算透明度较低,目前公开的只是静态数据,大多只是"类"预算,比较笼统,缺乏公开预算过程制定和执行等过程的具体资料。

其次,税收征管水平有待提高,税收法定原则贯彻不到位。我国经济在过去十多年里的迅猛增长、1994 年的财税体制改革、税收征管水平的不断提高,使得我国财政收入快速增长,财政收入占 GDP 比重逐年攀升。三期"金税"工程的陆续开展,使我国进入了以税收征管信息化、现代化带动规范化的阶段。2003 年以来我国税收征管实践中开始注重强化管理,提出了税收征管科学化和精细化的要求,不断强化税源管理,深化税收服务。随着我国经济增长进入新常态,未来经济增速必然下降到新的合理区间,我国也必然告别财政收入高增长时代,这对税收征管提出了新的更高要求。我国税收主要来自流转税,企业税赋过重的问题比较突出,企业要求减税的呼声比较高,保持财政收入的稳定增长面临着较大的压力。我国税收计划普遍采用的基数法存在缺陷,导致税收机关在经济过热时,该收的税没有收上来,经济增速下降时,税收考核的压力导致各级税收部门倾向于征收过头税,这会加剧经济波动。我国取消了专管员"管户制",但是新的税收管理员制度尚不完善,导致纳税人偷、逃税现象增加,部分地区引税、买税现象普遍存在,滞留税款、税收罚款不入库等现象时有发生。我国"税收痛苦指数"高居全球第二,但宏观实际税赋并不明显偏高,说明我国与发达国家相比税收征管效率比较低。美国、德国等国家的国外实践也证明,国家治理水平决定了税收征管效率,治理水平高的国家税收征管效率普遍比较高。目前我国税收法定原则贯彻不到位,部分地方政府随意增加附加费。

最后,转移支付制度不够科学,无法有效缓解事权与支出责任不适应的问题。在过去三十多年里,我国经济快速发展的重要原因是较好地处理了政治集权和经济分权的关系,这是经济发展的最大动力。但与之相伴随的分税制带来财权上收,造成了负面影响。政府间纵向财力上中央政府财政收入占比过高,事权过于向地方倾斜,地方政府事权与支出责任不对称。分税制改革以后,为了缓解地方政府事权增加但是财政资金匮乏的问题,我国建立了转移支付制度。随着财政收入的不断增加,中央政府财政转移支付资金规模不断扩大,财政转移支付的结构类型和方式也不断优化,这对缩小不同地区之间财力差距发挥了重要作用。但转移支付仍然存在"专项转移支付一般化、一般转移支付专项化"的问题,而且转移支付金额的计算缺乏科学合理的计算方法,多采用基数法,这导致了部门寻租等问题。转移支付一般需要地方财政配套资金,也给地方政府带来了沉重的负担。转移支付拨付时间滞后,导致地方政府预算安排不完整,地方政府挪用专项转移支付资金现象比较普遍,这导致转移支付资金的使用效益比较低。因此,为了进一步改善我国转移支付资金使用效果,我国现行转移支付方式、转移支付体系、转移支付程序等需要完善。

四、国家审计推动现代财政制度构建的现状分析

建立与国家治理体系和治理能力现代化相匹配的现代财政制度,是我国目前正在进行的新一轮财税体制改革的基本目标。具体来说,财政收入方面,着力于优化税制结构,从逐步提高直接税比重入手;财政支出方面,支出规模稳定,支出结构要向民生领域支出

倾斜;预算管理方面,要把"全口径"预算管理落实到位(高培勇,2014)。目前财税体制改革时间紧、任务重,如何有效落实财税体制改革工作需要相关部门的密切配合。国家审计发挥自身优势推动现代财政制度构建,这是国家审计发挥国家治理"免疫系统"功能的主要途径。部门预算概念的推出以及随后的很多预算改革措施都与国家审计存在密切关系。

审计工作报告围绕党和国家工作中心,以中央预算执行为主线,推动财政管理制度和预算改革不断深化(肖振东、吕博,2013)。我国于2003年建立审计公告制度,审计报告公开使得被审计出各种问题的部门压力增大,改善了预算执行审计效果。总体来说,国家审计服务财税体制改革的范围不断拓展,但目前还存在以下问题:

首先,尚未形成以预算执行审计为主体、各专业审计协同配合的较为完善的财政审计大格局,绩效审计发展滞后。2013年,审计署共组织审计了707个单位,促进财政增收节支和挽回损失等审计成果超过2700亿元,查处了大量违规违纪问题,并有大量案件移送,对预算执行发挥着重要的监督作用,有效发挥了震慑作用。但被审计单位对预算执行审计中审计出来的违规问题整改不彻底,存在屡审屡犯的问题。预算执行审计本来是抑制预算机会主义行为的一种制度安排,如果审计处罚没有力度则可能诱导预算机会主义行为(宋达、郑石桥,2014)。我国当前预算审计方式仍然以合规审计为主,审计机关披露的信息以合规审计为主,缺乏绩效审计结果,审计工作报告中相关针对性建议不多。绩效审计虽然已经快速发展,但与促进预算绩效提高的内在要求相比仍然严重不足。这一方面与我国预算管理中没有有效推行绩效预算有关,也与我国审计机关缺乏绩效审计所需要的资源、技术条件和审计能力有关。全国只有九万多名审计人员,与庞大的财政资金和众多的被审计单位相比,审计资源极其有限,财政审计没有实现审计全覆盖,部分单位接受审计监督的时间间隔长,审计监督作用不能充分发挥。

其次,税收征管审计取得了积极进展,但不能适应财税体制改革要求。审计署2004年对企业税收征管情况进行了审计调查,分析了增值税优惠政策存在的缺陷;审计署2009年对税收征管情况进行过审计调查,发现了税收征管中存在的优惠政策、消费税制设计等问题。此外审计署进行的收费公路审计调查、开发区财税政策优惠审计调查都取得了良好的社会反响。2008年美国的次贷危机给我国的经济发展带来了严重负面影响,我国审计机关通过税收审计,揭示了税收优惠政策与国家产业政策的不协调、消费税率偏低、所得税核定征收自由裁量权过大等问题,这为我国成功应对金融危机做出了积极贡献(罗涛等,2010)。税收征管审计涉及内容多,随着我国2013年新修订的《税收征收管理法》的实施,税收征管模式相应发生了变化,财政审计应该关注税源管理,拓展视野。与预算执行审计相比,目前税收征管审计投入审计资源相对较少。税收征管审计对税收征管存在的微观问题关注比较多,对财政收入全局问题考虑比较少,对税制结构、税收征管模式等基础性制度关注比较少,形成的高层次、全局性的审计成果较少。

最后,财政审计对转移支付资金审计监督力度不够。转移支付资金具有来源渠道多、资金链条比较长、使用分散的特点。因此,转移支付资金中间可能被挤占挪用的环节比较多。许多转移支付资金的使用地点在基层,必须进行延伸审计才能查清资金实际使用效果。由于目前基层审计人员少、审计项目多、业务经费不能得到足够保障等因素的限制,对转移支付资金的审计监督力度不够。在转移支付资金审计中目前比较重视合规性审计，对转移支付项目资金的绩效考评重视不够，较少考虑转移支付项目存在的合理性。财政审计将视野局限于着重反映个别突出问题，忽略了对财政支出总体状况的审计与评价，缺乏对中央和地方财权事权匹配问题的深入分析，这与对现代财政制度构建认识不到位、缺乏宏观政策意识有关，对审计结果的运用不够，没有利用审计机关涉及面广的优势加强制度层面的分析。在转移支付资金审计过程中没有做到微观审计与宏观分析相结合，认真研究转移支付项目合并的可能性。因此，目前的转移资金审计结果无法为财政的长期持续发展和国家转移资金政策调整提供更多高层次的政策建议。

第三节 财政审计的程序

审计程序是审计机构及其审计人员在审计过程中自始至终必须遵循的工作步骤和操作规程。我国财政审计程序通常包括编制年度审计项目计划、审计实施和审计终结三个阶段。必要的时候，对于审计整改情况还需要采取后续审计。

一、审计计划阶段

编制年度审计项目计划应当服务大局，围绕政府工作中心，突出审计工作重点，合理安排审计资源，防止不必要的重复审计。

审计机关应当根据法律、法规和国家其他有规定，按照本级人民政府和上级审计机关的要求，确定年度审计工作重点，编制年度审计项目计划。审计机关年度审计项目计划的内容主要包括：(1)审计项目名称；(2)审计目标，即实施审计项目预期要完成的工作任务和结果；(3)审计范围，即审计项目设计的具体单位、事项和所属期间；(4)审计重点；(5)审计项目组织和实施单位；(6)审计资源。编制年度审计项目计划时应当服务大局，围绕政府工作中心，要贯彻"全面审计、突出重点"的方针，突出审计工作重点，抓住重点领域、重点项目、重点部门和重点资金，合理安排审计资源，充分关注财政收支的完整性、合理性、效益性，避免不必要的重复审计。

审计机关按照以下步骤编制年度审计项目计划：(1)调查审计需求，初步选择审计项目。(2)对初选审计项目进行可行性研究，确定备选审计项目及其优先顺序。(3)评估审计机关可用审计资源，确定审计项目，编制年度审计项目计划。审计机关应根据审计需要从以下方面调查审计需求，初步选择审计项目：①国家和地区财政收支、财务收支以及有关经济活动情况；②政府工作中心；③本级政府行政首长和相关领导机关对审计工作的要求；④上级审计机关安排或者授权审计的事项；⑤有关部门委托或者提请审计机关审计的事项；⑥群众举报、公众关注的事项；⑦经分析相关数据认为应当列入审计的审计目标、审计范围、审计重点和其他重要事项。

年度审计项目计划确定审计机关统一组织多个审计组共同实施一个审计项目或者分别实施同一类审计项目的，审计机关业务部门应当编制审计工作方案。审计工作方案由审计机关业务部门具体负责编制,报审计机关分管领导批准,并下达到具体承担审计任务的下级审计机关或者审计组实施。编制审计工作方案,应当在调查审计需求、进行可行性研究的基础上,开展进一步调查,对审计目标、范围、重点和项目组织实施等进行确定,并在年度审计项目计划确定的实施审计起始时间之前,下达到审计项目实施单位。

审计机关在调查审计需求和可行性研究过程中,从以下方面对初选审计项目进行评估,以确定备选审计项目及其优先顺序:(1)项目重要程度。评估项目在国家经济和社会发展中的重要性、政府行政首长和相关领导机关及公众关注程度、资金和资产规模等。(2)项目风险水平,评估项目规模、管理和控制状况等。(3)审计预期效果。(4)审计频率和覆盖面。(5)项目对审计资源的要求。如果是必选审计项目,如法律法规规定每年应当审计的项目、本级政府行政首长和相关领导机关要求审计的项目、上级审计机关安排或者授权的审计项目,可以不进行可行性研究。上级审计机关应当指导下级审计机关编制年度审计项目计划,提出下级审计机关重点审计领域或者审计项目安排的指导意见。审计机关根据项目评估结果,确定年度审计项目计划,并将年度审计项目计划报经本级政府行政首长批准并向上一级审计机关报告。年度审计项目计划一经下达,审计项目组织和实施单位应当确保完成,不得擅自变更。

上级审计机关直接审计下级审计机关审计管辖范围内的重大审计事项,应当列入上级审计机关年度审计项目计划,并及时通知下级审计机关。上级审计机关可以依法将其审计管辖范围内的审计事项,授权下级审计机关进行审计。对于上级审计机关审计管辖范围内的审计事项,下级审计机关也可以提出授权申请,报由上级审计机关审批。获得授权的审计机关应当将授权的审计事项列入年度审计项目计划。调查审计需求、进行可行性研究和确定备选审计项目,以业务部门或者派出机构为主实施;备选审计项目排序、配置审计资源和编制年度审计项目计划草案,以计划管理部门为主实施。

二、审计实施阶段

审计实施阶段是审计组从编制审计实施方案、下达审计通知书、进驻被审计单位开始审计工作到问题基本查清、落实、取证完毕,离开被审计单位的过程;是将审计方案付诸实施并取得效果,完成审计任务的关键阶段。审计实施主要包括编制审计实施方案,测试并评价内部控制,进行实质性测试,取得审计证据,进行审计判断,编制审计工作底稿和进行审计评价等。审计人员实施审计时,应当持续关注已做出的重要判断和对存在重要问题可能性的评估是否恰当,及时做出修正,并调整审计应对措施。

(一)编制审计实施方案

审计机关应当根据年度审计项目计划,组成审计组,调查了解被审计单位的有关情况,编制审计方案,并在实施审计3日前,向被审计单位送达审计通知书。

审计组由审计组组长和其他成员组成,实行审计组组长负责制。审计组组长由审计机关确定,审计组组长可以根据需要在审计组成员中确定主审,主审应当履行其规定职责和审计组组长委托履行的其他职责。审计组通过调查了解被审计单位及其相关情况,评估被审计单位存在重要问题的可能性,确定审计应对措施,编制审计实施方案。审计实施方案应当将设计工作方案的审计工作目标具体化。一般审计项目的审计实施方案应当经审计组组长审定,并及时报审计机关业务部门备案。重要审计项目的审计实施方案应当报经审计机关负责人审定。

审计组编制审计实施方案,应当根据年度审计项目计划行程过程中调查审计需求、进行可行性研究的情况,开展进一步调查,对审计目标、范围、重点和项目组织实施等进行确定。审计实施方案的内容主要包括:(1)审计目标,指根据不同材质审计种类的任务,审计组办理审计项目所要完成的任务。(2)审计范围,指对被审计单位的财政收支、财务收支所属的会计期间和有关审计事项。(3)审计内容、重点及审计措施,包括实现审计目标所需实施的具体审计事项及其审计应对措施。(4)审计工作要求,包括项目审计进度安排、审计组内部重要管理事项及职责分工等。采取跟踪审计方式实施审计的,审计实施方案应当对整个跟踪审计工作做出统筹安排;专项审计调查项目的审计实施方案应当列明专项审计调查的要求。对于审计机关已经下达审计工作方案的,审计组应当按照审计工作方案的要求编制审计实施方案。

审计人员应当运用职业判断,结合适用的标准,初步分析调查了解被审计单位及其相关情况,根据可能存在问题的性质、数额及其发生的具体环境,判断其重要性。审计人员可以从以下方面调查了解被审计单位及其相关情况:(1)单位性质、组织结构;(2)职责范围或者经营范围、业务活动及其目标;(3)相关法律法规、政策及其执行情况;(4)财政财务管理体制和业务管理体制;(5)适用的业绩指标体系以及业绩评价情况;(6)是否属于信息系统设计缺陷;(7)相关情况信息系统及其电子数据情况;(8)经济环境、行业状况及其他外部因素;(9)以往接受审计和监管及其整改情况等。

审计人员判断重要性时,可以关注以下因素:(1)是否属于涉嫌犯罪的问题;(2)是否属于法律法规和政策禁止的问题;(3)是否属于故意行为所产生的问题;(4)可能存在问题涉及的数量或者金额;(5)是否涉及政策、体制或者机制的严重缺陷;(6)是否属于信息系统设计缺陷;(7)政府行政首长和相关领导机关及公众的关注程度。审计人员实施审计时,应当根据重要性判断的结果,重点关注被审计单位可能存在的重要问题。审计组应当评估被审计单位存在重要性问题的可能性,以确定审计事项和审计应对措施。

审计机关业务部门编制的审计工作方案应当按照审计机关规定的程序审批。在年度审计项目计划确定的实施起始时间之前,下达到审计项目实施单位。审计机关应当定期检查年度审计项目计划执行情况,评估执行效果;审计项目实施单位应当向下达审计项目计划的审计机关报告计划执行情况。

(二)制发审计通知书

审计通知书是审计机关在进驻被审计单位前,书面通知被审计单位接收审计的指令性文件,是审计机关行使国家审计监督权的依据和证件。审计通知书的内容主要包括被审计单位名称、审计依据、审计范围、审计起始时间、审计组组长及其他成员名单和被审计单位配合审计工作的要求。同时,还应当向被审计单位告知审计组的审计纪律要求。采取跟踪审计方式实施审计的,审计通知书应当列明跟踪审计的具体方式和要求;专项审计调查项目的审计通知书应当列明专项审计调查的要求。

财政审计通知书应当主送被审计单位,抄报上级审计机关,抄送统计财政部门和人大常委会。审计机关向被审计单位送达审计通知书时,应附审计文书送达回证。审计人员向有关单位和个人进行调查时,应当出示审计人员的工作证和审计通知书副本。

审计机关向被审计单位送达审计通知书时,应当书面要求被审计单位法定代表人和财务主管人员就与审计事项有关的会计资料的真实、完整和其他相关情况做出承诺。在审计过程中,审计组还应当根据情况向被审计单位提出书面承诺要求。

(三)测试和评价内部控制

审计组实施审计时,应当深入调查了解被审计单位的情况,对其内部控制制度进行测试,以进一步确定审计重点、审计方法以及审计延伸的规模。必要时,可以按照规定及时修改审计方案。所谓内部控制,是指被审计单位为了保证业务活动的有效进行,保护资产的安全、完整,防止、发现、纠正错误与舞弊,保证会计资料的真实、合法、完整而制定和实施的政策与程序。控制性测试的主要目的是为了评估被审计单位内部控制的运行有效性,是否可以取得证据以支持被审计单位控制风险处于低水平的证据。审计机关内部控制测评,是指审计人员通过调查了解被审计单位内部控制的设置和运行情况,并进行相关测试,对内部控制的健全性、合理性和有效性做出评价,以确定是否依赖内部控制和实质性测试的性质、时间和重点的活动。根据《审计准则》的要求,对内部控制取得了解的程序属于必须执行的程序,而控制测试需要根据对内部控制了解的结果来判断是否需要。

如果审计人员决定不依赖某项内部控制的,可以对审计事项直接进行实质性审查。如果被审计单位规模较小、业务比较简单,审计人员也可以对审计事项直接进行实质性审查。具体来说,审计机关为取得直接证据可运用检查、监盘、观察、查询及函证、计算、分析性复核等方法,对被审计单位会计报表的真实性和财务收支的合法性进行审查,以得出审计结论。

(四)获取审计证据

审计证据是指审计人员获取的能够为审计结论提供合理基础的全部事实,包括审计人员调查了解被审计单位及其相关情况和对确定的审计事项进行审查所获取的证据。可以作为审计证据的材料主要有三类:一是与被审计单位财政收支、财务收支有关的会计凭证、会计账簿、会计报表等资料;二是与审计事项有关的法律文书、合同、协议、会议记录、往来函证、公证或者鉴定资料等;三是其他与审计事项有关的审计证据,如现金、实物、有价证券等。通过对被审计单位的文件、报表、账册、凭证和决算等资料之间的数据对比找出差异,发现可疑点,召集有关人员谈话,提出问题、剖析问题。

由于财政经济活动的连续性和复杂性,财政资金的筹集、分配、使用要经过多种渠道、多个环节才能实现,因此,有必要对于一些问题在审计时间和审计范围上进行延伸。例如,在财政决算审计中经常遇到的暂收暂付款项,多数是连年结转下来的,为了搞清资金性质和内容,就必须延伸审计到以前年度,这是在时间上的延伸审计。又如,发现某项支出按拨款数列报了决算,就必须延伸审计单位决算的会计账簿、凭证,查核财政拨款数、银行支出数、年终结余数,找出与财政决算支出数的差异情况,才能确定是否存在以拨代报、虚列支出等问题,这是在范围上的延伸审计。

(五)编写审计工作底稿

审计工作底稿主要记录审计人员依据审计实施方案执行审计措施的活动。审计工作底稿不仅是形成审计结论的依据,而且是控制和监督审计质量的基础,因此,审计工作底稿应当真实、完整地反映审计人员实施审计的全部过程,并记录与审计结论或者审计查出问题有关的所有事项,以及审计人员的专业判断及其依据。

审计工作底稿的重要内容包括:(1)被审计单位名称;(2)审计事项名称;(3)实施审计期间或者截止日期;(4)实施审计过程记录;(5)审计结论或者审计查出问题摘要及其依据;(6)索引号及页码;(7)编制人员的姓名及编制日期;(8)审核人员的姓名及复核日期;(9)其他与审计事项有关的记录和证据。

审计工作底稿记录的审计过程和结论主要包括:(1)实施审计的步骤和方法;(2)取得的审计证据的名称和来源;(3)审计认定的事实摘要;(4)得出的审计结论及其相关标准。

审计工作底稿附有的审计证据主要有:(1)与被审计单位财政收支、财务收支有关的会计凭证、会计账簿、会计报表等资料;(2)与审计事项有关的法律文书、合同、协议、会议记录、往来函证、公证或者鉴定资料等;(3)其他与审计事项有关的审计证据。

填写审计工作底稿时需要注意以下问题:

(1)逐事逐项编写,一事一稿,按具体审计事项和问题性质分别设置。

(2)内容完整、观点明确、数据准确、前后一致;相关的资料如有矛盾,应当予以鉴别和说明。

(3)相关的审计工作底稿之间应当具有清晰的勾稽关系,相互引用时应当注明索引号。

(4)应按照审计项目的性质和内容对审计工作底稿进行分类、归集、排序和分析整理。

(5)审计工作底稿应当由审计组组长在编制审计报告前进行复核,并签署复核意见。经复核审定的审计工作底稿,不得增删或修改;审计人员根据复核意见,若确有需要改动,应当另行编制审计工作底稿,并作出书面说明。

财政审计属于综合审计,问题复杂、性质各异,有的属于技术性差错,有的属于管理问题,有的属于有意违纪问题。对由于财政法规制度不完善、不健全形成的问题要慎重对待,在认真研究的基础上,向有关部门建议,修改完善法规制度。对财税管理方面的问题,要根据国家财经方针政策和有关规定,进行综合分析研究,提出改进财税管理的建议。对于钻改革和政策法规漏洞、有意违纪的问题要严格按审计依据,实事求是地确定性质,既不能加重,也不能减轻。审计工作底稿完成后,审计组负责人审阅修改后,要召集审计组全体人员开会,进行充分讨论研究。主要针对哪些问题要上审计报告,以及上报告的问题的定性是否准确,是作为违纪问题,还是作为管理问题等。存在分歧的问题要反复审慎研究,或做进一步的检查了解,直至弄清事实真相,统一认识,防止出现偏差;对一时认识不能统一的问题按首长负责制的原则予以认定,待回机关后要做详细汇报。

实例

审计工作底稿

索引号：　　　　　　　　　　单位金额：　　　　　　　　第　　页（共　　页）

被审计单位名称		
审计事项		
实施审计期间或者截止日期		
审计过程记录		
审计结论或者审计查出问题摘要及其依据		
	审计人员		编制日期	
复核意见				
	复核人员		复核日期	

三、审计终结阶段

审计终结阶段主要包括撰写审计报告，审计机关进行审计复核和审定审计报告，出具审计意见书和下达审计决定，以及其他有关审计项目的终结工作。

审计报告是审计组向派出的审计机关提交的用以反映审计情况和成果，确定审计结论的书面报告。审计报告审计机关进行审计后出具的审计报告以及专项审计调查后出具的专项审计调查报告，包括下列基本要素：(1)标题；(2)文号(审计组的审计报告不含此项)；(3)被审计单位名称；(4)审计项目名称；(5)内容；(6)审计机关名称；(7)签发日期(审计组向审计机关提交报告的日期)。

审计报告的内容主要包括：(1)审计依据，即实施审计所依据的法律法规规定。(2)实施审计的基本情况，一般包括审计范围、内容、方式和实施的起止时间。(3)被审计单位的基本情况及对其工作的简要评价。(4)审计评价意见，即审计组根据不同的审计目标，以审计认定的事实为基础，在防范审计风险的情况下，按照重要性原则从真实性、合法性、效益性方面提出审计评价意见，对审计过程中未涉及、审计证据不适当或者不充分、评价依据或者标准不明确以及超越审计职责范围的事项，审计组不得发表审计评价意见。(5)以往审计决定执行情况和审计建议采纳情况。(6)审计发现的被审计单位违反国家规定的财政收支、财务收支行为和其他重要问题的事实、原因、重要性、提出的处理处罚意见及其依据的法律法规和标准。(7)对于审计发现不属于审计职权范围的移送处理事项的事实和移送处理意见,但是涉嫌犯罪等不宜让被审计单位知悉的事项除外。(8)针对被审计单位在财政收支管理工作中存在的主要问题,根据需要提出的改进建议等。为慎重起见,审计报告应当征求被审计单位和地方政府的意见。审计期间被审计单位对审计发现的问题已经整改的,审计报告还应当包括有关整改情况。

实例

审计通报告的格式

×× 审计厅(局)

审计报告

× 审 × 报［201×］× × 号

被审计单位:××××××

审计项目:201×年度预算执行和其他财政收支情况审计

根据《审计法》第十六条规定,我厅(局)派出审计组对×××××(以下简称××)201×年度预算执行情况和其他财政收支情况进行审计。现出具如下审计报告:

一、被审计单位基本情况

×× 是省(市)财政一级预算单位,内设办公室、财务处等×个处室,所属事业单位×个,其中:财政拨款单位×个,即××、××和××;财政补贴单位×个,即××;经费自理单位×个,即××和××。人员编制××人,其中,行政编制××人、事业编制××人;实有在职人员××人,其中行政人员××人、事业编制××人。另有×个社团组织。

省(市)财政批复××201×年度预算总额××万元,其中财政拨款××万元,预算外资金××万元,事业收入、经营收入、附属单位上缴收入××万元,用事业基金弥补收支差额××万元,动用上年结余××万元。年度预算总额中,追加预算××万元,其中12月份追加预算××万元。××决算报表显示,201×年度收到财政拨款××万元、行政单位预算外资金××万元,事业收入、经营收入、附属单位上缴收入××万元,用事业基金弥补收支差额××万元,动用上年结余××万元;预算支出完成××万元;年末累计结余××万元,其中当年结余××万元。

省(市)财政批复××本级201×年度预算总额××万元,其中……

二、实施审计情况

审计组自201×年×月×日至×月×日对××201×年度预算执行情况和其他财政收支情况进行了送达审计。这次审计了××本级、所属××、××和××等×个二级预算单位,同时对××单位、××协会使用财政拨款情况进行了延伸审计。审计时限为201×年度,部分事项向以前年度进行了追溯。我们的审计是在被审计单位对其提供的与审计相关的会计资料、其他证明材料的真实性、完整性做出书面承诺的基础上进行的,我们的责任是对其提供的这些资料发表审计意见。我们实施了在当时情况下认为有必要采用的审计程序:……审计工作得到×××的积极配合,进展顺利。

三、审计评价意见

审计认定,201×年××收入××万元,净调增(减)××万元;支出××万元,净调增(减)×× 万元;上年结余×× 万元,净调增(减)×× 万元,本年结余×× 万元,净调增(减)×× 万元,净调增(减)×× 万元。

审计结果表明……

四、审计发现的主要问题及处理处罚意见

此次审计了×× 本级×× 年度预算资金×× 万元(其他资金×× 万元),查出当年违规问题金额×× 万元,管理不规范问题金额×× 万元,损失浪费问题金额×× 万元;查出以前年度违规问题×× 万元,管理不规范问题金额×× 万元,损失浪费问题金额×× 万元。审计了×× 所属单位×× 年度预算资金×× 万元(其他资金×× 万元),查出当年违规问题金额×× 万元,管理不规范问题金额×× 万元,损失浪费问题金额×× 万元。

(一)×× 本级存在的主要问题及处理处罚意见

1.×××。

2.×××。

(二)×× 所属单位存在的主要问题及处理处罚意见

1.×××。

2.×××。

……

五、审计建议

××。

审计机关(盖章)

二零一× 年× 月× 日

审计报告撰写完毕后应由审计小组负责人签章,然后送交被审计单位和当地政府征求意见。被审计单位应自收到审计报告 10 日内提出书面意见,否则视为无意见。被审计单位、被调查单位、被审计人员或者有关责任人员对征求意见的审计报告有异议的,审计组应当进一步核实,并根据核实情况对审计报告做出必要的修改。审计组应当将被审计对象的书面意见一并报送审计机关。审计机关按照审计署规定的程序对审计组的审计报告进行审议,并对被审计单位对审计组的审计报告提出的意见一并研究后,提出审计机关的审计报告;对违反国家规定的财政收支、财务收支行为,依法应当给予处理、处罚的,在法定职权范围内做出审计决定或者向有关主管机关提出处理、处罚的意见。

四、后续审计阶段

后续审计是指在审计报告发出后相隔一定时间内,审计机关为检查被审计单位对审计发现的问题和建议是否已经采取了适当的纠正行动并取得预期的效果而实施的跟踪审计。后续审计的目的是确保被审计单位针对财政审计报告中提出的审计结果采取合适的行动。《国家审计基本准则》规定:"审计机关应当自审计意见书和审计决定书送达之日起

90 日内，了解审计意见的采纳情况，监督检查审计决定的执行情况；如发现被审计单位超过 90 日未执行审计决定的，审计机关应当报告人民政府或者提请有关主管部门在法定职权范围内依法作出处理，或者向人民法院提出强制执行的申请。"为了履行报告责任，审计机关应当建立审计整改检查机制，督促被审计单位和其他有关单位根据审计结果进行整改。

审计机关主要检查或者了解事项：(1)执行审计机关做出的处理处罚决定情况。(2)对审计机关要求自行纠正事项采取措施的情况。(3)根据审计机关的审计建议采取措施的情况。(4)对审计机关移送处理事项采取措施的情况。审计机关制定的部门负责检查或者了解被审计单位和其他有关单位整改情况，以及没有整改或者没有完全整改事项的原因和建议，并向审计机关提出检查报告。审计机关既要督促被审计单位整改、汇总被审计单位整改情况，还要对被审计单位整改成效进行评估，肯定整改成效，指出存在的不足，确保审计整改工作不留尾巴。因此，审计整改不仅仅是被审计单位的工作，也是审计工作的一部分。虽然被审计单位是审计工作的主角，但是审计机关既是审计整改工作的监督者、报告者，又要充当裁判员的角色。

开展后续审计需要把握应五个重点环节：(1)了解审计结论，准确落实后续审计工作责任。开展后续审计的人员不一定就是原审计组成员，所以，在开展后续审计前，审计部门要做好审前准备，充分掌握资料，将任务分解落实到每个审计人员，为现场审计打基础。(2)检查被审计单位的审计回复，以便选择后续审计的方向和重点。对审计回复的检查主要分为三种情况：一是如果被审计单位没有在规定的整改期限内报告整改情况，要作为后续审计底稿的报告内容；二是重点检查审计回复是否充分，被审计单位整改的方法是否正确、措施是否有效、整改是否彻底；三是对审计回复中采取纠正措施的问题，看是否有未整改原因的详细说明，未整改的理由是否充分等。(3)重视已整改问题的真实性和有效性。将被审计单位实际采取的纠正措施与审计回复中所属的已经采取的措施相比较，看是否一致、实现程度如何，看是否存在言过其实、移花接木、弄虚作假的情况；对已经整改到位的，无须再做审计底稿。(4)重点审查未整改部分并分析查找原因，对症下药，督促整改；在后续审计过程中，只要是未整改到位的，都要做好审计工作底稿。(5)做好后续审计记录，提升审计质量和水平。后续审计主要工作资料来源于五个方面：一是审计人员自身产生的记录；二是对被审计单位的审计结论和审计意见等结论性资料；三是被审计单位以审计回复的形式产生的书面记录；四是各种检查取证资料；五是后续审计报告。

第四节　本级财政预算执行情况审计的主要内容

按照预算执行的组织结构划分，预算执行涉及财政、税务、海关、国库等部门，由于这些部门和单位在预算执行中的职责不同，在本级财政预算执行情况审计中所涉及的内容也有所不同。

一、对财政部门的审计

根据《预算法》的规定,各级政府财政部门具体编制本级预算、决算草案,具体组织本级总预算执行,提出本级预算预备费动用方案,具体编制本级预算的调整方案,定期向本级政府和上一级政府财政部门报告本级总预算的执行情况。

对财政部门的审计主要从以下几个方面入手:第一,预算批复情况。主要对财政部门向本级政府各部门批复预算情况、年终调整变化情况进行审计。第二,预算收入情况。主要对财政部门直接组织的非税收入(包括国有企业上缴利润、基本建设贷款归还收入、罚没收入、行政性收费收入、债务收入、其他收入等)的征管情况和预算收入退库情况进行审计。第三,预算支出情况。主要对本级财政部门组织的本级预算支出情况进行审计。第四,补助地方支出情况。主要对税收返还、体制补助、专项补助、结算补助和其他补助的年终决算情况进行审计。第五,预算资金平衡情况。主要对本级预算当年收支平衡和资金平衡情况进行审计。

二、对税务系统的审计

税务审计是具有法定审计权限的审计机关,依照国家法律和法规对税务机关的税收工作、财务收支和内部管理进行强制性的全面检查和监督,提出评价意见,并作出具有法定效力评判的审计活动,是一种针对税务机关工作所进行的、具有极强独立性、权威性、强制性的法定监督与评价活动。

对税务系统的审计主要有以下几个方面:第一,税收计划完成情况。主要对税务系统负责征收的各项税收征收数、国库入库数、财政部门列报数以及企业主管部门决算汇总数等进行核对分析。第二,税收政策执行。主要是审查地方政府和税务部门是否按照税法和税收政策的规定,及时、足额地组织税收收入。第三,税收征管情况。税收征管审计主要对税务部门执行《中华人民共和国税收征管管理法》(以下简称为《税收征收管理法》)及其各项税收法律、行政法规和部门规章情况进行审计。第四,税收退库情况。税收退库就是将已入库的税款从国库中退还给纳税人或有关单位的过程,主要有出口货物退税、减免退税、误收退税、汇算清缴和结算退税、提取代征代扣手续费等。对税收退库情况的审计则主要是针对税务部门执行税收退库政策及管理使用情况而进行的。

三、对海关系统的审计

海关是国家关境进出的监督管理机关,各级海关代表国家依照《中华人民共和国海关法》和有关法律、法规规定,对进出我国关境的运输工具、货物、行李物品、邮递物品和其他物品行使监督管理权力,对进出关境的货物及物品征收关税和其他税费,查缉走私。海关审计,就是审计机关对海关总署及其所属各级海关的关税和其他税费的征收管理活动,以及与税费征管有直接关系的海关监督活动进行的审计监督。

主要包括以下几个方面:第一,关税及进口环节税征管情况审计。主要审查海关对货物估价、税则归类是否正确。第二,关税及进口环节税的减免。重点审查海关批准的享受减免税政策进口的物品是否在规定的范围之内,进口物资的项目是否符合国家产业政策规定,有无主管部门的证明或批准文件,是否存在没有文件依据、随意扩大范围给予减免税优惠政策的问题。第三,保税货物监管。审计中主要涉及对加工贸易保税货物监管情况的审计、对保税区监管情况的审计、对保税仓库监管情况的审计等。

四、对国库的审计

国库审计,指审计机关依据国家法律法规和各种部门规章制度,针对国库部门办理预算资金收纳、划解和拨付的真实性、合法性进行的审计监督。主要关注以下几个方面:第一,预算收入缴纳与划分;第二,预算收入退库;第三,预算资金拨付。

第五节 税收征管审计案例分析

一、案情提要①

2005 年 6 月,G 市审计局财金科按照年初审计工作安排,在对 F 县 2004 年度的财政决算情况进行审计的同时,对该县税收征管情况进行了审计。审计发现该县在组织税收过程中,存在如下问题:

1.县财政向各乡镇下达"招商引税"任务,以支付"引税"中间人高额回扣和降低纳税人税率、成立空壳运输公司等方式,违法组织外地交通运输营业税税源计 2271 万元;组织外地建筑安装的营业税、所得税等税源合计 581 万元。

2."借税"入库,虚构税收收入。审计组通过对银行入库的资金走向查询,发现该县为了完成税收计划任务,从农网改造专项资金中借款 270 万元,从平垸行洪专项资金中借款 140 万元,合计借专项资金入库税款 410 万元。向县直建筑、开发等企业预征以后年度税款约 320 万元。依然不能完成上级下达的税收任务的乡镇,年终由县财政局和地税局出面向农村信用社贷款 600 多万元,财政担保第二年年初收新税时归还贷款。

3.将中央税收收入转为地方税收收入。该县利用收取河道采砂招投标保证金在账上滞留一段时间的空隙,一方面以收抵支,另一方面将部分应缴国税的增值税,以地税、资源税的方式入库。

4.向农民摊派农村零散税收。全县除正常征收的农村税收外,另外下达 720 万元的征收任务,任务分解到乡、村,甚至到村小组组长,主要征收对象为外出务工人员。全县此项摊派征收 800 余万元,超额完成摊派征收任务的乡镇将此款截留,作为乡镇财政的预算

---

① 本案例来自江文.政府审计案例[M].北京:中国时代经济出版社,2009.

外收入(非税收入)。

考虑到虚假财政收入在中西部经济不发达地区普遍存在,审计组在充分征求被审计单位的意见,以及县审计局领导陈述的审计与财政、审计与政府的利害关系的说辞后,报经市局领导同意,正式审计报告只简单介绍该县财政收入任务繁重,县政府和财税部门通过各种途径积极组织财政收入,完成了上级下达的财政收入目标任务。

二、背景介绍

2005 年 6 月,G 市审计局财金科按照年初审计工作安排,对 F 县 2004 年度的财政决算情况进行审计。进点审计前,审计组对该县进行了为期三天的审前调查,听取 F 县分管财政的常务副县长、财政局局长、地税局局长及部分专项角度的主管部门负责人的情况汇报。审前调查结果表明:该县财政总收入实际完成数占计划数 105.32%,较上年增长 21.8%。审计组还了解到,该县不仅在预算执行方面完成年度计划,本县和上级政府以及上级主管部门下达的各项目标任务均完成甚至超目标任务完成。各部门负责人均表示,在上级党委、政府的正确领导下,在县委、县政府的英明决策下,通过各单位的共同努力,该县年年都完成上级和本级下达的各项目标任务,多次受到上级的表彰——这一点,财政局会议室的前后两面墙上满满悬挂的奖杯、奖旗可以说明。

审计组调阅了县审计局当年和前三年的本级预算执行情况的审计档案,重点询问了该县的税收增长点,并搜集资料对重要税收来源作了分析比较(见表 8-2)。

表 8-2　重点税收来源比较分析

主要税收来源	2001 年实际入库(万元)	2004 年实际入库(万元)	增长比例(%)	当年收入占比(%)	说明
建筑安装营业税	170	870	445.37	18.64	其他建筑安装营业税和个体工商业所得税
建筑安装所得税	165	957			
资源税	130	2 410	1 753	24.59	主要为砂石资源税
交通运输营业税	127	2 534	1 895	25.85	税收入库集中在几个乡镇和几家运输公司
农村零散税收	173	892	415.6	9.1	2001 年实际入库数已剔除屠宰税入库数
地税税收总收入	5 700	9 800	71		
县财政预算总收入	16 500	25 200	52		

分析得出初步结论:这三年的财政收入与税收收入的增长基本维持在一个固定的比例,而且都是国税实际征收入库的税收增长变化不大。审计组了解到,国税局的收入任务接受市国税局的指导,在当地实际税源调查的基础上确定的税收目标任务,所以每年的增长比例不大,由于税收起征点调整,有点年份还有所下调。

审前调查结束后,审计组召开进点前的内部会议,讨论制定了《审计实施方案》,重点审计县地税局和三个乡镇,如时间允许再延伸审计两三家预算执行单位。

审计实施方案的审计内部与范围:

1.2004 年度税收收入完成情况:重点审查收入完成的真实性,分析税收收入结构及税源状况。划分地税机关自身征收、各乡镇或有关单位通过各种途径征收,各乡镇或有关单位垫缴税款的情况。

2.税收政策执行情况的调查。通过对地税税收征管和稽查情况的审计,选取县花炮公司等五家重点税源或税收征管漏洞较大的企业进行税收调查。

3.对地税机关财务收支的真实性、合法性进行审计,审查其是否执行"收支两条线"和预算外资金管理规定,是否有收入或资产不入账反映的现象;审查 2002－2004 连续三年地税扣缴个人所得税和实际上缴金库情况。

三、审计过程

2005 年 6 月 17 日,赴 F 县财政决算审计组正式进点审计,按照《审计实施方案》,分派 2 人在县财政局收集与审计报告有关的数据,4 人进驻 F 县地税局,这 4 人又分为两个小组,2 人负责税收会计的审计,2 人负责地税机关经费会计的审计。审计组组长则在财政、税务部门两边跑,及时传递审计信息,做出审计决策。

3 个小组花了 3 天的时间,基本收集到了所需的审计资料。从初步掌握的审计证据来看,该县预算收入没有什么出入,负责地税局税收会计的一组审核并分析了税收会计相关报表、账本和税款入库凭证,调取了税务会计的微机数据,但难以对收入的真实性和合法性进行判断。

税收会计审计小组抽查了稽查分局、管理分局、征收分局(纳税大厅)的档案,审计发现:稽查分局有 20 余人,但稽查档案全年只有 8 份;管理分局没有设立重点税源档案,只有记载不全的税收管理台账;纳税大厅无人提供水利建设基金的征收档案、部分重点税源征缴入库资料无法从数据库中调阅;再就业扶持和招商引资税收优惠档案也很难完整全面提供。

负责地税经费会计审计的一组除了对地税机关个人应扣缴未扣缴的个人所得税 20 余万元进行了资料收集整理外,还发现该局使用行政性内部收款收据收取所属乡镇的弥补地税经费不足计 112 万元,问地税财务负责人和地税领导,解释为地税工作覆盖面广,工作量大,现有的税务经费难以维持税务工作的日常运转,这一点值得怀疑。

审计组主要针对县乡财政决算进行审计,了解乡镇的经济状况,发现不管是乡镇行政运转工作经费还是乡镇干部个人收入都比地税部门低很多,何以收入来源不足、差旅费和个人福利都难以解决的乡镇,反而要弥补收入来源充足、个人收入排在全县个人收入水平前列的地税?审计组决定改变原定的审计实施方案,提前延伸到乡镇,并通过审计走访座谈的方式,了解这一违背常理的收费背后隐藏的事实真相。

依然按照前面的分组,抽查 3 个乡镇,在对乡镇进行简短的财政财务收支情况审计后,分别与乡镇长、分管财税的领导、财政所有关人员、有关村委会的负责人,以及为数不多的乡镇所在地的企业负责人与财务人员开展座谈、走访工作。

四、发现问题及分析评述

审计组通过座谈和走访工作,发现存在以下问题:

1.县财政向各乡下达"招商引税"任务,违法组织外地交通运输营业税税源、组织外地建筑安装的营业税、所得税等税源。

这一做法,违反了《中华人民共和国预算法》第四十五条规定:预算收入征收部门,必须依照法律、行政法规的规定,及时、足额征收应征的预算收入。

2.以各种专项资金贷款和"寅吃卯粮",预征企业以后年度的税收等方式,虚增税收收入;向农民摊派农村零散税收。

这一做法,违反了《税收征收管理办法》第二十八条规定:"税务机关依照法律、行政法规的规定征收税款,不得违反法律、行政法规的规定开征、停征、多征、少征、提前征收、延缓征收或者摊派税款"。

3.将中央税收收入转为地方税收收入。

这一做法,不符合《中华人民共和国预算法》第二十三条规定:上级政府不得在预算之外调用下级政府预算的资金。下级政府不得挤占或者截留属于上级政府预算的资金。

焦点讨论:地税机关经费收归省局直管后,县级审计机关还有对其机关经费收支的监督权吗?

五、相关知识点

征税征收管理审计,是指国家审计依照国家法律、行政法规,对税务部门组织税收的真实性、合法性进行的审计监督。其中地税部门的税收征管由本级审计机关实施监督,国税部门由审计署直接监督。

税收征管审计的内容包括:税收计划完成情况、税源管理情况、税收政策执行情况、税收征管制度执行尾部、税收缴退库情况、税收报表情况实施的审计。近年来税收征管审计发现的主要问题有:税务部门为了完成税收计划任务而"寅吃卯粮"或者是有税不征;混库;招商引税,变相搞税收返还;税务部门执法犯法,运用虚开增值税发票、以费抵税等手段导致国家税款的流失。

税收征管审计的另一个部门是税务局。但由于审计管辖权的限制,情况熟悉、查找问题容易的县级审计机关却无权行使审计监督职能。而有权监督的上级审计部门因为任务繁重,人手又不够,通常都不会安排县国税局的审计。县税务局于是成了审计监督的盲区。

实际上,由于审计管理体制和政治体制改革的局限,本级预算执行情况的审计在基层审计机关并未发挥其应有的作用,主要表现在审计发现问题的内容深度、披露程度、处理力度等几个方面。

六、关于任务财政的思考

虚假财政增长会给经济社会运行带来什么样的负面影响,这是个值得探讨的问题。

(一)扭曲和粉饰了地方经济发展的真实情况,也为宏观决策提供了错误的 GDP 增长和财政收入增长的信息

在 GDP 和财政收入每年必须按一定比例增长的所谓一票否决的硬性指标的决策误导下,那些经济不发达或欠发达地区不幸卷入了"任务财政"的怪圈,一些地方错误地认为创办与发展工业是财政增长的根本途径,于是大兴招商引资项目,大批征收农用土地创办工业园区、免费供应外商厂房、提供税收政策和人力资源方面的各种优惠等,造成大量的国土资源闲置或流失、银行不良资产剧增、招商引资单位负担加重等一系列重大问题。

盲目的"招商引资"留给人们的思考是:招商引资到底有多少水分? 带来的财政效益和社会效益有多少? 国土资源丧失或私有化了多少?

(二)税收责任的错位激化了乡镇与税务机关的矛盾

法律明确规定,税收的征收管理是税务部门的职责,在经济不发达地区或欠发达地区,财政收入任务始终是个繁重的包袱,而这一沉重的包袱却直接扣在乡镇政府的头上。据了解,该县乡镇税务专管员一年很难看到过几回,税务发票统一到地税分局所在地领取或开具,税务专管员每年花几天时间给个体工商户和固定企业核定税款后,纳税人便按期到地税分局的办税大厅缴纳。

然而个体工商户和为数不多的固定企业每年收缴的税款总额不到税收任务的 40%,其他就靠乡镇政府去想办法来完成,乡镇政府面对繁重的任务无可奈何,税收任务就是政治任务。由于乡镇干部替代了税务干部的职责,而乡镇干部的个人报酬又远低于税务干部的报酬,这无形中增加了乡镇干部的怨言,同时产生了与乡镇税务机关的潜在矛盾。

任务财政是乱收费、乱集资、乱摊派治理多年却不见成效的根源所在,也是破坏经济社会运行"免疫系统"的顽疾。

思考题

1.我国财政审计的总体目标和主要任务是什么?

2.审计合谋产生的主要原因有哪些?

3.试采用不完全信息博弈过程分析审计机关与被审计单位合谋的影响因素。

4.简述财政审计的基本程序及其主要内容。

第九章　固定资产投资审计

第一节　固定资产投资审计概述

一、固定资产投资审计的概念及范围

(一)概念

固定资产投资审计是指审计机关依据国家法律、法规和政策规定,运用一定的技术和方法,对国民经济各部门固定资产投资活动以及与之相关的各项工作进行的审查、监督与评价。依据《审计法》的规定,审计机关对政府投资和以政府投资为主的建设项目的预算执行情况和决算进行审计监督,主要关注固定资产投资项目财务收支的真实性、合法性和效益性。

(二)范围

我国《审计法》规定,审计机关对政府投资和以政府投资为主的建设项目的预算执行情况和决算进行审计监督。《审计法实施条例》对政府投资和以政府投资为主的建设项目解释为:(1)全部使用预算内投资资金、专项建设基金、政府举借债务筹措的资金等财政资金的;(2)未全部使用财政资金,财政资金占项目总投资的比例超过50%,或者占项目总投资的比例在50%以下,但政府拥有项目建设、运营实际控制权的。因此,政府固定资产投资审计的范围涉及全部使用财政资金或主要使用财政资金的建设单位、施工单位、设计单位、金融部门、建设单位的主管部门等单位,这些单位在固定资产投资的建设与建设管理过程中所做的每一项工作,都是审计的内容。

二、固定资产投资审计的意义

(一)固定资产投资审计有利于促进国家建设项目加强质量管理

审计机关依法加强对国家建设项目资金使用、工程质量等情况的审计监督,同时加大对建设、施工、勘察设计、监理、设备材料供应等相关单位财务收支活动的审计力度,严肃查处各种违法违规行为,并将审计结果予以公告,有利于促进国家建设项目加强管理,提高工程质量。

(二)固定资产投资审计有利于为政府完善投资决策提供重要依据

固定资产投资对于国民经济增长具有巨大的拉动作用,但同时也极易造成经济过热,增加经济运行的系统风险,那些盲目投资、低水平重复建设的行为更是浪费社会资源,贻害无穷。固定资产投资审计可以加强对于政府投资活动的监控,通过对投资项目立项、论证过程的事前监督,阻止不合理投资项目的实施,还可以提供关于投资项目效益的重要信息,促使各级政府在投资活动中慎重行事,经济有效地使用公共资金。

(三)固定资产投资审计有利于减少损失浪费,提高投资效益

在建设项目管理中,有些项目虽然没有违反相关纪律,但执行结果却可能是低效甚至是无效的,这会给国家造成重大损失。审计机关从项目财务收支审计入手,着重查处因决策失误、管理不善等原因造成的效益低下和严重损失浪费等问题;同时,通过对投资项目预算(概算)和决算进行审计,揭露高估冒算工程造价问题,可以有效地减少损失浪费,堵住漏洞,提高投资效益。

(四)固定资产投资审计有利于完善制度,健全政策法规

通过对重点行业、重点资金和重点项目的审计,注意揭示投资决策不科学、政策法规不完善、体制和制度不健全等问题,并对审计中发现的违法违规问题,从预算管理、投资管理和建设管理体制以及运行机制等方面深入分析产生问题的主要原因,提出有针对性的审计建议,有利于完善管理制度,健全政策法规,推进社会经济的发展。

(五)固定资产投资审计有利于促进依法行政,加强廉政建设

投资领域是违法违纪问题的高发区,是很多腐败案件的源头。审计机关通过揭露违法违纪案件线索,依法移送纪检、监察和司法机关查处,同时充分发挥审计机关的优势,协助有关部门查处经济案件,有利于遏制建设领域中的腐败行为,促进廉政建设。

三、固定资产投资审计的内容

固定资产投资审计的内容包括建设项目资金筹措及使用的审计、建设项目开工前审计、建设项目在建审计和建设项目竣工决算审计。

建设项目开工前审计是指对建设项目从筹备建设到正式开工前这段时间的工作内容所进行的审计,包括建设项目资金筹集审计、投资立项审计、设计管理审计、招投标审计、合同管理审计等。

建设项目在建审计是指对建设项目从正式开工到竣工验收前的建设实施阶段的内容进行的审计,包括建设项目资金来源审计、工程管理审计、工程监理审计、工程造价审计等。

建设项目竣工决算审计是指对已完工建设项目的初步验收情况、试运行情况、合同履行情况及投资完成情况实施的审计,包括编制的竣工决算是否符合建设项目实施程序的审计、项目建设及概算执行情况的审计、交付使用资产的审计、在建工程审计等内容。

四、固定资产投资审计的特点

(一)审计内容的专业性和复杂性

固定资产投资审计涵盖投资项目管理审计、建设项目管理审计、工程价款结算审计、建设项目财务收支审计等。审计机关不仅要审计投资计划安排、预算安排是否符合国家的投资政策和公共财政政策,而且要审计项目前期工作的合规性;不仅要审计资金筹集、管理和使用情况,而且要审计项目管理情况;不仅要审计建设项目工程造价的真实性,而且要审计和评价投资效益情况。因此,审计内容涉及的领域广、跨度大、专业性强。

(二)审计过程的阶段性

一般来说,国家建设项目的建设周期较长,从一两年到十来年不等。为了及时、完整地反映国家建设项目的资金使用、建设项目管理等情况,审计机关需要分阶段对建设项目实施审计:一是项目开工前的审计;二是项目在建阶段的审计;三是项目竣工决算审计。

(三)审计对象的广泛性

国家建设项目数量多、分布广,无论是基础性项目、公益性项目,还是竞争性项目;也不论是国家重点建设项目,还是各部门或单位的一般项目,只要是以国有资产投资或融资为主的,都应当依法接受审计监督,审计对象十分广泛,涉及固定资产投资建设各领域及各种性质的单位。

第二节 建设项目开工前审计

一、建设项目开工前审计的概念及必要性

(一)建设项目开工前审计的概念

建设项目开工前审计是指对建设项目从筹备建设到正式开工前这段时间的工作内容所进行的审计,包括对建设项目前期建设程序、设计(勘察)、招投标合同、建设资金等进行的审计。具体来讲,就是审计机关对项目前期准备工作、建设资金筹集情况、建设程序、征地拆迁、施工图预算(总预算、分项预算或单项工程预算)的真实性、合法性进行的审计监督。

(二)建设项目开工前审计的必要性

建设项目实行开工前审计,是国家对投资规模进行调控的一项重要措施。为加强固定资产投资项目管理、控制投资规模、提高投资效益,固定资产投资项目实行开工前审计制度。建设项目开工前审计制度作为我国固定资产投资宏观调控的机制和有效手段,在我国已经实行了近十年的时间。越是加大和鼓励投资,开工前审计就越有必要。主要原因有:

1.可以保证建设项目的顺利实施,提高投资效益。开工前审计制度着重对建设资金的监督审查,强调资金来源的正当和落实。审计的重点是建设项目的资金是否落实和是否符合国家的有关规定。审计资金来源时发现有违规拆借资金、以银行贷款作自筹、未经批准的社会集资等,应予以纠正,资本金必须落实,且必须达到当年计划投资数的一定比例,以保证施工的连续。通过严格把关,确保了项目的建设资金。对那些无资金来源或资金来源不足、草率上马的工程,起到了控制作用,避免了投资风险和金融风险,提高了投资效益。

2.可以调节固定资产结构。投资规模与投资结构不合理是国家固定资产投资中突出的问题,建设项目开工前审计对解决此问题能起到重要作用。按照要求,开工前审计要检查项目是否符合国家的产业政策,是否存在违反国家政策的有关问题,对属于国家明令禁止的或限制发展的项目,如一些高耗能、高投入、低产出的项目应坚决出具不同意开工意见书,因此开展开工前审计就更加必要。

二、建设项目开工前审计的主要内容

(一)建设项目资金筹集的审计

建设项目的资金来源包括基建拨款、基建投资借款和外资等债务性资金、自筹资金等。其中:第一,基建拨款,由国家财政、主管部门和企事业单位拨入建设单位无偿使用的基本建设资金,由预算拨款、项目资本金、贷款贴息和专项资金组成。预算拨款是建设单位从中央或地方财政预算中取得的无偿用于基本建设的资金;项目资本金是按项目资本金制度的规定和经营性项目的需要,以国家资本金的形式拨入建设单位的基建资金;贷款贴息资金是对能源、原材料、农林、水利等基础产业使用银行贷款和开发银行应贷款项目给予的财政贴息资金;专项资金是除上述预算内基建支出外,国家财政为解决一定时期内特殊经济建设需要安排的专项基建支出,以及各部门建立的专项基金。第二,基建投资借款和外资等债务性资金,由银行借款、国家开发银行投资借款、以国家信用担保的国外贷款和借入外资组成。第三,自筹资金,由企业自筹资金和项目资本金组成。企业自筹资金是企业主管部门和企业专用基金、基建收入留成等用于基建部分的资金;项目资本金是按项目资本金制度的规定和经营性项目的需要,项目法人在项目总投资中筹集的一定比例的非负债资金。

对基建拨款的审计主要审查建设单位是否符合预算拨款的范围,建设项目是否符合国家产业政策规划的要求,建设项目是否已经纳入批准的年度基本建设计划,建设单位取得预算拨款的依据是否完备合法,有无违规挪用财政周转资金和专项资金的情况,有无违规申请、使用基建贷款贴息资金等。对基建投资借款和外资等债务性资金的审计主要审查建设单位是否符合规定的借款范围,有无偿还债务的能力,借款的依据是否真实、齐全[如项目建议书、可行性研究报告、初步设计和概(预)算文件以及年度基本建设计划等是否齐全],借款合同是否按照批准的基本建设计划、设计概算签订,借款合同的签订是否符合《中华人民共和国经济合同法》《借款合同条例》以及国家规定借款利率等法规文件的要求。对自筹资金的审计主要审查自筹基建资金项目是否纳入国家基本建设计划,审查建设单位是否存在挤占生产成本、乱摊派、乱集资的情况,有无截留应上缴利润和拖欠税款等情况。

(二)投资立项审计

投资立项审计是指对建设项目从立项、论证、批准建设到准备开工过程中决策程序的真实性、完整性进行的审查与评价。审计的主要内容包括:

1.根据项目建设特点、规模、相关机构审批权限,审查项目建议书、可行性研究报告、初步设计文件审批程序是否完整,是否按顺序进行。项目决策是否经过必选、分析、控制等过程,项目建设是否符合国家规定及发展战略。决策内容是否真实、完整,依据是否充分,是否经过专家进行全面论证。

2.审查可行性研究报告及初步设计文件是否按项目规模由相应的审批部门批复,项目实际情况与批复内容是否存在差异,未取得批复即开工的项目应查明原因,明确该项目应取得的施工许可手续是否已由相应的主管部门审批。

(三)设计(勘察)管理审计

设计(勘察)管理审计的目标主要是:审查和评价设计(勘察)环节的内部控制及风险管理的适当性、合法性和有效性;勘察、设计资料依据的充分性和可靠性;委托设计(勘察)、初步设计、施工图设计等各项管理活动的真实性、合法性和效益性。审计的主要内容包括:

1.审查设计(勘察)单位确定方式是否合法。设计(勘察)单位资质是否符合要求,是否与其签订正式的合同,是否明确规定勘察设计的基础资料、设计文件及其提供期限;是否明确规定勘察设计的工作范围、进度、质量和勘察设计文件份数;勘察设计费的计费依据、收费标准及支付方式是否符合有关规定;委托设计(勘察)的范围是否符合已报经批准的初步设计文件要求。

2.审查初步设计完成的时间及其对建设进度的影响。是否及时对初步设计进行审查,报经批准的初步设计文件是否符合经批准的可行性研究报告及估算要求,可行性研究报告未经批准不得作为编制设计概算的依据。

3.审查编制设计概算所依据的指标、定额、费率、材料(设备)的预算价格等是否现行适用,定额与取费标准的采用是否配套,定额和标准的选用是否合规,有无违反规定、高估冒算的问题,并结合项目建设地的概预算编制要求、工程造价资料、相关市场价格和造价信息、施工现场需要进行审查。总概算文件及所附整套资料是否齐全,文件中列支的各部分投资及费用是否与各单项工程数额相一致。编制说明是否将需要说明的问题均已阐述清楚,概算总表的各个部分是否完整,有无错漏。

4.审查施工图设计完成的时间及其对建设进度的影响;施工图交底、施工图会审的情况以及施工图会审后的修改情况;施工图设计的内容及施工图预算是否符合经批准的初步设计、概算的范围要求;施工图预算的编制依据是否有效、内容是否完整、数据是否准确;施工图设计文件是否规范、完整。

(四)招投标审计

为促进工程招投标的规范运作,确保国家财政性建设资金得到有效运用,防止经济活动中的无序状态和腐败行为的滋生、蔓延,审计部门应参与招投标的全过程,实行事前、事中、事后的全程同步监督,使招投标中的每一个环节都在审计部门的监督之下。招投标审计的主要内容包括：

1.招标条件的审计。审计部门对招标条件的审计：一是审计建设项目是否经有关部门批准，是否具备完整的设计文件和工程概算，是否严格按基建程序办事，投资概算是否准确，有无缺口，设计标准有无超过规定，建设项目是否列入国家投资计划；二是审计招标前的准备工作是否充分，工程场地的征用、拆迁、现场交通、供水、供电等准备工作是否完成；三是审计建设项目总投资是否落实，资金来源是否正当，建设资金是否按投资计划及时拨付到位；四是审计建设项目招标工作机构设置是否完备，内部控制是否严密，组织形式是否合规。

2.招标方式的审计。审计部门对招标方式的审计：一是关注是公开招标还是邀请招标。公开招标的招标人要在指定的报刊、电子网络或其他媒体上发布招标公告，招标公告应当载明招标人的名称、地址，招标项目的性质、数量、实施地点、时间和获得招标文件的办法，以及要求潜在投标人提供有关资质证明文件和业绩情况等内容，公告发布后应按规定时限要求及时对投标企业递交的投标文件进行登记工作；邀请招标应同时向三个以上具备承担招标能力、资质信誉好的特定法人发出招标邀请书。无论是公开招标还是邀请招标，都需要对相关的条件和资格进行详细的审查与核对。二是关注是自行办理招标事宜还是委托招标代理机构办理招标事宜。招标人若自行办理招标事宜，审查招标人是否具有编制招标文件和组织评标的能力；如果是委托代理招标事宜，需要审查委托代理机构是否具备相关资质，相应委托代理关系和操作事宜是否符合相关规定。

3.招标程序的审计。审计部门对招标程序的审计：一是审计工程招标工作中是否做到谈判、评标、决策相分离；是否坚持"谈判者不决策、决策者不谈判"的分工原则；参与标底的编制和审定人员、评标小组成员及相关当事人要接受统一安排，防止弄虚作假、"明标暗定"；不准事先组建评标小组，要在评标前采取随机抽签方法临时组建，防止贿赂评委操纵评标；对选聘的评委要进行资格审核，看是否有政治、业务素质不"达标"人员；评委平时不得对外公开自己的身份。二是审计招标单位编制的招标文件是否已经批准，是否按照规定发布招标公告或发出招标邀请书，其内容是否合规、合法，是否与招标方式的相应规定一致。三是审计招标单位出售、分发的招标文件是否符合规定要求，是否组织投标单位勘察工程现场，解答疑难问题。

4.标底的审计。标底的制定是招投标工作中非常重要的环节，也是中标与失标的主要衡量标准。因此，对标底的审计也是对招投标工作全过程审计的重要环节。对标底的审计主要包括：设计编制标底依据的招标文件、设计图纸及有关资料是否合规有效；审计工程量的计算、套用定额是否正确，是否严格按施工图和国家定额的有关规定编制，各项取费是否符合规定，取费标准是否正确；审计标底是否合理，是否控制在设计概算以内，有无提价压价、人为调整标底问题；同时，还要注意对标底的保密，不得以任何方式向他人透露已获取招标文件的潜在投标人的名称、数量以及可能影响公开竞争的有关招投标的其他情况。

5.投标单位资格的审计。审计投标单位是否具备投标资格，是否达到工程建设所要求的资质等级，是否具有良好的社会信誉和施工质量，是否拥有雄厚的技术力量和机械设备，是否具备优良的施工和安全生产记录，还要结合该投标单位近年来所承建的其他工程项目中哪些项目取得过工程质量监督部门出具的工程评定的等级证明等。要深入实际考察,防止企业靠不正当关系取得资质蒙混入围,防止借用或者骗取高资质企业名义投标现象的发生。对弄虚作假、不符合要求和不具备应有能力的单位,应取消其投标资格。

6.开标的审计。开标的审计主要是审计招标单位是否当众组织开标,有无违反规定搞暗箱操作问题;开标时是否邀请所有投标人代表参加;是否遵循由投标人或者其推选的代表检查投标文件的密封情况,或由招标人委托的公证机构检查并公证,经确认无误后,由工作人员当场拆封,宣读投标人名称、投标价格和投标文件的其他主要内容的固定流程;开标过程是否做好记录,是否存档备查;如果开标时发现投标文件破损,或授权委托书不是原件又无投标单位法人签章,是否当众宣布为废标。

7.评标的审计。评标的审计主要是审计评标过程是否坚持公开、公平、公正、科学、合理的原则,是否以招标文件为依据进行评标;评标是否由招标人依法组建的评标委员会(或评审小组)负责,评委会是否按照招标文件确定的评标标准和方法,对投标文件进行评审和比较;招标人是否授权评审小组确定中标人;评标委员会成员是否本着客观、公正的原则,遵守职业道德,防止私下接触投标人,以免透露对投标文件的评审和中标候选人的推荐情况以及与评标有关的信息。

8.定标的审计。定标的审计主要是对经评审小组按照法律程序和评标的条件与标准,研究确定的中标单位与招标人履行承包施工合同订立之前的手续办理过程的审计。定标审计的主要工作内容包括:一是审计定标的程序、方法是否合规,是否切实做到优价中标,定标价格是否符合市场行情;二是审计投标单位是否持中标通知书到招标管理部门办理审计复核、盖章及有关手续;三是审计中标单位是否在规定时间(一般为 30 日之内)按照招标文件和中标人的投标文件订立书面合同,中标人是否按规定向招标人提交履约保证金。

(五)合同管理审计

合同管理审计是指对项目建设过程中各专项合同内容、各项管理工作质量及绩效进行的审查和评价。审查的主要内容包括:

1.审查建设单位是否建立有效的合同管理制度,是否由专人负责合同的归档和保管,是否制定合同管理台账。合同管理环节的内部控制及风险管理是否适当、有效;合同管理资料是否充分、可靠;合同的签订、履行、变更、终止的程序是否真实、合法。

2.审查合同当事人的资质、履行合同的能力,合同的签订是否符合招投标程序,合同条款是否完整、合法、清晰,有无不合理的限制性条件,法律手续是否完备。审查是否存在合同变更的相关控制制度,变更程序执行的有效性及索赔处理的真实性、合理性;变更的原因以及变更对成本、工期及其他合同条款的影响的处理是否合理;有无影响合同继续生效的漏洞。

3.审查是否全面、真实地履行合同;合同履行中的差异及产生差异的原因;有无违约行为及其处理结果是否符合有关规定;合同最终的履行情况、费用及其支付情况;合同资料的归档和保管,包括合同签订、履行、跟踪监督以及合同变更、索赔等一系列资料的收集和保管是否完整。

三、建设单位需提供的相关材料

为了使建设项目开工前的审计顺利进行,建设单位需提供如下资料:项目审批文件、计划批准文件和项目分项概算、总概算;项目前期财务支出等有关资料;施工图预算(分项预算或者单项工程预算)及其编制预算;与审计相关的其他资料。

四、建设项目开工前审计应注意的问题

建设项目开工前应注意以下几个问题:(1)拟建项目未能提供批准的项目建议书、可行性研究报告及初步设计;或者资金来源不符合国家有关规定、资金未按时到位或资金不落实,审计部门可不受理其开工前审计申请。(2)经审计拟建项目审批程序和手续完备的,应出具同意办理开工手续意见书;否则应出具不同意办理开工手续意见书。(3)对拟建项目开工前审计发现的其他问题可按国家有关规定处理。(4)对于开工前审计,审计部门应集中力量,以最快的速度审完并做出结论,以便项目法人报批早日开工。(5)审计部门出具结论要实事求是、客观公正,应严格控制造价,切实核定项目工程投资总额,做到工程竣工,项目造价控制在批准的概算之内。

第三节　建设项目在建审计

一、建设项目在建审计的概念及目标

(一)建设项目在建审计的概念

在建工程是指尚未交付使用的固定资产建筑工程和安装工程,包括自营工程、出包工程、设备安装工程。建设项目在建审计是指对建设项目从正式开工到竣工验收前的建设实施阶段的工程管理、工程监理、工程造价等实施的审计。

(二)建设项目在建审计的目标

建设项目在建审计的具体审计目标包括:确定在建工程是否存在;确定在建工程是否归被审计单位所有;确定在建工程增减变动的记录是否完整;确定在建工程的年末余额是否正确;确定在建工程在会计报表上的披露是否恰当。

二、建设项目在建审计的内容

建设项目在建审计应关注工程管理、工程监理、工程造价、建设项目物资等全方位的内容,以评价建设单位是否按规定开展各项工作。

(一)建设项目资金来源、到位与使用情况审计

对建设项目资金来源、到位与使用情况审计主要审查:建设资金来源是否合法,建设资金是否落实,建设资金是否按计划及时到位,建设资金使用是否合规,有无转移、挪用和侵占建设资金问题,有无非法集资、摊派和收费问题,建设资金和生产资金是否严格区别核算,有无损失浪费问题等。

(二)工程管理审计

工程管理审计是指对建设单位在项目建设过程中的进度控制、质量控制和投资控制所进行的审查和评价。审计的主要内容包括:

1.审查建设单位工程管理有关内部控制的健全性、有效性。工程管理内部控制的健全性、有效性的审查内容包括:现场管理资料是否完整,对于设计变更、隐蔽工程、材料代用、工程质量、事故的管理是否规范,工程价款结算是否符合实际情况、手续齐全、授权明确;设计变更内容是否符合实际要求,是否符合建设项目管理程序,概算调整是否按规定程序取得主管部门批准,手续是否完备;工程管理资料是否与工程同步,资料的管理是否规范。

2.结合实际工程完成情况,审查施工合同签订的主要条款的履行情况。施工合同主要条款的履行情况的审查内容包括:对设计文件规定的承包方式、规模、工期、质量、材料消耗和取费、奖惩等项目,施工单位是否认真履约,是否存在转包或违规分包的现象,有无擅自修改工程设计的问题。检查施工组织设计和施工图纸会审工作中,对会审所提出的问题是否进行处理;有无因设计图纸拖延交付而导致的进度风险;是否按规范组织了隐蔽工程的验收,对不合格项的处理是否适当;对不合格工程和工程质量事故的原因是否进行分析,其责任划分是否明确、适当。

3.审查施工组织设计是否合理、有序。施工组织设计的审查内容包括:各项部署是否有利于工程建设进度,计划进度的制定、批准和执行情况,实际进度与项目计划进度、施工合同是否吻合,对于工期延误,应查找原因,划分责任。检查有无工程质量保证体系,施工单位是否建立了工程质量管理机构,并依据质量管理规定对施工各环节进行检查监督。

(三)工程监理审计

依据2001年1月17日实施的《建设工程监理范围和规模标准》,下列建设工程必须实行监理:国家重点建设工程;大中型公用事业工程;成片开发建设的住宅小区工程;利用外国政府或者国际组织贷款、援助资金的工程;国家规定必须实行监理的其他工程。

工程监理单位应当依法取得相应等级的资质证书,并在其资质等级许可的范围内承担工程监理业务。禁止工程监理单位超越本单位资质等级许可的范围或者以其他工程监理单位的名义承担工程监理业务;禁止工程监理单位允许其他单位或者个人以本单位的名义承担工程监理业务。

工程监理单位不得转让工程监理业务。工程监理单位与被监理工程的施工承包单位以及建筑材料、建筑构配件和设备供应单位有隶属关系或者其他利害关系的,不得承担该项建设工程的监理业务;工程监理单位应当依法法律法规以及有关技术标准、设计文件和建设工程承包合同,代表建设单位对施工质量实施监理,并对施工质量承担监理责任。

针对建设工程的监理审计,主要内容包括:

1.审查是否按《建筑法》《招投标法》的规定建立工程监理制度。

2.对监理单位的资质进行审计,审查工程监理单位是否依法取得监理资格,有无未经批准、不具备监理资格进行监理活动的行为。

3.对监理单位人员进行审查,监理人员包括总监理工程师、专业监理工程师和监理员,必要时间可配备总监理工程师代表。总监理工程师应由具有三年以上同类工程监理工作经验的人员担任;总监理工程师代表应由具有两年以上同类工程监理工作经验的人员担任;专业监理工程师由具有一年以上同类工程监理工作经验的人员担任。

4.对监理规划进行审查,其规划的编制是否符合相关法律法规的要求;规划的内容是否全面,有无遗漏;规划修改是否及时报建设单位。

5.审查有无超出批准业务范围从事工程监理活动的行为。

6.审查是否存在因监理不到位,或故意与施工、建设单位串通降低工程质量,造成工程重大损失的情况。

7.审查是否认真审核并签署开工令、停工令、复工令、付款凭证,提供监理月报、竣工资料。

8.审查是否有效地开展"三控二管一协调"工作,即投资控制、进度控制、质量控制、合同管理、信息管理、组织协调。

9.审查是否存在同体监理现象,是否转让工程监理业务。

10.审查是否存在总监理工程师未签字,但建设单位拨付工程款和进行竣工验收的行为。

(四)工程造价审计

工程造价审计是指对建设项目全部成本的真实性、合法性进行的审查和评价。工程造价审计的目标主要包括:检查工程价格结算与实际完成的投资额的真实性、合法性;检查是否存在虚列工程、套取资金、弄虚作假、高估冒算等行为。工程造价审计的主要内容包括:

1.建筑安装工程投资审计

审查施工合同价款的合法性与合理性;审核实际结算与合同价格不同的部分;审核工程量计算、单价取定及取费标准是否符合规范要求;检查工程价款结算的方式是否能合理地控制工程投资支出。

对于不同的工程类别,按合同价款的确定方式,审查建筑安装工程投资。对采用概算或预算价格作为"包干"价格方式结算的,审查是否根据实际完成的工程量套用预算定额及调整系数、地区材料预算价格、取费标准和税率进行计算;有无概算外工程费用列入,有无将预付备料款、预付工程款等未形成工程进度的支出计入投资完成额的情况;设计变更、隐蔽工程、材料代用是否符合实际要求,内容是否真实、手续是否齐全,工程量计算和费用取定是否正确,是否符合合同规定的要求。

对采用招投标确定"包干"价格进行结算的,审查招标程序是否规范,标底价格是否合理,中标合同价是否与工程结算一致,若不一致,审查不一致的原因。

对采用工程量清单计价的工程,审查工程量清单编制的准确性、完整性;计价是否符合国家清单计价规范要求的"四统一",即统一项目编码、统一项目名称、统一计量单位和统一工程量计算规则。

2.设备投资审计

设备采购审计主要关注:设备采购是否采取招标方式;购入的设备、工器具的规格型号、数量与金额是否与设计所附设备清册一致,有无计划外购买设备的情况;计入设备投资时是否已到达建设单位仓库或指定地点,并经验收合格;设备投资是否按照合同规定的价格结算;运保费的支出是否符合有关规定。

3.其他投资审计

其他投资是建设单位按项目概算内容发生的、构成基本建设实际支出的房屋购置和基本禽畜、林木购置、饲养、培育支出,以及取得各种无形资产和递延资产发生的支出,它是整个项目完成投资额的一个不可分割的组成部分。其他投资审计主要关注以下内容:

(1)建设单位管理费列支是否合理,使用是否符合会计制度规定,是否存在擅自提高标准、扩大开支范围的现象,对建设单位管理费支出超概算要查明原因。

(2)土地征用数量是否合理,有无擅自多征土地的问题,土地征用及拆迁补偿费是否按照规定的标准和范围支付,有无严重高估、弄虚作假的问题;勘察设计费是否按照国家有关规定支付,有无提高收费标准或用其他名义虚列设计费的问题。

(3)研究试验费用支出是否按照有关规定使用,有无计划外项目和应由生产单位、施工单位、勘察设计单位负担的费用混入。

(4)审查借款利息支出是否只包括计划规定的建设期内利息,有无将应由生产企业,施工企业和建设单位自有资金支出的借款利息、逾期还款的罚息、投产后利息等列入的现象。

(5)办公生活家具、器具购置支出是否控制在概算数额之内,有无利用此项投资为生产单位购置工器具的情况。

4.对交付使用资产的审计

交付使用资产是建设单位已经完成建设与购置过程,并经交接验收手续,交付给生产单位或其他使用单位的各项资产。对该资产的审计内容主要包括:第一,审查交付使用资产的交接验收手续是否完整,是否符合现行制度规定。第二,审查交付使用资产的成本计算是否正确,建设单位确定的交付使用资产成本组成是否合法,审查建设单位计算的交付使用资产的实际成本是否正确。第三,审查建设单位对交付使用资产的明细分类核算,是否按照固定资产和流动资产的类别和名称分别进行。第四,审查建设单位是否将未办理竣工交接手续而生产(使用)单位已经使用的资产,记入"交付使用资产"账户。

第四节　建设项目竣工决算审计

一、建设项目竣工决算审计的概念

竣工决算审计是指对已完工建设项目的初步验收情况、试运行情况、合同履行情况及投资完成情况的真实性、完整性和合法性进行审查和评价的活动。

开展建设项目竣工决算审计的目的是加强对政府投资的有效控制,监督项目管理者廉洁守法,杜绝违法违规行为。具体而言,有以下目的:一是对项目竣工财务决算的真实性、合法性、完整性进行审计,核定总投资、总资产及待核销资产等;二是总结经验教训,促进项目建设相关部门和单位加强财务管理和财务监督,提高资金使用效益;三是提供竣工验收的条件和批复财务决算的依据。

二、建设项目竣工决算审计的依据和建设单位应提供的相关资料

(一)建设项目竣工决算审计的依据

建设项目竣工决算审计的依据包括:国家项目建设和管理的相关法律、法规;国家有关项目建设和管理的文件规定;地方项目建设和管理的有关规定;项目立项、可行性研究、初设、调整、投资计划等相关批复文件;项目建设单位及主管部门(单位)的相关规定;与项目建设和管理有关的其他政策、文件。

(二)建设单位应提供的相关资料

为了保证建设项目竣工决算审计的顺利进行,建设单位需提供如下资料:项目审批文件、计划批准文件和项目分项概算、总概算;项目前期财务支出等有关资料;施工图预算(分项预算或者单项工程预算)及其编制预算;有关招投标文件、评标报告、合同文件;项目管理中设计工程造价的有关资料;竣工资料,包括竣工图、竣工验收报告;建设项目竣工决算报告、竣工决算报表;与竣工决算相关的其他资料。

三、建设项目竣工决算审计的内容

建设项目竣工决算审计是在建设项目财务收支的基础上,对项目交付使用资产的数量及价值情况、项目建设情况、项目结算情况、项目管理情况及概算对比情况和建设项目竣工决算说明书等内容进行的全面审计。其具体内容如下:

(一)审查决算资料的完整性

建设、施工等与建设项目相关的单位应提供的资料:(1)经批准的可行性研究报告,初步设计、投资概算、设备清单;(2)工程预算(投标报价)、结算书;(3)同级财政审批的各年度财务决算报表及竣工财务决算报表;(4)各年度下达的固定资产投资计划及调整计划;(5)各种合同及协议书;(6)已办理竣工验收的单项工程的竣工验收资料;(7)施工图、竣工图和设计变更、现场签证、施工记录;(8)建设项目设备、材料采购及入、出库资料;(9)财务会计报表、会计账簿、会计凭证及其他会计资料;(10)工程项目交点清单及财产盘点移交清单;(11)其他资料,如收尾工程、遗留问题等。

(二)审查所编制的竣工决算是否符合建设项目实施程序

审查竣工财务决算报告,有无将未经审批立项、可行性研究、初步设计等环节而自行建设的项目或不具备竣工条件的建设项目强行编制竣工决算报告的情况。

(三)审查项目建设及概算执行情况

审核项目建设是否按照批准的初步设计进行,各单位工程建设是否严格按批准的概算内容执行,有无概算外项目和提高建设标准、扩大建设规模的问题,有无重大质量事故和经济损失。

(四)审查交付使用财产情况

检查交付固定资产是否存在初验后未及时交付验收,交付手续是否齐全,交付的资产是否与入账资产及审计人员现场盘点的资产一致。关注有无虚报完成及虚列应付债务或转移建设资金等情况。审查竣工决算中所列的交付使用资产价值是否真实、准确,其构成是否合理。

(五)审查建设项目的资金来源

审查建设项目的资金来源和投资支出是否真实、合法,基本建设结余资金是否真实、准确。审核建设单位是否按照规定渠道取得基本建设资金,检查有无任意挪用其他资金和非法集资等情况;竣工决算表中所列的各项基本建设拨款或贷款额,是否反映了从开始建设起至竣工为止的累计数,历年的拨款或贷款之和是否超过核定的拨款或贷款总额。竣工决算表中所列的基本建设结余资金数额是否与竣工年度决算中的数额相符,且数字是否真实、准确;剩余的设备、材料及其他物资的处理,资金的收回是否得当;投资支出是否合理,有无扩大开支范围、提高开支标准以及贪污、受贿、索贿、铺张浪费等违纪的情况。

(六)审查在建工程

建设项目竣工时的在建工程是指建设单位已经进行施工并构成投资完成额但尚未完工又不影响投产的工程投资支出以及虽已完工但尚未交付的固定资产价值。审查“在建工程”账户是否存在属于概算外或其他建设项目的支出;是否将生产领用的备件、材料列入建设成本;是否按合同规定支付预付工程款、备料款、进度款;支付工程结算款时,是否按合同规定扣除了预付工程款、备料款和工程质量保证金;是否存在扩大开支范围、提高开支标准以及将建设资金用于集资或提供赞助而列入待摊投资的问题;是否存在以试生产为由,有意拖延不办理固定资产交付手续的问题;是否存在将生产单位发生的费用列入项目投资的问题;报废工程是否经过有关部门鉴定,并报经主管部门批准。

(七)审查建设成本节约和超支的原因

根据设计概算或基本建设投资包干指标,审查竣工项目的建设成本节约或超支的具体原因。首先将建设总成本及其构成项目的实际数分别与概算数进行比较,以审查建设总成本及其项目的节约或超支情况,然后进一步审查建设总成本及其构成项目的节约或超支的具体原因。

(八)审查转出投资、应核销投资及应核销其他支出

审查列支依据是否充分,手续是否完备,内容是否真实,核销是否合规,有无虚列投资的问题。

(九)审计结余资金

项目竣工时的结余资金包括储备资金、货币资金和结算资金。建设项目结余资金审查的要点是:审查结余资金是否真实完整,核实库存材料、设备的实际成本,审查有无转移、隐瞒、挪用库存物资,压低库存物资单价、少列结余资金的问题;核实结余的银行存款

与现金;债权债务是否已清理完毕,有无虚列往来款项、隐匿结余资金的问题;结余资金的处理是否合适,坏账损失是否严格审定,结余的资金是否按照有关规定进行了正确处理,处理物资时有无私分和营私舞弊现象。

(十)审查竣工决算报表

审查竣工决算报表是否真实、完整、合规,报表格式和表中各项目的填列是否符合规定,各表之间的勾稽关系是否正确、一致;报表中有关概算和计划的数字是否与最后批准的设计文件和计划数一致;表中所列资金来源、交付使用资产、转出投资、应核销投资和应核销其他支出等项数字是否准确。

审查竣工决算报表编制说明书反映的数据和情况是否真实、准确,有无决算反映失实的问题,包括项目建设的依据、初步设计预算批准的日期、资金来源和占用情况等。

思考题

1.简述我国固定资产投资审计的范围。
2.简要回答设备投资、建筑安装工程投资、交付使用资产审计的要点。
3.简要回答招投标审计、合同管理审计的要点。
4.简要回答工程造价审计、工程管理审计、工程监理审计的要点。
5.简要回答建设项目竣工决算审计的要点。

第十章　金融审计

第一节　金融审计概述

一、金融的含义

金融就是资金的融通。金融是货币流通和信用活动以及与之相联系的经济活动的总称。广义的金融泛指一切与信用货币的发行、保管、兑换、结算、融通有关的经济活动,甚至包括金银的买卖。狭义的金融专指信用货币的融通。

金融的内容可概括为货币的发行与回笼,存款的吸收与支出,贷款的发放与回收,金银、外汇的买卖,有价证券的发行与转让,保险、信托、国内、国际货币结算等。

二、金融审计的含义及任务

金融审计,是指审计机关对国家金融机构财务收支的真实性、合法性和效益性进行审计监督的一种经济监督活动,主要是对国家金融机构执行信贷计划、财务计划以及财务收支有关的各项经济活动及其经济效益等进行的审计监督。金融审计是我国政府审计的主要组成部分,在国家金融监督体系中处于非常重要的地位,在维护金融安全、防范金融风险、强化金融管理、打击金融领域的违法犯罪活动等方面发挥着重要的作用。

金融审计的主要任务是依法加强对金融机构的审计监督,揭示金融机构资产、负债、损益的真实情况,揭露和纠正违规违法从事金融业务活动行为,促进金融机构加强管理、健全制度、依法合规经营、提高经济效益,为深化金融改革、稳定金融秩序、防范和化解金融风险、保障国民经济健康发展服务。

三、金融审计的对象、目标和主要内容

(一)金融审计的对象

我国《宪法》规定:"国务院设立审计机关,对国务院各部门和地方各级政府财政收支,

对国家财政金融机构和企事业组织的财务收支,进行审计监督。"

按照《审计法》的具体要求,金融审计是对中央银行的财务收支、银监会等监管机关预算执行情况、国有和国有资本占控股或者主导地位的金融机构的资产、负债和损益进行的审计监督。本章根据金融机构的特性及目前审计的实际状况,重点介绍中央银行、国有商业银行、证券公司、保险公司审计。对金融监管机关的审计是国家预算执行审计的一部分,其审计的目标、内容和方法与预算执行审计相同;政策性银行、信托投资公司审计的目标、内容和方法与商业银行及证券公司等金融企业审计有相似之处,故不再赘述。

（二）金融审计的目标

金融审计的总体目标,是通过对国有金融机构的财务收支以及资产、负债、损益的真实、合法、效益的审计监督,促进防范风险、提高效益、规范管理等目标的实现,推进建立安全高效稳健的金融运行机制,促进金融监管机构依法履行职责。

按照金融审计的总体目标,结合金融企业的特点和市场运行环境,国有商业银行等金融企业审计的具体目标可确定为以下八个方面:

1.真实性,指金融企业各项业务所形成的、列示于资产负债表中的各项资产、负债、所有者权益以及有关表外科目在资产负债表日确实存在,列示于利润表的各项收入和支出在会计期间内确实发生。

2.完整性,指金融企业发生的所有业务均已按规定记入有关账簿并列入财务会计报告。

3.正确性,指金融企业各项业务均已正确地记入相关账户,业务交易金额和账户余额记录正确。

4.所有权,指金融企业各项业务所形成的、列示于资产负债表中的各项资产确实为企业所有,各项负债确实为企业所欠。

5.合法性,指金融企业各项业务活动符合法律法规的要求。

6.计价,指金融企业各项业务所形成的各项资产、负债、所有者权益、收入和支出等要素均已按适当方法进行估价和计量,列入财务会计报告的金额正确。

7.截止,指金融企业各项业务均按规定正确地记录于恰当的会计期间。

8.分类与披露,指金融企业各项业务所形成的、列示于财务会计报告上的各要素均已被适当地加以分类,财务会计报告恰当地反映了账户余额或发生额,披露了所有应该披露的信息。

（三）金融审计的主要内容

按照《审计法》和《审计署"十二五"审计工作发展规划》的要求,并结合当前我国金融业发展的实际状况,金融审计的主要内容为以下五个方面:

1.检查资产质量。核实金融企业资产质量的真实性,揭露掩盖不良资产的各种手法,评价资产质量,对新增的不良款项应分析原因、明确责任,有针对性地提出改进意见。

2.检查业务经营合规性。对各项业务流程进行内部控制调查和测试,评价信用评级、统一授信、贷款发放、责任追究等各项内部控制的健全性和有效性,注意发现管理漏洞和薄弱环节,并提出完善、改进和加强管理的具体建议;全面审核新发生业务的合规性,重点揭露有无违反业务操作程序,如违规放贷、内外勾结诈骗金融企业资金;对形成的不良资产,应查明原因、明确责任;检查银行各类业务的风险性,重点揭示金融企业潜在财务风险,对各类业务的现实及潜在风险进行分析,从制度上和管理上提出防范和规避风险的建议。

3.检查盈亏真实性。重点检查计息是否准确,呆账核销是否真实,有无人为调整盈亏;是否存在截留转移收入,挤占挪用资金,序列支出以及私设"小金库"等问题;检查固定资产的真实性,核实以前年度账外购置固定资产的清理纠正情况。

4.检查重大经营决策。审查重大经营决策的程序及结果,重点检查银行内部人员,尤其是主要领导有无违反程序或因决策失误造成重大损失浪费的问题。

5.揭露重大违法违纪案件线索。对被审计单位及个人严重违反《中华人民共和国会计法》等财经法规,情节严重、性质恶劣的;对违反经营、严重渎职等造成重大损失或浪费的;对挪用、侵吞、私分国有资产,涉嫌贪污、受贿的;对以各种方式骗取金融企业资金的,应作为重点内容查深、查透、查实。通过落实责任人,及时移送司法机关,打击金融领域的违法犯罪活动,促进廉政建设。

(四)金融审计与金融监管的主要区别

首先,与金融监管按照不同领域分别进行监管相比,金融审计的综合性较强,更便于实现跨业穿透和对风险的综合研判;其次,金融审计具有对金融监管开展再监督的性质,不仅审计金融机构的财务收支、业务经营活动等,还会对金融管理部门履行监管职责的情况进行监督;再次,金融审计独立性较强,审计机关对金融机构的监督职责,是依据《宪法》规定独立行使的监督权,与金融机构没有管理与被管理的关系,因而更具独立性。

四、金融业务发展对金融审计的影响

与一般企业审计相比,除业务内容的不同之外,金融审计还受到金融业务以下特征的影响:

1.金融业务综合化。我国金融业务的综合化经营,主要是指商业银行不仅能经营传统业务,还能经营原属于证券、投资银行、保险、信托公司的业务,以及衍生金融业务。传统的金融业务经营内容出现了交叉,业务界限逐渐模糊,这种金融交易结构的复杂化,使金融活动的透明度降低,增大了审计风险。

2.金融活动国际化。金融活动国际化是经济全球化在金融领域的表现。信息、交通技术的发展,使一国金融活动越出国界与世界各国金融业务融合在一起成为现实。这就要求金融审计人员不仅要了解国内的有关情况,对国际形势也应有清醒的认识。

3.金融交易电子化。目前我国银行以网络为基础,在本系统内能够为客户提供跨行、跨地区的金融服务;证券行业经营机构已全部实现了计算机网络化运营。这对从事金融审计的人员提出了比较高的计算机水平要求,必要时还需借助专家的帮助。

4.金融产品多样化。过去的几十年是环球金融市场借助信息技术急速扩张的阶段,另外全球贸易自由化的趋势和现实也使金融业在世界范围的竞争达到白热化。商业银行业务除了传统的存贷业务外,一些新的金融产品,包括新形势的衍生产品,如掉期合约、风险转移产品、资产抵押证券、外汇交易基金等纷纷登场,某些创新产品甚至成为金融市场的新兴主流金融工具。金融创新对金融审计的技术和方法提出了更高的要求。

5.金融服务个性化。当社会财富积累和经济全球化发展到了一定程度之后,企业和居民需要通过个性化金融服务实现资产保值增值,规避市场风险。这就要求金融审计在应对不同的业务时采取更有针对性的审计操作。

第二节　中央银行审计

一、中央银行审计概述

中央银行审计是指政府审计机关,以国家的法律法规、制度为准绳,依据大量的会计和统计资料,运用审计原理和技术,对中央银行财务收支和相关经济活动的真实性、合法性和效益性进行检查、评价和鉴证。将来的审计重点还将发展为对人民银行财务收支行为、履行央行职能的经济效益和社会效益进行指标测评,提出提高效益的办法。

(一)对中央银行审计的依据和方法

1.对中央银行的审计依据

(1)《中华人民共和国中国人民银行法》第四十条的规定:中国人民银行的财务收支和会计事务,应当执行法律、行政法规和国家统一的财务、会计制度,接受国务院审计机关和财政部门依法分别进行审计和监督。

(2)《审计法》第十八条的规定:审计署对中央银行的财务收支进行审计监督。中国人民银行及其分支机构都属于我国最高审计机关即审计署的审计对象,不可授权下级审计机关审计,必须由审计署统一组织对中央银行的审计监督工作,审计工作由审计署及其派出机构具体实施。

(3)由于中央银行财务是国家财政预算的一部分,开展中央银行财务收支审计,应当根据《预算法》、《中华人民共和国会计法》和相关会计准则的规定检查其会计账务处理的正确性以及财务收支的合法性、合规性。

(4)开展中央银行财务收支审计,还应当依据《审计法实施条例》以及中央银行为了履行宏观调控职能所制定的一系列相关规定和办法进行科学决策,重视内部管理,提高管理效率,从而完善中央银行的内部制约机制。

2.对中央银行审计的方法

审计署对中央银行财务收支进行审计监督,主要采取行业审计的方式对重要审计事项进行专项审计。实施审计时,以抽样审计为主,并运用计算机辅助审计技术。对中央银行审计常用的基本方法包括基本审计方法和专门的技术方法。

(1)基本审计方法。从账户入手审计是中央银行审计取证的主要方法之一,是其他审计方法有效实施的前提。总结我国近年审计工作经验,账户入手审计方法是审计的基础方法。账户入手审计,一般是指审计机关以中央银行的账户为起点,查证相应的会计科目,监督财政、财务收支真实性、合法性和效益性的审计活动。它既是审计监督的重要内容,又是我国审计工作的基础方法。从账户入手审计,有利于查清被审计单位资金的来龙去脉,有利于进行全面、系统的审计监督。中央银行是管理金融的国家机关,是特殊的银行,其货币结算、资金调拨等不单纯反映在银行存款账户中,相当一部分资金活动还反映在往来账户中。因此,对中央银行自身行政经费审计和对其所属的企事业单位财务收支的审计,从银行存款账户入手,可以完全掌握资金总体情况。但对中央银行业务和支出的审计,必须同时注意从往来账户入手,特别是对联行往来和金融机构往来账户进行重点审计,才能够全面掌握资金运动的总体情况。联行往来是指同一银行内所属各行之间的资金账务往来。联行往来账户集中反映了银行办理货币结算和资金调拨的全过程。金融机构往来,是指各银行跨系统的资金划拨、款项汇划以及办理货币结算而相互代收、代付款项所发生的资金账户往来。中央银行金融机构往来账户反映金融机构与中央银行存贷资金及利息收付等资金往来。

(2)专门的技术方法。专门的技术方法可分为内部控制测评、实质性测试、审计专项调查、计算机审计方法等取证方法。内部控制测评,是对中央银行的内部控制进行调查、测试和评价。它的基本步骤包括调查和描述中央银行内部控制、初步评价内部控制情况、内部控制测试、最终评价内部控制。实质性测试时对中央银行各项业务及其所影响的财务报告项目余额进行的详细检查和分析性复核。实质性测试中一般使用抽样审计方法。专项审计调查是指审计机关通过审计方法对中央银行财务收支活动有关的特定事项进行的专门调查。计算机审计方法,是利用计算机技术对电算化会计核算系统进行检查。计算机审计方法又分为:第一,绕过计算机审计。绕过计算机审计是指审计人员用传统的手工方式对计算机系统的输入与输出结果进行审计,判断其处理过程的正确性。第二,对计算机信息系统进行审计。计算机信息系统审计主要有数据检验技术和平行模拟技术。对计算机信息系统进行审计,重点强调对计算机数据处理过程内部控制的审计。第三,计算机辅助审计技术。计算机辅助审计技术是指以计算机为工具完成某些审计工作的方法。计算机辅助审计技术主要有通用审计软件、嵌入审计模块技术、审计管理和作业自动化技术等。第四,网络审计技术。网络审计技术是指利用网络技术将中央银行的会计信息数据与审计机关的网上审计中心联结起来,通过审计软件对这些财务信息数据实施网上实时审计,包括对计算机网络系统及环境的审计以及利用计算机网络进行辅助审计。

(二)中央银行审计的主要内容

审计署对中央银行审计监督的内容有:一是审查在金融业务活动中发生的各项财务收支及结果的真实性、合法性和效益性;二是审查中央银行每个会计年度是否将其他收入减除该年度支出,按照国家核定的比例提取总准备金后的净利润全部上缴中央财政。

1.中央银行财务收支情况的审计

中国人民银行实行独立的财务预算管理制度,其预算经国务院财政部门审核后,纳入中央预算,成为国家预算的重要组成部分。《审计法》规定:审计署对中央银行的财务收支进行审计监督。《审计法实施条例》规定:审计署向国务院总理提出的中央预算执行情况审计结果报告,应当包括中央银行财务收支情况。按照法律赋予的职责,审计署每年应当组织力量对中央银行预算执行情况进行审计。审计对象主要包括中国人民银行总行机关(含国家外汇管理局)和一、二级分行及其支行。审计的主要内容包括:

(1)按照财政部批准的财务收支计划向所属分支机构批复财务收支计划的情况、财务收支计划执行中调整的情况和财务收支变化情况。审查中央银行是否按照财政部批准的财务收支计划层层下达,是否存在超额度下达计划等问题。

(2)审查会计资料的真实性。通过对中央银行会计凭证、账簿、报表情况的审查,确认会计资料是否真实,有无在系统预算之外设立的财务收支账户。

(3)审查中央银行各项财务收入的完整性。审查各项业务收入和各项利息收入的计算、反映以及入账情况,利息收入的计算是否准确无误,有无截留、少列收入等问题。

(4)审查中央银行各项财务支出的合规性。审查各项利息支出的计息范围、利率和按实列支情况,各项业务支出标准,各项管理费用的开支范围和提取标准,各专项支出在限额内使用和专款专用情况,是否有以预提、摊销等名义虚列支出的情况以及是否有向所属或被监管单位集资、摊销费用和虚列支出的情况。

(5)审查其所属事业单位年终利润并入财务决算情况。

(6)审查中央银行系统汇总决算反映的财务收支计划执行情况时,重点审查预算收入是否完成计划,预算支出是否控制在财务支出计划限额内,以及盈利解缴或亏损拨补、总准备金提取和使用情况等。

2.内部管理与内部控制情况测评

审查中央银行内部控制和内部管理控制程序的健全性、相关性、制约性和有效性,以及各项内部控制执行情况。

3.其他财务收支情况的审计

主要审查中国人民银行(含国家外汇管理局)系统专项贷款、专项资金或基金的财务收支情况以及中央银行所属的事业单位的财务收支情况及所属的企业(含挂靠的企业单位和企业化管理的事业单位),如中国印钞造币总公司和中国金币总公司的各项资产形成和运用,各项负债形成和偿付以及由此产生的财务收支情况。

二、财务计划审计

财务计划审计主要是通过审查财政机关批准的年度财务计划和调整财务计划的批件、对本级和各分支行核批的年度财务计划和调整财务计划的批件、汇总后的本级年度财务报告等资料,审查财务计划的编制是否符合财务制度的要求,内容是否完整,依据是否可靠,程序是否规范,财务计划的考核是否严格,是否发挥了计划的指导与促进作用。

中国人民银行财务收支计划是以货币形式对一定时期内财务活动引起的财务收入与支出以及财务成果等进行的规划。按照预算管理制度的要求,中国人民银行各级支行每年要编制财务收支计划,并逐级上报,由总行汇总报财政部批准后层层分解落实,并按计划进行控制管理。财务收支计划作为全行业业务经营计划的重要组成部分,是财务预算管理的重要内容之一,是考核全行财务收支的主要依据;同时也是对中央银行进行财务审计的主要内容。财务收支计划是综合性计划,应当根据信贷收支计划、存贷款利率、机构人员、费用开支增减变化,并参照以往各项收支规律进行编制。审计财务计划编制时,应从计划编制的内容是否齐全、计划编制的依据是否可靠两个方面进行重点审计。

(一)审计财务收支计划内容是否完整

中国人民银行财务收支计划主要内容应当包括两部分:财务收入和财务支出。财务收入包括利息收入和业务收入。财务支出包括利息支出、业务支出、管理费用、专项支出和其他支出。以上收支相抵后为利润或亏损。审计财务收支计划应当对计划的内容逐项核实,检查有无遗漏的项目或是否列入了不应列入的内容。

(二)审计财务收支计划编制的依据是否真实

编制财务收支计划应体现中国人民银行的业务特点,按照既保证业务发展需要,又节约费用开支的原则,根据年度信贷收支计划、各项业务需求、机构人员和费用开支标准等情况,参照上年财务收支规律,考虑物价调整及其他政策性因素,采取预测、计算等方式,按会计科目、账户及使用说明逐项编制。其中各项利息收入和支出是财务收支计划的主体,对整个计划的实现具有决定作用,因此审查各项利息收入必须以当年信贷收支计划、存贷款计划、利率档次为依据,确保数据可靠。此外,各项费用开支是财务计划的重点内容,它关系到财经纪律的执行和成本核算,应当从机构人员变化、业务范围变化、费用开支范围和标准等方面检查各项费用是否符合制度规定,各项税金及其他支出是否按财经法规正确编制。

三、财务收入审计

中国人民银行财务收入包括利息收入和业务收入两大部分。财务收入的管理要求是:(1)各项贷款必须按照央行规定的利率计收利息,不准擅自调高或调低利率以达到增加或减少利息收入的目的。低息和贴息贷款利差,除国务院批准由中国人民银行补贴的项目外,实行谁批准、谁补贴的办法,各级行不得自行增加低息、贴息项目。(2)各级行的财务收入要严格按照国家政策和有关规定准确计算,认真核实,真实反映。按规定收取的各项收入,应全部列入有关科目核算,不得截留或挪作他用。(3)财务收入发生多收或少收时,应由有关人员提出依据,经会计主管人员审核批准,从有关账户退还或补收。各项财务收入发生后,根据其内容正确使用有关账户,会计分录应当为贷方记入利息收入(或业务收入)。

财务收入的审计主要是以会计凭证、账簿、报表为依据,根据存贷利率和财务制度的有关规定,审查各项收入是否完整、真实、正确。审查核算手续是否严密,账务处理是否正确,内部控制是否健全,有无管理不严、账务不清、计算错误,漏收、少收利息收入或业务收入等情况。有无转移财务收入、故意不进账或弄虚作假甚至营私舞弊等影响财务收入的违法行为。

(一)利息收入的审计

利息收入是指以资产存在的各类资金按国家规定的利率计收的利息,包括金融机构再贷款利息收入、再贴现利息收入、邮政汇兑资金往来利息收入和其他利息收入等。

1.再贷款业务审计

再贷款是中央银行向商业银行和政策性银行发放的贷款,也是中央银行运用基础货币向商业银行和政策性银行以多种方式融通资金的总称。包括年度再贷款、短期再贷款和再贴现等。

再贷款业务审计的主要内容包括:再贷款总量的确定与分配情况,审批权限管理、限额控制,审批、发放、收回程序。

(1)对总行再贷款总量的确定与分配情况进行审计时,核对"再贷款额度通知书"及相关文件,查看短期再贷款总量的确定与分配,是否符合各地实际情况及银行的经营情况,是否用于解决银行支付清算的临时头寸不足。

(2)对短期再贷款审批权限进行审计时,通过调阅《再贷款额度通知书》、相关批件、短期再贷款管理台账、借款合同、借款借据以及下级行再贷款申请的审批资料等,检查是否符合以下规定:第一,发放期限超过 20 天的短期再贷款,必须报经总行批准;第二,分行可审批期限不超过 20 天的短期再贷款;第三,经分行授权,省会城市和副省级城市中心支行,可审批期限不超过 20 天的短期再贷款;第四,其他中心支行,可审批期限不超过 7 天的短期再贷款;第五,县(市)支行不得审批短期再贷款。

(3)对贷款对象、条件和用途的审计。央行短期再贷款的对象仅限于辖区内具有法人资格的商业银行和全国性或区域性商业银行。短期再贷款的借款人应具备的基本条件是:在当地中国人民银行设立了准备金存款账户;具有法人资格的借款人,应足额存放法定存款准备金;不具有法人资格的,应在申请贷款之前 3 个月内未发生透支行为;资信情况良好,能按期归还短期再贷款;央行规定的其他条件。分行发放期限超过 20 天的短期再贷款,应采取质押担保的方式,而且仅限于辖区内具有法人资格的商业银行。分行发放的短期再贷款职能用于解决借款人同城票据清算和联行汇差清算的临时头寸的不足以及其他短期流动性的不足。

(4)对贷款操作程序和内部控制的审计。央行应建立完善的短期再贷款操作手续,明确有关业务部门的职责,定期组织业务检查。总行对分行的短期再贷款业务实行按月考核,检查贷款申请、贷款审查、贷款发放和贷款回收这些环节是否按规定进行。

2.再贴现业务审计

再贴现是商业银行以其持有的未到期贴现票据向中国人民银行申请贴现,通过转让贴息票据取得中国人民银行再贷款的融资行为。其审计的内容包括再贴现总量的分布和分配情况是否合理,再贴现的审批、发放和收回程序等。

(1)调阅总行有关会议记录、文件以及所批《再贷款额度通知书》,检查再贴现资金总量的确定是否合理,数额分配是否适合当地商业信用的发展状况。

(2)对再贴现申请人资格条件进行审计。再贴现的票据目前只有商业汇票,再贴现申请人必须是银行,并且具有较强的支付能力,能按时足额缴纳存款准备金。

(3)对再贴现会计处理合规性的审计。审计时应当检查、调阅再贴现申请书及所附资料,查看是否对商品交易合同、贴现申请人与出票人之间的增值税发票、贴现凭证、汇票及背书转让复印件等再贴现申请资料的真实性、合法性进行严格审查。调阅再贴现申请书、审批表、再贴现凭证,检查再贴现期限是否控制在贴现期限内,并执行中国人民银行总行发布的再贴现利率;检查是否按照规定权限,对受理的再贴现申请,由经办人员审查提出初审意见,报部门负责人和分管行长逐级、逐笔审查、审批并签署意见。

3.利息收入审计

是否正确计算利息收入是中央银行财务收支审计的重点。审计利息收入应从计息范围、利率档次、计算方法和收账情况等方面检查利息收入是否正确、完整、合法。

(1)计息范围的审计。对再贷款、再贴现、邮政汇兑资金往来等账户,应逐户检查应收利息的计息范围是否正确,应收利息有无低估漏列或高估虚构的情况。

(2)利率档次的审计。审查各类贷款(含再贴现)及邮政汇兑往来资金的利率使用是否正确时,应检查各项利率往来是否按人民银行总行规定的利率正确计收利息,有无擅自变动利率导致减少或虚增利息收入的情况。对低息和贴息贷款的利差,除国务院批准由人民银行补贴的项目外,检查各级行有无自身增加低息、贴息项目的贷款。

(3)计息方法的审计。审查计息方法是否正确时,应检查是否按规定日期办理计息,有无擅自提前或推后计息的情况。审计利息收入是否正确、完整,应把按季计息、逐笔计息和当时收息三种类型分开,分别审查核实。

(二)业务收入的审计

业务收入是指中国人民银行在行使中央银行职能,实施货币政策过程中所产生的利息收入以外的各项业务收入,包括金银业务收入、手续费收入、证券业务收入、罚款净收入及其他收入等。审计业务收入时,要检查各项收入是否按规定计算,计算是否正确,入账是否及时,有无错漏、截留和转移私分的问题。

1.金银业务收入审计。中国人民银行在办理金银收受过程中发生的升色、升秤等的收益和办理金银配售中发生的价差收入均应全部计入营业收入,不得转移截留。首先检查升色、升秤是否正确,价差是否准确,有无情况不实、弄虚作假的现象。其次,检查账实是否相符,管理控制制度是否严密。最后,检查金银业务收入是否全部及时入账,有无隐瞒或截留、转移的问题。

2.手续费收入审计。中国人民银行为金融企业办理业务可按规定收取一定的手续费。审计时应当检查各项业务手续费是否按规定的收费标准收取,有无擅自扩大或缩小收费范围的情况,有无改变收费标准以及错收、漏收、多收的情况;全部收入是否及时入账,有无转移收入、私设"小金库"的情况。

3.罚款收入审计。主要检查该收取的罚款是否有漏收、错收或故意不收的情况。如果发生退还罚款,要检查其理由是否正当,是否经有权审批人签章。重点检查收取的罚款收入是否转移账外而不作收入处理。

4.金融机构往来收入审计。金融机构往来收入是中央银行与各商业银行之间资金往来发生的利息收入。由于这类资金数额较大,对中央银行收入的构成影响也大。因此,应作为审查重点。

(1)计息范围的审查。审查各项往来资金是否全部按规定计息,有无遗漏或错记的情况。

(2)利率使用情况审查。审查各项资金是否按规定正确使用有关利率档次,有无随意混淆新、旧利率的情况,有无违反利率政策、随意抬高或降低利率的情况。

(3)利息收入入账情况的审查。对金融机构往来收入审查的重点在于各项利息收入是否及时入账,有无弄虚作假、转移收入的情况。

5.金融市场收入和外汇调剂市场收入审计。金融市场收入和外汇调剂市场收入指中央银行在行使宏观调控职能时产生的金融市场拆借资金利差收入、外汇调剂差价收入。审计时,重点检查金融市场、外汇调剂市场利差收入核算的正确性,有无故意将利息收入、外汇调剂收入列入往来科目中,有无增加支出的情况,年终是否并入了中国人民银行总行的总账收入。

四、财务支出和盈余缴拨审计

财务支出作为中国人民银行财务管理的重要内容,主要包括利息支出、业务支出、管理费用、专项支出及其他支出等内容。财务支出的管理要求:

(1)各项财务支出实行分类核算,利息支出按实列支。业务支出、其他支出由总行核定预算,分行在预算内组织辖区实施,按实列支。管理费用由总行核定标准,分行在指标内掌握开支。专项支出按照核定的专项支出指标和专项预算拨款的方式进行管理。

(2)财务支出必须划分界限,应在管理费用中列支的费用不能列入业务支出和其他支出,应在专项支出列支的费用不能列入业务支出、管理费用和其他支出。

(3)各行要加强财务支出的管理,在满足正常业务支出、保证业务发展需要的同时,努力增收节支,严格按预算管理,改善资金使用效果。各项财务支出发生后,应当根据其内容正确使用有关科目,会计分录借方为利息支出(或有关科目)。

审计财务支出,应严格按照《审计署关于中央银行财务审计的实施办法》和中国人民银行财务制度有关规定执行,不得擅自扩大财务支出范围、更改开支标准和随意摊销,以维护财经纪律和提高管理水平。

(一)利息支出审计

利息支出是对中央银行的负债按国家规定利率计付的利息,它包括金融机构存款利息支出、保险企业存款利息支出、邮政储蓄存款利息支出、邮政汇兑资金利息支出、债券利息支出和其他利息支出等。利息支出审计应当审查各项利息支出是否按国家规定的计息范围、利率档次计付各类存款利息,有无错计、漏计的情况,有无弄虚作假、转移利息的情况。

(二)业务支出审计

业务支出是指中国人民银行在行使中央银行职能、实施货币政策过程中所发生的业务费用支出,主要包括货币发行费、钞币印刷费、安全防卫费、邮电费、电子设备运转费、调研信息费、印刷费、业务宣传费、租赁费、修理费、金银业务支出、手续费支出、证券业务支出、咨询费和其他业务支出等。审计时重点检查各项费用开支的范围和标准是否依据规定执行;各项费用是否按规定列支,费用支出计算比例是否按规定的标准执行;计算数据是否真实、准确,有无多计、错计;业务支出支付审批的手续是否严密,有无预提的情况;修理费使用是否合理,有无应由专项支出负担的费用列入修理费支出的问题。

(三)管理费用审计

管理费用指办公经费、个人经费及其他公用经费支出,包括会议费、差旅费、劳动保护费、水电取暖费、低值易耗品购置费、保险费、职工工资、工会经费、职工教育费、职工福利费、外事费、绿化费、公杂费、业务招待费及其他管理费用等。审计个人经费时注意是否按规定如实列支,有无扩大工资范围虚报多列,或不按规定比例和范围多提、重提、多用的情况。审计公用费用时注意是否按规定正确列支,有无擅自扩大开支范围、提高开支标准、变相发放钱物、挤占公用费用等情况。对专项支出审计时,应当检查是否按中国人民银行总行核定的专项支出指标使用。

(四)盈亏缴拨情况审计

按照人民银行财务管理办法,各级中国人民银行每一会计年度的各项财务收入扣抵年度各项财务支出后,所得盈亏要在年度决算后全额逐级汇总上划总行,亏损由总行审核后逐级拨补。全行净利润经财政部批准提取准备金后,由总行全部上缴中央财政。如发生亏损首先由历年提取的总准备金弥补,不足弥补的部分由中央财政拨补。

审计盈亏解缴的重点在于检查盈亏总额的真实性、合法性,这是对中国人民银行进行财务收支审计的重要环节。它对维护国家法纪和财经政策,考虑利润的实现情况,分析利润增减变化的原因,促进人民银行加强内部管理,具有重要意义。

盈亏审查,总的来说就是查明盈亏是否真实、正确、合法和合理。具体地说,有以下几个方面:第一,审计盈利或亏损的真实性、正确性、合法性。第二,揭露和纠正盈利或亏损中存在的错误和弊端,监督中国人民银行更好地遵守财经法纪。第三,审查中国人民银行内部控制制度的健全性、有效性,监督盈利总额的准确性并及时地上划,对发生的亏损要真实反映。

实例

2013 年 11 月至 2014 年 3 月,审计署对人民银行 2013 年度财务收支情况进行审计,重点审计了人民银行总行本级及所属太原中心支行等 15 家分支结构和 7 家企事业单位,并对有关事项进行了延伸审计。

审计发现的主要问题如下:第一,预算执行中存在的主要问题。(1)2013 年,所属广州分行等 15 家分支机构未经批准,在公用经费和项目支出中列支人员经费 14 855.98 万元;所属深圳中心支行等 13 家单位未经批准,在公用经费、项目支出之间相互调剂使用资金 1 220.37 万元。(2)扩大支出范围或提高开支标准。2013 年,总行机关使用预算资金弥补事业单位经费缺口 1 340.71 万元;2013 年,所属武汉分行等 10 家分支机构扩大范围列支专项经费 7 770.65 万元;2012 年至 2013 年,总行机关等单位在公用经费中超比例列支工会补贴共 271.2 万元,其中 2013 年 121.2 万元;2013 年,太原中心支行和总行机关事务管理局在公用经费或项目支出中列支应由职工个人或其他单位承担的费用共 747.18 万元。(3)2013 年,兰州中心支行和武汉分行无依据发放奖金补贴或违规购买商业医疗保险等共计 129.31 万元。(4)总行机关等 6 家单位存在以拨代支等问题 1 702.71 万元,其中 2013 年 1 637.05 万元;成都分行等单位为完成预算执行进度虚列支出共 6 789.45 万元,其中 2013 年 415.3 万元。此外,还存在预算编报不准确、公务用车管理不到位、未按规定执行政府采购程序等问题。第二,其他财务收支中存在的主要问题。(1)2011 年至 2013 年,所属南京分行等 15 家单位将地方政府以经费补助或奖励等名义拨付的资金在往来科目核算,少计收入 15 832.5 万元,其中 2013 年 13 228.32 万元。(2)2009 年至

2013 年,所属成都分行等 11 家单位将房屋出租、固定资产处置等其他收入在往来科目核算或直接冲减当期费用,少计其他收入 3 436.18 万元,其中 2013 年 1 620.19 万元。此外,还存在财务管理不合规、固定资产购建和使用管理不到位等问题。第三,直属企业中国金币总公司和中国印钞造币总公司及下属公司存在的主要问题。(1)2009 年至 2013 年,上海印钞有限公司和上海造币有限公司将地方财政补贴等各类补助 981.75 万元计入往来科目核算,造成少计收入,其中 2013 年 448.66 万元;2012 年至 2013 年,西安印钞有限公司、沈阳造币有限公司及中钞总公司多计费用 301.22 万元,其中 2013 年 241.22 万元;2013 年年末,金币总公司等 5 家单位少计资产 10.61 亿元。(2)部分单位财务管理不合规。比如,2013 年,北京开元中国金币经销中心 1.08 亿元增值税应税销售额未按规定开具发票;2013 年,北京印钞有限公司、石家庄印钞有限公司和中钞特种防伪科技有限公司使用不合规发票报销费用共 142.92 万元;2013 年中钞光华印制有限公司等 7 家单位会计科目使用不规范,涉及金额 465.05 万元;2013 年年末,金币总公司和中钞总公司存在应收款长期挂账等其他财务问题 5129.09 万元。

针对审计发现的问题,审计署建议:人民银行应进一步加强预算管理,规范会计核算,加强对分支机构和所属企事业单位预算执行和财务管理的监督检查工作。

第三节　商业银行审计

一、商业银行审计的目标

目前,我国的金融体系由四部分组成:一是中央银行,即中国人民银行;二是商业银行,如中国工商银行、中国农业银行、中国银行、中国建设银行、交通银行、光大银行、华夏银行、招商银行等;三是政策性银行,如国家开发银行、中国进出口银行等;四是各类非银行金融机构,如保险公司、证券公司、租赁公司等。

《审计法》第十八条明确规定:"审计署对中央银行的财务收支,进行审计监督。审计机关对国有金融机构的资产、负债、损益,进行审计监督。"因此,商业银行审计是审计机关对国有商业银行或国有股份商业银行的资产、负债、损益的真实性、合法性和有效性的审计。

商业银行资产按其流动性可分为流动资产、长期股权投资、固定资产、无形资产和其他资产,其中体现商业银行特色的资产包括:贷款、存放同业、存款准备金。商业银行负债按其流动性可分为流动负债、应付债券、长期准备金和其他长期负债等,其中体现商业银行特色的负债包括:存款、同业存放等。

商业银行损益是商业银行在一个会计期间经营货币商品而产生的最终的经营成果。其总体构成内容与一般企业相同,包括营业利润、利润总额和净利润三个部分,计算公式也与一般企业相同。具体构成内容则与一般企业有所不同,如体现商业银行特色的营业收入包括利息净收入、金融机构往来收入、手续费收入、汇兑收益等,再如体现商业银行特色的营业支出,包括利息支出、手续费支出等。

商业银行审计的目标包括:审计与评价商业银行内部控制的健全性和有效性;审查资产负债的真实性、合法性和有效性;审查损益的真实性和合法性;审核会计报表填列的真实性、合法性;法定准备金制度和存贷款利率的真实性和合法性;审计与评价商业银行的内部控制。

二、现金业务的审计

现金业务审计的内容中包括对"库存现金"和"贵金属"科目的审计。之所以将贵金属归于此类,是因为贵金属的保存、流通特性与现金非常相似。

(一)常见问题

银行由于日常要处理大量的现金收付业务,会存有大量现金。另外,银行中也会保存黄金、白银等贵金属。现金控制体现在现金收付、运送和保管过程中。贵金属的控制主要体现在其计量、计价、保管的过程中。容易出现的问题包括:现金丢失;相关账目出现错误;相关业务的责任制的缺陷甚至缺失;在办理相关业务的过程中违反国家法规等。

(二)内部控制的测试

1.金库管理。在非营业时间里,所有的货币、贵金属是否都锁进金库或保险柜;金库是否装备有合格的防盗、防抢、报警等装置;金库的开启是否由定时锁控制,金库是否在每个营业日都最晚打开、最早锁闭;金库备用现金箱是否置于一个由双层锁保护的特别隔间内;金库中备用现金的动用是否由双人监管、共同记录等。

2.出纳员岗位职责管理。各出纳员是否持有自己的现金并对该现金的货币名称和金额进行了记录;出纳员是否在其经手的交易凭证和现金封条上签字或盖章;收到顾客现金时,出纳员是否向顾客提供收据;出纳员在工作上是否受到严格监督,是否实行出纳岗位轮换制度;出纳员的职责是否限制在办理出纳交易的范围内,是否禁止其办理自己私人支票的收付业务,是否允许其接受非本国货币作为其现金的一部分,是否禁止出纳员接触除库存现金日记账之外的其他会计账簿等。

3.现金岗位安全管理。每个出纳员的工作岗位是否都装备了防盗报警装置;每个出纳员在金库中是否都拥有属于自己的隔间,以用来隔夜储存自己持有的现金;每个出纳员的工作岗位是否都备有上锁的现金保管设施,以供出纳员离岗时存放大额现金;交易网点是否进行了特别的安全防护等。

4.资金限额管理。对出纳员是否建立和实施现金限额制度;各分支结构所持有的现金总额是否维持在合理的最低水准;出纳员对其持有的超额周转现金是否进行特别的防护。

5.现金核查管理。所有出纳员的现金总额是否每天都与中央复核部门所加总的现金总额核对相符;出纳员所持有的现金是否定期由指定专人进行突击核点,对核点情况是否记录保存;在每个出纳员度假之前或突然离岗超过一天以后,是否对该出纳员的现金进行清点。

6.长短款管理。出纳长短款项是否按日结清;是否记入按出纳员设置的出纳长短款账户,以反映各出纳员累计发生的出纳长短款总金额;出纳经理是否审核现金出纳长短项账户。

7.贵金属的计价、记账管理。贵金属是否全部入账;初始及期末按成本与可变现净值孰低计量时价格标准的判断依据是否充分。

(三)实施实质性测试

在对银行的内部控制进行测试之后,可以根据对内部控制的初步判断,开始安排实质性测试。实质性测试的内容和步骤如下:

(1)清点出纳系统的全部现金,对出纳员持有的现金及金库的贵金属进行突击清点,观察和验证出纳员是否遵守了安全和控制制度。

(2)清点备用现金并将之与出纳员报告的现金总额及"库存现金"总账余额进行试算平衡;将金库中清查到的贵金属种类和数量与明细账及总账核对。

(3)全面评价现金控制制度的充分性、有效性和效率性以及出纳运作的质量。

三、贷款业务审计

贷款业务是我国商业银行的一种传统业务。商业银行贷款是我国商业银行最主要的资产,其利息收入也是商业银行最主要的经营收入。通过对贷款业务的审计,可以强化商业银行的内部控制,促使商业银行认真贯彻执行国家的货币信贷政策,坚持信贷管理原则,进而提高信贷资产质量,增强商业银行防范和化解金融风险的能力。

商业银行的贷款业务流程主要包括:信贷关系的建立与贷款申请,对借款人的信用等级评估,贷款调查与项目评估,贷款初审与贷款审批,签订借款合同与贷款发放,贷后检查与贷款项目管理,贷款本息回收与贷款展期,不良贷款的监管与资产保全等。上述业务活动涉及的主要会计凭证与会计记录包括:贷款担保(抵押)文件、抵押品与质押品明细文件等信贷管理系统电子文件,各类贷款科目的总账、分户明细账及年末余额表,授权授信管理、审贷分离等内部控制和信贷管理文件,信贷工作台账、贷前调查报告、贷后检查报告和项目分析报告等信贷工作档案;商业银行的会计报表和会计账簿。了解和熟悉商业银行的贷款业务流程和涉及的主要会计凭证和会计记录,是审计人员进行贷款业务审计的前提和基础。

(一)常见问题

银行贷款业务常见问题的是:

(1)借新还旧粉饰财务报表,通过多次更换借据、借新还旧的形式,将不良贷款从形式上变成正常贷款并计算利息,隐瞒逾期贷款信息造成虚假还贷还息现象。

(2)违反贷款操作规程、不开审贷会或超越授权额度等发放贷款。

(3)贷款信息不完全、不准确,对同一贷款户的贷款过于集中,或在贷款金额受到限制的情况下,对同一贷款人采用分次形式发放贷款,或通过借款人的关联企业分户发放贷款。

(4)来自外部的欺诈行为,如借款人使用虚假资料,编造虚假贷款用途,编制虚假财务报表,以伪造的证券作为抵押品,以及对抵押品进行挪用或转换等骗取贷款。

(5)来自内部的欺诈行为,如银行内部人将借款人偿还的贷款本息有意记错账户,以截留和挪用借款人归还的本息,或侵吞抵押品、捏造虚假贷款等。

(6)贷款利息计算不符合规定,如不按规定计收罚息、用错利率,有的银行利用利息计算及表内、表外应收利息的记载来调节盈亏。

(7)以呆账准备金的计提与核销来调节利润。

(二)内部控制的测试

对贷款业务内部控制的测试包括综合管理制度层面的测试和贷款业务层面的测试。

1.对业务综合管理层面的测试

(1)商业银行是否建立了各级审贷委员会,贷款业务是否遵循了审贷分离的原则,是否遵循了贷款的集体审批制度。

(2)贷款业务的管理和经营是否实行了主责任人和经办责任人分离制度。

(3)贷款发放和使用是否遵循了《票据法》、《担保法》、《经济合同法》等有关规定,是否符合安全性、流动性和效益性的原则,是否符合资产负债比例管理的要求。

(4)贷款的投放方向是否符合国家的产业政策。

(5)是否建立了统一规范的借款人信用等级评定制度。

(6)对接受信用服务的客户,是否核定了最高风险限额,是否实行超限额否决制度。

(7)授信业务是否实行了分类管理、分级审批制度。

(8)授信政策是否符合国家有关法律和外部监管部门的规定。

(9)是否制定了信贷战略目标。

(10)是否设立独立的授信风险管理部门予以把关。

(11)授信岗位分工是否合理、职责是否明确。

(12)是否制定了各类授信业务品种的统一管理办法,明确规定各项业务的内容。

2.对贷款业务层面的内部控制测试

(1)贷款申请测试方面,检查借款人是否按照要求提供了完整、真实的档案资料,借款人是否按照规定填写借款申请书或书面文字的申请。

(2)信用等级评估测试方面,结合信用评估资料检查对借款人的信用评级是否符合规定程序,检查评定的依据和测算是否真实准确。

(3)贷前调查测试方面,结合贷前调查报告和记录,检查是否认真检查了借款人的资格,是否核实了借款人的资产、负债、实收资本和损益,是否深入了解借款人的担保情况、信贷风险及贷款的综合效益。

(4)贷款初审和审批测试方面,结合贷款审批表检查是否按规定的审批程序进行,有无越级审批或没有贷前调查的审批,是否体现了贷款调查、贷款审批和贷款发放的分离原则。

(5)签订借款合同的测试方面,结合借款合同和其他相关合同检查借款合同是否与贷款审批意见一致,借款合同要素是否齐全,借款合同中的利率是否符合中国人民银行的规定,借款合同是否与保证、抵押合同相一致,抵押物是否经过评估且是否为《担保法》中禁止的抵押担保物,质押物与贷款核定是否合理且质押物是否存在重复抵押,抵押、质押物保管登记簿及台账是否清楚完整。

（6）发放贷款测试方面，检查贷款发放是否在贷款手续办妥后进行，借款借据、贴现凭证要素填写是否齐全、完整且加盖借款人的法定公章，抵押和质押权凭证是否办理登记并在贷款期间予以妥善保管。

（7）贷后检查测试方面，结合贷后检查报告及记录，检查商业银行是否建立并执行贷后跟踪检查制度，贷后检查是否经常有效，是否及时、全面、客观地反映了借款人及保证人的信用状况，是否对借款人经常有效，是否及时、全面、客观地反映了借款人及保证人的信用状况，是否对借款人因改组、改制造成贷款变化的情况进行详细检查和落实，对即将到期或逾期贷款本息是否及时向借款人或保证人催收，展期原因是否真实和展期是否符合规定，"借新还旧"是否符合中国人民银行的条件和标准，有无自定标准的情况。

（8）收回贷款本金测试方面，通过检查商业银行是否在贷款将到期时及时向借款人发出还款通知单抑或催收通知单，借款合同到期时不能还款时是否通过发函抑或依法起诉等形式促其尽快归还贷款且加收罚息，借款人违约时是否依法追究其违约责任。

（9）收回贷款利息测试方面，结合有关账证检查基准贷款利率和浮动利率的选用是否符合规定，贷款利息收入、应收利息和表外应收利息的计算是否正确，利息收入的确认是否符合会计准则的收入实现条件，会计处理是否正确。

（10）不良贷款的监管与资产保全措施的测试方面，是否建立贷款的质量监管制度，是否建立不良贷款责任认定和清收的激励机制，是否按规定的程序对不良贷款进行认定并按时上报上级抑或同级中国人民银行，是否对不良贷款及时采取债务重组、补办抵押或依法催收等资产保全措施，是否按照国家的有关规定提取呆账准备金并按照呆账冲销的条件和程序冲销呆账贷款并保留对借款人和担保人的追索权。

（三）实施实质性测试

贷款的实质性测试包括贷款业务合规性、贷款余额真实性、贷款质量和贷款效益的实质性测试。

1.贷款业务合规性的实质性测试

（1）贷款调查的实质性测试方面，借款人是否具备贷款的资格和条件，贷款发放手续是否齐全，贷款投向是否符合国家产业政策和信贷政策，贷款用途是否符合有关规定。

（2）贷款审批的实质性测试方面，贷款审批是否体现了贷款审批环节之间的制约关系和贷审分离的原则，有无越级审批和未经信贷调查的审批，有无逆程序或变相逆程序审批信贷业务，是否存在化整为零发放贷款或以短期贷款名义发放中长期贷款以及借名贷款的现象。

（3）贷款发放的实质性测试方面，是否存在对关系发放贷款的情形，是否存在因对关系人发放贷款而放松申请贷款条件的情形，是否存在继续向自办公司注入信贷资金的情形。

（4）贷款入账的实质性测试方面，下级行的贷款总额是否控制在上级行下达的贷款规模之内，有无通过假委托贷款或将新发放贷款隐藏在其他科目中等问题，是否存在以贷收息经营行为。

（5）抵押和质押的实质性测试方面，是否按规定办理对保证人、抵押（质押）人的抵（质）押、财产共有人的承诺以及办理保险等审查、估值、产权转移、登记保管等手续，抵押和质押担保登记手续是否齐全合规,其估价是否真实合理,是否达到抵押率界限规定。

(6)贷款利率的实质性测试方面,贷款期限和利率是否符合中国人民银行的规定,有无擅自提高或降低利率和通过展期等手段进行贷款违规操作的行为。

(7)贷后检查的实质性测试方面,结合抽查信贷人员贷后调查记录、对借贷人履行情况的分析资料和贷款五级分类资料,确定贷款银行发放贷款后是否对借款人进行五级分类、分类是否恰当;贷款检查是否执行双人原则;是否定期抑或不定期更新信贷档案的相关资料。

(8)票据贴现的实质性测试方面,票据贴现是否具有真实的商品交易,有无商品交易合同和增值税发票。

(9)贷款和贴现资金去向的实质性测试方面,贷款和贴现资金的使用是否符合借款合同规定的用款方向,有无诈骗银行贷款转移至国外和用于个人挥霍,或挪用贷款去投资股票、期货而造成损失的现象。

(10)外汇贷款的实质性测试方面,外汇贷款是否符合规定的条件,是否按外管局的规定办理外汇贷款登记,延伸检查借款人是否按规定规定用途使用外汇贷款。

(11)贷款管理指标的实质性测试方面,有关贷款管理的指标是否控制在中国人民银行规定的指标内。

2.贷款余额真实性的实质性测试

(1)贷款本金的真实性方面,贷款资产各项目余额是否真实存在、所有贷款是否均已记账及各项贷款的增减变动是否准确地记入相关账户,有无账外资产或虚增贷款等现象,有无将贷款虚转到其他科目的现象。

(2)逾期贷款的真实性方面,过期贷款是否及时转入逾期贷款账户,并按逾期贷款收息的有关规定收取利息;有无借新还旧,将不良贷款人为转成正常贷款,隐瞒不良资产的情况。

(3)贷款利息的真实性方面,对各种贷款的应收利息,应审查其是否严格按照收入实现的原则进行核算,账目余额是否真实,有无将表内、表外应收利息对转,调节利润的现象。

(4)呆账准备金的真实性方面,审查呆账准备是否按规定基数和比例计提,如2012年7月1日实施的《金融企业准备金计提管理办法》中明确规定,对于正常类贷款,计提比例为1.5%;对于关注类贷款,计提比例为3%;对于次级类贷款,计提比例为30%;对于可疑类贷款,计提比例为60%;对于损失类贷款,计提比例为100%。同时审查呆账准备的核销是否履行合法手续,有无随意核销的问题,有无利用呆账准备人为调节利润的情况。

3.贷款质量的实质性测试

(1)检查贷款分类制度的执行情况。重点审查商业银行是否按照人民银行颁布的《贷款风险分类指导原则》对所有贷款至少每半年进行一次划分,是否将借款正确划分为正常、关注、次级、可疑和损失五大类,是否存在以借款人的信用评级代替贷款分类的现象,是否定期编制不良贷款和关注类贷款监测清单;检查贷款结构和不良贷款情况方面,在对贷款分类制度执行情况审查的基础上,通过以下比率的审查可以衡量贷款质量:第一,分类结果与全部贷款余额占比的审查,不良贷款占全部贷款余额的比率(不良贷款包括次级、可疑和损失三类),该比率反映了贷款质量存在问题的严重程度;正常与关注贷款占比(关注贷款属于基本正常贷款),该比率反映了贷款的安全程度。第二,加权不良贷款余额与核心资本加上准备金占比的审查,该比率反映银行资本可能遭受损失的程度,或银行消化这些损失的能力。

(2)检查不良贷款的管理情况。重点检查商业银行是否建立了专门的不良贷款管理部门,是否对不良贷款实施了跟踪管理,是否建立了不良贷款管理部门,是否对不良贷款实施了跟踪管理;是否建立了不良贷款的识别制度,包括不良贷款的预警系统和贷款分类制度,是否建立了处理不良贷款的程序,包括分析原因,采取对应措施。

4.贷款效益的实质性测试

贷款效益的实质性测试是指审计机关对国有商业银行信贷资产的微观、宏观所取得的效益进行的审计监督活动。目前主要的考核指标有:贷款收益率,即贷款利息收入总额与贷款平均余额的比率;贷款累计回收率,即各类贷款累计回收额与贷款总额的比率;贷款损失率,即呆账损失额与贷款平均余额的比率。

四、存放同业和同业存放业务审计

"存放同业"账户核算银行存放于境内、境外银行和非银行金融机构的款项。"同业存放"科目核算银行吸收的境内、境外金融机构的存款。虽然另外一个科目"存放中央银行款项"核算的内容与前两个科目在性质上并不完全相同,但因为它们同属银行款项的对外存放,因此也归于这类业务,一起进行审计。

(一)常见问题

银行存放同业与同业存放业务中常常出现以下问题:挪用存放同业资金,并导致存放同业账户出现透支情况;账务上漏记存放同业资金或同业存放资金;备付金准备不足;存放同业账户上资金闲置过多;从同业存放账户或存放同业账户中错误付款或重复付款,且款项无法追回,导致资金损失;伪造汇票不能识别。

(二)内部控制的测试

对存放同业和同业存放业务的内部控制测试主要体现在以下内容:

1.不相容职务及业务记录管理控制。是否指定专人负责支用存放同业账款;账户调节人员是否被禁止拥有支取存放同业账款的权利;是否禁止调节人员处理现金、现金项目或有价证券,是否禁止其进行账务处理;是否把资金调拨职责、授权职责和账户调节职责分离开来,一人一职;对空白汇票是否实行共同保管。

2.业务授权管理控制。对各授权人员的身份及权限范围是否进行了明确的规定;所有汇票是否都进行编号,且根据不同的账户行(即汇票的付款行)而编制不同序列的号码;在采用签字盖印机签署汇票的情况下,是否对签字机进行特别控制;本行关于存放同业事项的政策是否由董事会制定和批准执行;本行的开户行是否经董事会批准制定。

3.往来业务管理控制。在同业存放账户下发生借记(即付款)事项时,是否向有关代理行(即在本行存入款项的其他银行)编发正式的借记通知书(即付款通知书);在存放同业账户下是否向代理行提供贷记通知书(即收款通知书)。

4.对账管理控制。存放同业账户的收付款通知书、已付汇票和对账单是否直接寄给本行独立的账户调节部门(或岗位);是否定期向代理行激发对账单,将对账单寄给代理行的对账部门;是否建立日常的账户调节制度;是否指定了一名职员或监督员负责定期正确地调节账户;是否保持完整的账户调节记录,并由监督人员进行审核;对利息支付、收入的计算、记录、审核是否有专人负责;对本行的每一开户行是否都设有一个存放同业明细账户与之对应;是否根据对账单的差异项目定期进行逐个调节,以列出每个差异项目的发生日期和金额;是否对账单的更改进行审核。

5.账户头寸分析管理控制。在存放同业账户中是否只存有有限的资金,以供代理行对盖印签字的汇票进行付款;是否由高级经理人员对本行头寸表进行审核,根据向代理行提供的服务范围对同业存放余额进行具体分析,确保本行从代理行账户中所获利益大于本行存放代理行资金的机会成本和本行的服务费用;是否在存放同业账户中保留必要的余额,并定期将余额情况向主管账户头寸的官员进行汇报,以便将多余的头寸进行投资,或对不足的头寸进行拆借补足;是否根据既定的频率计划,对存放同业账户定期进行调节;是否制定了账户平均余额方针,用以指导确定在每个开户行中存放的平均余额;对本行有关存放同业与同业存放的政策是否每年审议一次;是否制定了有关核销调节项目的方针。

6.汇票签发管理控制。汇票的签发、承兑签发后六个月未清偿的汇票是否置于特别控制之中;是否将已付汇票逐一或按总额与对账单进行比较核对。

(三)实施实质性测试

通过分析内部控制决定实质性测试的范围和具体实施办法。(1)确认"存放同业"、"同业存放"及"存放中央银行款项"账户总账、明细账余额及各账户余额是否合乎要求。(2)确认"存放同业"账户的调节表相关金额。(3)审核"存放同业"账户和"同业存放"账户的活期余额。(4)确认"存放同业"账户定期余额产生的利息收入和"同业存放"账户定期余额产生的利息支出的实际金额与计算金额相符。

五、存款业务审计

存款作为商业银行的一项主要负债,是商业银行与其他商业机构区分的重要标志,也是商业银行生存及规模扩展的决定力量。同时,存款业务涉及社会的每一个单位、组织和个人,与国家的政局稳定和经济发展密切相关。另外,中国人民银行通过提高或降低存款利率的货币政策,鼓励或抑制存款,对国民经济健康发展进行宏观调控。因此,存款业务审计是商业银行审计不可或缺的一项重要内容。

(一)常见问题

单位存款业务常见问题:账户管理监督不严格,造成多头开户;活期存款各账户的使用不符合规定,账户科目用错,没有记载临时存款账户的有效期限;对客户存入的款项不入账,挪用客户资金,或存取款有意串户,截留客户资金;支付存款金额、计付利息有误,或为吸收存款,擅自提高(或变相提高)存款利率;银行内部对存单等空白重要凭证及印鉴管理不严,导致内部员工盗用空白凭证或印鉴诈取客户资金;通过改变计算机系统的计息积数(如改变计息的起止日期、改变计息的范围)、利率等办法,多计或少计利息支出来调节利润,或内部专业人员通过修改程序,将多计的利息转入其个人的账户等;为了完成指标任务,人为控制月末、年末存款基数,或通过突击发放贷款等形式虚增存款,产生派生存款;公款私存,商业银行内部以储蓄方式设立小金库;缺乏对存款客户基本情况和资金来源的了解,导致客户利用账户从事洗钱等活动。

个人储蓄业务常见问题:不严格执行储蓄原则与要求,拉存款;重要空白凭证(储蓄存单)保管不慎;对储蓄存款业务不正确入账,有意串户,挪用客户资金;错计、错付储蓄利息,变相提高或降低利率,造成息外付息或有意减少成本支出等;计算机操作下,超越授权,密码管理不严或未经批准擅自改动账户文件信息,造成经济损失。金融记错又不当日对账,手续不规范,尤其是单人临柜制情况下以及办理"实名制"下储蓄特殊业务时引起纠纷,甚至导致银行资金损失。隐瞒有关已清账户、透支账户或未收妥款项的信息;挪用长期不动户(休眠账户)的资金;储蓄账户与个人银行结算账户相混淆,办理转账结算业务。

(二)内部控制的测试

商业银行存款业务的内部控制一般应做到银行凭证制单与记账分开,及时制单、记账;银行空白凭证与印鉴分开管理,且有安全的储藏保管环境;及时索取银行对账单,由非银行出纳进行对账并编制余额调节表,调整后与银行相符;银行存款开支有严格的审批程序,银行收款及时、准确。

1.对单位存款业务的内部控制测试

(1)存款开户的测试。审查商业银行是否执行了账户核准制度,开户审核制度及手续是否健全;审查开户单位是否符合规定的开户条件,开户资料和手续是否完备,银行账户会计科目使用是否正确等;审查商业银行为开户单位办理的临时存款户是否符合规定,资金的来源和用途是否正常;审查出纳、会计和复核人员是否实行了严格的不相容职务分离等。

(2)资金收付的测试。审查存款是否贯彻了"双人临柜、账实分管、印章凭证分管控制"的原则,单人临柜的是否对临柜人员实施了有效的监督与控制;是否将单位存款与居民个人储蓄存款分开核算;对单位存款是否审查了客户资金来源的真实性和合法性;是否按资金性质和用途分别开立相应的活期存款户(即基本账户)、定期存款户和临时账户,且分别记账核算;对取款业务,现金支付是否坚持了"先借后贷、一笔一清、双线复核"的原则,是否贯彻了"谁的钱进谁的账"的原则;对于通存通兑业务,审查是否属于通存通兑所规定的范围,当出现单边账时必须严格按照有关业务的规定处理;所有存取业务均按照规定的程序办理,并将其记录在正确的会计期间;审查银行是否每天将存款日记账与业务凭证进行核对,存款日记账与存款总账是否调节相符,是否定期进行存款余额的试算平衡;存款日记账是否做到了由出纳人员或其他指定的专门人员负责登记或输入,"当日结账且双线核对",营业终了轧账时,出纳结出的库存现金是否与会计人员当天的账务轧平相符,且无遗留隔夜票的现象。

(3)未达账项的测试。审查商业银行是否建立了完善的与客户对账制度,并按月向客户发送银行存款对账单;是否在规定的时间内同存款单位对账;当对账双方账目不符时,银行是否查明原因,确定是入账时间差异抑或是记账错误。

(4)存款利息的测试。审查单位定期(活期)存款是否严格执行国家规定的利率;是否正确计算利息支出且将其记录在正确的会计期间;是否建立了完善的计算机计息程序,对错账冲正和串户调整等特殊情况,能否确保计算机调整的计息积数的正确性。

2.对储蓄存款业务层面的内部控制测试

(1)储蓄账户开立的测试。审查商业银行对储户是否实行实名开立账户,户名和身份证号码是否真实;开销户和变更是否遵守双人经办并经主管会计签字的制度,是否建立开销户登记簿并及时登记。

(2)储蓄存款收付的测试。审查是否存在"以贷吸存"的现象;是否存在虚构或转移存款、公款转存储蓄、违反国家利率吸储、搞存款竞赛并滥发奖金的情况;所有存取款业务是否均按规定程序办理并记录在正确的会计期间;对大额存单签发、大额存款支取是否实行分级授权和双签制度;对从单位存款账户转入储蓄存款账户的交易和大额取现是否实行严格的审查;是否建立并严格执行存款备付金制度、存款业务及会计档案管理制度、储蓄业务定期抑或不定期查库制度。

(3)储蓄存款利息计算的测试。审查是否按国家规定的利率计算各类储蓄存款的利息;利息支出计算是否正确并将其记录在正确的会计期间;是否设立了完善的计算机计息程序,对错账冲正和串户调整等特殊情况,能否确保计算机调整的计息积数的正确性。

(三)实施实质性测试

1.单位存款业务的实质性测试

(1)实施分析性复核。将本年单位存款余额与上年余额进行对比、对本年单位存款各月的增减变动情况进行分析,分析有无异常,查明异常的原因;计算利息支出与单位存款金额的比率,分析是否存在支付高息或隐瞒存款的情况,或者未提应付利息或虚增存款的情况;获取商业银行上级行下达的存款考核目标和奖惩办法,查明有无为了完成上级行下达的任务而人为调整存款的现象。

(2)检查存款余额的真实性。通过计算机检索年末、月末前后时间段内企业存款和"汇出汇款"、"内部往来"、"同业往来"、"应收应付"等会计科目的流水账,重点关注大额资金的去向,查找年末、月末有无故意漏记或多记存款而低估和高估负债;审查有无在年末为压低存款基数或为完成指标而利用"汇出汇款"、"内部往来"、"同业往来"、"应收应付"等会计科目调增调减企业存款。

(3)检查资金收付的合法性。检查商业银行是否自身违规开立账户,是否虚拟或盗用企业账户,从事账外经营;对当年销户和余额为零的账户,检查大额资金的收付、销户原因和销户资金的去向;对临时存款和应解汇款大额资金收付以及异常现象应重点审查资金收付的合法性。

(4)检查是否存在公款私存的现象。通过审查单位存款账户和储蓄存款账户的资金划转和其他汇入资金的划转情况,检查除了对员工个人的正常工资支出之外,是否存在将企业的基本业务资金转为储蓄存款的现象;通过对单位存款账户的"开户登记簿"等资料真实性的审查,发现有无公款私存现象。

(5)检查是否存在超限额保留外汇以及超期限使用外汇账户的现象。审查经常项目和资本项目外汇账户的收支范围是否符合外汇管理的规定,有无超限额保留外汇以及超期限使用外汇账户的现象。

(6)审查财政性存款。检查有无将财政性存款混作一般存款或储蓄存款的问题,检查商业银行是否及时足额将财政性存款划缴当地中国人民银行。

（7）对单位存款业务检查是否有账外存款。重点抽查存款超速增长或变动异常的时段，对照"在中央银行存款"科目的有关凭证和存款分户账，逐笔进行核对，检查是否存在采用串户的手法，挪用客户资金并私自存放账外的问题。

（8）检查存款利息支出。以账簿和凭证为依据，检查计息范围、利率、计息期、计息方法是否符合规定，有无错计、漏计和重复计算等差错；计息积数的计算是否准确，有无虚增或减少积数，套取利息或少计利息的现象；银行的应收未收利息、应付未付利息支出是否全部无误地转入有关损益账户；利息是否转入正确的存款人存款账户，有无用现金支付单位存款利息的问题；核对不同期限的存款余额，核实是否将不同期限的存款余额进行调整以达到调节利息支出进而达到调节利润的最终目的；审查实际发生利息支出是否存在不冲应付利息科目，直接列利息支出科目导致重复列支利息的情况；抽查利息支出冲减数，对大额利息支出的冲销数，年末"应付利息"、"利息支出"科目大笔整数的发生数和红字冲减数。调阅原始凭证，审查有无虚列、人为调节利润情况；有无用利息收入直接冲减利息支出以偷逃税金问题。

2.储蓄存款业务的实质性测试

（1）审查商业银行是否遵守了"存款自愿、取款自由、存款有息、为储户保密"的原则。

（2）储蓄业务操作方面主要审查：储户开立账户是否符合实名制规定；有无未经人民银行批准而擅自增设储蓄种类的现象；办理超过规定金额的现金收付业务或支取现金业务，是否经过授权才能办理，大额取现是否有严格的登记审批制度；存取款业务是否见折见面、是否符合操作规范，对付款业务是否贯彻"先记账，后付款"的原则；空白凭证、存单是否置于监督控制之下。

（3）储蓄业务核算方面主要审查：有关账簿、登记簿的设置和记载是否完整正确，尤其应审查"挂失登记簿"、"重要空白凭证登记簿"、"差错事故登记簿"等是否认真记载并妥善保管；所有的存取业务是否按规定程序办理，并记录在正确的会计期间，从单位存款账户转入储蓄存款账户的交易是否严格审查；银行是否按制度要求编制有关报表，数据是否正确无误，重点是审查营业汇总日报表编制是否正确，各科目余额是否与分户账余额相一致。

（4）实施分析性复核。将本年储蓄存款余额与上年余额进行对比分析，对本年储蓄存款各月的增减变动情况进行分析，若有异常增减变动，则应重点查明原因；计算储蓄利息支出与储蓄存款金额的比率，分析是否存在支付高息或隐瞒存款的情况，或者未提应付利息或虚增存款的情况；获取商业银行上级行下达的存款考核目标和奖惩办法，查明有无为了完成上级行下达的任务而人为调整储蓄存款的现象。

（5）检查储蓄存款的真实性。调阅储蓄会计传票，审查原始凭证填制的正确性和合法性；调阅储蓄账簿，审查账簿登记的正确性；调阅储蓄业务报表，审查营业日报表（或日记表）各科目余额是否与分户账余额一致，并抽查部分数字，相互核对并予以验证；调阅存款业务会计报表、存款科目总账和分户账，通过总分核对和账表核对以发现可能存在的问题。

（6）检查储蓄利息支出。审查银行是否按国家统一规定的利率标准计息，是否有为竞争拉存款而变相提高利息或损害储户的利益降低利率标准等违纪的现象。对各种储蓄存款的利息计算分别进行审计,对定期储蓄计息进行审计主要包括以下几点:第一,检查储蓄存款的计算是否符合《中国人民银行关于贷款计结息问题的通知》的规定;第二,利率使用的检查,如定期储蓄提前支取应按活期储蓄存款利率计算,到期支取按存入日约定的利率计算,过期支取的储蓄存款,其定期部分应按约定利率计付利息,超过定期部分则按活期储蓄存款计付利息等。审查利率使用和利息计算是否正确,特别是在利率调整后是否按规定计息,计息积数是否正确,提前或过期支取的储蓄计息是否按规定执行;具体的计息是否正确,还要结合各种储蓄的计息方法。审查计算机计息程序是否完善,如错账冲正、串户调整、计算机调整的计息积数是否正确。审查有无从利息支出中开支不属于利息支出范围的费用支出。

(四)检查存款准备金和备付金是否合规

主要是审查存款准备金的缴存范围和比例;复算存款准备金的应缴数和备付金的应保留数,复算出商业银行在审计期间各月应缴纳存款准备金和应保留的备付金数额。

核对商业银行在中国人民银行的存款账户上的存款准备金和备付金实际余额情况,如果应缴或者应保留数大于实际金额数,则表明商业银行存在着少缴、漏缴存款准备金或存款备付金不足的问题。

第四节　非银行金融机构审计

非银行金融机构审计主要指对国有全资及控股的保险业和证券业等非银行金融机构的审计。

一、保险业务审计

保险业务审计是审计机关依法对保险公司的会计资料及其所反映的相关业务、财务收支情况进行的监督和审查核实。

(一)保险业务审计概述

1.保险业务审计的内容

保险业务审计包括以下内容:审查保险展业、防灾和理赔工作是否做到合法、合理、真实和有效;审查财务收支和各项经济活动是否正确、真实与合法;审查是否管好、用好流动资金;对固定资产管理进行审计监督;对专项基金进行审计监督;对保险企业偿付能力的审计监督;对内部控制制度的健全、有效及执行情况进行监督检查。

2.保险业务审计的主要风险

保险公司业务审计的风险源于保险公司业务的特点:(1)由于保险公司的产品是保险合同,而与合同相关的是一系列不确定性问题,这些问题一直到保险合同到期才能有确定的答案。以寿险合同为例,寿险合同期限一般很长,与其相关的实际死亡率、投资回报率和通货膨胀率与订立保单时的预期常常会出现较大的差距,从而为保险公司的经营风险带来较大的风险;财险合同也面临预期损失率与实际损失率发生重大偏差的经营风险。

这些业务的不确定性为审计判断带来了较大的风险。(2)由于保险资金投资结构的不断变化,投资渠道也日益多元化,这在加大保险资金和保险公司经营风险的同时也增加了审计风险。(3)由于保险行业有准备金、其他负债准备金和再保险准备金的要求,需要充足、可靠、客观地提取各类准备金,以具备足够的偿付能力,并实现风险转移的有效性,这也是保险公司业务审计中的一个重要风险点。(4)保险公司复杂的管理体制和业务经营既增加了保险公司的经营风险,也加大了审计风险,形成复杂的审计难点。

(二)保险业务审计的具体内容

1.保险业务内部控制测试

(1)在产品开发方面,主要测试:是否成立产品开发领导和决策机构,并明确精算责任人和法律责任人的责任;是否建立并实施产品开发管理程序,并对新产品的开发、论证、审核等进行控制,对产品的销售、盈利和风险情况进行定期跟踪分析。

(2)在销售管理方面,主要测试:是否建立并保持书面程序,对销售人员或机构的甄选、签约、解约、薪酬、考核、档案、品质管理、宣传材料管理等进行控制;是否定期对销售人员进行专业培训和职业道德教育,建立销售人员失信惩戒机制;是否对于销售过程中已识别的风险,建立并保持控制程序,并将有关程序和要求及时通报销售人员或机构,确保其遵守寿险公司相关的控制要求;是否建立并实施客户回访制度,按照有关规定确定客户回访范围和内容,对客户反馈信息进行分析整改并定期跟踪。

(3)在核保核赔管理方面,主要测试:是否建立明确的核保核赔标准,并实施权责明确、分组授权、相互制约、规范操作的承保理赔管理机制;是否明确核保核赔人员的适任条件,定期对核保核赔人员进行培训,确保核保核赔人员具有专业操守并勤勉尽职。

(4)在服务质量管理方面,主要测试:是否建立并实施业务操作标准和服务质量标准;是否对销售、承保、保全、理赔等活动的服务质量进行规范管理,并建立客户服务质量考评机制和咨询投诉处理中发现的问题进行核实、分析、反馈,以进行整改和跟踪监督。

(5)在再保险管理方面,主要测试:是否对不相容职务进行了规定并实施定期或不定期轮岗制度;是否保持了完整、准确的会计记录,并及时完整、准确地提供会计信息,建立、健全财务会计系统;会计处理是否遵循国家财政部门的统一规定;是否对资金进行了统一管理,严格控制费用开支,实行财务双签制度;是否定期核对库存现金和银行存款账户,保证库存现金和银行存款的安全;是否建立了独立的内部稽核审计制度,并配备一定比例的专职稽核审计人员。

2.实施实质性测试

在对保险业务内部控制分析评价的基础上,进行实质性测试,具体包括:对各账户余额进行试算平衡,核对明细账、总账余额;选取具有代表性的保险样本核对有关保险合同、报废收取凭证、理赔和退保支付凭证、跟踪记录、投资业务有关凭证等内容;直接与经纪人、客户确认保单相关金额;审查所有的大额非正常项目(包括退保、理赔及出现于客户发生纠纷的项目);对重要保险项下的合同、单据进行大比例抽查;对保费收入、赔款支出、未决赔款、险种结构、责任限额、案均赔款、损失率等数据进行核实和分析,对经营状况、险种盈亏、业务流程的管理情况做出客观评价。

此外,对保险准备金的审计要作为一个专门的重要内容进行。在《企业会计准则》

(2006)所规定的会计科目及报表中,对保险业务的准备金有比较详细的划分。包括"长期健康险责任准备金"科目、"应收分保未到期责任准备金"科目、"应收分保未决赔款准备金"、"应收分保寿险责任准备金"科目、"未到期责任准备金"科目、"未决赔款准备金"科目、"寿险责任准备金"科目、"应收分保长期健康险责任准备金"科目、"存出资本保证金"科目、"一般风险准备"科目。在对这些科目进行审计时除了要注意科目金额的核对外,还应该计算、分析其提取比例,并与相关规定相对照,审核其合规性。

二、证券业务审计

(一)证券业务审计的风险

1.政策不完备引发的风险。由于我国证券业发展比较晚,证券业政策、法规不完善且相对变化频率较快,这不仅给证券公司的经营带来很大的风险,也给审计依据、方法、标准等方面带来风险。

2.证券公司违规引发的风险。由于我国证券业发展的特殊历史条件、相关法律建设的现状及证券业巨大利润的诱惑,使得我国股市发育尚不成熟,证券公司有意无意地违规成为普遍现象。这势必使审计人员面临更大的审计风险。

3.证券业务本身的风险。根据《中华人民共和国证券法》的规定,证券公司必须将其证券经济业务、证券承销业务、证券自营业务和证券资产管理业务分开办理,不得混合操作。由于证券公司内部管理薄弱,这个原则得不到完全、严格的遵循,因此也会产生风险。

4.因规避各种税收产生的风险。由于我国各地有一定的税收优惠自主权,因此出现了一些证券公司为了纳税的原因将收入转到亏损的总部或营业部,或将收入转到对证券公司的所得税有优惠政策的城市的营业部,而在经营所在地不办理任何手续,以达到隐藏经营收入和其他应税收入的目的。

5.计算机技术带来的审计风险。计算机在该业务范围内的广泛覆盖,一方面对审计人员的计算机水平提出了较高的要求,另一方面也因程序本身的人为问题或程序缺陷造成的问题而加大了审计风险。

(二)证券业务审计的内容

1.证券业务内部控制测试

(1)公司经营的合规性测试,主要包括:公司(包括证券营业部,下同)是否有经营经纪业务的许可;重要岗位(如证券营业部负责人、财务主管和电脑主管等)是否在回避的基础上实行委派制和定期轮换制;公司负责经纪业务管理的高级管理人员是否有相应的证券从业资格;公司拨付下属证券营业部的营运资金总额是否超过其注册资本金的80%;公司对所属营业部的客户交易结算资金的管理模式是否适合公司的实际经营状况、能否保证资金安全;公司的网络系统是否能随时反映或掌握所属营业部的交易情况(即时的或隔天的);公司下属证券营业部是否以合资、合作方式设立,是否存在以承包、租赁方式经营的情况,是否有伪造、涂改、出租、出借、转让许可证的行为;公司下属证券营业部是否下设证券服务部,下设的证券服务部是否获得中国证券会的批复;公司是否下设其他远程服务终端,其远程服务终端是否以合资、合作方式设立,是否存在以承包、租赁方式经营的情况,其他远程终端是否有演变成营业场所的情况等。

(2)投行业务测试控制情况测试,主要包括:公司是否建立投行业务的风险责任制;公司投行业务的操作流程是否根据投行业务和证券品种的不同制定不同的操作流程作业标准和风险防范措施;公司投行业务是否存在内核程序;公司是否建立发行人质量评价体系;公司承揽业务时是否为客户提供资金或替客户贷款提供担保。

(3)自营业务控制情况测试,主要包括:公司经纪业务是否与自营业务、资产管理业务严格分开,是否有制度做保证;公司自营业务有无明确的授权、审批程序;公司自营业务的决策程序和操作程序,自营业务的管理、操作部门、资金结算部门与会计核算部门是否相互分离、相互监督;公司自营业务所使用的账号,是否以个人账户进行;公司有无挪用客户交易结算资金用于自营业务;公司自营业务的核算方法是否符合准则要求;公司转入下属营业部的自营资金和自营证券是否单独核算;公司自营业务有无保密措施;公司有无从其他金融机构或企业拆借资金的情况。

(4)资产管理业务控制测试,主要包括:公司有无专门部门负责资产管理业务,是否统一承揽业务;公司是否以任何方式对客户受托资产的收益或者赔偿代管理资产的损失做出承诺;受托资金的投资形式是否合法;公司受托资金投资是否有授权、审批程序;资产管理业务的管理部门、操作部门、资金结算部门与会计核算部门是否相互分离、相互监督;公司受托资产投资股票、债券所使用的账号,是否以个人账户进行受托资产投资业务;公司受托资金是否专户存放,并与股民保证金分开。

2.实施实质性测试

在对证券业务内部控制测试的基础上,进行实质性测试,具体包括:对各账户余额进行试算平衡,核对明细账、总账余额;选取具有代表性的业务样本核对有关开户、投资、保管,跟踪记录有关凭证等内容;直接与相关银行、经纪人、客户确认相关金额;审查所有的大额非正常项目(包括开户、交易项目);对大额客户的交易单据、记录进行大比例抽查、核对;对证券承销业务收入、受托客户资产管理业务收入、利息收入、投资收益等收入的金额、结构进行核实和分析;对经营状况、业务盈亏、业务流程的管理情况做出客观评价。

对《企业会计准则》(2006)重新划定核算范围的专业性科目,包括"客户资金存款""结算备付金""拆入资金""拆出资金""衍生金融负债""交易性金融资产""卖出回购金融资产款""衍生金融资产""代理买卖证券款""代理承销证券款""存出保证金""一般风险准备""代理买卖证券业务净收入""证券承销业务净收入""受托客户资产管理业务净收入""代理兑付证券"等进行重点核定。

第五节　国家金融审计实施现状①

2016 年以来,全球经济复苏艰难且分化加剧,国内经济下行压力加大,随着国家供给

---

① 吴勋,朱睿君.国家金融审计实施现状刍论——基于 2004—2016 年金融审计结果公告[J].财会月刊,2017(31):118-122.

侧结构性改革的实施,"一带一路"、自贸区建设、京津冀协同发展和长江经济带建设等发展战略的推进,金融行业助推实体经济发展的作用日益增强,金融监管对于维护国家经济安全意义重大。我国政府历来重视金融行业监管,李克强总理在 2015 年政府工作报告中提出要"创新金融监管,防范和化解金融风险";《国务院关于加强审计工作的意见》也明确指出要"实现审计监督全覆盖,发挥审计促进国家重大决策部署落实的保障作用"。随着国家审计在国家治理中的基石和保障作用日渐凸显,金融审计作为国家审计的重要组成部分,必定要立足于服务国家治理的新高度,防范金融风险,揭露金融领域弊端,促进金融行业持续健康发展,维护国家金融安全,为政府宏观决策和政策制定提供依据(刘家义,2012)。

事实上,国家金融审计结果公告可以追溯至审计署 2004 年 11 月 1 日发布的《中国工商银行 2002 年度资产负债损益审计结果》,其围绕中国工商银行的基本情况、主要问题、审计处理和建议、审计整改情况等进行了相应披露。国家金融审计结果公告制度已历时 13 年,国家金融审计结果公告具备哪些基本特征?金融审计揭露了哪些违规问题?针对以上疑问,我们选取审计署 2004—2016 年金融审计结果公告为研究样本,统计分析国家金融审计数量、内容与审计发现,进而提出国家金融审计改进建议,促进国家审计监督全覆盖。

1.国家金融审计结果公告数量

审计署自 2003 年 12 月发布第一份审计结果公告以来,截至 2016 年年底,共发布了 262 份审计结果公告,涉及金融业的共计 64 份,占比 24.43%,被审计金融单位共计 78 家。

2.国家金融审计对象

截至 2016 年年底,审计署累计审计了 78 家金融单位,其中金融监管机构(包括人民银行、证监会、银保监会,简称"一行两会")42 家、银行业金融机构(包括商业银行和政策性银行)22 家,非银行业金融机构(包括保险公司、资产管理公司和综合性金融机构)14 家。金融审计对象从监管机构到政策性银行、商业银行、保险公司、资产管理公司等,覆盖面广。其中,对金融监管机构的审计力度最大,每年均有涉及;其次是银行业金融机构,每年抽查一部分单位;证券公司、保险公司等非银行业金融机构审计力度欠佳,金融审计仍具备广阔的推广实施空间(陈艳娇、易仁萍,2009)。

3. 国家金融审计的内容

根据审计内容的不同,国家金融审计主要分为两类:预算执行和财务收支审计、资产负债损益审计。前者主要针对"一行两会"等财政预算单位,后者主要针对各类金融机构。预算执行和财务收支审计反映预算资金的使用是否按照既定用途、是否超出规定标准和范围,以及财务收支的真实性、合法性,该类审计的被审计金融单位有 44 家,占比 56.41%。资产负债损益审计反映了相关单位经营状况、内部管理和财务核算,该类审计的被审计金融单位有 34 家,占比 43.59%。国家金融审计内容仍然以预算执行和财务收支审计为主,随着审计监督全覆盖的推进以及对各类金融机构审计力度的提升,资产负债损益审计将在金融审计中占据更大的比例。伴随金融业的快速发展,国家金融审计也在不断探索革新审计内容和方法。表 10-1 展示了历年金融审计具体内容的变化情况。

表 10-1　审计署历年金融审计具体内容

金融审计类型	时期	具体内容
预算执行和财务收支审计	2004—2013 年	预算执行、财务收支
	2014—2016 年	预算执行、财务收支、下属单位
资产负债表损益审计	2004—2012 年	违规经营、经营管理的薄弱环节、财务管理、涉嫌违法犯罪案件线索
	2013—2014 年	违规经营、经营管理的薄弱环节、财务管理
	2015 年	经营绩效、风险管控、廉洁从业
	2016 年	财务收支、重大决策制定和执行、业务经营、风险管理和内部控制、廉洁从业

由表 10-1 可知,预算执行和财务收支审计的内容变化不大,基本形成了以预算执行和财务收支两方面内容为主的审计框架。而资产负债损益审计的内容近年来趋于多样化,审计覆盖面逐渐扩大,开始注重单位的经营绩效、风险管理、内部控制和对国家重大经济政策的部署落实情况,在合规性审计方法基础上逐渐引入绩效审计手段。但资产负债损益审计的内容连贯性较差,可能影响不同年度审计结果的可比性。

4.国家金融审计发现的问题与整改反馈

金融审计发现的问题资金和违法案件情况。截至 2016 年年底,国家金融审计共查出问题资金 5 126.15 亿元。根据金融审计结果公告,历年查处的各领域问题资金如表 10-2 所示。对于审计查出的问题中涉嫌违法犯罪的案件线索,审计署已移送至有关部门进一步调查处理。截至 2016 年年底,相关部门已办结 489 起案件和事项,其中涉及金融领域的共计 104 起,占比 21.27%。犯罪人员涉及金融机构负责人、民营企业业主、国家公务人员等。

由表 10-2 可知,2004—2016 年银行业金融机构查处的问题资金数额最大,违规违纪行为最严重;但历年问题金额并未呈现出相对稳定的数量特征,主要原因是每年被审计单位数量、规模及审计内容不同,造成历年问题金额可比性较差。由表 10-3 可知,审计发现的重点违法犯罪领域在于骗取贷款、贪污贿赂和失职渎职,反映了相关金融机构在内部控制和经营管理中存在显著问题,亟待解决。整体而言,国家金融审计在打击金融领域违法犯罪、保护国有资产安全、维护金融市场秩序方面发挥了重要作用。

表 10-2　金融审计发现问题资金额

单位:亿元

年份	金融监管机构	银行业金融机构	非银行金融机构	合计
2004	0.00	227.14	0.00	227.14
2006	12.77	528.76	467.89	1009.42
2007	3.00	127.36	0.00	130.36

续表

年份	金融监管机构	银行业金融机构	非银行金融机构	合计
2008	1.85	478.47	23.53	503.85
2009	9.24	0.00	0.00	9.24
2010	6.09	199.39	3.64	209.12
2011	3.68	0.00	30.23	33.91
2012	3.75	207.09	0.00	210.84
2013	3.67	351.04	0.00	354.71
2014	20.40	191.95	0.00	212.35
2015	13.33	665.40	106.40	785.13
2016	11.65	1129.25	299.18	1440.08
合计	89.43	4105.85	930.87	5126.15

注:审计署未发布2005年金融审计结果公告

5.金融审计发现的问题分类

历年来国家金融审计发现的违规违纪问题可以划分为三大领域:金融监管机构问题、银行业金融机构问题、非银行业金融机构问题。我们对每个被审计单位发现的问题进行逐条浏览、分类、整理,对披露的问题金额所占比例进行了统计。具体分析如下:

(1)金融监管机构问题。对金融监管机构的审计并不是单独进行的,而是包含在每个年度的中央预算执行和其他财务收支审计中。图10-1显示了金融监管机构违规问题分类及违规金额占比。其中:预算用途变更包括未经批准在不同科目、项目间调剂使用资金,自行挪用、挤占、截留资金等;超预算列支包括自行提高支出标准以及超预算标准支出,在公用支出和项目支出中列支人员经费,无预算安排支出,无依据发放奖金补贴等;财务收支不实包括虚列、多计支出、少计收入等;会计核算违规包括账外存放资金资产、报销凭证不合规、长期挂账问题等;下属单位违规包括损益不实,财务管理不规范,薪酬管理有问题,业务经营违规等;其他问题包括未严格执行政府采购规定、未按程序购置固定资产,结余资金管理不合规,招标不规范,违规收取费用等。

由图10-1可知,下属单位违规、财务收支不实、会计核算违规、超预算列支是金融监管机构违规的重点领域,反映了监管机构对下属单位管控不足、财务管理薄弱、预算执行不严格的问题。与此同时,预算用途变更、超预算列支、财务收支不实、会计核算违规问题屡有发生,金融审计"屡审屡犯、屡犯屡审"的现象成为国家审计亟待解决的问题。

(2)银行业金融机构问题。与对金融监管机构的审计不同,对银行业与非银行业金融机构的审计按计划专门进行,审计结果公告单独列示。银行业金融机构的违规问题可分为七类:违规存款业务、违规贷款业务、违规票据业务、其他违规业务、违反财务法规、下属单位违规、其他问题。其他违规业务包括违规处置不良资产、违规收取咨询费等;违反财务法规主要包括违规列支人员经费、虚假发票报账、账外存放资金、少计收入、虚列支出等;其他问题包括重大决策的制定和执行、廉洁从业等。具体如图10-2所示。

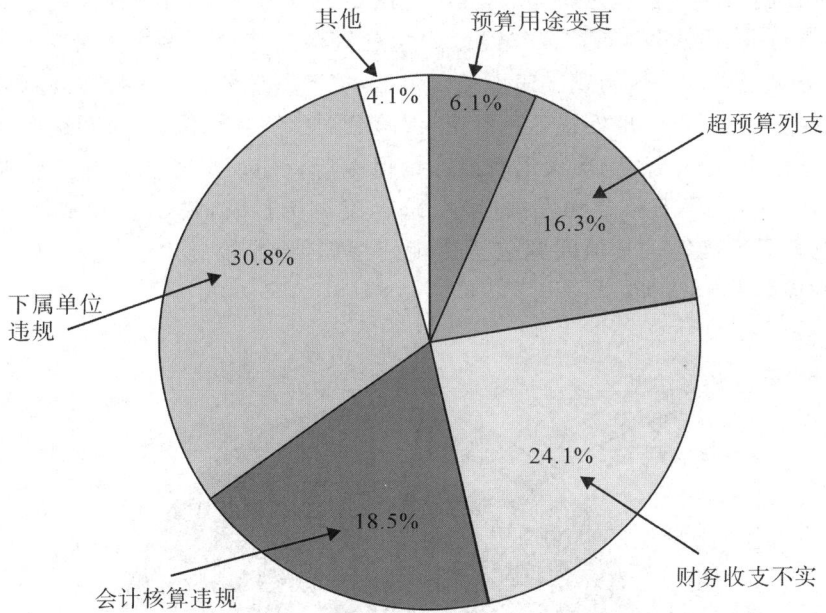

图 10-1　金融监管机构违规问题分类

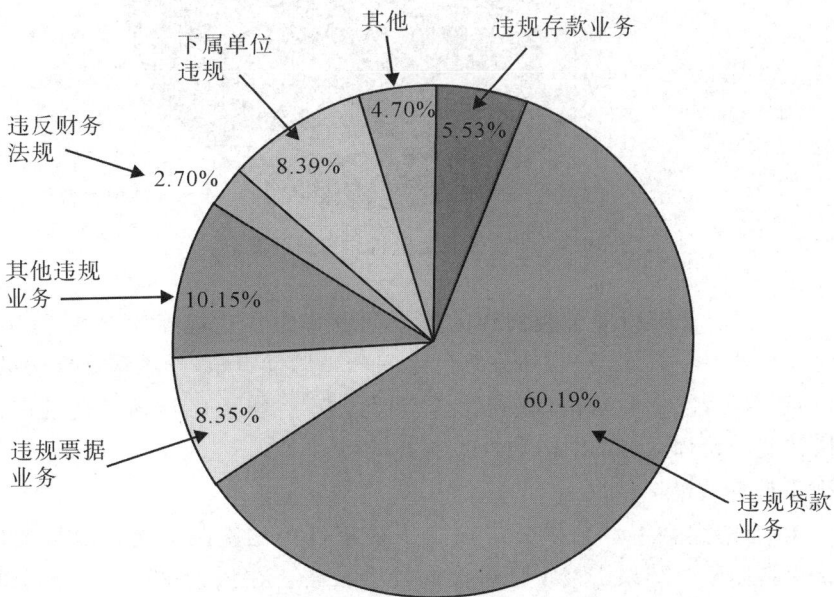

图 10-2　银行业金融机构违规问题分类

　　由图 10-2 可知,贷款业务是银行业金融机构违规违纪的重灾区,违规金额占比达到 60.19%。具体而言,银行业金融机构在贷前审核、贷后资金用途监督、处置不良贷款等环节存在严重问题,涉嫌违法犯罪的案件频繁发生。分析可知,有的问题出自银行本身,有的出自外部,有的出自内外勾结。因此,审计机关应加强这方面的跟踪审计力度,倒逼银行改善内部控制与风险管理薄弱环节,杜绝违法犯罪行为,降低各类损失风险。

(3)非银行业金融机构问题。非银行业金融机构的违规问题主要分为三类:违规经营、违反财务法规以及其他问题。违规经营包括:资产管理公司的收购违规剥离的不良资产以及违规、不规范、不合理处置不良资产,保险公司的违规承保、支付手续费变相返还保费、扩大理赔范围、账外经营、虚假退费或注销保单等。违反财务法规包括违规挪用处置回收资金、违规列支职工年金和发放补贴、跨年度调节保费收入、多计费用、私设"小金库"、会计核算不准确等。其他问题包括违规处理国债、违规过户法人股、不能廉洁从业等。具体构成如图 10-3 所示。

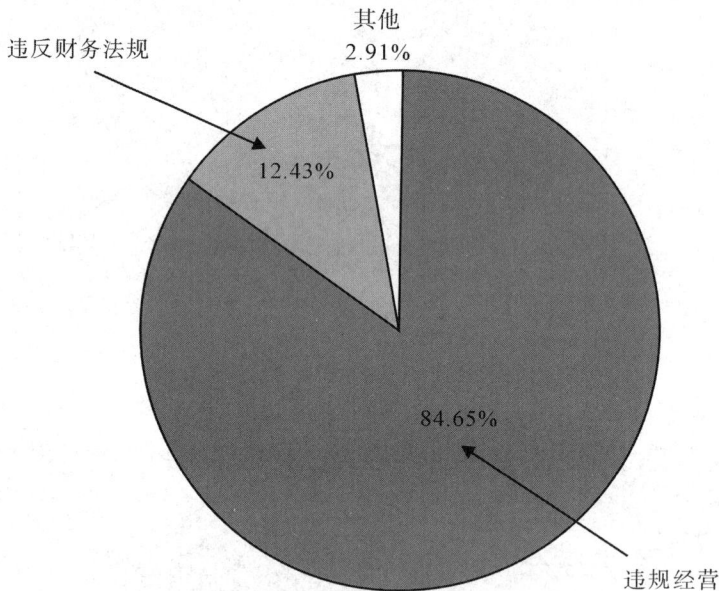

图 10-3 非银行业金融机构违规问题分类

由图 10-3 可知,非银行业金融机构的违规问题集中在违规经营领域,这表明随着资产管理和保险行业竞争日趋激烈,部分单位之间产生恶性竞争,导致诸如保险公司管理混乱、中介市场经营混乱、保险营销秩序混乱等问题。审计机关应当通过金融审计,促使相关金融机构转变经营理念、深化体制改革、强化行业监管。

6. 金融审计整改反馈情况

2013 年以前的金融审计结果公告披露了被审计单位整改进度和取得的成效,2013年之后调整为具体整改结果由被审计单位向社会公告。在描述整改反馈情况时,审计署使用了"高度重视""正在组织进行整改""已取得初步成效"等术语。这里将金融审计整改反馈情况分为已整改、正在整改、另行披露三类进行统计,统计结果如表 3 所示。

从整体来看,被审计单位整改反馈由以"已整改"为主逐渐转变为以"正在整改"为主,再转变为以"另行披露"为主。这表明随着审计内容逐渐广泛深入,被审计单位整改反馈有所滞后。除此之外,另行披露的方式虽然使被审计单位有充分的时间进行整改,但也可能会降低审计整改反馈的关注度,影响审计结果公告的权威性和威慑力。

表 10-3　金融审计整改反馈情况　　　　　　　　　　　　　　　　　单位:%

年份	已整改	正在整改	另行披露
2004	100.00	0.00	0.00
2006	85.71	14.29	0.00
2007	57.14	42.86	0.00
2008	66.67	33.33	0.00
2009	25.00	75.00	0.00
2010	0.00	100.00	0.00
2011	33.33	66.67	0.00
2012	28.57	71.43	0.00
2013	0.00	57.14	42.86
2014	0.00	0.00	100.00
2015	0.00	0.00	100.00
2016	0.00	0.00	100.00

◼ 思考题

1.金融审计的目的和特征有哪些?

2.中央银行财务收支审计的主要依据有哪些?

3.中央银行财务计划审计的要点有哪些?

4.如何通过商业银行审计提高商业银行应对金融危机的实力?

5.保险业务审计的主要风险是什么? 造成这些风险的主要原因是什么?

6.证券业务审计的主要风险是什么? 如何通过审计降低风险?

第十一章　国有企业审计

第一节　国有企业审计概述

一、国有企业的含义和种类

（一）国有企业的含义

《中共中央、国务院关于深化国有企业改革的指导意见》（2015）指出，国有企业属于全民所有，是推进国家现代化、保障人民共同利益的重要力量，是我们党和国家事业发展的重要物质基础和政治基础。这里的国有企业，是指国家对其资本拥有所有权或者控制权，政府的意志和利益决定国有企业的行为。国有企业是国民经济发展的中坚力量，是中国特色社会主义的支柱。

（二）国有企业的种类

根据国有资本的战略定位和发展目标，结合不同国有企业在经济社会发展中的作用、现状和发展需要，可以将国有企业分为商业类和公益类。通过界定功能、划分类别，实行分类改革、分类发展、分类监管、分类定责、分类考核，提高改革的针对性、监管的有效性、考核评价的科学性，推动国有企业同市场经济深入融合，促进国有企业经济效益和社会效益有机统一。按照谁出资谁分类的原则，由履行出资人职责的机构负责制定所出资企业的功能界定和分类方案，报本级政府批准。各地区可结合实际，划分并动态调整本地区国有企业功能类别。

商业类国有企业按照市场化要求实行商业化运作，以增强国有经济活力、放大国有资本功能、实现国有资产保值增值为主要目标，依法独立自主开展生产经营活动，实现优胜劣汰、有序进退。主业处于充分竞争行业和领域的商业类国有企业，原则上都要实行公司制股份制改革，积极引入其他国有资本或各类非国有资本实现股权多元化，国有资本可以绝对控股、相对控股，也可以参股，并着力推进整体上市。对这些国有企业，重点考核经营业绩指标、国有资产保值增值和市场竞争能力。

主业处于关系国家安全、国民经济命脉的重要行业和关键领域、主要承担重大专项任务的商业类国有企业，要保持国有资本控股地位，支持非国有资本参股。对自然垄断行业,实行以政企分开、政资分开、特许经营、政府监管为主要内容的改革,根据不同行业特点实行网运分开、放开竞争性业务,促进公共资源配置市场化;对需要实行国有全资的企业,也要积极引入其他国有资本实行股权多元化;对特殊业务和竞争性业务实行业务板块有效分离,独立运作、独立核算。对这些国有企业,在考核经营业绩指标和国有资产保值增值情况的同时,加强对服务国家战略、保障国家安全和国民经济运行、发展前瞻性战略性产业以及完成特殊任务的考核。

公益类国有企业以保障民生、服务社会、提供公共产品和服务为主要目标,引入市场机制,提高公共服务效率和能力。这类企业可以采取国有独资形式,具备条件的也可以推行投资主体多元化,还可以通过购买服务、特许经营、委托代理等方式,鼓励非国有企业参与经营。对公益类国有企业,重点考核成本控制、产品服务质量、营运效率和保障能力,根据企业不同特点有区别地考核经营业绩指标和国有资产保值增值情况,考核中要引入社会评价。

除此之外,我们还可以根据其规模大小,将国有企业划分为国有大中型企业和国有小微企业;根据其是否上市流通,划分为国有上市企业和国有非上市企业等。

二、国有企业审计的目标

国有企业审计目标是指国有企业审计实践活动的预期效果和最终境地。根据公共受托责任关系理论,国有企业审计的总目标在于独立地提供国有企业所承担的公共受托责任履行情况的鉴证信息。其具体审计目标要素包括:

1.真实性。真实性是指反映各项活动的财务报告等经济信息与实际情况相符合的程度。目前,真实性审计主要是国有企业财务报告审计。

2.合规性。合规性是指国有企业的各项活动遵守相关的法律法规或者规章情况。合规性审计是对国有企业各项活动是否遵守相关的法律法规或者规章的审计,它本质上是一般意义上的合规性审计或遵循性审计。目前,对于国有企业,还没有专门针对业务活动和管理活动的合规性审计,只有针对财务活动的合规性审计。

3.效益性。效益性是指各项活动实现的经济效益、社会效益和环境效益。效益性审计就是对国有企业各项活动的经济效益、社会效益和环境效益所进行的独立监督、评价和鉴证活动,亦称绩效审计,或者管理审计、经营审计。一般来说,以企业为对象的效益性审计称为管理审计或经营审计,以行政事业单位为对象的效益性审计称为绩效审计。

从中可以看出,国有企业审计目标是非常丰富的,既包括真实性或公允性、合规合法性,又包括效益性。由于国有企业审计目标存在差异性,为了顺利达成审计目标,其业务开展呈现多样性的特性。

三、国有企业审计的内容

国有企业审计的内容是审计主题与审计目标的有机统一。一般来说,国有企业审计的内容主要包括:

1.审查国有企业会计信息的真实性和经济活动的合法性。重点关注国有企业的损益状况、资产质量、负债情况,揭露和查处弄虚作假等重大违法违规问题,维护国有资产安全。重点关注国有企业治理结构及内部控制制度的建立和执行情况,推动国有企业加强内部管理。

2.审查国有企业经营中的突出问题和绩效状况。加强对重要经营领域和关键环节的监督,加强对重大决策、重大项目、资金使用、资源利用等相关权力和责任的监督,促进国有企业健全权力运行机制。揭示影响国有企业科学发展的突出矛盾和重大风险,维护国有企业和国家经济安全,促进深化改革和完善制度。

3.审查国有企业落实国家宏观经济政策、履行社会责任情况。重点关注国有企业贯彻执行国家战略性结构调整、发展战略性新兴产业、提升核心竞争力、增强自主创新能力、实施节能减排等重大决策部署和宏观政策措施的情况,深入分析企业经济活动与国家方针政策之间的内在关联,促进国家方针政策和相关法律法规的贯彻落实。

第二节　国有企业财务报告审计

一、国有企业财务报告审计目标

国有企业财务报告审计目标是指国有企业财务报告审计实践活动的预期效果和最终境地,其总目标在于独立地提供国有企业财务报告是否真实或公允的鉴证信息,其具体审计目标要素包括真实性、公允性和正确性。根据国家审计关系理论,国有企业财务报告审计的执行主体主要是国家审计机关或政府审计机关,但是参照国内外惯例,关于国有企业财务报告审计的计划管理和任务安排,其模式有两种:一是对于国有非上市企业财务报告的审计,可以由国家审计机关直接承接。国家审计机关及其人员主要检查国有企业财务报告的编制是否符合有关会计准则和会计制度规定,在所有重大方面是否真实或公允地反映了国有企业的财务状况、经营成果、现金流量以及净资产的变动情况。二是对于国有上市企业财务报告的审计,有关主管部门(如国有资产管理部门)可以将这些国有企业财务报告审计业务外包。例如,可以委托给会计师事务所及其人员执行审计。国家审计机关及其人员有权对会计师事务所及其人员出具的国有企业财务报告审计报告进行专业复核,并重点检查会计师事务所是否出具了不实审计报告,或者对影响国有企业信息质量的重大问题未披露和发表意见等问题。

二、国有企业财务报告审计内容

国有企业财务报告审计内容是审计主题与审计目标的有机统一。在财务报告审计中,其审计主题主要是国有企业财务报告等经济信息,国有企业财务报告审计总目标主要是真实性、合法性和公允性。

　　国有企业财务报告审计是基于管理层对(受托责任)认定的业务,国家审计机关或者会计师事务所应该事先基于管理层认定(或声明),对国有企业财务报告审计总目标进行分解,并据以确定其具体审计目标,然后以具体审计目标的分解为前提,科学确定国有企业财务报告审计的内容。其中,如何基于管理层认定(或声明),对财务报告审计总目标进行分解是关键环节。

　　这里管理层认定(或声明)主要包括存在与发生、权利与义务、完整性、估价与分摊、表达与披露。国家审计机关或者会计师事务所应该基于交易或事项、期末账户余额、列报等认定层面,对财务报告审计总目标进行合理分解。

三、国有企业财务报告审计中发现的常见问题

(一)虚增销售收入

　　通过收入来粉饰财务报表是舞弊者最常用的手法,而且虚增销售收入也有多种不同的手段。以下列示几种最常见的虚增销售收入的舞弊手法。

　　1.提前确认收入。这一舞弊手段经常与会计人员错误的职业判断联系在一起,即将不符合收入确认条件的业务确认为收入。例如,在尚未销售商品或提供服务时就确认收入;对发出商品以及委托代销等业务提前确认商品销售收入;将向附属机构出售产品确认为收入;在客户对该项销售有终止、取消或递延的选择权时过早确认收入。

　　2.虚构客户。通过伪造顾客订单、发运凭证和销售合同,开具税务部门认可的销售发票等手段来虚拟销售对象及交易;或虽以真实客户为基础,但在原销售业务的基础上人为扩大销售数量,使公司在该客户下确认的收入远远大于实际销售收入;或在报告日前作假销售,同时增加应收账款和营业收入,再在报告日后以质量不符合要求等名义做退货处理,从而虚增当期利润。

　　3.扩大销售核算范围。将销售回购、售后租回等业务确认为收入;将委托加工业务的加工发出以及收回,通过对开发票方式分别确认为销售以及购买业务;将非营业收入虚构为营业收入。

　　4.进行三方交易。这种舞弊手段最简单,就是互相交易,彼此虚增资产和收益,这种伎俩最适用的场所是一方提供劳务,另外一方提供商品。由于直接对调容易引起怀疑,国有企业会经过中间桥梁公司,X卖给Y,Y卖给Z,Z再卖给X。

(二)任意递延费用

　　1.调整跨期费用。将一些已经实际发生的费用作为长期待摊费用、待处理财产损失等项目入账,而这些项目不是企业真实的资产,只是一种虚拟的资产,为企业操纵利润提供了一个费用和损失的"蓄水池",企业通过递延摊销、少摊销或不摊销已经发生的费用来虚增当期利润。企业为了达到目的,常常人为调节广告费用、折旧费用、研发费用、预计损失、无形资产摊销等费用的计提或摊销的依据和比例。固定资产、无形资产折旧及摊销期限的延长或缩短均可使当期费用减少或增加。

　　2.收益性支出资本化。故意混淆利息资本化与费用化的界限,将期间费用以及应当与本期收入配比的营业成本等列作长期资产,以此虚增利润。

(三)不当的会计政策和会计估计

会计计量本来是以历史成本为基础的,但是为了稳健,采用历史成本与市场价值孰低原则,于是产生了资产减值,这些交易或事项往往没有交易记录的支持,没有客观的证据,需要人为估计。因为有估计,就必然有误差,财务人员就可以利用估计达到隐蔽舞弊的目的。在当前的准则体系下,对会计政策的运用存在很大的可选择空间,两个同样规模的公司,如果销售收入也相同,但是会计政策选择不同的话,收益也是不同的。

(四)关联交易

利用关联方交易虚增利润、粉饰报表是国有企业常用的手段。但是大额的关联方交易易于被察觉,小额的关联方交易又不能起到粉饰报表的作用,因此,企业通过各种手段使关联交易非关联化。

(五)隐瞒应披露事项

隐瞒重大担保、重要的或有事项或者重大关联交易等严重影响企业持续经营的活动,都会造成信息使用者的重大信息误解。

(六)长期搁置历史遗留问题

企业领导对处理任前形成的历史遗留问题,往往比较消极,致使一些遗留问题一任传一任,时间越来越长,问题也越难解决。例如,对可能导致利润减少的历史遗留问题从主观上不愿去处理,以避免对任期内政绩的不利影响,包括:多年遗留的不良长期投资、多年形成的呆坏账往来款、多年形成的潜在亏损等;历史遗留的对外担保、一直存在的超额发放职工薪酬问题、下属公司改制问题。

四、国有企业财务报告审计程序

国有企业财务报告审计取证模式与所有上市公司财务报告审计取证模式基本保持一致。根据现代风险导向审计模式(国外称经营风险审计或战略系统导向审计),国有企业财务报告的审计程序包括四个基本步骤:了解被审计单位及其环境,了解被审计单位的内部控制,评估重大错报风险以及针对重大错报风险计划实施的进一步审计程序(尹平、郑石桥,2015)。

(一)了解被审计单位及其环境

审计人员应当从下列方面了解被审计单位及其环境:(1)行业状况、法律环境与监管环境以及其他外部因素;(2)被审计单位的性质;(3)被审计单位对会计政策的选择和运用;(4)被审计单位的目标、战略以及相关经营风险;(5)被审计单位财务业绩的衡量和评价。

行业状况主要包括:(1)所处行业的竞争状况;(2)业务经营的季节性和周期性;(3)生产或服务技术的变化;(4)能源供应与成本;(5)行业的关键指标和统计数据。

法律环境及监管环境主要包括:(1)适用的会计准则、会计制度和行业特定惯例;(2)对业务活动产生重大影响的法律法规及监管活动;(3)对开展业务产生重大影响的政府政策,包括货币、财政、税收和贸易等政策;(4)与被审计单位所处行业和所从事业务活动相关的环保要求。

其他外部因素主要包括:(1)宏观经济的景气度;(2)利率和资金供求状况;(3)通货膨胀水平及币值变动;(4)国际经济环境和汇率变动。

被审计单位性质:所有权结构、治理结构、组织结构、业务活动、投资活动、筹资活动。

被审计单位对会计政策的选择和运用:重要项目的会计政策和行业惯例,重大和异常交易的会计处理方法,在新领域和缺乏权威性标准或共识的领域采用重要会计政策产生的影响,会计政策的变更,被审计单位何时采用以及如何采用新颁布的会计准则和相关会计制度。

被审计单位的目标、战略以及相关经营风险:目标、战略与经营风险,经营风险对重大错弊风险的影响。

被审计单位财务业绩的衡量和评价:(1)关键业绩指标;(2)业绩趋势;(3)预测、预算和差异分析;(4)管理层和员工业绩考核与激励性报酬政策;(5)分部信息与不同层次部门的业绩报告;(6)与竞争对手的业绩比较;(7)外部机构提出的报告。

(二)了解被审计单位的内部控制

1.在整体层面对内部控制进行了解和评估,主要是内部环境因素。

2.在交易层面了解内部控制。通常采取下列步骤:确定被审计单位的重要业务流程和重要交易类别;了解重要交易流程,并记录获得的信息;确定可能发生错弊的环节;识别和了解相关控制;执行穿行测试,证实对交易流程和相关控制的了解;进行初步评价和风险评估。

(三)评估重大错报风险

1.在了解被审计单位及其环境的整个过程中识别风险,并将识别的风险与各类交易、账户余额和列报及其认定相联系。

2.评估整体层面内部控制对重大错弊风险的影响。

3.评估交易层面内部控制对重大错弊风险的影响。

(四)针对重大错报风险计划实施的进一步审计程序

1.进一步审计程序的含义。进一步审计程序相对于风险评估程序而言,是指审计师针对评估的各类交易事项、账户余额、列报认定层次重大错报风险实施的审计程序,包括控制测试和实质性程序。

2.审计策略。它是指审计程序的组合,包括综合性策略和实质性策略。

3.可容许检查风险水平的确定。在评估财务报告重大错报风险之后,根据现代风险导向模型,确定可允许的检查风险水平。其中:

$$计划审计总风险 = 财务报告重大错报风险 \times 检查风险$$

$$可允许的检查风险水平 = \frac{计划审计总风险}{财务报告重大错报风险}$$

其中,在认定层次:

$$财务报告重大错报风险 = 固有风险 \times 控制风险$$

4.进一步审计程序的性质。进一步审计程序的性质是指进一步审计程序的目的和类型。其中进一步审计程序的目的包括通过实施控制测试以确定内部控制运行的有效性;

通过实施实质性程序以发现认定层次的重大错报;进一步审计程序的类型包括检查、观察、询问、函证、重新计算、重新执行和分析程序等。

5.进一步审计程序的时间。进一步审计程序的时间是指审计师何时实施进一步审计程序,或审计证据适用的期间或时点。因此,当提及进一步审计程序的时间时,在某些情况下是指审计程序的实施时间,在另一些情况下是指需要获取的审计证据适用的期间或时点。

6.进一步审计程序的范围。进一步审计程序的范围是指实施进一步审计程序的数量,包括抽取的样本量、对某项控制活动的观察次数。

第三节　国有企业合规性审计

一、国有企业合规性审计目标

在合规性审计中,审计目标主要在于确认国有企业是否遵循了现行法律法规以及专业和行业标准或合同责任的要求。例如,确认国有企业是否遵循了环境保护等方面的法律、法规、法令和规章制度等,或者检查工资率是否符合工资法规定的最低限额,或者审查国有企业是否遵守了与银行等金融机构签订的合同。

二、国有企业合规性审计内容

根据国家审计关系理论,在审计全覆盖理念下,国有独资、国有控股,以及国有参股企业均属于国家审计机关的审计对象。但是在实务中,为了缓解国家审计机关任务重、时间紧的压力,对于国有企业财务报告真实性的审计,国家审计机关可以考虑将其外包给会计师事务所,而国有企业合规性审计一般不宜外包,应由国家审计机关亲自执行审计。

根据审计主题的不同,国有企业合规性审计内容包括三个方面:一是业务合规性,主要检查国有企业在从事业务经营时,是否遵守相关法律法规,特别是国有企业遵守党委、政府重大经济方针政策情况;二是财务合规性,主要检查国有企业从事财务收支活动时,是否遵守相关法律法规,是否存在重大违纪违规问题;三是管理合规性,主要是检查国有企业在从事各项管理活动(指业务活动和财务活动之外的活动)时,是否遵守相关的法律法规。

三、国有企业常见违法违规行为

(一)违规发放职工薪酬

一些领导干部的法纪意识淡薄,为满足企业职工要求,维护自己在职工中的威望,不顾工资总额的限制,采用多种形式,超额发放职工薪酬,造成国有资产流失。例如,在正常工资外,以发放各种通信费、交通费、津贴、奖金等形式,超额发放职工薪酬;利用下属单位,重复发放职工薪酬。

(二)偷漏国家税收

偷漏国家税收有多种手段。例如,将收入计入往来账,以达到少缴税金的目的;将商品以低廉的价格销售给关联方,少缴税金;未按《中华人民共和国增值税暂行条例实施细则》的规定,计缴视同销售行为所涉及的相关税费。

(三)挪用公款和公款私存等现象较突出

由于企业对货币资金监管不严,致使出现挪用公款和公款私存等违规违纪行为。例如,对货币资金的盘点时隔时间过长,同时又未实行不定期盘点制度,致使货币资金在盘点间隔期间失去监控,出现公款私存等违规违纪问题;企业未对工会和下属单位的货币资金实施监管,致使出现挪用等严重违规违纪行为。

(四)以商务活动等名义浪费国有资产

企业以各种商务活动的名义消耗国有资产,造成国有资产流失的现象尤为突出。例如,借洽谈业务、接待参观、考察等名义,搞公费旅游和吃喝玩一条龙,挥霍资产;在商务活动中以各种名义报销"接待费""协调费",使国有资产被挥霍。

(五)设置"账外账"

"账外账",其设立目的主要是偷逃税款、请客送礼、游山玩水或给职工发放奖金,有的领导甚至私分账外资金。

(六)出租出借银行账户

有些财务人员受利益的驱使,利用工作之便为其他单位或个人办理结算业务。出租出借银行账户,一般是基于某种不正当利益为非法经营者提供方便,如利用与出租出借账户单位的经济关系转移资金,或进行其他违纪违法活动。这很容易给国有企业造成经济损失、信誉损失,同时也为国有企业卷入经济纠纷埋下隐患。

(七)在往来账户上做手脚

有些企业往来账户成为隐瞒收入、偷税漏税的防空洞;有的成为转移资金、私设"小金库"、公款私存的桥梁;有的成为调整盈亏的工具;有些单位有大量的遗留问题反映在往来账上。

(八)费用真假难辨

不能报销的支出都以各种名义变相报销,应由个人支出或不应列支的费用项目都变成了"会议费""业务招待费""差旅费""办公费"等在单位财务上报销。这类费用开支难以真实地反映其经济业务内容。

(九)设立"小金库"

1.利用外单位账户设立"小金库"。一般是借用其他企业(单位)的账户,将一些通过不正当渠道取得的资金转入此账户,然后提取资金,设立"小金库"(账外资金)。

2.通过向关联企业输送利益设立"小金库"。主要表现为将自身职责范围内的业务委托给关联企业,或者是利用行政上、业务上的垄断地位指定某些企业从事某项能够带来收益的业务。作为回报,这些企业往往从收益中拿出一部分酬谢款给施恩企业(单位),在账外设立"小金库"。

3.虚列应付款项。多发生在一些往来户较多的企业,通过与往来方串通,甚至出具虚假收据或发票,虚列全部或部分应付款项,转出资金设立"小金库"。

4.人为提前报废大宗资产。先在账面上以看似合法的和较为完备的手续,将一些尚可使用的大宗资产蓄意提前报废处理,资产被冲出账外,待以后再设法变现,设立"小金库"。

5.违规收取回扣设立"小金库"。在一些自购商品和建设工程中,故意抬高购进商品的价格、数量以及建设合同的承包价格、单位造价,在账外和关联企业谈妥条件,达成默契,捞取回扣,设立"小金库"。

6.利用往来账户套取资金。在一些往来资金较多的企业,由于往来户数较多,发生次数较为频繁,一些技术熟练的会计人员,被授意利用其自身的技术,将一些资金在多个往来账户之间来回倒腾,频繁调账,达到既冲平挂账户,又提出账外资金设立"小金库"的目的。

7.利用设备采购套取资金。主要表现在设备购置品种和批次较多、规格相近,非专业人员又不易直接辨别的情况下,通过张冠李戴、移花接木,利用价差或者虚构项目套取资金设立"小金库"。

8.利用工程项目套取资金。一些企业年年有相同类型的工程项目,有时通过对老项目搞"三新",即部分更新、翻新、刷新,同时这些工程表面都有完备的工程设计、预算和财务决算手续,偷梁换柱,骗取项目资金,私设"小金库"。

9.以拨代支,以领(借)代报形成"小金库"。主要发生在那些财务管理比较薄弱的基层单位,往往不管有无发票,手续合不合规,只要有"一把手"签字,钱发出去账上就做支出,很容易形成在账外乱列乱支的"小金库"。

10.利用改组改制设立"小金库"。某些企业往往在改组、改制、重组、更名过程中,借机甩掉包袱,通过资产评估机构,人为操纵,蓄意压低优良资产,甚至在账面将许多往来账目予以核销,以后再收回资金时,不入单位新账,形成"小金库"。

11.自制、自购收据设立"小金库"。这种情况多发生在下属企业较多、行政意识比较浓的部门,向下属企业收取各种资金,多用自制或者自购的普通收据代替正式的发票、收据,以此手段敛取资金设立"小金库"进行账外开支。

12.往来款项核销后收回不入账形成"小金库"。有时企业在核销了应收账款之后,又从原欠款企业收回部分款项,却未按规定进行账务处理,而是将收回的款项以存单的形式形成"小金库"。

13.收入不入账形成"小金库"。企业将主营业务以外的一些收入,采取不入账的做法,直接转移至"小金库"。

14.利用虚假票据套取现金。企业用一些虚假票据报销,套取现金,存入"小金库"。对一般的虚假票据,比较容易发现;但对于票据本身是真的,而经济业务为虚构的现象,查处难度较大。

(十)其他违法违规问题

例如,大额现金进货,容易形成"吃回扣"机会;用不合规发票列支各项支出;对资产管理不严,造成国有资产流失或潜亏挂账;非法集资,扰乱金融秩序;企业办实体或盲目对外投资造成的损失挂账等。

四、国有企业合规性审计的取证模式

审计取证模式回答的基本问题是"如何实施审计"。国有企业合规性审计不能完全采用财务报告审计取证模式,其审计取证模式主要是问题导向审计模式,主要关注国有企业的业务及财务收支的合规合法性。就审计取证程序来说,其基本步骤是通过分析性程序和控制测试等程序来识别潜在的错报风险,确定审计重点,并以此为前提,通过实施实质性程序来获取相关、可靠和充分的审计证据。

第四节 国有企业绩效审计

一、国有企业绩效审计的目标

国有企业绩效审计目标是指国有企业绩效审计实践活动的预期效果和最终境地。其总目标在于独立提供国有企业受托管理责任的鉴证信息,其具体目标在于监督、评价国有企业的投资战略、日常经营管理等经济活动的经济效益(包含经济性、效率性、效果性等具体审计目标要素)、社会效益(包含公平性和安全性等具体审计目标要素)和环境效益(如环保性)。国家审计机关及其人员对国有企业投资战略、日常经营管理等经济活动的经济性、效率性、效果性以及公平性、安全性和环保性进行监督、评价和鉴证,它可能存在两种情形:一是对于商业性国有企业,国家审计机关主要监督、评价其经济活动的经济效益、社会效益和环境效益;二是对于公益性国有企业,国家审计机关主要监督、评价其社会效益和环境效益,经济效益可能不作为其核心审计目标。

二、国有企业绩效审计的内容

国有企业绩效审计内容是审计主题和审计目标的有机统一。审计主题越是多样化,审计目标要素越多,则审计内容越丰富,反之亦然。

审计内容回答的基本问题是"审计什么"。对国有企业绩效审计的理解,有三种类型:一是国有企业绩效审计,它主要以国有企业整体或某个局部领域或单位为对象,对其投资战略和日常经营管理等经济活动的经济性、效率性和效果性等进行独立评价;二是管理过程审计,这一类绩效审计的内容较为丰富,它包括内部控制、风险管理、公司治理(领导人员是否坚持集体决策、科学决策、民主决策、依法决策)、企业投资、融资等重大决策活动的科学性、公平性和有效性,以及国有企业潜在风险的识别与评估;三是投资项目管理审计,它主要对特定投资项目的经济性、效率性和效果性进行独立评价。

三、国有企业绩效审计中发现的常见问题

(一)内部人控制

内部人控制有两种情形：一是董事会与经理层兼任太多。我国的国有企业普遍存在非常明显的董事会与经理层互相兼任，重叠程度过高的现象。企业董事会中，在公司经理层任职的董事往往占到董事总数的 2/3 甚至更高的比例。例如，北京某国有公司，用该公司领导自己的话来说，"我们开完董事会接着就开经理办公会，也用不着换人"。二是董事在母公司和子公司的双重兼职。内部人控制，不仅导致公司经营者游离于广大中小股东的监督之外，使得董事会对经理层的委托代理关系、监事会对经理层的监督与被监督的关系形同虚设，在某种程度上，甚至为公司经营者及其代表的大股东肆无忌惮地蚕食公司创造了条件。

(二)监事会职能弱化

我国《公司法》确定了股东大会、董事会、监事会和经理构成的公司治理结构。监事会与董事会均为平行的公司机关，同时对股东大会负责；监事会既不握有重大决策权，也无董事任免权。监事会被赋予监督职责，但是，监事会并没有有力的"尚方宝剑"，在公司治理实践中，监事会被弱化了，往往处于有名无实的尴尬境地，无法真正行使监督职能。

(三)内控制度不健全，执行制度不严格

未建立起完善的内部控制，内部各部门之间缺少相互的制约，无法保证各项工作置于有效的监督和管理之下。对部分已建立的内部控制，有关人员执行制度的自觉性不强，存在侥幸心理，往往有章不循，使内控制度不能发挥应有的效能。

(四)管理落后漏洞较多

由于体制的制约，国有企业的管理一直在低水平徘徊，跑冒滴漏现象严重，存在许多管理薄弱环节，造成企业成本增高，效益降低。

(五)难以公平参与市场竞争

国有企业普遍成立时间较早，承担的历史包袱和社会责任较多，无形增加国有企业的竞争成本，使国有企业和民营企业不能站在一条起跑线上。

四、国有企业绩效审计的程序

国有企业绩效审计的取证模式有多种，主要包括结果导向审计模式、过程导向审计模式、问题导向审计模式和现代风险导向审计模式等。不同类型的绩效审计需求要采用不同的审计取证模式。国有企业绩效审计包括企业绩效审计、管理过程审计、投资项目管理审计三种类型。不同类型的绩效审计业务类型不同，其审计取证模式也应存在差异。以下对国有企业绩效审计程序进行简要介绍：

(一)企业绩效审计

企业绩效审计一般适宜采用结果导向审计模式，这种模式又称为事后审计模式。在这种模式下，审计人员不是一开始就检查被审计单位的绩效履行过程，而是直接检查绩效

履行结果,对其是否符合既定标准进行评价,以此为线索追踪到导致结果之原因,追踪到业务过程和活动之中,然后对相关过程和结果进行审计。特别需要注意的是,这种绩效审计不是绩效评价,它需要鉴证绩效信息的可靠性,并与适宜的评价标准进行对比。即鉴证绩效信息的可靠性是核心环节。

(二)管理过程审计

管理过程审计就是对国有企业管理过程的经济性、效率性和效果性进行评价。其审计模式有两种选择:一是过程导向审计模式;二是问题导向审计模式。过程导向审计模式是指围绕管理过程搜集审计证据的一种管理审计模式,它与内部控制评估相类似。条件成熟时,这两者可以结合进行。问题导向审计模式是指审计人员以被审计单位暴露的突出问题为线索,从问题发生的原因追查被审计单位业务运行和管理的薄弱环节,提出针对性改进建议的审计方法模式。在这一审计模式下,问题是审计的起始点,主要任务是核对问题的存在,并从不同角度分析其原因,从而推进问题的解决,达到发挥审计建设性作用的目的。

(三)投资项目绩效审计

投资项目绩效审计取证模式有两种选择:一是结果导向审计模式;二是过程导向审计模式。对于潜在错报风险较高的项目,可以考虑采用过程导向审计模式,实行跟踪审计;对于一般的项目,可以采用结果导向审计模式,做事后审计。

思考题

1.国有企业有哪些种类? 商业类国有企业和公益类国有企业各有哪些特性?

2.国有企业审计目标有哪些?

3.国有企业财务报告审计的目标和内容有哪些?

4.国有企业财务报告审计的程序有哪些?

5.国有企业合规性审计的目标和内容有哪些?

6.国有企业合规性审计的程序有哪些?

7.国有企业绩效审计的目标和内容有哪些?

8.国有企业绩效审计的程序有哪些?

9.进一步审计程序的内涵有哪些?

10.如何控制国有企业财务报告审计风险?

第十二章　　　　　　　　　　　　　　　　　　　　　环境审计

　　环境是指影响人类生存和发展的多种天然的和经过人工改造的自然因素的总体,包括大气、海洋、土地、矿藏、森林、草原、野生生物、自然遗迹、人文遗迹、自然保护区、风景名胜区、城市和乡村等,几乎包罗人类生存和发展的所有基本条件。党的十九大报告指出,建设生态文明是中华民族永续发展的千年大计。必须树立和践行"绿水青山就是金山银山"的理念,像对待生命一样对待生态环境,形成绿色发展方式和生活方式。建设美丽中国,为人民创造良好生产生活环境,为全球生态安全做出贡献。

　　为绿水青山保驾护航,一直以来都是审计人肩上沉甸甸的责任。资源环境审计工作已覆盖土地资源、水资源、森林资源、矿产资源等重要自然资源和水污染、大气污染、土壤污染治理等生态环境保护领域,充分发挥了审计在加快推进生态文明建设中的监督和保障作用。

第一节　环境审计概述

一、环境审计的概念

(一)环境审计的起源与发展

　　随着经济发展,环境问题日趋严重,环境污染直接威胁到了人类的生存与发展,但直至 20 世纪 60 年代,大多数人并未清晰、完整地认识到环境问题的严重性。1962 年,美国海洋生物学家、环境保护运动的先驱蕾切尔·卡森所写的《寂静的春天》使全世界的人们醒悟到保持一个充满生机的自然环境的复杂性和对人类的重要性。该书宣传了环境污染的危害,引起了人们对环境保护的高度重视,同时使环境污染及其治理成为热点问题,审计也从这时开始关注政府部门及企事业单位的环境管理责任。

　　美国是最早开展环境审计的国家,其审计总署早在 1969 年就对水污染控制项目进行了审计。但是,环境审计的真正发展还是在 20 世纪 70 年代以后。1972 年,联合国环境规划署在斯德哥尔摩召开的人类环境会议上提出,环境问题是一个重要的社会经济问题,不能只用科学技术的方法去解决污染,还需要用经济、法律、行政等综合的方法和措施,从其与社会经济发展的联系中全面解决环境问题。应此要求,一些国家制定了一系列环境保护的法律,如美国 1970 年发布的《清洁空气法》、1972 年发布的《清洁水法》以及后来颁布的《资源保护和回收法》等。这些法律实施后,一些企业为了减少和避免因污染环境遭受的罚款损失,开展了由内部审计师进行的环境审计。从这时起,环境审计作为一种新的审计门类在实践中逐步兴起,并成为环境管理系统的基石。但当时的环境审计绝大多数都只在欧美发达国家的大型企业中开展,属于内部环境审计。

20 世纪 80 年代,企业内部审计师进行的环境审计初步发展起来,美国审计总署和加拿大审计署及其他一些国家的最高审计机关也根据议会的要求开展了环境审计。1981年,美国审计总署进行了对新泽西州含毒废料的审计,在审计报告中做出了"实施计划的基金使用不当"的结论。1987 年,世界环境与发展委员会应联合国的要求提出了一份长达 20 万字的报告——《我们共同的未来》,提出了世界各国环境政策和发展的"可持续发展战略",其最终目的是既满足当代人需要,又不对后代人构成危害,也就是对各国从处理好当前需要与未来需要的关系上提出的要求。1989 年,加拿大审计长丹尼斯·德萨特斯在国际内部审计师协会(IIA)全体大会上专门就环境审计做了发言,他说:"加拿大审计署被认为是环境审计的大本营。"一些国际组织也对环境审计做出了规定,如国际商会(ICC)1989 年公布的环境审计管理意见书,对环境审计的定义、目的、作用、组织和方法做了简述,联合国环境署工业与环境办公室也组织专家编制了废物审计简明手册,用于指导和推广环境审计。

进入 20 世纪 90 年代,西方各主要市场经济国家普遍完善了法律法规,强化了环境审计制度。1992 年,最高审计机关国际组织第 14 届大会决定任命一个委员会探索最高审计机关在环境审计中的作用,并将环境审计列入第 15 届大会的主题。1993 年,欧盟对其成员国提出了建立环境审计制度的要求。国际标准化组织为了配合世界各环保组织的工作,于 1992 年成立了"环境战略咨询组",又于 1993 年 10 月成立了环境管理技术委员会,研究环境管理标准化工作,以规范企业和社会团体等所有组织的活动、产品和服务的环境行为,支持全球的环境保护工作,并制定了二三十个技术文件和标准,其中 5 个标准已进入国际标准草案,即 ISO/DIS14000"环境管理系列国际标准"的 5 个文件。1995 年 9 月,最高审计机关国际组织在埃及首都开罗召开第 15 届大会,把环境和可持续发展问题的审计列为主要议题,要求参加大会的各国最高审计机关就环境审计的重要性和意义、最高审计机关在环境审计中的作用和责任以及环境审计中采用的技术和方法写成论文并在大会召开时进行讨论,会后还发布了《开罗宣言》,提出了政府审计在环境保护中应起的作用,以及政府环境审计所面临的问题。1996 年,国际内部审计师协会在美国奥兰多举办全球性论坛会议,与会代表在展望 21 世纪的内部审计时,把环境审计列为重要议题,并发表了他们的研究成果——《内部审计师在环境审计中的作用》。

1993 年至 1999 年间,最高审计机关在环境审计方面变得积极起来,环境工作也逐步发展壮大,不仅表现在环境审计工作量的增加,而且工作水平也有很大提高。审计机关为环境审计配备了较大比例的审计资源,公布了更多的环境审计报告。从 1996 年开始,有些国家的审计机关将环境审计的方式从常规审计转向绩效审计,到了 1999 年,57% 的审计机关进行了环境审计。从 1997 年开始,环境审计很少是单纯的常规审计——多数在环境审计中进行绩效审计或将常规审计与绩效审计相结合开展审计工作。环境审计涉及面较广,经最高审计机关最近一次调查发现,环境审计主要涉及公共权力部门或机构的内部环境管理、清洁水、废物,自然和再生等领域。

(二)环境审计的定义

1.最高审计机关国际组织环境审计委员会的定义

最高审计机关国际组织第15届大会(开罗大会),以及之后指定的《从环境视角进行审计活动的指南》中并未对环境审计给出明确的定义,但是提供了一个环境审计的原则,要求环境审计应当采用最高审计机关制定的各种审计方法,应当覆盖各种审计类型,应当重在披露环境资产和负债情况,检查对国内和国际法律法规的遵守情况,以及评价被审计单位为促进经济性、效果性和有效性而采取的各项措施的适当性等。

2.亚洲审计组织环境审计委员会的定义

亚洲审计组织环境审计委员会在最高审计机关国际组织环境审计委员会对环境审计理解的基础上,结合环境保护的含义,给出了更为准确、具体的定义。

环境保护有广义和狭义之分。狭义的环境保护指环境污染的防治和生态建设;广义的环境保护则在狭义的基础上增加了资源开发和利用、人口等可持续发展的内容。考虑到审计的特征,亚洲审计组织环境审计委员会采用了狭义的环境保护概念,并认为环境审计作为审计监督体系的一个分支,其定义、方法和内容从原则上讲应当体现一般审计的特征。根据《开罗宣言》所提出的环境审计的定义框架,亚洲审计组织环境审计委员会将环境审计定义为由最高审计机关对政府和企事业单位等被审计单位的环境管理以及有关经济活动的真实性、合法性和效益性所进行的监督、评价和鉴证等工作。这个定义是从各国最高审计机关的角度对环境审计进行界定的。

3.我国环境审计的定义

关于环境审计的定义,虽然国内学者和审计人员从不同角度对环境审计给出了许多定义,但至今尚未有统一的定论。根据不同的环境审计定义的侧重点,可分为如下几类:一是环境管理责任论,以环境管理责任履行情况的鉴证作为环境审计的主要职能;二是管理工具论,认为环境审计属于企业管理、环境管理系统的一个环节;三是监督鉴证评价论,认为应通过审计的职能来实现环境保护活动的真实性、合法性和有效性目标。

国内最早的环境审计定义是陈思维在其所编的《环境审计》(1995)中提出的,环境审计是指审计机关、内部审计机构和注册会计师对政府和企事业单位的环境管理系统及经济活动的环境影响进行监督、评价和鉴证,使之积极、有效、得到控制并符合可持续发展的要求的审计活动。在这个定义中,审计的主体尤其是注册会计师是否能够承担环境审计职能受到质疑。尽管如此,这个定义也是迄今为止较为准确和全面的定义,其他的定义都是在这个基础上的调整和完善。之后较为合理的定义是,陈正兴在其所著《环境审计》(2000)中的定义:环境审计是对生产、生活活动过程中产生的环境问题的抑制、消除或改善环境而开展的经济活动的真实性、合法性、效益性进行监督、鉴证、评价,使之符合可持续发展要求的一种独立监督行为。

目前,环境审计在中国还只是刚刚起步,还不能够为环境审计作一个科学、完整的定义。按照我国审计学界的看法,审计的定义要包括审计的主体、客体、依据、标准、职能、目的等系列要素,否则不成为定义。既然环境审计是社会责任审计的一个分支学科,那么它的定义应当体现一般审计的共同特性,也应遵循这个原则。此外,我国的环境审计有其特殊性,定义应当结合我国的实际情况和现行的法规条例。因此,根据我国的环境管理体制和审计组织体系,结合国内外对环境审计的定义表述,我们对环境审计的定义作如下界定:

　　环境审计是为了确保受托环境责任的有效履行,由国家审计机关、内部审计机构和社会审计组织依据环境审计准则对被审计单位受托环境责任履行的公允性、合法性和效益性进行的鉴证。

　　具体到政府环境审计的定义,本书认为政府环境审计是指各级审计机关对政府和(或)企事业单位等被审计单位的环境管理以及有关的经济活动的真实性、合法性和效益性进行监督、评价和鉴证,使之积极、有效地得到控制并符合可持续发展要求的审计活动。

第二节　环境审计的内容

　　对环境审计内容的认识,是随着人们对环境审计定义和本质认识的逐渐深化而不断丰富、分化的。对环境审计内容的探讨对于深入开展环境审计研究与实践具有重要意义。因此,界定环境审计的内容,建立健全环境审计制度,积极探索环境审计的发展方向,是当前审计工作的一项重要任务。从不同的角度研究环境审计,其包含的内容也有所不同。

　　目前,有关环境审计的指南文件一般从财务审计、合规审计、绩效审计三方面确定环境审计的内容。

一、环境审计中的财务审计

　　环境审计中的财务审计,指环境审计中涉及财务的部分,也包括传统财务审计对环境问题的考虑。

(一)环境保护专项资金的审计

　　许多国家和地区都根据本国或本地区环境保护工作的开展情况下拨一些环境保护专项资金,环保专项资金具有专用性、金额巨大、用于关系本国家或地区环境的重要方面等特点。

　　对环保专项资金的审计,要检查资金的管理情况,包括分配、下拨、使用等环节。这与传统财务审计的内容没有本质上的区别,只需特别关注分散到基层的那部分资金,尤其是针对个体的部分。如审计署开展的天然林保护工程资金审计,就比较重视分配给森林企业职工的那部分安置费。

(二)资产(负债)审计

　　资产负债审计包括两部分:环境资产(负债)审计和一般资产(负债)中涉及环境因素的审计。

　　环境资产是单位拥有或控制的环境资源。环境资产审计关注:它们是否真实存在、价值是否正确、增减变动是否合法、会计处理是否合理等内容。环境负债是企业所承担的需以未来资产和劳务偿付的表现为环境的债务。环境负债审计关注：负债记录的完整性、金额的真实性、形成与偿还的合法性。环境资产（负债）审计其实质就是财务审计，只是这个财务审计的内容是环境资产（负债）。

一般资产（负债）中涉及环境因素的审计是指，在进行传统的资产（负债）审计时，增加对与环境相关资产（负债）项目的考虑。这部分是不可用货币计量的，因此在过去它们经常是游离在审计活动之外的。

上述审计内容不仅包括可以用货币计量的部分，还包括无法用货币计量的部分。其中不可用货币计量的那部分则是应引起特别注意和需要特殊考虑的，由于目前的会计核算在这些方面并没有完整的资料和完善的方法，该项审计尚在探索中。

（三）损益审计

损益审计是指对各项收入、成本费用、营业外收支和利润计算与分配等方面进行审查。

环境审计在损益方面主要考虑企业的环境收益或污染成本是否正确计量，由于它们通常是外溢的，审计有时需要做内化处理。这种内化处理通常也难以准确计量，但随着排污权交易等环境管理手段的建立和完善，我国的环境审计也开始对排污权交易引起的损益变化做出判断，这部分工作一般由社会审计在确定企业财务损益时进行确认。

（四）财务报表审计

在目前绝大多数企业的财务报表没有并且也没有被要求单独反映环境事项的前提条件下，应关注环境事项对财务报表真实性的影响，包括由于漏记与环境有关的成本或收益项目导致报表不能真实反映企业的经营成果；由于不能正确计量与环境有关的成本或收益项目而使报表计算错误；其他可能影响财务报表的因素。

由于环境会计还不成熟，环境资产（负债）中存在相当程度的不可货币计量的部分，环境收益或污染成本通常是外溢的，其准确计量也较为困难，而且绝大多数企业财务报表没有并且也没有被要求单独反映环境事项，因此，目前只有环境保护专项资金的审计已经常态化，由于环境保护专项资金通常是财政资金或国外援助贷款，因此，现阶段环境审计属于政府审计的范围。

二、环境审计中的合规审计

环境审计中的合规审计，主要是对各被审计单位遵守法律、法规、规章情况的监督，同时还需关注在遵守其他的法律、法规、规章时是否影响到相关的环境法律。环境政策法规审计具体包括环境政策法规本身和执行情况。审计环境政策法规是国家或地方政府为实现环境保护目标而制定的行动准则和措施，对环境保护工作起着指导作用和统领作用。环境政策法规的好坏，直接决定着环境保护工作的成效，因此，环境审计首先应对国家各级政府的环境政策、法规加以监督、审查和评价，即审查环境政策与现行法规政策的符合程度，以及环境政策的可行性；其次是对执行环境法律、法规和政策制度等情况的程度、方法以及执行中和执行后存在的问题及原因进行审计。这里又分为对企业的合规审计、对政府部门的合规审计以及对环境管理部门的合规审计。

(一)对企业的合规审计

评价本单位的环境政策、方针是否符合国家有关环保法规和制度;企业的生产经营活动是否符合国家有关环保法规和本地区环境保护的实际情况,以及其符合程度如何。具体来讲,应重点考虑以下几方面的情况:

(1)国家或地区当前环境保护工作的重点。如北京市 2000 年环境保护的首要目标是非采暖期的空气质量、城市中心区地面水环境基本达标,在对这一地区的企业进行环境合规审计时,企业遵守大气、水资源保护的相关法律和规章的情况就需要首先重点关注。

(2)国家或地区新制定实施的环境保护法律、法规和规章或对原有环境保护法律法规进行修改变动的部分。因为这些部分容易出现管理"真空"。

(3)与企业的近期经济利益密切相关的政策。如规定企业在从事废弃物处理等有利于环境的活动时,在纳税上可以享受一定的优惠,应检查企业生产、经营是否与其享受的优惠政策相符。

(4)企业环境保护措施是否真正落实。如是否存在安装污水治理设施但不使用或不完全使用的情况。

(二)对政府部门的合规审计

主要关注政府部门遵守环境法律和制度的情况。政府部门对环境的影响不如企业那样直接,但所起的作用可能会更大,影响可能会更深远。环境法律、法规和规章对政府部门是具有同样的约束力的,由于与环境管理部门有关的内容放在后面,对政府部门遵守环境法律法规的审查主要是:

(1)各级政府在管理环境保护专项资金过程中遵守相关法律法规的情况;

(2)对重点企业、重点行业的主管部门的环境责任进行评价;

(3)对本国政府遵守国际协议、履行国际义务的情况进行监督。

在开展包括上述内容的环境审计时,根本的焦点是各级政府是否为了当地或眼前的利益而破坏其他区域或未来的利益。

(三)对环境管理部门的合规审计

主要关注环境管理部门遵守法律法规的情况。环境管理部门是政府实施环境保护活动最主要的职能部门,基本上可以将其划分为政策(或制度)的制定部门和执行部门两类。本部分主要涉及环境政策的执行情况。与对企业或政府部门的关注方面相似,对环境管理部门遵守环境法律情况的监督主要集中在以下一些方面:

(1)与国家或地区当前环境保护重点领域、目标相关的环境政策的执行情况。

(2)对直接涉及企业或其他个体经济利益的环境政策的执行,在执行的全面性和准确性方面的情况。

(3)对重点企业、重点行业的环境污染的监督是否严格按照法律法规进行。

(4)在对各级环境管理部门执行环境法律、法规的情况进行监督时,还需特别注意与当地经济利益密切相关的政策,如我国在开展淮河的水污染治理时,要求关闭部分排污企业,但这些企业往往又是当地财政和居民收入的主要来源,关闭排污企业的政策在执行中可能会碰到来自当地的各种阻力,对这类政策的执行情况应给予特别关注。

三、环境审计中的绩效审计

绩效审计与前两种审计方式相比,在很多国家开展得较晚,正处于探索阶段,但在环境审计中应格外重视此项内容。绩效审计就是对被审计单位的环境政策和各项环境管理活动进行监督、审查和分析,评价其在资源开发利用、污染防治和生态环境保护方面的经济性、效率性和效果性,并对其效率、效果表示意见。具体来讲,就是审查被审计单位是否以经济节约和高效率的方式运用受托环境资源;是否在为实现各种环境经营管理目标,使经营活动获得预期效果而奋斗;是否建立了充分可靠的内部控制以保证经营活动以经济的和富有效率的方式进行。随着形势的变化,绩效审计逐步取代了合规性审计,成为环境审计内容的主流。

在 1995 年最高审计机关国际组织所属的环境审计工作小组着手起草的《从环境视角进行审计活动的指南》中,政府环境绩效审计的内容被概括为五个方面:一是对政府执行环境法规情况进行的审计;二是对政府环境项目的经济效益进行的审计;三是对政府其他项目的环境影响进行的审计;四是对环境管理系统进行的审计;五是对计划的环境政策和环境项目进行的评估。作为用于指导实践的环境绩效审计研究,审计人员应该将重点放在该指南所提出的五项内容在我国能否应用、如何应用的问题上。

(一)对政府执行环境法规情况的审计

这是目前世界各国开展政府和公营机构绩效审计最普遍的形式。其主要包括审查政策的执行是否达到了预期的目标;审查执行法规政策的手段是否科学、合理以及执行的效果如何等。对政府部门执行政策法规情况进行审计能够督促各部门提高效率、重视效果,是十分有必要的。

(二)对政府环境项目的效益审计

其主要对象是政府负责的保护或改善环境的项目以及政府签署的国际协议。目前我国的法律规定,已授权审计机关对这些项目的"财政、财务收支的效益性"进行审计。但在实践中,也有突破"财政、财务收支"范围的尝试。实施该类审计时,审计机关应该注意对环境项目的选择,应考虑经营风险、重要性和可审计性等方面的问题。在评价项目的综合效益时应注意如下内容:

(1)环境保护项目的目的是否达到。

(2)在完成既定的目标时,是否产生了新的问题,包括社会、经济、环境等方面。

(3)在对项目的实施情况进行检查的过程中,当遇到持续性问题时,应对过去的成果进行重新评估。如植树造林项目在一段时间之后的成活率、退耕还林(草)项目在一定时间之后的稳定率。

(4)进行环境保护项目的成本——效益分析。

(三)对政府其他项目的环境影响进行审计

除政府组织的环境保护项目之外,政府组织的其他项目也会对环境产生影响。这些活动的首要原则或目的与环境保护无关,但项目的实施会对环境产生影响。对这些活动的审计同样也要注意到环境方面的内容,它也是"广义上的环境审计"的一部分。在我国,对其他政府项目的环境影响加以评估是环境保护部门的职责,可以不作为环境审计的内容。但是审计机关可以通过专项资金审计、经济责任审计或项目审计等方面的工作的实施,检查或确认政府、组织在缓解、削减环境影响方面的措施是否已经实施,并已经达到目标,是否造成过多成本等。

考虑到审计目的和审计力量所及,国家审计机关通常只注意对环境产生重大影响的项目。这里的重大影响可以是正面的,也可以是负面的。

正面的重大影响是指:能明显改善本国或本地区的环境质量;能有效地改变目前环境污染、生态破坏的程度;能提高资源的利用效率等。负面的重大影响是指:对自然资源,尤其是不可再生资源的消耗过快;产生大量的环境污染;生态系统遭到严重破坏;产生的影响虽然目前较小,但具有累积效应,在将来可能造成破坏性损失;产生不可逆的灾难性影响等。

因此,对产生上述影响的其他项目,在审计中需考虑到环境方面的内容或是进行专项环境审计。

(四)环境管理系统的审计

除了合规审计对环境管理系统的评价外,还应对环境管理系统的绩效进行评价。环境审计被看作对一个组织的环境管理系统的连续监控过程,对环境管理系统的审计主要包括审查环境管理机构的设置合理性,是否存在职责不清、互相扯皮的现象;审查管理体系中各组成部门工作的有效性,如是否及时制定环境规划或计划,实施排污费管理的效果如何等。

(五)其他

在条件具备的国家或地区,还可开展其他类型的绩效审计,如:

(1)国家或地区履行国际环境义务的情况。

(2)随着环境保护中一些公共物品或服务的供给由企业承担的可能性的增大,应逐步对由企业提供的公共物品和服务的质量进行评价。

(3)对国家环境保护产业发展的相关内容进行评价,如环境保护产业的发展速度、规模是否与国家的整体发展协调,环境保护产业的综合效益等。

从上述环境审计的内容来看,几乎包括了国家发展中涉及环境保护的所有方面,但我们必须意识到环境审计的内容应与经济发展程度相匹配,而不应成为一个无所不含的综合体。对于不同国家,具体的环境审计项目,不可能包含上面列举的所有内容,要视项目的不同有所侧重地突出其中的某些方面。

实际审计工作中,一般可以将环境审计中的财务审计、合规审计和绩效审计的内容从真实性、合法性和效益性的角度进行多维度结合,具体审计项目可以选取财务审计、合规审计和绩效审计的某一方面进行多维度组合。

第三节　政府环境保护专项资金审计

一、环境保护资金

环境保护资金是指国家或地方各级人民政府、企业事业单位、人民群众为保护自然资源、防止生态恶化、制止环境污染、建设符合人类共同长远利益的生产环境而支出的资金。目前纳入国家审计机关审计范围的，主要是各级财政部门和企业事业单位投入的、各级政府向有关部门单位和群众征收的用于环境保护方面的资金，审计机关依法对这些资金收支的真实性、合法性、效益性进行监督。环境保护审计涉及以下几类资金：

(一)环境保护事业资金

国家和地方政府在一般预算中安排一定数量的环境保护事业资金，用于维持环境保护事业的正常运行，如环境保护部门、林业部门、水土保持部门的事业费、基建费、动植物保护、水土保持、草原保护、农村草场保护补助费，飞播牧草、防沙治沙、水质监测等经费，环境保护新产品试制费、中间试验费、重要科研补助等科技三项费用等。

(二)环境保护专项资金

国家和地方政府在预算中专项安排的用于特定环境保护项目的资金，如十大林业生态建设资金、"九八"特大洪水之后启动天然林禁伐行动而相应安排的天然林保护资金、环境监测网络建设资金等。另外，还有一些在财政预算中安排为收入项目，收取后全额用于特定环境保护的资金，如出售木材或木材制品时按规定标准征缴，然后全额用于发展林业的育林基金；挖采矿产资源者向国土资源部门上缴，然后全额用于复垦或恢复植被的矿产资源补偿费等。

(三)财政贴息的专项贷款

由于环境保护事业侧重于社会效益，国家财政对金融机构发放用于环境保护事业的专项贷款给借款单位贴息，以适当地兼顾其经济效益。如造林专项贷款、治沙专项贷款等。

(四)向排污单位和个人收取的资金

国家规定，凡是排放污水达不到规定标准的，应向环境保护部门缴纳排污费，专项用于添置污水处理设备，或者用于城镇集中处理污水的支出。有的地方已在自来水水费中增加污水处理费，用水的行政机关、企业事业单位和城镇居民个人，在负担水费的同时承担了环境保护的部分费用。

(五)国外援款

国家通过双边或多边合作取得的国际组织或国外政府援助的用于环境保护的款项，如为实现《中国二十一世纪议程》和《中国 21 世纪人口环境与发展白皮书》确定的环境保护目标，国际组织承诺的援款。

二、环境保护资金审计的目的和作用

环境保护资金审计是国家审计机关的一项重要业务工作,审计机关成立之后不久即开展了育林基金审计,城市排污费征收使用情况的审计等。1995 年,中国审计署参加了以"环境和可持续发展"为主要议题的最高审计机关国际组织第 15 届大会,并就审计机关在环境审计中的作用和责任、环境审计中采用的技术和方法发表了论文。开展环境保护资金审计的主要目的是为了加强对环境保护资金的管理,保证其发挥应有的效益,促进可持续发展战略的有效实施。

(一)监督有关部门按照预算安排使用环境保护资金

目前国家和地方财政对环境保护事业的资金投入从总体上看数额不多,究其原因,一方面是我国处于社会主义初级阶段,财力有限;另一方面也反映出有关方面对于环境保护的重视程度还有待进一步提高。因此对于财政安排的有限的环境保护资金,审计机关要加强监督,促使财政部门按预算拨款,不得挤占,保证财政预算的严肃性。由于财政部门按照预算除拨付给环保部门外,还要拨付给农业、林业、水利、气象、国土、海洋、城市建设等多个部门,审计机关要监督这些部门按规定的用途使用环境保护资金,不得将其挪用于其他方面。

(二)加强环境保护资金管理,防止跑冒滴漏

环境保护资金具有管理部门多、数额少、使用单位分散的特点,育林基金、排污费、城市水资源费等列收列支项目还存在资金来源分散的特点。发挥审计机关在各级政府逐级设立、对各个部门的财政财务收支均有审计监督权的优势,可以从整体上保证监督到位、不重不漏。

通过审计机关对环境保护资金的管理、拨付进行审计,可以促进有关单位加强管理,保证有限的资金能够如数、及时到达使用单位,防止流失。审计机关还要监督有关部门和地方财政,及时足额收取、按时上缴育林基金、排污费、城市水资源费、矿产资源补偿费等,制止跑冒滴漏,保证相对应的支出有稳定的资金来源。

(三)促进合理使用,使其充分发挥应有的效益

目前我国面临的环境问题主要有:水土流失与土地沙漠化扩展、森林资源日益减少、生物物种加速灭绝、动植物资源急剧减少、淡水供应不足、空气污染导致臭氧层耗损变薄以及全球气候变暖带来的一系列负面影响等。针对这些问题,国家有关部门做出了安排和部署,相应安排了环境保护资金。审计机关要监督有关部门,在使用环境保护资金时要紧紧围绕国家的安排,按照批准的数额用于当年列入计划的项目,不得向计划外项目安排资金,更不得将其用于与环境保护无关的项目。审计机关要监督有关单位,按照规定的用途使用环境保护资金,厉行节约,反对浪费,保证项目目标的实现。

(四)促进环境保护国策的全面落实

环境保护与计划生育一样,是我国的基本国策。保护和建设好环境,实现可持续发展,是我国现代化建设中必须始终坚持的一项基本方针。其总体目标是:用 50 年时间,完成一批对改善全国生态环境有重要影响的工程,水土流失地区基本得到整治,适宜绿化的土地植树种草,退化草原基本恢复,建立起比较完善的生态环境预防监测和保护体系,大部分地区生态环境明显改善,基本实现中华大地山川秀美。为此,国家要建立健全稳定的投入保障机制,坚持国家、地方、集体、个人一起上,多渠道、多层次、多方位筹集建设资金;各级政府和有关部门要按照事权、财权划分,对环境保护的投入做出长期安排,国家预算内基本建设投资、财政支农资金、农业综合开发资金等的使用,都要把环境保护建设作为一项重要内容,统筹安排,并逐年增长;银行要增加用于环境保护的贷款,并适当延长贷款还款年限;国外的长期低息贷款和赠款要优先考虑安排环境保护项目。审计机关对环境保护资金的审计,除保证投入的足额、稳定、合规合法之外,还要重视检查上述政策的落实情况,从而真正使环境保护成为人人关注的事业,使环境保护资金与扶贫、救济、救灾资金一样成为人人重视的"高压线"。

三、环境保护资金审计的主要内容

环境保护资金审计的主要内容是审查各级财政安排、筹集资金的合法性和合规性,资金拨付投放是否及时,主管部门或者使用单位是否对资金进行了严格的管理,环境保护项目是否按期完成,能否发挥应有的作用,取得预期的环境效益等。具体项目及其审计内容有:

(一)排污费审计

排污费是列入地方各级财政预算固定收入支出科目的专项资金,它由环保部门收取,征收的对象是排污的单位和个人。由于我国绝大部分地区还没有对二氧化硫等污染气体收费,也没有实行"排污即收、超排加收"的制度,就多数地区来讲,排污费只是对超过标准数量和浓度的污水收费。排污费主要用于治理污染,同时也划出大约10%的比例,补助给各级环保部门,用于综合性治理和监测、监理业务支出。排污费的管理和使用程序是:环保部门根据企业超排污水的数量,依照规定征收,并足额及时上缴财政,再通过财政预算,以拨款或贷款的形式补助给重点排污单位,用于污水处理,或补助给城镇,用于建造集中处理污水的设备、工厂等与环境保护直接相关的项目。

排污费审计的主要内容是:在征收方面,审查环保部门是否按国家或地方规定的标准办理,不能少收,不能随意减免,也不能另立名目多收;监督环保部门将收取的排污费及时上缴国库,不能坐支、截留挪用。在使用方面,审查财政部门是否将收入的排污费全部用于治理污染,有无用于平衡财政预算、发工资或用于其他建设项目;检查用于污水处理或其他与环境保护直接有关的项目完成情况,社会、经济、环境效益如何;环保部门留用的排污费是否用于规定的范围。

审计机关对排污费进行了多次审计,查出并纠正的问题主要有:拖欠排污费问题严重,一般约占25%~50%,主要原因是地方政府对污染危害重视程度不够,考虑企业困难多,考虑环境保护少,环保部门催收乏力,制度上对欠缴拖欠惩处过轻,客观上助长企业拖欠;财政部门收到排污费后,安排支出不及时、不积极,有的用来平衡财政预算,有的用来垫支其他支出;环保部门挪用问题突出,有的坐支,有的滞留,有的用来弥补行政经费开支或建房买车;留用部分超范围开支,有的为了10%的分成,只收费不治理或收费放行,放弃监督管理职责等。

(二)环境保护专项补助经费审计

在国家和地方的预算支出中,用于环境保护的补助性支出有多项,如:用于农村水土保持措施的水土保持补助费、封山育林补助费,用于牧区基本草场实行改良和保护、灭鼠灭蝗的农村草场改良保护补助费,用于农村环境调查、监测、保护方面补助的农业环保费,用于草原工作站、牧草种子繁育场补助的草原保护费,用于农村生态能源工程建设标准化设计、技术推广补助的农村能源建设专项事业费,林木病虫害防治专项补助费,濒危动物救护繁殖中心建设补助费等。这些资金数额不大,使用方向专一,对于某一方面的环境保护事业有至关重要的作用。

审计机关对环境保护专项补助经费的审计,一般是结合预算执行情况的审计进行的,个别情况下也有安排专门审计的。审计的主要内容是:预算安排的数额是否比上年有所增加,这些专项资金多是按照农业资金管理的,按照《农业法》的规定,应当逐年有所增加,如有减少,应当有充分的理由;预算安排的资金是否及时拨给有关部门,有关部门是否及时转拨使用单位,有无层层截留;有关部门应当将这些补助经费无偿下拨,检查有无有偿使用或借机向基层收取占用费、使用费等情况;使用单位是否按规定用途使用,有无胡花乱用的现象。

(三)育林基金审计

育林基金是用于营林造林的国家预算外专用资金。国家规定:凡采伐或收购木材、竹材的单位均须征交育林基金。以每立方米木材或每百根毛竹计,采伐自国有林的征收 10元,采伐自集体林的征收 7 元。育林基金的使用范围是:国有林育林基金用于国有林采伐迹地、林间谷地和荒山、荒地的更新造林等项费用支出;集体育林基金用于集体林采伐迹地的更新、竹林垦复、营造大面积用材林和合作造林等项费用支出。

育林基金审计的主要内容是:审查育林基金是否按照国家规定及时足额征收,有无少收、漏收、擅自减免的情况;所收取的育林基金是否按规定的比例上交地方和主管部门,有无多交、少交或截留挪用的问题;育林基金的使用是否纳入计划,使用范围是否符合规定,开支范围有无扩大等。

审计机关对育林基金进行了多次审计,查出并纠正的问题主要有:少征、欠缴、隐瞒育林基金;违反规定将育林基金用于建林业局机关办公、生活用房,滥发奖金、奖品和其他补贴;个别地方有虚报冒领、贪污私分等。为此审计署曾将以上问题专题向国务院报告,促使林业主管部门对全国育林基金的管理使用进行了整顿,完善了财务制度,对漏收、截流、挪用育林基金的现象作了纠正。有关地方的审计机关也向当地政府或林业主管部门提出了严格执行征收标准、确保专款专用的建议。

(四)防沙治沙专项资金审计

防沙治沙专项资金包括中央财政预算安排的防沙治沙经费、地方相应配套的资金和农业银行发放的专项贴息贷款。我国的东北西部、华北北部、西北大部为干旱地区,多为沙漠和戈壁,防沙治沙工程主要是采取植物固沙、沙障固沙、引水造田、人工垫土、开发可再生能源,减少对植被破坏等措施,减少风沙危害。

防沙治沙专项资金审计的内容主要是:中央财政安排的防沙治沙经费是否如数下拨,

有无挤占、截留、挪用的情况；地方政府是否按照中央要求的比例如数提供配套资金,确实发挥了中央和地方两个积极性；农业银行是否按照项目确定的规模发放贷款；财政贴息资金是否及时补贴给借款单位；资金使用效果如何,是否达到既定目标。

据 1994 年河北、山西、内蒙古、吉林、辽宁、陕西、甘肃、宁夏、青海、新疆等 10 省、自治区审计机关的审计,沙区各级领导坚持把防沙治沙作为改善生态环境、促进社会经济发展的重要任务来抓,取得较大成绩,使用中央、地方资金和银行贴息贷款近 3 亿元,治理沙漠、沙漠化土地和风化土地总面积 2500 万亩,超额完成计划,沙区的生态环境有一定的改善。审计中查出的问题主要有：资金投入严重不足,国家补助较少,在造林费用中比重偏低,而沙区经济落后,群众温饱未解决,无钱治沙,地方财政困难无力安排治沙资金；造林种草季节性强,多在春季,而资金往往到三、四季度,有的甚至过一两年才能落实,影响工程进展；贴息资金不能如期如数到位；部分银行不执行治沙贷款的基准利率,加重借款单位的负担。

(五)生态林建设资金审计

生态林是相对于单纯的用材林而言的,其主要功能是调节气候、涵养水源、保持水土、防风固沙,改善生态环境,同时也有扩大森林资源的作用。从 1978 年起,我国先后确立了十大林业生态工程：三北防护林、长江中上游防护林、沿海防护林、平原绿化、太行山绿化、防沙治沙、淮河太湖综合治理防护林、黄河中游防护林、辽河流域综合治理防护林和珠江流域综合治理防护林,十大林业生态工程覆盖了约 73% 的国土。国家为十大林业生态工程建设投入了大量的资金,仅"八五"期间中央财政的投资就有 6.9 亿元,"九五"期间规划的投资总规模 248 亿元,其中中央财政拨款和贷款 76 亿元,地方筹集 66 亿元,集体和群众投资投劳 106 亿元。

1998 年审计署组织内蒙古、陕西、甘肃、宁夏、青海、四川、云南 7 个省、自治区对生态林建设资金进行了审计调查。主要内容是：生态林建设资金的来源和构成情况,中央和地方预算安排、银行贷款、社会集资和群众投资投劳的数额；资金的管理和使用情况,包括资金使用有无规划,是否实行项目管理,按计划拨付,需要地方配套的项目资金是否配足,资金是否按规定的用途使用；检查计划任务是否按时完成,人工造林、飞播造林的成活率、封山育林、种草的保有率等指标情况；贷款期限、利率、贴息标准是否执行了国家的优惠政策等。

审计调查的结果表明,虽然生态林建设取得了一定的成绩,但与环境破坏的速度相比,生态改善仍然是负增长；国家的投入仍显不足,单位面积投资强度低,植树种草质量差,成活率不高；由于上述省区均属经济不发达地区,地方财政部门、林业部门将生态林业建设资金挪作他用的数额较多。此次审计调查为今后大规模开展审计奠定了基础。

(六)天然林保护资金审计

我国是一个森林资源短缺的国家,由于历史的原因加上近年的砍伐,天然林已所剩无几,且主要分布在作物生长缓慢、年蓄积量很低的高海拔地区。由于天然林的过度砍伐造成江河上游水土流失严重,河水含沙量陡增,长江甚至有变成第二条黄河的危险,加强对天然林的保护已是刻不容缓。国家从 1998 年起,实施减少森林砍伐为主要措施的天然林保护工程,东北、西北、西南地区 9 个省重点国有林区的 135 个森工企业局,实行产业结构调整,停止天然林砍伐,林业工人转向营林造林管护。加上地方森工企业转产,到 2010 年全国共计需要投资 2015 亿元,其中到 2000 年中央将安排预算内拨款 109 亿元,地方配套 46 亿元。

审计机关对天然林保护资金的审计包括以下内容:各级财政预算安排的用于林业工人转产的资金是否与中央的规划相衔接、与年度实际需要相适应,并提出改进的意见;有关部门是否将天然林保护资金按照规定的用途下拨、使用,有无挤占挪用,层层截留;检查森工企业的生产计划,是否按照国家的要求减少采伐量或停止采伐天然林,审计企业的营业收入,进一步检查应当停止采伐的企业有无销售天然林木收入,减伐限伐的企业其天然林木销售收入是否超过允许采伐量;审查企业的费用开支是否大部分或全部用于营林造林管护,有无用于维持或扩大采伐能力的开支;国家规定用于转产的资金是否全部按规定使用,所建立的转产企业事业能否正常运行。

思考题

1.如何理解国内外学者关于环境审计定义的不同观点?

2.环境审计的内容包括哪些?

3.环境审计中的财务审计包括哪些内容?

4.环境审计中的合规审计包括哪些内容?

5.环境审计中的绩效审计包括哪些内容?

6.试述政府环境保护专项资金审计的作用及其主要内容。

第十三章　经济责任审计

第一节　经济责任审计概述

一、经济责任审计的内涵

(一)经济责任审计的概念

经济责任审计是一项具有中国特色的经济监督制度。关于经济责任审计的含义,邢俊芳(2005)认为,经济责任审计是审计主体对审计客体——特定受托者履行财务责任或绩效责任情况的监督活动。陈波(2005)认为,经济责任审计既是一种经济监督,也是一种行政监督,是二者的有机结合。刘世林、方伟明(2006)认为,经济责任审计实质上是通过审计这种特殊手段达到维护国家整体经济利益的目的。蔡春、陈晓媛(2007)指出,经济责任审计也是一种特殊的、新的审计控制手段或形式,其直接针对一个组织的主要负责人所承担的任期目标经济责任。崔孟修(2007)认为,经济责任审计是对被审计人经济责任履行情况的检查和评价。经济责任审计是一种新的审计类型,它同时包含合规审计和绩效审计的内容,是一种新的复合性审计类型。韩锐等(2010)认为,从本质上看,审计机关行使的经济责任审计监督权体现了"权力之融合"。

《中华人民共和国审计法》(2006)第二十五条明确指出,审计机构按照国家有关规定,对国家机关和依法属于审计机关审计监督对象的其他单位的主要负责人,在任职期间对本地区、本部门或者本单位的财政收支、财务收支以及有关经济活动应负经济责任的履行情况,进行审计监督。

《党政主要领导干部和国有企业领导人员经济责任审计规定实施细则》(2019)指出,经济责任审计,是指审计机关依法依规对党政主要领导干部和国有企业领导人员经济责任履行情况进行监督、评价和鉴证的行为。经济责任审计应当以促进领导干部推动本地区、本部门(系统)、本单位科学发展为目标,以领导干部任职期间本地区、本部门(系统)、本单位财政收支、财务收支以及有关经济活动的真实、合法和效益为基础,重点检查领导干部守法、守纪、守规、尽责情况,加强对领导干部行使权力的制约和监督,推进党风廉政建设和反腐败工作,推进国家治理体系和治理能力现代化。

(二)经济责任审计中"经济责任"的内涵

陈波(2005)认为,经济责任,其更为准确的表述应该是"受托经济责任"。蔡春(2009)认为,党政领导和企事业负责人目标经济责任的内容分为治理责任、管理舞弊控制责任、经济权力控制责任、效益或绩效责任和环境保护责任。彭韶兵、周兵(2009)认为,经济责任包括合法性经济责任、合规性经济责任、绩效性经济责任、安全性经济责任和社会性经济责任。杨晓磊(2010)认为,国有企业及国有控股企业负责人目标经济责任内容包括经济安全责任、经济合规责任、绩效责任、社会发展责任、环境治理责任和内部控制责任。王恺悦(2013)认为,经济责任审计中的责任界定,其内涵包括现任责任与前任责任、个人责任与集体责任、直接责任与主管责任、主观责任与客观责任、舞弊责任与错误责任、宏观责任与微观责任。从中可以看出,经济责任审计中的"经济责任",其内涵与受托责任(accountabiliy)是一致的(在政治学和管理学公共管理等领域,accountabiliy 被翻译为"问责")。经济责任审计,它兼有财务审计和绩效审计的综合属性。这里的经济责任,它包含方针责任、财务责任、管理责任、社会责任和环保责任等要素。基于这个角度认识,我国目前广泛开展的经济责任审计,实际上是一种问责审计。由此可见,经济责任审计的基本功能在于问责。

二、经济责任审计的产生与发展

开展经济责任审计是落实科学发展观和正确政绩观,保障经济社会持续、快速、协调、健康发展的必然要求。经济责任审计产生的直接动因是社会经济权责结构的变动与经济职能的分解。无论是大寺院、大庄园的古代时期,还是产业革命以后股份公司大发展的近代时期,都是由于所有权与管理权分离,产生了所有者与经营管理者之间多种多样的经济责任关系和经济利益关系。责任(利益)的双方在一定时期内所结成的经济关系,必须予以证实或者解除。这就从客观上要求具有相对独立性的第三者来检查经济责任的履行情况,以完成证实或解除这种关系的任务,从而保护各个利益关系方的权益。

中国经济责任审计的开端,通常要追溯到西周时代。据《周礼》记载,我国审计自周代起就有从经济责任方面来考查百官之治,论功行赏的制度。中国封建社会历史时期较长,期间审计经历了机构更迭,制度变异的不断演化过程,经济责任审计的制度与功能也处于不断变迁之时。比如战国时期的上计制度,上计是年终以报送会计报表的形式,考核地方官吏政绩的一种制度,实质就是从经济责任的角度来考核官吏,根据考核结果按功过进行赏罚。又如清代督查院户工两科的审计制度,对地方行政长官任期内所应承担的责任同样要实行经济责任审计制度。在民国时期,我国经济责任审计扩大到工商企业,将审查追究企业经营者应负经济责任列为重要的审计内容。如当时国民政府在制定的《审计法》中规定,不仅要稽查财政上的不法或不忠于职务的行为,而且要将公营事业单位列入审计对象范围,审计财政上违反法令规定的行为并处理财务人员"应为而不为"的行为。中国新民主主义革命时期,中国共产党领导下的革命政权先后制定审计制度和审计法规,作为审计机关开展审计工作的依据,经济责任审计也不例外。由于这一时期革命战争的需要及其所处环境的特殊性,经济责任审计范围比较狭窄。经济责任审计重点,主要是审核凭证单据的合法性和供给制标准的遵循情况。经济责任审计的目标是"节省每一个铜板为了战争和革命事业"。

我国改革开放初期,在有计划的商品经济的条件下,企业获得经营自主权,由于良好的社会经济环境并未真正形成,所以便不可避免地存在着以下问题:一是企业过于追求政治化,违背经济性原则;二是企业急功近利,谋求福利待遇最优化;三是企业追求自由化,出现反核算、反控制的倾向。在这种情况下,黑龙江齐齐哈尔市、吉林省辽源市、安徽省淮南市、江西省弋阳县等地在1985年开始试行厂长(经理)离任经济责任审计(当时被称为审计公证)。根据辽源市审计局的总结,所谓经济责任审计,就是国营企业范围内的厂长(经理)在调离工作时,由审计部门审查其任职期间企业的财务会计账目、报表,鉴定其经济效益的真实性、合法性,维护国家财产的安全和完整,检查厂长(经理)责任制的落实情况及其实际效果。通过查明原因,明确责任并给予公正的评价和鉴证,对协助组织部门量才用人和领导机关正确对待,使用干部都有明显的效果。针对有些企业财务管理混乱,财经纪律松散,企业领导搞假决算、谎报成绩、骗取荣誉和奖金等情况,江西省弋阳县、安徽省淮阳市实行了厂长(经理)"先审计,后调动"的离职审计公证办法。通过审计,促进厂长(经理)任期目标责任制的落实情况,加强企业领导人的责任心,对正确执行国家政策,改善经营管理,建立降权企业领导人交接之地,组织人事部门以及主管部门考核厂长(经理)业绩起到了良好的作用。

据不完全统计,到1986年年底,全国有安徽、湖北、山西、新疆、云南、四川等省份在全省(自治区)范围内推行厂长(经理)离任时的审计公证制度。同时,黑龙江、吉林、辽宁、江西等十多个省(自治区)在部分市、县试行厂长(经理)任期经济责任审计公证办法。1988年,国务院办公厅批转的审计署机构改革方案中,首次把领导和组织全国的领导干部经济责任审计工作作为审计署的新增职能。自此,经济责任审计就成为国家审计机关的职责任务之一。

到20世纪80年代后期到90年代前期这一初步发展阶段,经济责任审计是以企业厂长(经理)为主要审计对象的。这一时期推行的承包经营、租赁经营带来了企业行为短期化、经营者压低承包基数、包盈不包亏、不履行合同等比较突出的问题。另外由于企业的自主权和厂长(经理)的决策权越来越大,而相对应的制约机制又没有跟上来,使得一些企业的亏损问题十分严重,甚至濒临破产,导致国有资产大量流失。这些客观现象的存在要求审计机关对厂长(经理)在任期内的经营成果以及国有资产的增值保值做出客观公正的评价。因此将经济责任审计形成制度,已成为有关方面的共识。山东省人民政府于1988年6月适时发布了《山东省全民所有制企业厂长(经理)任期经济责任审计暂行条例》,并付诸实施,对一些企业进行清理、整顿。

1994年9月24日,辽宁省沈阳市人大常委会审议通过了《沈阳市国有企业厂长(经理)离任经济责任审计条例》。这些地方法规的发布,引起了很大的反响,对进一步深化经济责任审计工作起到了积极的推动作用。一些政府部门和地方立法机构也根据实际情况相继制定了企业领导人员经济责任审计的法规、规章和制度,促进了经济责任审计工作的规范化、制度化和法制化建设。

经济责任审计在20世纪90年代中期得到全面发展,这个阶段的经济责任审计从企业扩展到机关、事业单位,而且引起从中央到地方各级党委、政府的普遍重视。各级党委、政府和有关部门积极支持这项工作,促使形成了组织监督、纪律监督以及审计监督三者有机结合的干部监督管理新机制。这一时期山东菏泽地区经济责任审计工作经验在全国得到推广,菏泽经验推动了经济责任审计工作全面发展,并引起了从中央到地方各级党委、政府的高度重视。在认真总结开展经济责任审计工作经验做法的基础上,多数省、市、自治区和部分国家机关制定了有关经济责任审计的文件和规定,并很快进入实施阶段。1998 年 10 月 12 日,山东省第九届人民代表大会常委第四次会议审议通过了《山东省机关事业单位及国有企业法定代表人任期经济责任审计条例》,这是我国第一部由省级立法机构通过施行的包括机关、事业和国有企业三方面领导干部、领导人员经济责任审计工作具体规定的地方法规,该法规的通过使经济责任审计逐步纳入了法制化、制度化的轨道。

中共中央办公厅、国务院办公厅于 1999 年 5 月 24 日印发了《县级以下党政领导干部任期经济责任审计暂行规定》和《国有企业及国有控股企业领导人员任期经济责任审计暂行规定》,并于 2000 年 10 月 26 日发布了上述两个暂行规定的实施细则。两个暂行规定及其实施细则的出台在全国范围内统一规范了经济责任审计行为,成为进行经济责任审计更明确、更直接的依据。

2001 年,组织部、人事部、纪检委、监察部和审计署五部委联合发布《关于进一步做好经济责任审计工作的意见》,提出自 2001 年起逐步开展县级以上各级党政领导干部任期经济责任审计。从此,经济责任审计对象向高级党政领导干部扩展。

为加强对经济责任审计工作的领导,做好有关部门之间的协调配合,并规范经济责任审计工作,中央五部委(中央纪委、中央组织部、监察部、人事部及审计署)制定了经济责任审计工作联席会议制度和联席会议办公室工作规则。2003 年 3 月 7 日,中央五部委经济责任审计工作联席会议办公室印发了《关于进一步加强经济责任审计工作中有关部门协调与配合的意见》,同年 7 月 8 日又印发了《关于党政领导干部任期经济责任审计若干问题的指导意见》,作为经济责任审计的重要参考。

2004 年 4 月,中央五部委联席会议决定,从 2005 年 1 月 1 日起,对党政领导干部的经济责任审计的范围将从县级以下扩大到地厅级。同时要求,对地厅级党政领导干部的经济责任审计要形成制度,逐步做到经常化、规范化。

2010 年 12 月,中共中央办公厅、国务院办公厅印发了《党政主要领导干部和国有企业领导人员经济责任审计规定》,这一规定的颁布对于增强领导干部依法履行经济责任意识、完善领导干部管理和监督机制、促进惩治和预防腐败体系建设具有重要意义。

2014 年 7 月 27 日,中央纪委机关、中央组织部、中央编办、监察部、人力资源社会保障部、审计署、国资委联合发布了《党政主要领导干部和国有企业领导人员经济责任审计规定实施细则》。2019 年 4 月 25 日,我国发布了最新的《党政主要领导干部和国有企业领导人员经济责任审计规定实施细则》,它标志着我国经济责任审计的发展进入一个新的阶段。

三、经济责任审计的原则

（一）依法审计

依法审计原则主要是指审计监督工作要严格依法监督。具体内容主要包括：审计部门的任务和职权均由法律法规来确定；审计部门必须认真贯彻执行依法履行公务的原则，按照法律法规和党纪政纪规范自己的行为。

（二）独立性

独立性原则主要是指审计机关或审计部门依照法律规定，独立行使审计监督权，在执行审计监督任务时，不受其他机关、社会团体和个人的干涉。

（三）客观公正

客观公正原则就是在对领导干部任期内所涉及的诸多事项进行审计的全过程，都要做到客观公正。只有在事实清楚、证据确实充分的基础上，才能准确认定领导干部经济责任审计事项的性质，并做出正确的处理。

（四）重要性

经济责任审计的时限一般都较长，审计的工作量较大，在实施中要抓重要问题和重点环节。要从责任性质和责任大小两个方面确定审计事项的重要程度。对领导干部和企业领导人员在重要问题、重点环节中应负的责任，审计人员在审计时要认真、仔细，不放过任何一个疑点。

（五）谨慎性

经济责任审计是对"人"的监督，坚持谨慎性原则也是规避风险的需要。其要求包括：一是评价要准。要准确确定领导干部本人与其他相关人员的责任，避免把与正确评价领导干部和企业领导人员本人经济责任关系不大或者将过多琐碎的问题报告或提交给人民政府和干部任免机关。二是要分清责任性质。应划清工作失误与渎职失职的界限，对领导干部和企业领导人员在任职期间因改革、创新以及政策因素、客观环境变化造成的工作失误应与玩忽职守、渎职、失职造成的工作失误等问题区分开来。正常工作范围内的失误要予以理解，确定性质时的用词要准确、严谨。

（六）实事求是

对领导干部任职期间存在的主要问题一定要实事求是地反映出来，不隐瞒，不夸大，不回避，不遗漏，做到事实清楚、准确、无误。分析判断问题的性质，既要遵守国家法律法规的规定，又要考虑地方政策的实际；既要研究社会整体大环境，又要研究局部小环境；既要坚定不移地维护国家利益，又要兼顾单位的实际情况，实事求是地报告审计结果。

第二节 经济责任审计的目标和内容

一、经济责任审计的目标

经济责任审计目标是指经济责任审计实践活动的预期效果和最终境地。宋夏云（2006）认为，审计目标包括总目标、具体目标和项目目标三个层次。根据公共受托责任关系理论，经济责任审计的总目标在于独立地提供党政主要领导干部和国有企业领导人员受托责任履行情况的鉴证信息，它是高度凝练的、相对稳定的。随着公共受托责任内容的深化，经济责任审计具体目标表现为动态发展的特性。关于经济责任审计的目标，《中国特色社会主义审计理论研究》课题组（2013）认为，国家审计目标就是审计机关开展审计工作所要达到的境界或目的。按照层次不同，国家审计目标可以划分为根本目标、现实目标和直接目标。陈波（2005）认为，经济责任审计的目的就是评价领导干部任期内经济责任的履行情况，并进而监督和促进经济责任的履行。经济责任审计将直接对被审计者经济责任的履行情况发表意见。刘世林、方伟明（2006）认为，经济责任审计的目标在于检查评价党政机关领导干部和国有或国有控股企事业单位主要负责人任职期间各项经济责任的履行情况，进一步促进其经济决策和经营管理活动的真实性、合法性、有效性。梁雪铖（2009）认为，经济责任审计最终目的是为了加强管理监督干部，维护经济秩序，促进廉政建设，提高执政能力，具有浓厚的行政监督特色。李江涛等（2011）认为，经济责任审计的落脚点是对"人"做出评价。

二、经济责任审计的内容

经济责任审计内容是经济责任审计主题和审计目标的有机统一。关于经济责任审计的内容，于保和、张相洲（2002）认为，经济责任审计是审计机关或其他审计组织，依据国家法律法规和有关政策，接受干部管理部门的提请，对领导干部任职期间所在单位的财政财务收支的真实性、合法性和效益性以及领导干部本人对有关经济活动应当负有的责任进行审计，并评价其履行经济责任情况的经济监督活动。马正吉（2002）认为，经济责任审计的内容主要包括任职期间资产保管情况，重大经营决策的科学性、民主性、可行性、合法性和效益性，企业内部控制制度的建立健全性及有效运行，是否严格执行党的各项方针、政策，是否遵纪守法、廉洁奉公，以及是否从国家利益出发，坚持可持续发展战略。辛金国（2002）指出，经济责任审计的内容包括被审计领导干部所在单位或企业财政财务收支的真实性、经营管理活动的合法性以及被审计领导干部个人经营理活动的合理性、有效性。于保和（2003）认为，国有及国有控股企业领导人员经济责任审计主要内容包括财务收支真实、合法性评审，内部控制评审，重大经济决策评审以及可持续发展性评审。崔孟修（2007）认为，被审计人的经济责任是指其个人经济职责，主要包括财务责任和绩效责任两个方面。李曼静(2010)认为,基于责效观的国有及国有控股企业法定代表人经济责任审计内容包括重大经济决策审计、企业经营活动审计、企业财务审计、法定代表人遵守廉政纪律方面的审计,以及企业完成各项经营指标的审计。

《党政主要领导干部和国有企业领导人员经济责任审计规定实施细则》(2019)指出,审计机关应当根据领导干部职责权限和履行经济责任的情况,结合地区、部门(系统)、单位的实际,依法依规确定审计内容。审计机关在实施审计时,应当充分考虑审计目标、干部管理监督需要、审计资源与审计效果等因素,准确把握审计重点。党政主要领导干部和国有企业领导人员经济责任审计的内容如下:

(一)地方各级党委主要领导干部经济责任审计的主要内容

1.贯彻执行党和国家、上级党委和政府重大经济方针政策及决策部署情况;

2.遵守有关法律法规和财经纪律情况;

3.领导本地区经济工作,统筹本地区经济社会发展战略和规划,以及政策措施制定情况及效果;

4.重大经济决策情况;

5.本地区财政收支总量和结构、预算安排和重大调整等情况;

6.地方政府性债务的举借、用途和风险管控等情况;

7.自然资源资产的开发利用和保护、生态环境保护以及民生改善等情况;

8.政府投资和以政府投资为主的重大项目的研究决策情况;

9.对党委有关工作部门管理和使用的重大专项资金的监管情况,以及厉行节约反对浪费情况;

10.履行有关党风廉政建设第一责任人职责情况,以及本人遵守有关廉洁从政规定情况;

11.对以往审计中发现问题的督促整改情况;

12.其他需要审计的内容。

(二)地方各级政府主要领导干部经济责任审计的主要内容

1.贯彻执行党和国家、上级党委和政府、本级党委重大经济方针政策及决策部署情况;

2.遵守有关法律法规和财经纪律情况;

3.本地区经济社会发展战略、规划的执行情况,以及重大经济和社会发展事项的推动和管理情况及其效果;

4.有关目标责任制完成情况;

5.重大经济决策情况;

6.本地区财政管理,以及财政收支的真实、合法、效益情况;

7.地方政府性债务的举借、管理、使用、偿还和风险管控情况;

8.国有资产的管理和使用情况;

9.自然资源资产的开发利用和保护、生态环境保护以及民生改善等情况;

10.政府投资和以政府投资为主的重大项目的研究、决策及建设管理等情况;

11.对直接分管部门预算执行和其他财政收支、财务收支及有关经济活动的管理和监督情况,厉行节约反对浪费情况,以及依照宪法、审计法规定分管审计工作情况;

12.机构设置、编制使用以及有关规定的执行情况；

13.履行有关党风廉政建设第一责任人职责情况，以及本人遵守有关廉洁从政规定情况；

14.对以往审计中发现问题的整改情况；

15.其他需要审计的内容。

(三)党政工作部门、审判机关、检察机关、事业单位和人民团体等单位主要领导干部经济责任审计的主要内容

1.贯彻执行党和国家有关经济方针政策和决策部署，履行本部门(系统)、单位有关职责，推动本部门(系统)、单位事业科学发展情况；

2.遵守有关法律法规和财经纪律情况；

3.有关目标责任制完成情况；

4.重大经济决策情况；

5.本部门(系统)、单位预算执行和其他财政收支、财务收支的真实、合法和效益情况；

6.国有资产的采购、管理、使用和处置情况；

7.重要项目的投资、建设和管理情况；

8.有关财务管理、业务管理、内部审计等内部管理制度的制定和执行情况，以及厉行节约反对浪费情况；

9.机构设置、编制使用以及有关规定的执行情况；

10.对下属单位有关经济活动的管理和监督情况；

11.履行有关党风廉政建设第一责任人职责情况，以及本人遵守有关廉洁从政规定情况；

12.对以往审计中发现问题的整改情况；

13.其他需要审计的内容。

(四)国有企业领导人员经济责任审计的主要内容

1.贯彻执行党和国家有关经济方针政策和决策部署，推动企业可持续发展情况；

2.遵守有关法律法规和财经纪律情况；

3.企业发展战略的制定和执行情况及其效果；

4.有关目标责任制完成情况；

5.重大经济决策情况；

6.企业财务收支的真实、合法和效益情况，以及资产负债损益情况；

7.国有资本保值增值和收益上缴情况；

8.重要项目的投资、建设、管理及效益情况；

9.企业法人治理结构的健全和运转情况，以及财务管理、业务管理、风险管理、内部审计等内部管理制度的制定和执行情况，厉行节约反对浪费和职务消费等情况，对所属单位的监管情况；

10.履行有关党风廉政建设第一责任人职责情况，以及本人遵守有关廉洁从业规定情况；

11.对以往审计中发现问题的整改情况；

12.其他需要审计的内容。

第三节　经济责任审计程序

经济责任审计程序是经济责任审计工作从开始到结束的整个过程。一般包括三个基本步骤,即准备阶段、实施阶段和终结阶段。具体来说,其流程包括:

一、经济责任审计项目的选择与确立

(一)党政领导干部经济责任审计项目的选择与确立

党政领导干部经济责任审计由党委、政府经济责任审计领导机构和组织部门、人事、纪检、监察部门依据领导干部任期届满,或任期内办理调任、轮岗、复职、辞职、退休等情况委托立项。委托分为两个层次:一是提出委托计划;二是具体的审计项目委托,即由委托部门将具体到个人的审计项目按干部监管、考核要求,随时送达审计机关。审计机关接到《经济责任审计年度计划任务书》和《经济责任审计委托书》,按被审计对象性质、项目类别和党政干部管理权限规定,确定审计项目,并列入年度审计工作计划或者专项审计计划,审计中可与已开展的财政、财务收支审计结合进行。对审计项目的具体要求和有关事宜,审计机关应与经济责任审计领导机构或委托机关协调、商议。审计项目的委托应采用书面形式,委托的内容包括审计对象、审计范围、具体审计内容、审计重点及有关事项。

(二)国有企业及国有控股企业领导人员经济责任审计项目的选择与确立

国有企业领导人员经济责任审计应当按计划进行,每年年底前,国有企业领导人员的管理机关提出年度经济责任审计的建议计划,报经济责任审计领导小组审定后,列入审计机关年度审计项目计划。年度审计项目计划执行中,因干部管理和监督工作需要,确需增加审计项目的,应由国有企业领导人员的管理机关与审计机关共同协商,在审计机关力量许可范围内安排。国有企业领导人员经济责任审计也可根据具体情况和需要,同时结合被审计领导人员所在单位同期的财务收支和资产负债损益审计进行。

实施企业领导人员经济责任审计前,企业领导人员管理机关应当以书面形式向审计机关出具委托书。委托书的内容应当包括审计对象、审计范围、具体审计内容、审计重点、审计要求及其他有关事项。审计机关接受委托后,应当根据委托书的内容挑选业务骨干,组成审计小组,并按计划实施审计。审计机关如确因人员、时间、经费等因素不能直接实施审计的,可组织由国家审计机关认可的会计师事务所实施审计,也可直接委托给会计师事务所,国家审计机关有权对其审计质量进行监督。

审计机关接受委托的经济责任审计项目和内容应当是法律法规规定的审计机关职权范围以内的事项,审计的项目不能超出审计权限,审计内容必须限定在审计手段能够实现的范围。实践中,少数地方审计机关在立项时主动提出审计对象,直接要求审计某某人,这超出了审计职责范围,违反了审计纪律,不符合组织原则;还有的地方在没有书面委托依据的情况下进行审计,这加大了潜在的担责风险。实践中可以借鉴的做法是:审计对象

由组织部门提出,经领导小组成员联席会议决定;纪检监察机关需要审计查证的对象,可与组织部门协商一并提交领导小组确定;审计机关仅就安排审计的人数、工作量和实践要求等方面提出意见,不对具体人是否应该接受审计发表意见。具体实施时组织或纪检部门向审计机关送达具体对象审计委托书,有的地方还附有领导签批的审签表,表格中有审计对象的姓名、职务、简要情况,干部监督管理机关要求委托审计的意见,以及省领导签发的意见等栏目。这样做有利于规范立项,减少审计工作矛盾。

经济责任审计的立项,应坚持"全面审计,突出重点"的原则。以下是经济责任审计的重点对象:

1.提拔任用的领导干部;

2.管辖、占用国有资产较多的党政部门、行政执法监督部门的领导干部;

3.党委、政府要求审计的领导干部;

4.群众反映问题比较多的领导干部;

5.任职时间较长,且任期内所在单位财政财务收支未接受过审计的领导干部。

二、经济责任审计的计划与审前准备阶段

(一)组织审计力量

审计机关接受委托后,根据工作量和实际需要,按照委托机关的基本要求和初步估计的业务量大小,选派一定数量、具备与所承担审计业务相适应的专业胜任能力的审计人员组成审计组,并指定审计组负责人,明确审计人员分工。为了保证审计结果的公正性,审计人员办理经济责任审计事项,与被审计单位或被审计人有利害关系的,应当依法严格遵守审计回避制度。

审计组实行组长负责制。审计组长除对审计组的工作全面负责外,应十分注意协调处理审计中各方面的事项,对审计过程中遇到的重大问题应及时向派出的审计机关领导请示汇报;按照审计方案的要求组织实施项目审计,合理确定审计组人员分工;审核审计证据和审计工作底稿,检查监督工作进度,解决工作中的疑难问题;审查审计报告、审计意见书和审计决定,检查监督审计意见和审计决定的执行及审计项目资料立卷归档等工作。

审计组其他人员在组长领导和协调下进行工作,并对分担的审计工作负责。审计组长应根据各成员的专业胜任能力和特点进行合理分工,使每个成员明确自己的职责各尽其能,在分工基础上相互配合,协调工作,以求有条不紊、高效率地完成经济责任审计任务。

审计组的任务包括:下达审计通知书;收集有关资料;制订审计方案;具体实施审计查证;收集审计证据;编制审计工作底稿;对审计事项进行初步评价;起草审计报告,并征求被审计人及其所在单位意见;按照审计机关的要求草拟经济责任审计结果报告、审计意见书、审计决定书;督促审计决定的落实;对经济责任审计的资料进行整理立卷归档,必要时协助审计听证答辩等。

(二)审前调查和学习

审计组实施项目审计前,应当依照审计准则和委托部门的要求,开展审前调查。审前

调查的主要内容包括：

1.分析、掌握委托部门对该审计事项的特别要求。

2.走访纪检监察机关,听取他们对被审计领导干部的意见,索取他们掌握的群众举报线索或反映的问题及处理情况,根据需要,审计机关可请求纪检监察机关配合、支持审计工作,及时提供与审计事项相关的情况和群众举报线索。

3.审计机关分管领导或审计组组长可与被审计领导干部谈话,了解其任职、分工的主要情况,任期内所负责的主要工作和重大经济决策活动,以及遵纪守法的有关情况。

4.了解并收集被审计领导干部所在单位财政财务收支状况,以及被审计领导干部履行经济责任的有关情况。

5.了解并收集涉及被审计领导干部所在单位的特殊政策及其他相关文件资料。

6.查阅了解以往审计的情况,利用原有的审计档案资料。

7.查阅了解被审计领导干部任期内有关经济监督管理部门及检查机构做出的重大事项检查结果、处理意见及纠正情况资料。

(三)编制并审核审计方案

审计组在审前调查和学习的基础上,根据被审计单位的实际情况编制审计方案。重大审计项目的审计方案应征求委托部门的意见,并报请本级党委政府主要领导同意。审计方案的基本内容包括：

1.审计依据；

2.被审计领导干部姓名及其所在单位名称和基本情况；

3.审计的目标、范围、内容、方式、重点、具体实施步骤和预定时间；

4.审计组长、审计组成员及其分工；

5.编制人、编制日期及审计机关负责人审批意见。

对审计方案可以从以下三个环节进行规范：

1.审前充分进行调查研究草拟方案；

2.与委托机关协调,征求其对方案的意见；

3.审计机关领导办公会审定审计方案。

审计组编制审计方案所涉及的审计范围,包括被审计领导干部的整个任期。重点审计近 3 年的情况,发现重大问题则根据需要追溯或延伸相关的年度和阶段。编制完成的审计方案经审计组所在部门负责人审核并报审计机关主管领导审定核准后,由审计组负责实施；审核重点是围绕审计目标确定的审计范围、审计内容、审计重点、审计步骤和方法。审计方案贯穿于审计的全过程,在执行过程中,视具体情况,如需要对审计方案做出修改和补充,应按规定报主管领导批准,并做好记录。

(四)下达审计通知书

审计机关应在实施审计 3 个工作日前,向被审计单位下达经济责任审计通知书,同时抄送委托机关和被审计领导干部本人。审计通知书送达被审计单位时,应要求收件人在审计文书送达回执上签收。审计机关拟写的经济责任审计通知书的主要内容应包括被审计单位名称、审计依据、审计范围、审计内容和形式,需要追溯和延伸的审计事项,审计的时间安排,要求提供的有关资料及必要的工作条件,审计组组成人员。审计机关在送达审计通知书时,应当将审计双向承诺书一并送给被审计单位,被审计单位应对所提供的会计资料和其他有关资料的真实性、完整性承担责任,并由被审计单位负责人签字承诺。

审计通知书是审计法律文书,它具有法律效力,应当加以规范。经济责任审计的审计通知书应将审计对象和所在单位即被审计领导干部和被审计单位并列在标题上,而不宜只写"对某某人的经济责任审计"。切记通知审计的客体和实施审计的客体必须一致,否则,可能会引起行政复议或行政诉讼。

(五)收集有关资料

审计组进驻被审计单位之前,应当提前告知被审计单位准备并限期提供以下资料:

1.被审计领导干部负有直接责任和主管责任的与财务收支事项有关的书面材料,该材料务必于审计工作开始后 3 日内送交审计组;

2.被审计领导干部任职期间被审计单位年度工作总结和个人述职报告;

3.任职期间单位各年度经济工作计划及其执行结果资料;

4.重大经济决策的相关材料及会议纪要;

5.任职期末财产清查和债权债务清理资料;

6.企业章程、经济合同、有关内控制度及内部机构设置、职责分工资料;

7.任期内有关经济监督部门、管理部门检查后提出的检查报告、处理意见以及会计师事务所出具的审计报告;

8.任职期间财务会计资料,相关业务资料,计划、统计资料及有关经济指标的考核办法;

9.任职前后有关经济遗留问题的专门材料;

10.审计组认为需要提供的其他有关资料。

三、经济责任审计的实施阶段

(一)进驻被审计地区、部门或单位

审计组在完成审计准备工作后,应进驻被审计单位,召开由被审计单位的现任领导干部、被审计领导干部和有关部门领导参加的审计进点座谈会,通报审计工作安排和要求,并办理资料交接手续。重大审计项目进点时,可以提请组织人事、纪检监察等部门参加,由组织人事、纪检监察等部门提出工作要求和要求被审计单位配合的事项。委托部门和审计机关如果认为有必要,可以在被审计领导干部所在地区、部门、单位进行审计公示,即公布审计事项,列出审计组的办公地址及联系电话,请广大群众参与审计监督。审计组可以根据工作需要以无记名的方式对被审计领导干部的经济责任情况进行民主测评。

(二)接受被审计单位和被审计领导干部提供的资料

被审计领导干部所在单位应当按审计机关的要求及时、全面、如实地向审计组提供与经济责任审计相关的资料。

除前文提及要求被审计单位提供的资料外,被审计领导干部还应向审计组提供以下书面材料:

1.被审计领导干部职责范围;

2.被审计领导干部任职期间与目标责任制有关的各项经济指标的完成情况；

3.被审计领导干部遵守国家财经法规和廉政规定的情况；

4.被审计领导干部认为在任职期间经济方面存在的问题及建议；

5.应当向审计组说明的其他情况。

(三)推行双向承诺制

党政领导干部经济责任审计实行审计组与被审计单位双向承诺制度，即审计组进驻被审计单位时，要承诺审计和廉政责任事项，同时要求被审计领导干部和审计涉及的部门、单位有关人员对提供的财政收支，经济指标完成的真实性，个人廉政自律情况，会计资料的真实性、完整性，是否有"账外账"等问题做出书面承诺并承担责任。

被审计单位和被审计领导干部及有关财务人员，对提供的会计资料的真实性、完整性，是否有"账外账"，是否存在重大关联方交易事项以及未决诉讼事项等应承担责任。对提供虚假材料的有关责任人，可以建议被审计领导干部管理机关或纪检监察机关给予必要的组织处理或党纪政纪处分。

(四)根据审计重点，进行审计组内部分工

审计组按专题分成若干个小组，分别实施审计。属于地方党政领导干部的经济责任审计，审计组内部可分成以下若干小组：

1.综合组。主要审计政府重大经济事项的决策、重点市政工程的资金筹措、使用及工程建设程序，主要经济指标的完成情况等。

2.财政收支组。主要审计本级财政收支的真实性、合法性、合规性，税收的征收情况及税务政策的执行情况，社保资金的筹措、使用情况。

3.党委、政府机关财务收支组。主要审计机关财务收支的真实性、合法性、合规性和被审计人廉洁自律情况。

4.经贸组。主要审计重点企业的技改项目及资金的筹措、使用，包括经济性、效率性和效果性情况，对外重大经济事项包括招商、引资的真实性、合法性和效益性。具体如何分工，审计组应根据审计重点和现场实际情况确定。

(五)进行调查研究

审计组进入被审计单位后，应召开座谈会讲明经济责任审计的依据、目的和要求，并围绕审计事项，要求被审计领导干部及其单位介绍情况，主要内容包括基本情况(管理体制、机构设置、财务人员分工以及业务处理程序)、财务决算、资产、负债、损益及国有资产的管理。主要工作目标包括内部控制和管理、被审计领导干部年薪报酬以及遵守国家有关法律、法规、规章制度和廉政建设等情况。

审计组可根据实际情况和工作需要，组织有关部门、人员，以个别座谈、问卷调查等方式，听取他们对本单位工作、经营、管理、效益等问题的看法，对被审计领导干部的评价意见，并了解、掌握被审计领导干部个人在财务收支和其他经济活动中存在的侵占国家资产、违反廉政规定和其他违法违纪等问题的线索。

(六)评审内部控制制度

各审计小组应按照审计方案要求，调查和了解被审计单位的内部控制制度，必要时实施控制测试。在此基础上，运用审计人员的专业判断对控制测试做出是否值得信赖的评

价,然后相应做出是否对原审计方案中的实质性程序和内容进行调整的意见。如果被审计单位规模较小,业务简单,则无须进行内部控制调查和测试,直接实施实质性程序。根据控制测试结果确定的审计内容和重点,运用检查、观察、查询、监盘、函证、重新计算和分析性程序等方法,对财政财务收支、与领导干部经济责任有关的各项经济指标、重大决策经济项目、执行国家经济政策的效果性进行实质性测试,进而获取审计证据和提出审计意见。

(七)检查银行存款账户,核查财政收支报告

在初步调查了解情况的基础上,审计组一般应从检查银行存款账户和核查财政预决算报告入手,开始具体的审计工作。银行账户检查的主要内容有调查银行开户情况,索取银行账户资料,审查银行账户的管理和使用情况,检查银行账户收支的真实、合法情况。通过银行账户的审查,为进一步深化审计、查证有关问题提供线索,为确定下一步审计重点打下基础。核查财政收支报告,主要是依据被审计领导干部提供的审计期间向人大报告的本级财政收支状况,审核其真实性、合法性、合规性。

对企业领导人员进行审计时,审计组一般应从资产、负债、损益入手,开始具体的审计工作,以进一步深化审计内容,为查证有关问题,确定下一步审计重点打下基础。

(八)审核检查有关资料

审计人员应根据各自的分工和已掌握的情况,选用适宜的审计技术方法,通过对凭证、账簿、报表等资料以及记账、算账、报账等各个环节的审核,逐项或逐笔审核检查相关经济活动和财政财务收支的真实性、合法性和效益性。

(九)取得审计证据

审计组在审核检查被审计单位的会计资料及经济活动的过程中,应及时地编制审计工作底稿,并取得经被审计单位或其他提供证明资料者签证认定的证据本料。审计组可以采取复印、复制、录音、拍照和专业鉴定、勘验等方式取得审计证据。若有特殊情况无法签证认定的,审计组应当做出书面说明。

(十)汇报交流信息

各审计小组在实施审计过程中,应互相通报情况,交流信息,研究解决审计中遇到的各种问题。审计组还应向派出审计组的审计机关定期汇报工作进度和审计中遇到的重大问题,以便得到上级的指示并求得问题的解决。

(十一)汇总审计情况

审计组现场审计结束前,应对实施情况进行初步归集整理,检查审计方案所列审计事项是否按要求得到了充分实施。对已取得的审计证据进行综合分析,对审计工作底稿进行复核,对审计事项进行初步评价,初步汇总审计情况,并与被审计单位就一些必要事项初步交换意见,为草拟审计报告做准备。

四、经济责任审计的终结阶段

(一)检查审计工作底稿

为了保证审计工作质量,防范审计风险,审计组长应对审计人员所取得的审计证据和编制的审计工作底稿进行检查、验证。检查、验证的主要内容包括:审计人员取证程序、审计方法以及审计手续的合法性;收集的证据所反映事实的真实性;收集的证据所反映的时间与审计事项所反映的时间的一致性;审计工作底稿所反映的内容与取证单是否一致。通过对审计工作底稿和审计证据的鉴定分析、筛选,去粗取精、去伪存真,确认审计证据的充分性、可靠性、相关性。审计证据确认后,送被审计单位的有关部门和当事人认证,被审计单位和被审计领导干部对审计证据所反映的事实以及定性提出意见并签字盖章,审计组在检查、验证以及被审计单位和被审计领导干部签字认证的基础上,按照经济责任审计报告的内容进行整理、分类,以便审计师制定审计报告内容提纲。

(二)拟订审计报告初稿

审计组依据审计目标、审计证据和审计工作底稿等情况拟定经济责任审计报告初稿。经济责任审计报告一般由标题、主送单位、正文、审计组长签名和报告日期等基本要素组成。其中,标题应包括被审计单位名称、被审计领导干部姓名、任职期限、审计内容、审计范围。经济责任审计报告正文的主要内容包括以下几个部分:

1.被审计单位、被审计领导干部基本情况;

2.实施审计工作的基本情况;

3.被审计领导干部任期内各项经济指标完成情况及企业资产、负债、损益真实、合法和效益情况;

5.对被审计的企业领导人员及其所在企业存在的违反国家财经法规和个人违反廉政规定问题的处理、处罚意见和审计建议;

6.对被审计领导干部的初步评价以及企业领导人员对违反国家财经法规和领导干部廉政规定问题应负有的直接责任、主管责任和领导责任;

7.需要反映的其他情况。

(三)交换审计意见

审计组拟出审计报告初稿后,对重点审计项目,派出审计机关领导可带领审计组有关成员就认定的问题、处理意见及评价等与被审计领导干部及审计涉及的重点部门领导集中交换意见。一般项目,则由审计组与被审计单位和被审计人交换意见。

审计组向派出审计机关提交经济责任审计报告之前,应当将审计报告初稿送被审计单位及被审计领导干部征求意见。被审计单位及被审计领导干部自接到经济责任审计报告(征求意见稿)之日起10日内将书面意见连同审计报告一并送交审计组,逾期未提交书面意见的,可视为无异议,但审计组应做出书面说明。

(四)审计复核

审计组应将征求意见后的审计报告初稿连同审计工作底稿、审计证据经项目审计组所在单位负责人复核审查后,送审计机关复核机构或专职人员进行复核。复核机构自收到审计报告之日起7个工作日内提出书面复核意见,特殊情况下复核期限最长不超过10日。

(五)提交审计报告

审计组将经过复核后的审计报告进行必要的修改后,按时向派审计组的审计机关提交经济责任审计报告。审计组对所提交的审计报告承担有关责任。

(六)审定审计报告

审计机关按照规定程序对审计组的审计报告进行审定,经审计机关负责人签发后,向被审计领导干部及其所在单位出具审计机关的经济责任审计报告。经济责任审计报告的内容主要包括：

1.基本情况，包括审计依据、实施审计的基本情况、被审计领导干部所任职地区（部门或者单位）的基本情况、被审计领导干部的任职及分工情况等；

2.被审计领导干部履行经济责任的主要情况，其中包括以往审计决定执行情况和审计建议采纳情况等；

3.审计发现的主要问题和责任认定，其中包括审计发现问题的事实、定性、被审计领导干部应当承担的责任以及有关依据，审计期间被审计领导干部、被审计单位对审计发现问题已经整改的，可以包括有关整改情况；

4.审计处理意见和建议；

5.其他必要的内容。

审计发现的有关重大事项，可以直接报送本级党委、政府或者相关部门，不在审计报告中反映。

(七)召开业务会议，确定审计结果报告的内容

审计报告交换意见后，审计机关应召开审计业务会议，逐项研究审计查出的问题、审计处理意见及审计评价等，确定向经济责任审计领导机构或委托审计机关反馈审计结果的途径、方式、原则、内容。

审计结果报告是指审计机关在经济责任审计报告的基础上，精简提炼形成的提交干部管理监督部门的反映审计结果的报告。审计结果报告重点反映被审计领导干部履行经济责任的主要情况、审计发现的主要问题和责任认定、审计处理方式和建议。审计机关可以根据实际情况，参照相关规定，确定审计结果报告的主要内容。

审计机关应当将审计结果报告等经济责任审计结论性文书报送本级党委、政府主要负责同志；提交委托审计的组织部门；抄送领导小组（联席会议）有关成员单位；必要时，可以将涉及其他有关主管部门的情况抄送该部门。

经济责任审计结果应当作为干部考核、奖惩和任免的重要依据。各级领导小组（联席会议）和相关部门应当逐步健全经济责任审计情况通报、责任追究、整改落实、结果公告等制度。

(八)出具审计意见书、审计决定书，举行审计听证

审计机关审定审计报告后，对被审计领导干部所在部门、单位违反财经法规的问题，应下达审计意见书，认为需要依法给予处理、处罚的问题，应下达审计决定书。审计决定书包括审计的范围、内容、方式和时间，被审计单位违反国家规定的财政财务收支的行为、定性处理、处罚决定及其依据，处理、处罚决定执行的期限和要求，依法申请复议的期限和复议机关等。对符合审计听证条件的审计处理处罚，在做出审计决定之前按审计听证规则告知当事人有权申请听证。当事人申请听证的，应按规定举行听证。审计机关应在认定盖章后，向本级人民政府提交被审计领导干部经济责任审计结果报告，并将该报告抄送组织人事部门、纪检监察机关和有关部门。

(九)申请复议

被审计人及其所在单位对审计机关做出的审计决定不服的，可以依照有关法规申请

复议。

(十)出具审计移送处理书

审计组在审计过程中发现重大问题,应及时向审计机关的分管领导和主要领导汇报。需要追究有关责任人党纪、政纪或刑事责任的,审计机关应出具审计移送处理书,移送纪检、监察、司法机关处理。

(十一)建立联席会议制度和审计信息反馈机制

经济责任审计工作应在当地党委、政府领导下开展,审计机关应当与纪检监察机关、组织人事部门等建立联席会议制度,定期交流、通报经济责任审计情况,研究、解决经济责任审计中出现的问题。

审计结果报告提交授权或委托机关后,授权和委托机关应与审计机关建立审计结果运用和反馈机制,使审计机关了解审计效果及被审计领导干部的任用情况。

(十二)整理档案

审计机关应建立经济责任审计档案,做到资源共享。此外,应注重收集审计结果报告的社会反响以及组织人事部门对被审计领导干部的任用情况,以保证审计资料的完整性和审计工作的连续性。

🔲 思考题

1.经济责任审计的目标有哪些?

2.如何正确认识经济责任审计中"经济责任"的内涵?

3.经济责任审计有哪些基本原则?

4.经济责任审计的目标有哪些?

5.党政机关领导干部经济责任审计的内容有哪些?

6.国有企业领导人员经济责任审计的内容有哪些?

7.经济责任审计程序有哪些?

8.经济责任审计人员的核心专业知识有哪些?

9.经济责任审计人员的核心专业技能有哪些?

10.经济责任审计人员的核心专业品质有哪些?

第十四章 绩效审计

第一节 绩效审计的产生与发展

一、西方政府绩效审计的产生与发展

（一）美国政府绩效审计的产生与发展

美国是世界上开展政府绩效审计比较早的国家（张庆龙、沈征,2015）。早在 20 世纪 40 年代,美国会计总署（general accounting office,简称 GAO）就开始执行综合审计。20 世纪 70 年代,美国的绩效审计走向准则化和法定化。1972 年,美国会计总署根据立法所赋予的权限制定了《政府的机构、计划项目、活动和职责的审计准则》（*Standards for audit of governmental organizations, programs, activities and functions*）。这份被称为"黄皮书"的政府审计准则突出强调了"3E"审计（狭义绩效审计）的重要性。这里狭义的绩效审计,它是对一个组织利用资源的经济性（economy）、效率性（efficiency）、效果性（effectiveness）所进行的独立监督、评价和鉴证活动,其评价内容包括:检查财务活动和遵循现行法律和规定的情况;评价管理工作的经济性和效率性;评价在实现预测成果过程中的项目成果。这是首次在具有法规性的文件中明确阐述与绩效审计有关的审计目标。在美国会计总署（国内机构和学者通常将其转译为美国审计总署）当时的机关刊物《观察报告》中反映出 70 年代美国政府审计人员 85％以上的工作量是从事"3E"审计（包括经济性审计、效率性审计和效果性审计）,"3E"审计已经成为美国会计总署最主要的工作。

根据 2004 年美国会计总署人力资源改革法案修正案,2004 年 7 月 7 日,美国会计总署（GAO）正式更名为政府问责署,具有 83 年历史的美国会计总署改变了其机构名称的用词,从 general accounting office 变为 governmental accountability office,这种变化体现了美国政府审计机关的业务重心由会计检查向问责政府的战略转变,更名后的美国政府问责署的缩写仍为 GAO。面向 21 世纪,美国联邦政府在完成工作的内容和方式两个方面都需要转变,"评估政府的绩效,并对它的结果负责"是其在角色担当和工作内容中考虑的中心问题。它坚信公众应该得到从费用的耗费到政策制定的政府运作过程的全面信息,只有全体选民被充分告知的政府才是能真正代表民意的政府。目前,美国政府绩效审计已经发展到对受托责任、风险治理和综合治理进行评价。具体来说,美国政府问责署把工作重点转向了监督政府履行受托责任的情况和对危及国家安全和利益的高风险领域的监控。它每年要发布上千份审计结果,其中对联邦政府进行绩效审核、项目评估以及政策分析等占审计项目总量的 85% 以上,如 2008 年 10 月—2009 年 9 月的财政年度,其官方网站公布了 852 份报告和听证词,涉及财务审计的只有 94 份,占 11%,其余均为绩效审计报告。

(二)加拿大政府绩效审计的产生与发展

加拿大总审计长公署(Office of Auditor General of Canada,简称 OAG)早期虽然没有单独开展绩效审计业务,但其"综合审计"中已经包括绩效审计的基本内容。加拿大的综合审计与英国、美国的绩效审计相比,其内容更为丰富,既包括财务审计,又包括"3E"审计的内容。

1977 年加拿大颁布了《审计长法》,国会将总审计长的职责范围扩展到经济性审计、效率性审计和效果性审计("3E"审计)。1980 年,加拿大成立了加拿大综合审计基金会(Canadian Comprehensive Auditing Foundation,简称 CCAF),它的中心任务就是在联邦公共部门、省级地方政府以及医院和学校的审计活动中传播综合审计经验。在总审计长和 CCAF 的联合影响下,加拿大政府审计的范围大大拓展。据统计,加拿大总审计长公署的审计资源中用于政府审计的部分约占 65%,其中用于经济性审计、效率性审计和效果性审计的占一半以上。

(三)英国政府绩效审计的产生与发展

英国开展绩效审计的历史比较长,但以法律形式确认其为国家审计署(NAO)的工作内容则是在 1983 年以后。英国的政府绩效审计称为"货币价值审计"(value-for-money audit)。1979 年撒切尔夫人上台以后,英国保守党政府推行了西欧最激进的改革计划,开始在公共管理领域内以注重商业管理技术、引入竞争机制和顾客导向为特征的新公共管理改革,这就是"新公共管理运动"(new public management,简称 NPM)。在新公共管理运动的背景下,货币价值审计备受关注。

1980 年 3 月,英国政府发表了"绿皮书",该文件归纳了与国家审计机构有关的各种建议。1981 年 2 月公共决算委员会发布了著名的特别报告书——《主计审计长的作用》。该报告主张制定相应的法律条款,对审计总体结构进行规定。1983 年《国家审计法》颁布并于 1984 年 1 月 1 日起实施。该法第 6 条明确规定:主计审计长可以检查任何部门、机构或其他团体履行职能过程中使用资源的经济性、效率性和效果性。该法第一次从法律上正式授权英国国家审计部门实施绩效审计。

英国的绩效审计一般可以分为四类:一是对严重的铺张浪费、效率或绩效低下和控制薄弱的现象进行的检查;二是针对特定的部门、重大项目和工程进行的调查;三是对管理活动进行的检查;四是对其他较小规模的检查。英国国家审计署十分重视绩效审计,每年投向绩效审计的力量约占 35%,并且这个比例有不断提高的趋势。英国国家审计署每年都公布大量的绩效审计报告,涵盖国防、教育、农业、环境和交通、卫生和社会保障、法律和内政服务、海外和中央政府事务研究、私有化、税收等多个领域。

英国国家审计署的绩效审计主要是检查和评价政策的执行效果,对政策本身并不提出批评意见。绩效审计的类型也是多种多样,在英国国家审计署开展的全部绩效审计工作中,包含对项目效果的审计、对产出的审计、对工作程序的审计、对工作效率的检查和成本效益的分析等诸多内容。与美国"3E"审计不同的是,英国的绩效审计实践中往往将经济性、效率性和效果性三个方面结合起来对某个项目或某项活动进行综合评价。

二、中国政府绩效审计的产生与发展

(一)政府绩效审计思想萌芽阶段

1983 年 9 月 15 日,随着中华人民共和国审计署的成立,经济效益审计(狭义的绩效审计)开始走进中国。1984 年在全国范围内开展试审,充分关注经济效益问题。通过试审,专业学者认为经济效益审计对改善被审计单位经营管理,提高经济效益,增收节支都起到了积极作用。1991 年,在全国审计工作会议上,中国国家审计署首次提出:"在开展财务审计的同时,逐步向检查有关内部控制和效益审计(即绩效审计)方面延伸。"这是我国政府部门首次提出效益审计(绩效审计)的概念。

20 世纪 90 年代,我国的专家学者开始从经济效益审计的角度展开对绩效审计的理论研究,取得了可喜的成果,形成了绩效审计概念、绩效审计内容、绩效审计种类、绩效审计标准以及绩效审计方法等一系列研究成果。需要提出的是,1998 年中国审计学会将绩效审计确定为重点研究课题,取得了一系列积极的成果。与此同时兴起的党政机关和国有企业领导干部经济责任审计和专项资金审计也在一定程度上体现出了政府绩效审计的思想。

需要指出的是,该阶段针对政府绩效审计的理论研究是零散的、不系统的,是政府绩效审计思想的萌芽,这一系列研究成果有待实践的检验,有待不断丰富和完善。

(二)政府绩效审计试点探索阶段

随着建立高效、精干、廉洁的服务性政府机构的提出,如何利用绩效审计促进政府利用有限资源、提高财政支出绩效的实践探索变得迫切,政府绩效审计试点探索阶段开始逐步形成。与以理论探索为主要特征的思想萌芽阶段不同,政府绩效审计试点探索阶段是以试点探索为主要特征的(当然也有理论方面的探索),该阶段的实践探索颇有成效,主要体现在以深圳和青岛为试点城市的政府绩效审计。

与此同时,国家审计署为推动政府绩效审计在我国的发展也在不断地做出努力。2003 年 7 月 1 日,国家审计署发布的《2003 至 2007 年审计工作发展规划》明确提出,未来 5 年审计工作的主要任务之一就是"积极开展经济效益审计,促进提高财政资金的管理水平和使用效益"。同年 8 月的全国审计理论研讨会提出,我国探索绩效审计的条件已经初步具备。深圳市政府绩效审计的试点成功及国家审计署审计基调由财务审计转向财务审计与绩效审计并重,为政府绩效审计在我国的探索奠定了基础。

在此背景下,全国许多地区如山东、湖北、安徽等,也逐步开始尝试在较大范围内开展政府绩效审计。这些探索一方面从实践上检验并丰富了思想萌芽阶段形成的关于政府绩效审计的一系列理论研究成果;另一方面为政府绩效审计在我国的全面推进奠定了坚实的基础,政府绩效审计的试点探索成效显著。

(三)政府绩效审计全面推进阶段

为进一步推进政府绩效审计在我国的发展,审计署在《2006 至 2010 年审计工作发展规划》中提出:"全面推进效益审计,促进转变经济增长方式,提高财政资金使用效益和资源利用效率、效果,建设资源节约型和环境友好型社会。"同时作为对政府绩效审计事业规划的深化与发展,审计署《2008 至 2012 年审计工作发展规划》中更明确提出:"全面推进绩效审计,促进转变经济发展方式,提高财政资金和公共资源配置、使用、利用的经济性、效率性和效果性,促进建设资源节约型和环境友好型社会,推动建立健全政府绩效管理制度,促进提高政府绩效管理水平和建立健全政府部门责任追究制。到 2012 年,每年所有的审计项目都开展绩效审计。"政府绩效审计已经完全迈出原有的试点探索阶段,开始向政府审计的各个项目蔓延和渗透。

2008 年 3 月 31 日,前任审计长刘家义提出财政审计应紧紧围绕"管理、改革、绩效"六个字来开展工作,推进财政体制改革,推进财政绩效预算的建立,推动问责机制的健全。同时审计机关应该按照"揭露问题、规范管理、促进改革、提高绩效"的思路,进一步提升预算执行审计的层次和水平。这都充分体现了政府审计工作的领导人全面推进政府绩效审计的决心和行动。

2011 年《审计署"十二五"审计工作发展规划》明确了全面推进绩效审计的重要战略目标,指出审计工作的主要任务之一就是"全面推进绩效审计,促进加快转变经济发展方式,提高财政资金和公共资源管理活动的经济性、效率性和效果性,促进建设资源节约型和环境友好型社会,推动建立健全政府绩效管理制度,促进提高政府绩效管理水平和建立健全政府部门责任追究制"。

总体来看,自 1983 年 9 月 15 日我国恢复国家审计制度至今,政府绩效审计从其思想萌芽、经历试点探索直至现在的全面推进,成效显著。政府绩效审计在提高财政支出绩效,促进高效、精干、廉洁政府机构的建立等方面起到了重要作用。政府绩效审计在我国的尝试探索取得了一定的成功,但是,由于政府绩效审计在我国起步较晚,无论是在理论上还是实践上都很不成熟,还存在着诸多问题亟待解决。因此,中国政府绩效审计的发展任重而道远。

三、政府绩效审计的功能、目标和内容

(一)政府绩效审计的含义和功能

1.政府绩效审计的含义

最高审计机关国际组织(INTOSAI,2004)指出,绩效审计是指在考虑应有经济性的情况下,对政府活动(government undertakings)、项目(programs)和组织(organizations)的效率性和效果性所进行的独立检查,其目的在于实现改进。根据公共受托经济责任关系理论,国家审计机关及其人员是政府绩效审计的法定承担主体。因此,政府绩效审计可以界定为国家审计机关及其人员接受委托或授权,对政府资源、活动和项目的经济性、效率性、效果性、公平性和环保性所进行的独立监督、评价和鉴证活动。

2.政府绩效审计的功能

政府绩效审计功能是指政府绩效审计实践活动所发挥的有利作用或功效。美国一般公认政府审计准则(GAGAS,2007)指出,政府绩效审计的功能主要包括改善政府业绩、减少成本开支、优化决策过程以及强化公共责任等。王会金等(2007)认为,政府绩效审计的本质是作为委托者的利益代表对代理人——政府机构的受托公共管理责任履行情况按照合理的标准进行的再认定、再监督,并据此做出评价,提出建议,以进一步改善委托人和代理人的关系,促进社会的协调发展。赵保卿等(2008)认为,政府绩效审计的功能在于提供政府及其公共部门受托经济责任履行情况的信息,促进公共资源的管理者和使用者改进工作,更好地履行公共受托经济责任。因此,政府绩效审计的功能可以归纳为减少损失浪费、提高管理效率、揭露权力腐败、促进社会和谐,以及强化公共责任等。

(二)政府绩效审计的目标

政府绩效审计目标是指政府绩效审计的预期效果和最终境地。根据公共受托管理责任关系理论,政府绩效审计的总目标是指独立地提供公共受托管理责任履行情况的鉴证信息。政府绩效审计具体目标是总目标的分解形式,随着公共受托管理责任内容的深化,政府绩效审计具体目标表现出动态发展的特性。它包含经济性、效率性、效果性、公平性和环保性等要素(宋夏云,2006)。

(三)政府绩效审计的内容

政府绩效审计的内容主要包括:

1.经济性的评价。经济性(economy)是指在考虑质量的前提下,使所用资源的成本最小化。

2.效率性的评价。效率性(efficiency)主要评价资源是否得到了最优或者满意的使用。

3.效果性的评价。效果性(effectiveness)关注预期目标的实现程度。

4.公平性的评价。公平性(equity)指经济活动符合社会责任的标准。

5.环保性的评价。环保性(environment)又可被称为可持续发展性、环境生态性,它主要追求自然资源的合理利用和生态环境的有效保护。

上述经济性、效率性和效果性的审计可以简称为"三 E"审计,经济性、效率性、效果性、公平性和环保性的审计可以简称为"五 E"审计。

第二节 政府绩效审计的程序

政府绩效审计的程序主要包括准备阶段、实施阶段、报告阶段和后续审计阶段四个主要步骤。以下对其进行介绍。

一、准备阶段

政府绩效审计的准备阶段是指从接受或审计立项到审计人员进入被审计单位所进行的各项审计准备工作的过程。

(一)战略规划——选择绩效审计领域

绩效审计的对象和内容是广泛多样的。按照审计的管辖范围,可审计机构包括本级政府及所属下级政府、政府部门单位及其所属机构。这些众多机构繁杂的工作内容可以列出不计其数的审计项目,由于有的被审计单位业务活动具有广阔的辐射面,审计人员不得不相应扩大自己的工作范围和增加自己的工作量。但审计资源是有限的,常常是缺乏的。因此,要尽可能合理、有效地使用审计资源,安排和分配好一定时间,做好政府绩效审计的战略规划。

国家审计机关应从以下两个方面选择审计项目:首先,进行一般性考察,收集和评估被审计单位的有关资料,了解它们的主要活动及资源状况,以此为基础制定绩效审计的规划。除了被审计单位的基本情况,制定规划还要充分考虑人民代表大会、政府以及媒体和公众的意见和要求,并参考以往的审计计划与执行。规划是滚动式的,可视为一个审计项目库。这样就为未来的审计工作提供了一个方向,准备了长期的任务,以此在年度和项目上进行合理的分配,也有利于用发展的眼光筹集和优化审计资源。其次,在规划的基础上,制定每年的审计工作计划表。在选择年度审计项目时应符合以下五个标准:(1)重要性,即政府管理、资源运用或社会需求等方面较为重要;(2)风险性,即较有可能存在问题;(3)时间性,即更需要及时解决;(4)增值性,即可以改善或节约的空间比较大;(5)可行性,即根据现有审计资源适当地安排审计工作,分配审计资源。按照这几个标准进行项目评分,排出项目的优先次序,成为下一年度的项目计划。规划和年度计划自下而上提出,最后由审计机关的高级领导研究确定。

绩效审计的战略规划是适应具有绩效审计内容比较广泛、未来不确定性较大以及时间较长等特点的审计项目的安排与策划,所以就需要做好与之相关的准备工作:一是考虑绩效审计项目立法内容和项目背景,了解审计授权人或委托人所关注的问题;二是进行审计立项的论证,确定战略计划首先要开发相关信息,获取被审计单位情况及所面临的问题,对潜在问题的重要性、风险性、时间性、增值性、可行性进行分析与排序,结合审计机关可利用资源确定年度审计重点和所需经费预算,制定战略计划书;三是审计机关与被审计单位讨论并确定绩效审计工作的目标与范围。

(二)进行审前调查

审前调查的目的是为编制具体的审计计划提供依据。应根据审计项目的规模和性质,安排适当的人员和时间,采取面谈、电话询问等方式对项目的基本情况进行审前调查,取得被审计项目的背景资料,内容包括被审计单位或项目的一般沿革,收集有关文件资料,了解熟悉有关政策法规,以及业务管理和财政财务状况等。

审前调查应考虑成本效益因素,并找到最为合适的渠道。一般而言,审前调查的渠道主要包括:法律文件和政府方针政策文件、近期的审计报告和评估结果、科学研究和相关调查、项目可行性研究报告和机构章程、年度报告和管理层会议记录、与被审计单位的管理层或利益相关者讨论、相对应的管理信息系统等。

(三)编制审计计划

审计计划又称审计方案,一般由审计工作方案和审计实施方案组成。审计计划的内容主要包括审计依据、审计目标、审计范围、审计重要性、审计风险、审计方法、审计标准、审计时间安排、审计的人员要求(包括聘请外部独立的专家)和审计证据等。当然,有些绩效审计项目由于审计范围较大,内容复杂多变,需要编制多层次的审计计划,审计计划可能细化为审计项目计划大纲、项目实施计划、项目现场作业计划等。

一般而言,在确定审计目标、掌握审计项目基本情况的基础上,审计机关及其人员可以执行分析性程序,编制审计计划,主要编写审计工作方案和审计实施方案。审计工作方案主要说明审计工作目标、审计范围、审计对象、审计内容和重点、审计组织与分工、审计工作要求等。审计实施方案主要说明编制依据、被审计项目基本情况、审计目标、重要性水平的确定和审计风险的评估、审计范围、审计内容、审计重点、对审计目标有重要影响的审计事项的审计步骤和审计方法、预定的审计工作起止时间、审计组组长、审计组成员及其分工、方案编制时间及其他有关内容,审计实施方案应在实施审计前经审计组所在部门领导和审计机关分管负责人的批准。

(四)初步研究并发出审计通知书

一旦审计项目选定并编制了审计计划,审计组就要进行初步研究以便进一步了解审计所要进行的活动,明确审计过程中应注意的重大事项(审计目标、审计范围和审计重点),估计可能产生的影响,制定审计的时间表和资金预算等,出具一份及时、完善的审计方案,并正式发出审计通知书,为进驻被审计单位做好充分准备。

二、实施阶段

政府绩效审计的实施阶段,又称执行阶段,是审计主体直接作用于审计客体,用审计标准衡量被审事实的关键阶段。它是指从审计人员开始进点至完成审计方案提出的任务为止的过程。这一阶段占整个审计程序的 60%～70%。在这一阶段,审计人员要完成检查、取证、分析、评价等多项工作。具体包括:

(一)详细调查、测试制度、核实资料

审计人员进驻被审计单位后,一是要根据审计方案要求,对审计对象的有关制度和数据资料(包括准备阶段掌握的和被审计单位提供的)进行调查审阅,并有重点地进行检验测试。使用的有关技术包括访谈、问卷、调查和抽样方法、案例研究、文件研究、研讨会、专家(或公众)听证会等。检查测试内容一是对公共管理控制制度测试,尤其对有关绩效控制的测试。二是对数据信息可靠程度进行测试,以验证绩效审计所依据的财政、财务与管理信息等资料的真实性、准确性和可靠性。三是对客观实际情况,如决策与宏观调控程序执行等进行运行测试。测试可采用座谈会、个别了解、现场观察等形式收集补充新的信息资料。

(二)围绕专题,深入调查

专题的名称是根据审计方案中确定的重点和初步调查测试的结果综合确定的,一般围绕审计重点展开。影响政府绩效的问题往往有多个重点,每个重点又由多个因素组成。在实施阶段,国家审计人员可根据审计判断,围绕典型专题深入到现场进行详尽调查。审计人员可将调查结果列成问题式调查表,分清内外、主次和因果,并针对审计目标做好审查取证工作,对关键因素与问题的检查取证要力求充分、详尽、准确。

(三)测试、分析与评价

审计人员在占有大量资料和分析证据的基础上,将调查的数据资料进行测试、计算和对比,通过归纳、综合分析和对照标准,揭示矛盾,找出差距。一般的测试、分析手段主要包括:

1.程序分析,就是按照既定的标准和合理的控制模式对管理程序进行检测,以确定其完整性、合规性、内部一致性和有效性等;

2.利用现有数据和证据进行分析,就是指对公共机构信息系统的数据或从单个项目收集的数据进行分析;

3.结果分析,对被审计单位某一特定领域内一些活动的检查结果进行分析,评估其活动是否符合审计标准的要求,是否令人满意;

4.案例研究,就是指通过对某一特定案例进行深入理解来了解复杂事项,是在对整个领域宏观把握的前提下对某一案例进行的大量说明和分析;

5.问卷调查,通过问卷调查可以对被审计单位活动的成因、分布和各种事项的相互关系进行评价;

6.抽样评价,对抽样对象运用绩效审计程序,并对抽样结果进行评价,以便获得足够有效的审计证据。

经过测试分析,审计人员将审计评价标准对照证据,得出各专题以及综合的评价意见。

(四)提出建议,实地检验

经过综合分析评价,找出了问题的症结,审计人员便可会同专家与被审计单位有关人员提出改进的建议和方法,比较理想的是进行公开的、建设性的对话,并协助被审计单位预测建议的可行性及其实施效果。

(五)准备要点式审计工作底稿

实施阶段必须做好工作底稿记录,并根据审计专题进行小结,综合各专题的初步评价意见,形成要点式审计工作底稿。

三、报告阶段

政府绩效审计程序中的报告阶段是指审计任务完成之后,根据实施阶段检查评价的情况与问题,提出改进建议和措施,编写正式审计报告,做出审计决定的过程。审计报告阶段是形成和扩大审计成果,体现审计目的,总结审计工作的过程。

(一)归纳分析,综合提高

现场工作完成后,应对审计取得的数据和资料进行汇总,将各专题的调查分析、评价意见加以集中,进行综合归纳与分析,从中找出影响公共资金管理与使用绩效的问题和公共事业管理绩效的薄弱环节,对照评价标准,并与被审计单位和有关专家交换意见,形成政府绩效审计结果和初步的审计结论。在此基础上,由审计组准备开始撰写审计报告初稿。

(二)撰写审计报告

审计组在进行全面综合分析的基础上做出对被审计单位绩效现状的客观评价,提出切实可行的改进建议,撰写政府绩效审计报告。审计报告通常应包括内容摘要、被审计事项的背景、审计项目实施情况、审计评价意见或结论、审计发现的情况、发现的违法违规问题及处理处罚意见、审计建议、被审计单位的反馈意见等。具体而言,包括:

1.内容摘要。它是政府绩效审计报告的第一部分,政府绩效审计的跨期一般较长,很有必要在审计报告的前面专门编写一份报告的内容摘要,便于读者通过阅读摘要,了解政府绩效审计报告的主要内容,并根据需要决定是否继续仔细阅读下面的内容。

2.被审计事项的背景。主要包括被审计事项或单位的基本情况、资金来源和使用情况、目前的状况等,其目的在于使读者对被审计事项有一个清晰的理解。

3.审计项目实施情况。主要是用于向读者说明审计的时间、性质和范围,便于读者利用报告内容,并进行判断,它主要包括该项审计的依据,审计的目标、范围和方式、方法,以及审计起讫时间、审计准则的遵循情况、审计方和被审计方的责任等。

4.审计评价意见或结论。它是针对审计目标,以审计发现的情况为基础,总括地发表的审计意见或得出的审计结论。

5.审计发现的情况。它是审计评价意见或结论的证明,是所取得证据的汇总结果。它包括审计发现的事实,导致上述结果的原因,产生的影响。但是,它只是针对具体审计目标,说明得出审计评价意见或结论的根据,不说明发现的违反法律法规的具体事实。

6.发现的违法违规问题及处理处罚意见。这是对审计过程中发现的具体违法违规问题及处理处罚意见的逐项列示。包括审计过程中查出的被审计单位违反国家法律、法规规定的财政收支、财务收支行为的事实、定性、处理处罚决定,以及法律、法规、规章依据,有关移送处理的决定等等。

7.审计建议。它是精心设计项目的核心内容之一,是审计结论和审计发现的情况及分析的逻辑体现,一般应该针对产生问题的原因提出,在内容上与报告中的其他内容相呼应。建议应该有针对性、可操作,便于检查和衡量。

8.被审计单位的反馈意见。主要包括:被审计单位对审计报告的看法、针对被审计单位的意见审计报告的修改情况、审计组织不同意被审计单位意见的理由,以及被审计单位拟采取和已经采取的改正措施。

当然,除上述八个方面的内容以外,对于绩效审计过程中发现的优秀管理方案或实践,审计报告中还应单独对其进行评论和肯定,通过公开的审计报告,将好的做法或审计经验进行推广。

(三)审计报告的公开

绩效审计报告应向社会公开,在保证遵循国家相关保密制度的前提下,尽可能全文公开发布政府绩效审计报告,特别是注意公开被审计单位的目标实现情况和偏差,以及被审计单位的反应。

审计报告的公开形式有多种选择:一是通过审计署主办的纸质媒体向社会披露;二是通过审计署网站或地方审计机关网站公布政府绩效审计报告;三是在年度中期或期末汇编各地绩效审计报告并予以集中、公开发布。

四、后续审计阶段

政府绩效审计程序中的后续审计阶段是指审计结论下达之后,对被审计单位执行审计结论的情况进行审计评估的过程。通过后续审计来检查审计结论的质量,检查审计建议是否为被审计单位所接受,是否切合实际,是否获得应有的绩效。

后续审计阶段又分为两个步骤:第一步,审计人员应确认被审计单位已经对报告中提出的意见采取了行动并评价这些行动的效果;第二步,当被审计单位对报告中某些或全部事项没有采取行动时,审计人员要确认被审计单位已经承担了不采取行动的风险,审计人员应及时出具报告向被审计单位的主管部门或有权监督被审计单位的部门反映,以有效保证报告中审计意见的落实。后续审计的程序通常是取得被审计单位的书面回复,通过面谈等方式与被审计单位探讨回复中的有关问题,对纠正行动和与重大发现有关的事项进行现场审计,报告后续审计发现。

第三节　政府绩效审计的方法

一、政府绩效审计方法的含义

政府绩效审计方法是指达成政府绩效审计目标,完成政府绩效审计任务的各种手段和方法的总称。关于绩效审计的方法,英国《量工价值审计手册》(VFMH,2003)指出,绩效审计方法主要包括质量控制、调查、问题解析、碰头会、统计分析等。最高审计机关国际组织《绩效审计实施指南》(2004)指出,绩效审计方法包括:(1)编制审计计划的方法(风险分析、SWOT分析、问题分析);(2)研究设计的方法(目标实现情况分析或结果实现情况分析、基于过程的分析、成本收益分析、标杆分析、再评价);(3)确定审计方案的方法(比较调查、事前和事中调查、抽样调查、案例研究调查、准试验调查);(4)选择收集信息的技术方法(文件检查、二手分析、文献检索、调查或问卷、访谈、研讨会、听证会、中心组、专门工作组、顾问咨询组和专家法、直接观察);(5)分析和说明信息的方法(描述性统计和回归分析)。来明敏等(2007)指出,绩效审计的传统方法包括文件审阅、统计分析、调查、财务分析、二手资料的评价和使用、文件查阅、比较分析、现场走访、观察、管理分析、访谈、抽查、专家论证会、环境分析、体制运营模式分析,其创新方法包括因果分析、工程概预算分析、网络技术分析,以及基于价值工程的净值分析等。陈希晖等(2011)指出,绩效审计方法包括两个层次,其中数据资料收集方法有审阅、观察、调查、访谈。绩效审计分析与评价方法包括比较分析、指标分析、统计分析、因果分析以及管理分析等。

因此,关于政府绩效审计的技术方法,从审计程序来分析,主要有审计计划方法、审计实施方法和审计报告方法;从取证模式来看,主要有过程导向审计模式和结果导向审计模式;从常规方法来看,主要有观察、访谈、问卷调查、案例研究、统计分析以及专家论证等。

二、政府绩效审计的常规方法

政府绩效审计的常规方法主要包括：

(一)文件查阅

文件查阅方法用来了解相关领域知识,查找资料,并寻求审计判断的法律依据。法律法规是该领域若干年历史经验的总结,审计师通过文件的学习,可以对本审计领域有一个整体把握。也就是从大量资料中摘取对审计师有用的资料,这类文件大多是对过去情况的记录或统计资料,可以用来说明情况,或作为某些事项的证明材料。

由于这类文件的层次一般较高,如国家或地区或部门颁布的法律法规,审计师通常对此无权或没有义务进行检查评价。审计师在开展一项绩效审计之前,搞清适用和有效的法律法规文件是非常重要的。这是我国政府绩效审计的特色,绩效审计与合法性审计交织在一起,无法分开。

(二)文件审阅

这种方法是审计师对文件资料进行检查式阅读,这是任何审计均需要的最基本也是最核心的方法。文件审阅的对象大多是被审计单位或其直接责任上级主管部门制定的,文件本身就是要审计的对象之一,或许存在某些不当之处。阅读的内容分为两类:第一,永久性文件,包括:被审计单位制定的章程、制度;重大合约、合同;第二,临时性文件,指仅与本次审计有关的文件,包括:计划、预算;合约、合同;会议记录;工作记录;凭证、账簿、财务报告等财务资料。

文件审阅方法的用途有:

1.通过查阅有关资料,掌握审计对象的基本情况;

2.分析制度建设和完善情况;

3.对现行制度进行分析,指出制度本身存在的缺陷;

4.取得事实证据,如数据错误、不当或低效的做法;

5.通过对工作记录和结果文件资料的分析,搞清被审计单位和相关人员的现行做法,指出其不足之处。

采用文件审阅法,需要强调两点:

第一,审计人员接触任何资料的权利必须予以保证,加大对被审计单位可能发生的转移、隐匿、篡改、毁弃有关资料的行为的处罚力度;同时,应规定被审计单位主动提供资料的义务。

第二,必须要求被审计单位出具书面保证,保证所提供的资料是真实、全面和有效的。绩效审计毕竟不是财务审计,不能浪费大量时间用于核实资料的真伪。同时,审计师要向被审计单位负责人讲明,对绩效审计而言,尽管也要进行绩效评价,但关键是要提出可行的审计建议,帮助被审计单位改进工作,双方的利益是一致的。如果不能保证这一点,审计师将无法做出正确的绩效审计判断。

(三)访谈

访谈,有的国家和人员称之为"询问",访谈有讨论之意,而"询问"过于居高临下,不太符合绩效审计探究问题的特性。访谈也是广泛使用的审计方法之一。到被审计单位进行审计,与被审计单位的有关领导和工作人员进行访谈是最自然不过的事情。访谈大多采用面谈的方式进行。访谈方法的用途有:了解被审计单位的实际情况、被审计单位对所存在问题给出的理由或原因、被审计单位对某些不同看法的辩解;帮助审计师形成对某一事物的总体看法;发现进一步审计的线索;澄清证实某些问题;帮助找到快速查阅相关文件或重要资料的途径;与被审计单位讨论和解释审计师的工作,达到沟通的目的。访谈对象包括:

1.被审计单位领导,一般这是首先要询问的,无论是关于被审计单位的整体审计还是局部审计,这都是要做的第一项工作。通过访谈既可以了解被审计单位的整体情况,也便于就本次审计事宜与被审计单位进行必要的沟通和交流,取得被审计单位的理解和支持;

2.相关部门负责人;

3.相关知情人员;

4.被审计单位的内部人员;

5.与被审计单位有关联的外部人员,如公务员、CPA、律师或法律顾问等。

审计人员采用访谈法,应注意以下问题:

1.与文件审阅一样,也要保证审计师向任何组织和个人进行调查的权利。《中华人民共和国审计法》(2006)第三十三条规定:"审计机关进行审计时,有权就审计事项的有关问题向有关单位和个人进行调查,并取得有关证明材料。有关单位和个人应当支持、协助审计机关工作,如实向审计机关反映情况,提供有关证明材料。"这一条对绩效审计同样适用。对于不愿意接受询问或者故意提供虚假信息的被询问人和组织,要进行惩罚并追究责任。与接触文件的权利一样,国外审计法规要求被审计单位的任何人也必须接受询问,否则就可能会被罚款。

2.要对审计师的访谈技术进行训练,研究如何将访谈中所遇到的阻碍降到最低。各国最高审计机关都有大量关于如何访谈的技术方法,尽管有些方法显得不是很正规。有的事前先进行问卷调查,然后再进行访谈。英国国家审计署和荷兰审计法院曾经使用深入询问技术,以便对现有数据进行更深层次的解读。我国审计实务界也要运用心理学、行为科学等相关学科知识大力研究和推广访谈技术,形成审计技术规范,以更好地指导审计师的工作。

3.对于访谈中得到的信息,必须加以验证,或进行详细的分析,包括逻辑合理性分析和数值分析,并提出审计师自己的看法。对于无法验证的以及观点之间明显相悖的,审计师要慎重对待,必要时用审计报告附件的形式如实反映。

(四)二手资料的评价和使用

审计师要收集大量的被审计单位已经存在的资料,如内部审计报告、咨询师的意见等。审计师对收集到的二手资料一定要通过各种方法加以验证,或从新的角度去利用这些资料。西方国家有的使用计算机软件对二手资料进行研究,以便从中得出更多的信息。荷兰审计法院和法国审计法院提出了一个新名词——"综合分析",就是指对二手资料的综合深入分析,也有对以前作过的评价进行再评价的意思,或者对过去不同部门作的评价进行比较以解释其中的差异。审计评价如同学术评价,也要在参阅他人所做研究的基础上,科学全面地对二手资料予以正式评价。

评价二手资料的标准包括:

1.真实性。对于真实性可以从资料的出处、提供者的可信和权威性、信息系统内部控制状况等若干方面进行证实,必要时审计师可以采用抽查、访谈等方式进行核对。

2.合理性。合理性是指对二手资料进行逻辑分析,对于逻辑上不矛盾、符合常理和一般规律的,可以认为是合理的。

3.全面性。使用二手资料最忌讳以偏概全、以小见大、以东寓西。真实的、合理的不一定可用,对问题要进行全面分析,从整体上把握审计对象的真实性和合理性。

(五)调查

成功的绩效审计要求对被审计单位及其政策、目标、主要活动、主要资源以及效益的主要风险有充分的了解,这就要靠调查方法取得相关资料。调查主要采用发放调查表的形式,这是向众多对象收集资料的主要方法。我国审计界普遍认为调查表仅仅是发放给被审计单位的,其实不然。由于政府审计越来越受到各方面的关注,政府审计的对象也都是与公众利益休戚相关的,因此,审计是利用调查向他们收集关于某一问题的看法,这是政府绩效审计一种常见的方法。几乎所有国家和地区的最高审计机关都采用这种审计方法,只是格式和种类略有不同而已。例如,英国国家审计署在问卷设计好以后,可以通过面对面、电话、邮件等方式向有关方面,如博物馆、美术馆、海外大使馆的用户以及使用政府服务的公司征求看法和意见。瑞典国家审计署的使用方式更加灵活多样,只要认为有价值,就可以向处于各地的广大人群发放调查表。

调查范围可能是某个组织,也可能是一组相关的活动,或者是若干个相关组织或某一特定群体。从 20 世纪 90 年代中期开始,英国国家审计署使用了"关注团体"(focus group)的方法。所谓"关注团体",就是以某类人群作为调查研究的对象,从中总结出规律性的东西。以伦敦警察局处理公众来电为例,通过这种"关注团体"方法的研究,制定了处理公共来电的若干种方式,列出了 12 个接待来电者的规则,并以此为起点制定了审计师使用"关注团体"的方法指南。

调查阶段一般首先要进行初步审计,评估是否有必要进一步进行全面调查,以及确定全面调查的目标、方法、任务以及时间安排。全面调查的基本目标是获取充分和相关及可靠的审计证据,以支持审计结论、审计意见、审计决定和建议。

(六)现场走访

现场走访是有目的的求证过程。与单独的观察一样,走访中可能会要询问某些知情人员。走访可以到被审计单位,也可以到其他相关单位。现场走访方法的用途有:求证某事;找原因;听取相关单位和人员的反映;了解相关单位的要求。

(七)观察

观察主要是针对被审计单位实施的。在正式实施审计之前或过程之中,审计师到被审计单位的办公室、工作现场、工地、车间、仓库、相关单位等进行巡视。观察的目的是希冀从中发现蛛丝马迹,为下一步审计提供线索。这种方法虽然简单,但是非常有效,是开始进行实质调查的首选方法,如看看存货上有没有灰尘、设备是不是闲置、工作人员工作是否勤勉、工作流程是否井井有条等。试想一下,如果一个单位人浮于事、纪律松懈、管理混乱、到处乱糟糟，很难想象它会有好的效益。

观察方法的用途包括对被审计单位形成感性认识；了解被审计单位和相关人员的现行做法，如设备使用情况；了解现行制度的执行情况，如内部控制等；了解被审计单位对某一问题的态度和看法；发现需要进一步审计的线索。

观察经常是和访谈、调查等沟通类方法结合起来使用。观察可以分为积极观察和被动观察。一般情况下，各国最高审计机关对于使用这种方法是极为慎重的，收集到的证据证明力不是很强，如果没有直接证据支持，如照片，审计结论容易引起争议，况且被审计单位对审计师到处跑也比较反感。一般情况下，来自于通讯、电话或面对面调查取得的经验证据不足以构成审计师形成判断的依据，审计师的分析和结论更严重依赖于文件证据。

(八)比较

进行比较是人们极为自然的一种思维习惯，是对某一事件无法把握时，人们寻求思维定位的必然方法选择。在绩效审计中，无论是进行效益评价，还是找原因、提建议，都希望有个参照物，帮助审计师判断，因此，它是绩效审计经常使用的方法。财务审计也使用比较方法，但是比较的对象主要是财会制度，而绩效审计的比较对象要广泛得多，只要有利于形成审计判断的都可以用来进行比较。比较方法的用途包括：

1.了解预期结果与实际结果的差异，如可行性研究和论证结果与实际使用情况的差异；

2.现行法律法规、规章制度和标准的执行情况，如发现违法违规问题；

3.与行业先进指标进行对比，找差距；

4.与被审计单位同类型单位之间进行比较；

5.同一审计对象的各被审计单位之间工作方法和效果的差异；

6.和对不同来源资料的一致性；

7.通过比较渲染审计结论。

然而，我们通过对绩效审计实践的研究发现，这种方法的使用并不像人们想象的那样多，而且主要集中在被审计单位之间的比较以及被审计单位与先进单位之间的比较这两个方面。因此，在使用比较方法时应格外谨慎，特别是要选择好合适比较的对象，注意可比性，否则通过比较得出的结论就得不到被审计单位的认可。当进行国际比较时，这个问题就更加突出。而且，这种方法非常容易变成一种纯粹的分析和讨论，而不能得出有意义的确凿结论。

(九)经验借鉴

借鉴方法的用途是发现不足，明确如何改进，并且避免犯同样的错误。借鉴与比较有相同之处，需要涉及另外一个单位，但是借鉴的主要目的是用相同或类似地区、行业或单位的做法作为本次绩效审计判断的依据，而不单纯是比较优劣。使用这种方法的关键是所借鉴的地区、行业或单位必须是令人信服的，比如先进的、发达的、有名的、公认的，或者是国外尤其是西方发达国家的相同或类似地区、行业或单位的理念和经验。经验借鉴方法就是利用人们的思维定式，达到传达审计师意图的目的，这在审计报告中是非常有说服力的。

(十)统计分析

统计分析方法是解决数值问题的最好工具，尤其是绩效审计。其中总额分析、比例分析、结构分析、比率分析、设备完好率、使用率、毁损率、成新率、故障率、功能利用率、机时利用率、平均月收入、平均使用人次、公开招标率等指标,都是统计分析方法的应用。

统计分析方法的用途是从总体上对被审计单位的绩效进行评价并分析原因。对于更复杂的统计分析方法,我国审计部门也可以大胆地尝试一下,如时间序列分析、多元回归分析、相关分析、敏感分析、假设检验、建立模型等。

(十一)管理分析

管理不到位、简单粗放,缺少基本的程序性步骤和管理常识,是目前我国绩效审计发现的最大问题。这是体制问题造成的管理部门和管理人员的自然懈怠所致。这类问题的分析和揭露往往触目惊心、令人瞠目。在条件成熟时,我国国家审计机关应制定《管理评价指南》等技术规范。

(十二)机构分析法

这是瑞典国家审计署在开展绩效审计工作的早期使用相当广泛的方法。使用这种方法的目的主要是对被审计单位做广泛的了解。机构分析的内容主要包括:

1.被审计单位的工作是否与国家上级部门或会议的方针政策一致;

2.检查该机构的工作状况和能力;

3.对该单位内部控制的运行有效性进行评价。

在使用该方法时,可以分别从以下两个方面进行:

1.功能分析。审计人员主要对该机构的各个功能,如计划、组织、检查、评价、具体业务、电子数据处理等进行分析。功能分析的重点在于:首先分析这些功能是否发挥了有效的作用,实施的效果如何;其次,再对功能本身进行进一步的分析。

2.制度分析。审计人员主要对适用于该机构的各项规章制度进行分析,并从总体上分析该机构工作的最终效果,把该机构放在更广泛的环境中,分析该单位的制度和组织是否与要达到的目标相一致,工作方式是否有利于完成应承担的任务。通过制度分析,可以为政策修订提供建设性意见。

(十三)可行性分析法

绩效审计主要是对财政资金的支出效益进行监督、评价,其中可行性研究报告的审计是绩效审计的关键环节。我国财政支出低效的主要原因大多是可行性研究环节做得不彻底、不科学,甚至没有可行性研究,造成先天不足。在编制可行性研究报告时,许多单位本末倒置,管理决策层先凭感觉断定该项目可行,然后再编制可行性报告,使可行性研究成为为项目获得批准编造理由的工具,其中:弄虚作假、夸大效益、隐瞒缺点、报喜不报忧就不可避免地成为非常普遍的现象。一旦项目上马、完工,各种弊端便彻底暴露出来,实际效果与原先设想的相去甚远,但为时已晚。因此,对项目可行性研究报告进行审计分析是非常必要的。例如,深圳市审计局在对深圳市海上田园旅游项目审计中发现,该项目开工前未进行可行性研究,也未做初步设计和编制项目总概算,致使该项目一经投入使用就出现大面积亏损。同样,在对公益金进行审计时,审计人员对深圳市民政局拟建的老人综合服务中心提出了异议,认为"由于提供的可行性研究报告缺少详细的经济指标分析,项目建成后如何运营,是否需要财政补贴等问题,都应该对项目本身做进一步分析研究"。审计机关应制定《可行性研究报告审计评价指南》等技术准则。

(十四)成本效益分析法

成本效益分析是考核政府部门资金使用效率的方法,适用范围非常广泛,包括财务预算的执行情况分析。成本效益分析可以只对财务或某一工作进行,也可以是整体成本与效益分析,甚至是对国家宏观经济的影响。该方法可以在事前进行,也可以事后进行。效益是一个广义概念,是以被审计单位所确定的合理目标为基础的,有些效益可以用货币计量,有些则无法用货币计量,如自然环境改善、竞争力提高等。因此,成本效益分析可以使用货币性或非货币性评估方法。

(十五)环境分析

这里的环境是个广义的概念,可以是政治环境,也可以是经济环境、社会环境或者技术环境等。对环境状况有清醒的认识可以帮助审计师对被审计单位的现状给出合理的解释,并对未来的发展趋势做出客观的预测。

(十六)体制/运营模式分析

我国国有单位的问题大多可以从体制和运营模式上找到根源。审计师要在对被审计单位体制和运营模式进行详细分析的基础上,提出建议被审计单位改变现行体制和管理模式的审计意见。例如,哪种管理体制模式更利于被审计单位?对产权是出租、承包、招标还是拍卖?是出售使用权还是出售产权?是国有独资还是股份制?是合资还是合作?是集团化还是分散化经营?是增资还是减资?为什么现在的体制下的营运模式是失败的,其深层次的原因有哪些?对这些问题,审计师都要做出全面客观的分析论证,找出问题的关键所在,并提出恰当的分析评价意见。

(十七)专家咨询

绩效审计涉及大量审计师不熟悉的领域,学习是必要的。建立专家库,咨询专家是许多国家和地区最高审计机关的首选做法。例如,医疗设备审计、污水处理审计、工程审计等专业性很强,审计师必然要请外部专家帮助。按照审计惯例,审计师必须对外部专家的工作进行监督,并且由审计师对外部专家意见的利用工作负责。

专家咨询,其用途包括:(1)咨询相关知识;(2)帮助审计师做出审计判断;(3)确保审计报告的权威性和精确性;(4)减少审计结果公告前出错的可能性。

专家咨询的方式包括:直接请教;邀请专家直接参与审计工作;召开包括专家在内的研讨会,共同讨论和测试审计小组的观察和结论是否正确;召开听证会,一般是在一项审计开始前进行,以便审计师能够尽快地获得被审计单位和相关领域的信息。

第四节 政府绩效审计人员的专业胜任能力

一、政府绩效审计人员专业胜任能力的内涵分析

(一)政府绩效审计人员专业胜任能力的含义

20 世纪 60 年代末期,美国、英国、加拿大、澳大利亚和新西兰等国家或地区便开始了

对 CEO、CFO、CPA、ACCA 和 CGA 等专业胜任能力(或胜任特征)的研究。美国著名心理学家戴维·麦克莱兰德(David McClelland,1973)认为,专业胜任能力(competency)是指个体所拥有的导致其在某一方面工作岗位上取得非凡业绩的潜在的、深层次的特质,它包括知识、技能和特质或动机等因素。美国注册会计师协会(AICPA,1999)指出,专业胜任能力是指以一种能干、高效和恰当的方式履行高质量职责的能力。国际会计师联合会(IFAC,2003)指出,专业胜任能力是指在真实工作环境中,按特定标准来承担某一工作角色的能力。如果某个组织或个人利用其潜能执行任务达到了专业标准,则可以认定他们是胜任的。因此,政府绩效审计人员的专业胜任能力可以界定为:在政府绩效审计的真实环境中,国家审计人员合格胜任法定职责工作的实际能力。

(二)政府绩效审计人员能力框架的构建模式

Hager,Gonczi and Oliver(1990)、IFAC(2003)、邓传洲等(2004)指出,能力框架的基准构建模式主要包括以下两种:

1.功能分析/业绩结果法。功能分析/业绩结果法(function analysis/performance outcomes approach)亦称"产出法",它关注最低限度可以接受的绩效,关注工作的实际产出,其应用流程包括:①调查职位的工作责任、任务、义务、角色和工作环境,提炼和分析出若干职位的工作职责与关键角色 (key roles);②对可接受的工作标准或绩效进行描述,根据关键角色和工作职责确定若干胜任力单元 (competence unite);③分析不同胜任力单元个体所应具备的核心能力,并做验证分析。例如,英国特许公认会计师公会(ACCA)的职能图(1998)定义了 4 大关键领域、13 项关键角色以及 41 个职能组,其中 4 大领域为会计与财务管理、资产管理、业务管理与筹划、资源管理。

2.能力要素法。能力要素法(capability approach)亦称"投入法",它着眼于分析个体为了胜任工作而应具备的知识、技能,以及职业价值、道德和态度。例如,D.McClelland(1973)认为,胜任力包括知识、技能、特质、动机等要素。国际会计师联合会(IFAC,2003)指出,职业会计师的胜任能力要素包括专业知识、专业技能,以及职业价值、道德与态度(简称专业品质)。

根据国际会计师联合会(IFAC,2003)的建议,能力框架的最佳构建模式是将功能分析法和能力要素法两者结合。其思路是在真实工作环境中,既考虑表现结果,又分析需投入的知识、技能和态度,对某个个体的能力框架进行系统构建。

(三)政府绩效审计人员胜任特征的识别方法

关于胜任特征的识别方法,其代表性观点包括(1)John Flanagan(1954):关键事件访谈;(2)D.McClelland(1973):行为事件访谈;(3)王重鸣等(2002):访谈、职位分析、问卷调查;(4)国际会计师联合会(IFAC,2003):访谈、问卷调查、工作实验、直接观察;(5)李明斐等(2004):实地观察、行为事件访谈、主题分析、360 度评价、专家系统数据库;(6)时勘(2006):模糊评判、汇编栅格、行为事件访谈、工作分析、问卷调查和情景模拟;(7)肖剑科、赵曙明(2008):文献研究、关键事件访谈、行为事件访谈、工作分析访谈、团体焦点访谈、职务分析问卷、职能型工作分析。其中行为事件访谈、专家咨询、职位分析、问卷调查、关键事件访谈属于最常规的方法。

二、政府绩效审计人员的能力框架

根据能力要素法,政府绩效审计人员能力框架的构成要素包括专业知识、专业技能和专业品质。

(一)专业知识

政府绩效审计人员的专业知识(professional knowledge)是指在政府绩效审计的真实环境中,审计人员应掌握的相对稳定和系统化的知识总称,它主要体现政府绩效审计的业务特性和相应技能要求。英国量工价值手册(VFMH,2003)指出,绩效审计人员不仅需要精通会计、财务和审计知识,还需要掌握经济、管理、统计、社会调查、绩效评估、计算机和信息技术知识等。最高审计机关国际组织(INTOSAI,2004)指出,绩效审计人员的专业知识包括公共管理、公共政策、政府管理、经济学、社会科学、信息技术、审计、财务会计、统计和工程等。宋夏云(2011)指出,我国绩效审计人员的专业知识包括国家政策与法规知识、公共投资与行政知识、会计与财务相关知识,以及计算机与信息技术知识。我国政府绩效审计人员的专业知识主要包括:

1.公共政策与法规知识。公共政策与法规知识包括国家的产业政策、财税政策、货币政策、贸易政策,以及各项财经法规等。政府绩效审计人员对公共政策与法规知识的掌握与运用,有助于他们正确把握"合法性""合规性""公平性"和"合理性"等评价尺度,以发表恰当的审计意见。

2.公共管理与行政知识。公共管理与行政知识包括行政学、行政法学、行政管理学、公共行政学、公共经济学、公共管理学、公共领导学,以及公共政策等。审计人员对公共管理与行政知识的了解与认识,有助于他们对政府等公共部门的业务流程、主要风险和内部控制进行科学的分析和评价。

3.企业战略与经营知识。企业战略与经营知识主要包括管理学、管理心理学、组织行为学、战略管理、生产与运作管理、技术管理、营销管理、人力资源开发与管理,以及管理信息系统(MIS)等。审计人员对企业战略与经营知识的了解与认识,有助于他们对被审计单位的业务流程、关键风险和内部控制进行正确分析与评估。

4.预算理论与实务知识。预算理论与实务知识主要包括预算的编制主体和管理权限、预算的类别和内容、预算编制的程序和方法、预算的审批与执行、预算的调整与决算,以及全面预算管理的理论与实务等。政府预算是绩效审计的主要参考标准,审计人员对预算理论与实务知识的掌握与理解,有助于他们对被审计单位预算编制的"合法性"、"合规性"和"合理性"等实际情况做出全面、准确的分析和评价。

5.工程造价与招标知识。招标是指招标人(买方)发出招标通知,说明采购商品的名称、规格、数量及其他条件,邀请投标人(卖方)在规定时间和地点按照一定的程序进行投标的行为。工程造价是指进行某项工程建设所花费的全部费用,包括建设工程造价、单项工程造价、单位工程造价以及建筑安装工程造价等。审计人员对工程造价与招标知识的了解,有助于他们对政府招标与采购活动的"合法性"、"真实性"和"公平性"进行正确的分析和评价。

6.生态环境与保护知识。生态环境是对影响人类生存与发展的水资源、土地资源、生物资源以及气候资源的总称。环境保护是指人类为解决现实或潜在的环境问题,协调好人与环境的关系,确保社会与经济可持续发展而采取的各种行动的总称。政府绩效审计人员对生态环境和保护知识的了解与认识,有助于他们对政府行为的"合法性"和"环保性"进行正确的分析与评价。

7.绩效评估与报告知识。绩效评估与报告知识包括绩效评估的承担主体和目标、绩效评估的对象与内容、绩效评估的流程与方法、绩效评估的关键指标体系,以及绩效评估报告等。政府绩效审计人员对绩效评估与报告知识的掌握与运用,有助于他们对政府各项活动的"经济性""效率性"和"效果性"等进行分析与判断。

8.会计财务与审计知识。会计与财务知识包括政府与非营利组织会计、企业财务会计、企业管理会计、财务成本管理、财务报表分析、会计理论、会计实验以及会计电算化等。这些知识有助于政府绩效审计人员了解与认识被审计单位财政、财务报告等相关信息的生成过程,并据此对其"合规性"和"真实性"进行鉴证,这是有效开展绩效审计的前提条件。审计知识包括审计学原理、财政审计、财务审计、绩效审计、经济责任审计、审计理论、审计案例以及审计电算化等知识,这些知识有助于政府绩效审计人员掌握现代先进的技术方法,并高质量地完成绩效审计的各项工作。

9.信息技术与计量知识。政府绩效审计人员对信息技术知识的理解与掌握,有助于他们获取高质量的会计和财务数据。计量知识是指计量经济学的相关知识,包括模型构建、相关性分析、因子分析、回归分析、敏感性分析,以及各种计算机软件(如 Eviews、SPSS、Stata 和 SAS)。绩效审计需要进行大量复杂的数据分析,这需要审计人员掌握扎实的信息技术与计量知识,以确保绩效审计工作的有效开展。

(二)专业技能

1.逻辑思维能力。逻辑思维是指人们在认知过程中借助于概念、判断和推理等思维形式能动地反映客观现实的理性认识过程。逻辑思维方法主要包括比较、分析、综合、抽象、概括等。这些方法的正确运用可以帮助绩效审计人员在执业过程中进行科学的推理与判断,并得出合乎逻辑的审计结论。

2.资源整合能力。资源整合是指对审计机关的人力、财力、物力以及技术方法、信息等有形与无形资源进行识别、挖掘、融合以及优化配置,并创造出新资源的一个复杂动态过程。资源整合要求审计机关领导和业务部门负责人对绩效审计工作进行有效的计划、组织、协调与领导,不断优化与配置审计资源,以最大限度发挥绩效审计的整体功效。

3.团队合作能力。政府绩效审计工作是一项系统工程,它具有涉及面广、业务复杂和跨期长等特点,这需要审计项目的各成员不断强化团队合作意识,在绩效审计工作中应该精诚合作、互相尊重、相互配合,以提高其整体作战能力。

4.技术运用能力。政府绩效审计工作涉及大量的数据处理与专业判断,这需要审计人员努力学习与掌握现代先进的技术方法,包括审计技术、统计技术、计量技术、计算机与信息技术等。审计人员对这些技能的掌控程度事关整个绩效审计工作的成败,它直接影响到审计人员对被审计单位绩效的正确判断能力。

5.决策分析能力。决策是指从若干可供选择方案中选择一个满意方案的过程。在绩效审计工作中,审计人员必须具备较强的决策分析能力,包括重点审计项目的选定、审计风险的评估、审计重要性的估计、审计证据的分析与评价以及审计意见和结论的形成等。审计人员应在确保审计效果的前提下,不断提高审计工作效率。

6.表达沟通能力。在政府绩效审计工作中,由于对被审计事项的理解以及政府绩效审计标准的认识偏差,审计人员往往需要与被审计单位的治理层和管理层进行持续的沟通,尽可能消除误解,取得被审计单位的理解与支持,并高质量地完成各项审计任务,这需要他们具备良好的表达与沟通能力。

7.公文写作能力。公文写作能力一般指完成公文写作任务的本领、本事、技能等。为了确保审计信息的准确传递以及各项工作的顺利开展,政府绩效审计人员必须具备较强的公文写作能力,包括审计计划的制定、审计方案的拟定、审计工作底稿的编写以及审计报告的撰写等。

8.职业谨慎能力。谨慎是指审慎、细心、慎重等。职业谨慎要求政府绩效审计人员在执业过程中应始终保持应有的职业关注,包括深入了解被审计单位的环境和业务特性、合理评估审计风险、关注重大违纪与舞弊问题的线索,以及对审计工作成果进行批判性复核,以努力减少审计失误,杜绝重大过失现象的发生。

9.持续学习能力。它是指政府绩效审计人员在其整个职业生涯中应始终保持自觉学习的热情和动力,勤奋钻研业务,不断提高其专业技能,以满足高标准绩效审计工作的复杂要求。

(三)专业品质

政府绩效审计人员的专业品质(professional characters)是指在政府绩效审计真实的工作环境中,审计人员应遵循的道德准则或行为原则。英国量工价值手册(VFMH,2003)指出,绩效审计人员的专业品质包括独立、客观、公正、胜任、严谨、尽责、增值和坚定等。最高审计机关国际组织(INTOSAI,2004)指出,绩效审计人员的专业品质包括独立、正直、公正、客观、胜任和专业化。宋夏云(2011)指出,我国政府绩效审计人员的核心专业品质包括独立、客观、公正、廉洁奉公,以及严格保密等。我国政府绩效审计人员的专业品质包括:

1.独立公正。独立是指审计人员保持无偏的审计行为能力,包括形式上独立和实质上独立。公正是指在第三者看来,作为鉴证方的审计人员应该不偏不倚,始终保持中立的态度。

2.合格胜任。合格是指合乎一定的标准。胜任是指在真实的工作环境中,个体可以完成既定职责工作的实际能力。合格胜任是绩效审计工作成败的决定性因素,也是有效开展绩效审计工作的重要原则。

3.机动灵活。机动灵活是指各项工作不应该机械化和流程化,它特别强调个体的想象力和创造力。在绩效审计工作中,机动灵活主要体现在审计任务的安排、审计标准的选用、审计技术的应用,以及审计报告方式的选择等方面。

4.廉洁奉公。廉洁是指清正廉明、品行端正。奉公是指奉公行事、不徇私。在绩效审计工作中,廉洁奉公要求审计人员为人贞洁、品行端正、清廉、守正。

5.勤勉负责。勤勉是指努力不懈、勤劳不懈、勤勉好学。负责是指担负起应有的责任。勤勉负责它要求绩效审计人员对待业务工作应该精益求精、耐心细致,并保持高度的责任心。

6.严格保密。保密是指在执业过程中,审计人员对已知悉的商业秘密以及国家机密(包括重大违纪线索),需要恪守保密性原则。除了特殊情形(如法庭作证和专业复核)外,审计人员不得对外违规发布或透露任何重要信息。

7.职业谨慎。职业谨慎是指在执业过程中,审计人员应保持必要的职业关注(due care)态度。对于高风险审计项目,审计人员应事前进行科学的分析和判断,注重审计技术方法的创新,并努力规避审计风险。

8.遵纪守法。遵纪守法要求绩效审计人员在执业过程中应严格遵守国家法律和职业道德守则,努力保持良好的守法、守德形象。

9.终生学习。终生学习是指个体的学习活动是一生中连续不断的过程,它要求绩效审计人员应在整个职业生涯中努力追求事业的不断发展,保持旺盛的斗志,不断提高自身的专业能力,以满足高标准政府绩效审计工作的要求。

思考题

1.政府绩效审计的目标要素有哪些?
2.西方国家政府绩效审计的产生与发展经历了哪些发展阶段?
3.中国政府绩效审计的产生与发展经历了哪些发展阶段?
4.政府绩效审计有哪些重要功能?
5.政府绩效审计有哪些重要方法?
6.政府绩效审计的程序有哪些?
7.政府绩效审计人员能力框架的构建模式有哪些?
8.请问政府绩效审计人员应该掌握哪些专业知识?
9.请问政府绩效审计人员应该具备哪些专业技能?
10.你认为作为一名合格的政府绩效审计人员,其专业品质有哪些?

第十五章

现代国家治理理念下我国国家审计职能变革

新制度经济学派的代表人物诺思认为,国家是一种政治组织,是强制性的制度安排,国家的存在对于经济增长是必不可少的,但国家又是人为的经济衰退的根源。新制度经济学揭示了国家作为一种制度性安排对社会经济可能产生的双重效应,只有当经济组织和政治组织的报酬递增相一致时,制度变革才会促进经济增长。新制度经济学派通过产权理论和交易成本理论来评价制度的效率,认为如果产权能够得到清晰的界定,那么市场就能够通过交易实现利益的协调。然而,在缺乏明确界定的产权的情况下,当事人之间的交易谈判要么无法进行,要么是由于交易成本过高而无法承受。道格拉斯·C.诺思(1994)在《经济史中的结构与变迁》一书中指出:如果预期的净收益超过预期的成本,一项制度安排就会被创新。只有当这一条件得到满足时,我们才可望发现在一个社会内改变现有制度和产权结构的企图。因此,国家审计职能的变革必须最终有助于交易成本的降低。在国家治理框架下,国家审计主要从规范治理主体行为、提供治理主体信息交流以及促进国家治理自我完善和创新等三个方面发挥作用。

第一节　国家治理理念下我国国家审计发挥国家治理功能的现实困境

国家审计机关作为国家民主制度的重要支柱,在促进公共部门绩效、强化良好治理、提升政府透明度和强化政府责任等方面发挥着关键作用,Pollitt(2003)认为政府审计扮演的角色是复杂的,但至少应发挥四种作用:(1)作为公共会计师,提供旨在改进公共组织受托责任和透明度的报告;(2)作为管理顾问,帮助公共组织自我改进;(3)作为一个科学或研究性组织,创造、发现或区分关于公共组织和项目运作的新知识;(4)作为裁决者,对公共组织的行为合法性做出判断。

一、我国行政型的国家审计体制制约了国家审计功能的有效发挥

自新中国成立以后,我国审计体制沿用的是苏联的行政模式,这种体制在 80 年代审计制度建立之初、国家经济秩序混乱的计划经济时代,对加强经济监管、强化审计监督发挥了积极作用。我国《宪法》和《审计法》规定我国国务院下设审计署,在国务院总理领导下开展工作,国家审计机关实行双重领导体制,地方审计机关对本级人民政府和上一级审计机关负责并报告工作,审计业务以上级审计机关领导为主。行政型国家审计体制的弊端主要表现在两个方面:

(一)独立性比较差

众所周知,独立性是审计的灵魂,审计如果丧失了独立性,也就失去了客观性和公正性。世界审计组织在《2011—2016 战略规划》中强调:独立且专业的最高审计机关才能保证责任制、透明度和良好治理的实施,保证合理利用公共资金,有效打击腐败,要支持最高审计机关的机构能力建设,提供组织上和财务上的独立性。我国中央一级审计机关是国家审计署,属于国务院的内设机构,从机构设置上更像政府部门的内审机构,在履行对中央政府其他部门的监督和评价时显得独立性和权威性不够。我国地方审计机关履行审计监督职责所需的经费是由地方预算安排的,虽然我国从 2015 年开始探索实行地方审计机关垂直管理,并在江苏、山东、浙江、云南、湖北和湖南六个省份率先开展试点,但在具体实施过程中仍然还存在诸多问题,目前尚未在全国推广,在人员编制、人事任免等方面地方政府依然有很强的话语权,这就严重影响了审计机关的独立性。按照现有法律法规的规定,我国审计机关对于审计查出的问题、违法违纪案件处罚手段较弱,很多需要移交司法、纪检部门处理,审计处罚缺乏威慑力,形成了审计年年查但是问题年年有的现象,国家审计的高层次、独立性监督难以有效发挥。

(二)实行双重领导体制,审计工作的开展会受到地方政府的掣肘

尽管按照现行《审计法》等法律法规的规定,我国地方审计机关接受本级人民政府和上一级审计机关"双重"领导,但本级政府的领导"权力"明显大于上一级审计机关。而且我国实行的是一级政府一级财政的体制,财政体制实行"分税制",分灶吃饭,地方审计机关很多工作要为地方经济、社会发展服务。由此可见,行政型的国家审计模式严重制约了我国国家审计参与国家治理作用的发挥。

二、现有政府审计机关的能力制约了国家审计参与国家治理功能的发挥

审计监督是一项专业性很强的工作,对于审计人员的专业知识水平和专业技能要求较高。我国现阶段审计监督人员无论是在人员数量、思想素质、职业道德方面,还是在知识结构、审计理念、业务能力等方面均存在诸多的不足,限制了国家审计更好地发挥国家治理的作用。随着国家治理理念的推行,审计机关在国家治理中所扮演的角色越来越重要,所承担的任务也越来越广泛,审计任务也越来越重。这对审计人员的数量、知识结构和能力等方面均提出了较高的要求。而我国现有审计机关的工作人员,大多数习惯于传

统的合法、合规审计以及效益审计,而对国家宏观经济政策、权力运行过程及结果的评判方面缺乏相应的工作经验和能力。尤其是在大数据、互联网时代,社会经济的发展模式已经发生了翻天覆地的变化,新技术、新技能不断涌现,人工智能已是大势所趋,这对国家审计机关的工作人员都提出了新的挑战,需要审计人员转变传统工作模式,转变思想观念和提升自己的相关专业能力,努力实现审计与大数据、互联网的深度融合。

美国国家审计署在提升审计机关服务质量方面采取的举措是:一是保证服务的效率、效果和质量;二是建立多元化和包容性的工作环境;三是促进专业网络和协作的发展;四是完善制度管理和资源管理。

三、审计结果公告制度需要进一步完善

国家审计机关实行审计结果公告制度是发达国家的通行做法,我国经过多年的实践探索,各级审计机关也都把审计结果公告作为一项常规的工作,逐步推行和完善审计结果公告制度,但和发达国家相比尚有一定的差距。

我国是在 1996 年颁布的《国家审计基本准则》中首次提出将政府预算执行情况和其他财政收支的审计结果报告对社会公告,当年审计署还颁布了《审计机关通报和公布审计结果的规定》,进一步对我国审计结果公告进行了细化。1997 颁布的《中华人民共和国审计法实施条例》界定了可以向社会公布审计结果的审计事项的范围。2001 年审计署颁布的《审计机关公布审计结果准则》又进一步对审计结果公告的相关事项进行了细化。在此基础上,审计署于 2002 年颁布了《审计署审计结果公告试行办法》,对审计结果公告的形式、内容、程序等做出了相关规定。至此,我国审计公告制度的相关法律规范初步形成,为审计结果公告制度的依法、依规开展提供了法律保障。然而,仔细梳理我国审计结果公告相关法律规范的具体条文,发现存在以下两个方面的问题:

一是审计结果公告相关法律规范不完善。目前我国审计结果公告制度缺少法律上的硬约束,出于保密的考虑对审计结果有选择性的公告,在审计结果公告的程序、范围、内容等方面缺乏明确的法律规范,公开与保密之间的界限不明确,导致审计结果公告不彻底。我国《审计法》第三十六条规定:"审计机关可以向政府有关部门通报或向社会公布审计结果。"这样的表述就给了审计机关在审计结果公告的责任和义务方面很大的自由裁量权,审计结果公告在法律层面上缺乏刚性的约束。如 2002 年审计署的《审计结果公告试行办法》中规定:"涉及重要的任期经济责任审计的审计结果需要公告的,应在报送组织、人事部门并征得被审计的领导干部本人同意后,才能公告"。而且,在相关法律规范中,也没有对信息的密级做出具体的规定,从而导致审计机关在实际执行中难以把握公开和保密的界限,也为审计机关选择性的公布审计结果提供了空间。

二是审计结果公告信息缺乏与纪检、检查、司法、财政、税务、征信等相关部门的沟通,缺乏有效的信息共享平台,导致审计结果信息的利用不充分,再加上后续跟踪审计及处罚措施弱化,使得审计结果公告的威力大打折扣。

四、国有企业、行政事业单位内部控制需要进一步加强

安然事件以后,美国于 2002 年 7 月颁布了《萨班斯-奥克利法案》,其中第 404 条款中要求所有上市企业必须在限定时间内提交一份详尽的财务报表内控报告。404 条款被认为是《萨班斯法案》所有条款中最严厉、最昂贵的条款。该条款要求每个公司都要将公司任何一个岗位的职务、职责描述得一目了然,而这项工作需要大量材料和文件支持。同时,为了达到 404 条款的要求,上市公司要保证在对交易进行财务记录的每一个环节都有相应的内部控制制度(例如产品销售的条件、记录付款的时间和人员等)。此外,还要指出内部控制的缺陷所在。为了适应这一变化,我国于 2006 年 11 月 8 日由企业内部控制标准委员会发布了《企业内部控制规范——基本规范》和 17 个具体规范的征求意见稿。2008 年 6 月 28 日,财政部、证监会、审计署、银监会、保监会联合发布了我国首部《企业内部控制基本规范》,并规定 2009 年 7 月 1 日起首先在上市公司范围内实施。为了进一步提升行政事业单位内部控制水平,我国财政部于 2012 年 11 月 29 日发布了《行政事业单位内部控制规范(试行)》,并于 2014 年 1 月 1 日开始实施。

虽然我国针对企业、行政事业单位均颁布了相关的内部控制规范,但内部控制的建设是个长期的过程,我国目前尚处于起步阶段。英国著名的历史学家阿诺德·汤因比说过:"一个国家乃至一个民族,其衰亡是从内部开始的,外部力量不过是其衰亡前的最后一击。"一个单位、组织的存亡亦然。我国国有企业、行政事业单位每年在审计中被发现的违法、违规现象,绝大多数都是由于内部控制建设不完善,或者执行不到位。从我国审计署每年公布的审计发现的违规金额可以看出,我国国有企业、行政事业单位的内部控制制度建设还亟待加强。现阶段我国国有企业、行政事业单位内部控制存在的主要问题集中体现在以下几个方面:

(一)单位负责人对内部控制的重要性认识不足

有的单位主要领导重视事业开拓、发展,忽视内部控制的建设,认为内部控制在有些方面会束手束脚,影响事业发展的进度,对内部控制建设存在着错误认识,重视程度不够。甚至有很多单位领导人凌驾于内控制度之上,认为内部控制是约束一般员工的,领导层不必遵守,造成内部控制制度失效。

(二)内部控制制度规范不完善

由于对内部控制制度建设的重视程度不够,特别是单位主要领导的认识存在误区,导致国有企业、行政事业单位的内部控制在制度规范方面普遍存在缺陷。目前,国有上市公司的内部控制规范由于监管比较严格,并且需要经过注册会计师事务所的审计,相对比较规范。而大量的国有非上市公司以及行政、事业单位,由于缺乏严格的制度约束和社会公众的外部监督,在内部控制规范建设方面普遍比较滞后。普遍存在以下几个方面的问题:

1.内部控制规范不能涵盖所有业务活动,存在着盲区,导致很多业务活动发生时无章可循。

2.内部控制规范设计不科学,权责划分不合理,导致有些岗位权力过于集中,权责不匹配,缺少必要的权力制衡机制。

3.内部控制执行不到位,存在着内部控制流于形式的现象,有些单位花了大力气请专业的机构为本单位设计了内部控制规范,但仅仅是为了上级监管的需要,实际工作中没有严格按照内部控制规范的要求执行,内部控制规范流于形式,导致违法、违规的问题年年存在。

4.监管部门的监督不到位,国有企业、行政事业单位的内部控制长期弱化,监管部门的监督不到位是其中的一个重要原因。长期以来,我国的审计、纪检等外部监督部门由于人手有限,不能做到每年均覆盖到所监督范围的所有单位,很多时候都是根据举报线索去查问题,因人、因事而查,缺乏每年常规性的监督举措。据有关资料显示,有些省份的审计部门只能做到平均每五年覆盖到所有的监督对象,有些单位被审计部门审查到的时限甚至超过 5 年。从而导致很多国有企业、行政事业单位在内部控制执行过程中观念意识不强,内部控制失效。

第二节 现代国家治理理念下国家审计职能变革的基本原则

国家治理的变革属于政治改革的范畴,国家审计作为国家治理体系的一个子系统,其职能变革应围绕着国家治理变革的总目标,应有利于服务和推动国家治理的变革。因此,我国国家审计职能变革应在国家治理这个大背景下立足我国国情,综合权衡政治、经济、社会等各方面因素,统筹兼顾各方面利益关系,稳步推进国家审计制度变革。具体说来,应注重做好以下几个方面:

一、要有利于实现国家治理目标

我国国家治理是中国特色社会主义制度基础上的国家治理,它不同于西方三权分立的治理模式,是我国在长期的实践探索中摸索出来的一种适合我国国情的国家治理模式。习近平总书记指出:一个国家选择什么样的治理体系,是由这个国家的历史传承、文化传统、经济社会发展水平决定的,是由这个国家的人民决定的。我国是发展中国家,幅员辽阔、民族众多,地区经济发展不平衡,地区间存在着宗教、文化等方面的差异,发展基础各不相同。国家治理的目标是实现国家治理体系和治理能力现代化,而国家治理能力现代化的一个重要标志是公权力运行的规范化和制度化。在国家治理体系中,政府治理占主导地位,我国从中央到地方共分为五级政府,由于存在着多层级的政府治理,治理链条过长,难免存在治理措施不恰当、治理信息传递效率较低的现象,甚至出现偏误。具体体现在两个方面:一是国家统一制定的宏观经济政策不适宜不同地区的经济发展;二是国家宏观政策落实不到位。而国家审计的主要职责之一是保障国家宏观经济政策制订的科学、合理,通过审计监督促进宏观经济政策的落实,以保障社会经济发展目标的实现。这就要求国家审计要注重发挥其咨询功能,在国家宏观经济政策制定过程中积极的献计献策,依据审计机关所掌握的宏观经济方面的数据和信息,为国家宏观经济政策的制定提供决策依据,以防止政策制定的偏误。对于拟实施的国家经济政策,国家审计机关要促进其落实,以保障经济社会发展目标的实现。

同时,国家审计还应在促进国家治理主体多元化方面有所作为。我国国家治理是以政府、市场和社会为主体的国家治理模式,国家审计机关作为政府机关的一个组成部分,在提高自身治理能力现代化的同时,要积极地促进市场和社会力量壮大。由于市场和社会力量的发展需要一个公开、透明的社会环境和自由、平等的竞争机制,而市场、社会与政府之间由于存在着信息不对称,这就可能产生不公平竞争、权力寻租等问题,影响市场、社会力量的成长,降低国家治理的效率。因此,国家审计要通过对国家行政法规等政策的监督,解决市场竞争中的不公平问题,为市场创建一个公平的竞争环境。通过国家审计工作报告和审计结果公告制度,向社会公开审计结果,打造一个透明、公开的政府,解决公民社会和政府之间的信息不对称问题,促进社会力量的壮大,以更好地实现民主,为社会力量参与国家治理创造有利的环境。

二、要有利于分权和制衡

由于世界各国的政体不同,国家审计的设置和权力配置也采取不同的形式,国家审计在国家治理体系中地位和作用也各不相同。但不管是立法、司法、行政还是独立型的国家审计模式,其目的都是通过国家审计权的设置,在国家政治权力配置中发挥分权和制衡的效用,发挥国家审计所特有的监督和评价功能,最终促进国家治理目标的实现。分权理论认为国家的权力不能全部或部分地集中在同一个人或同一个机关的手里,要将权力分散于不同的机构和部门,相互牵制。从国家审计制度的起源和发展演变过程来看,国家审计监督权就具有明显的分权制衡和审计监督的色彩。创设审计监督权的最重要目的就是通过国家审计监督的分权模式,保障政府公共权力行使的客观性和公正性。审计法第五条规定:"审计机关依照法律规定独立行使审计监督权,不受其他行政机关、社会团体和个人的干涉。"从《审计法》的有关条款可以看出,我国国家审计机关拥有独立的监督权。2013年11月12日,中国共产党第十八届中央委员会第三次全体会议通过的《中共中央关于全面深化改革若干重大问题的决定》第三十五条提到:"加强和改进对主要领导干部行使权力的制约和监督,加强行政监察和审计监督。"

公权力实现分权和制衡是实现政治民主、国家法治和市场自由的重要保障。从中国改革开放40多年的进程可以看出,我国的改革是政府主导下的制度性变迁,政府在整个改革的过程中既是主导者又是被改革的对象,是一种自发的制度变革,制度的变革主要包括经济、政治和社会领域三个方面。由于政府主导的改革的初衷是对政府自身权力的自我约束和规范,而不是由于市场和社会力量壮大以后的外部推动,因此,在很多领域的改革是不彻底的,改革会出现反复,甚至导致改革在局部领域面临困境。而随着我国市场经济的不断发展,市场力量逐步壮大,客观上对政府简政放权产生倒逼机制。而公民民主和法治意识的增强,社会组织的不断成熟,客观上也要求政府为社会力量提供发展的空间。我国十八届三中全会提出的国家治理现代化的理念,正是在这一大的背景下,党中央高瞻远瞩适时提出的。政府公权力约束的关键是从源头上设计好权力的配置及运行系统,科学地进行公权力的配置,让每个治理主体所拥有的权力与其所承担的责任、掌控的公共资源相匹配,不同治理主体之间既有分工又相互制约,并要建立相应的问责机制。

三、要有利于促进民主与法治

民主与法治是现代国家治理的核心理念。从现代国家审计的产生看,现代国家审计的产生是基于社会公众对民主制度的需求。在古代专制体制下,国家权力集于君主一人之手,谈不上任何的民主,国家审计主要代替君王对下级官吏的经济责任加以监督,对君主负责。而在民主政治中,一切权力属于民众是首要条件和根本要求,几乎在所有具有宪法的国家中,其宪法都用不同的语言和方式明确无误地规定了主权在民的原则。国家治理的民主化要求国家治理的一切制度安排都要从根本上体现人民的意志,保障人民当家做主。法治是实现民主的基本保障,国家治理要体现法治原则,法治要求法律要成为国家治理的最高权威,良好的国家治理的重要标准就是行政权力的运用必须符合法律规定,政府行政权力要在法律的框架内行使,政府要依法行政。具体说来有以下两个方面:

(一)民主的理念要求国家审计必须代表公共利益

国家审计的职责就是界定政府对使用公共资源应有的责任和权力,监督政府管理者依法、高效、诚信、公正地履行职责。国家审计通过对政府行政权力的监督,约束政府权力的行使边界,防止行政权力超越法律的边界而被滥用,保证政府行为的公开、透明。同时通过审计活动,将政府的隐蔽活动公开化,向立法机构及社会公众报告各种公共资源和政府权力是否得到依法、合理地使用,政府提供的各种服务是否高效、经济、诚信、公平。随着民主的发展,人们不仅要求政府资金的使用要合法,而且要做到符合经济性、效率性和效果性等方面的要求,同时还要考虑社会分配公平以及环境等方面的因素,于是产生了绩效审计、环境审计、社会责任审计等方面的内容。由此可见,民主越进步,人民对政府承担的职责要求越高,国家审计的范围和内容也越广泛。而最能体现国家审计监督民主导向的一个重要内容就是预算监督的民主化,通过政府预算编制、执行和决算过程的公开,以及预、决算审计结果的公开,实现民主参与和民主监督,从而促进国家治理的民主化,维护社会公众利益,实现政府治理与市场治理、社会治理的互动。

(二)法治的理念要求必须依法施行国家审计监督

法治是以民主为前提的,法治的含义就是法律在最高的、终极意义上具有规制和裁决人们行为的力量,不论是个人还是代表公益的政府都必须受法律的约束。古希腊思想家亚里士多德在《政治学》中对法治做了两个方面的界定:一是已成立的法律获得普遍的服从;二是大家所服从的法律又应该本身是制定良好的法律。普遍地遵守良好的法律是法治的理想状态。虽然在不同时代、不同社会有不同的标准,但是每个时代、每个社会要做到法治,就必须把制定良好的法律作为法治的首要目标。也就是说一个国家要先有良法,才有良法之治。良法应是为了实现社会公共利益,而不是体现个人或少数利益集团的意志。

国家审计促进国家治理的法治化,实质上就是通过对治理活动合法性的监督,促进国家的一切治理活动在法律的框架内开展,整个社会活动在法律的约束下有序开展,不存任何人和任何机构凌驾于法律之上。现代国家审计是一种自下而上的监督,即向广大选民或纳税人负责,代表"民"对"官"的监督。国家审计法治化的一个显著标志是国家审计从对权力的依赖转向以法律作为依据。国家通过法律来限制和控制权力的范围,划定权力的来源、结构、范围及行使原则,规定行使权力的合法形式,限制政府的自由裁量权,防止权力被滥用。在法治之下,国家审计监督权以及国家审计制度的创建、运作和发展应当由法律来规定,而且应当从宪法的高度来体现监督权的地位。法治还体现在国家审计机关在履行审计监督职责时应严格遵守与审计监督行为相关的法律规定。也就是说,国家审计主体在行使国家审计监督权的过程中,必须按照法律规定的正当程序,包括方式方法、步骤程序、时间要求和其他程序性规定,不得超越法律规定的职权范围。具体说来,国家审计可以通过两个途径促进法治建设的提升:一是通过对政府部门财政、财务收支情况的审计,揭露不严格执行法律的行为,查处违法违规行为,推进法律法规的贯彻执行。二是通过发现法律法规制度的缺陷,法律执行中的不足,及时将信息反馈给相关部门,推进法制化的建设和完善。

四、要有利于实现社会公平

社会公平是指在一定的生产力发展水平下,通过一系列的制度安排使各种利益关系相互协调。社会公平首先是制度本身要公平,制度设计要以公平的价值理念作为依据,制度的内容要体现权利公平、机会公平、规则公平以及分配公平四个方面。作为专业的监督机构,国家审计监督既是政治领域对权力的监督,又是经济领域对公共资源的监督。因此,国家审计可以从两个层面上促进实现社会公平:

1.政治层面上的公平。主要表现在政府在制度安排上要以实现社会公众利益最大化为目标,兼顾不同利益群体的需求,尤其是涉及民生、社会保障方面的制度安排,要体现出公平、正义的原则。国家审计机关可以在政策制定过程中向政府决策机构提供咨询和建议,在政策的执行过程中给予必要的监督,以保证政府公共政策的制定和执行符合公开、公平的原则。对政策执行过程中没有坚持公平原则的,要坚决的实行问责制度。

2.经济层面上的公平。主要表现在每个社会成员在获取社会资源上的权利平等、机会平等、规则平等和分配公平。社会资源分配的目标是公平和效率,市场机制是讲究效率的,因此,实现公平的目标就落在了政府身上。政府通过社会资源的初次分配和再分配,调节不同群体之间的收入差距,实现社会财富分配的公平。具体来说,政府通过税收的手段从社会上集中一部分财富,征税过程本身就体现出一个税负公平原则。政府以税收形式征收上来的财政收入,通过公共预算支出的形式实现社会财富的再分配,预算支出的安排应以满足公共利益为目的,主要用于公共福利、公共教育、卫生、社会保障等领域,通过预算收入的再分配调节不同社会成员之间的收入差距。

国家审计作为专业的监督机构,应从公平的原则出发,监督国家税收征收政策的设计是否合理,监督通过国家税收集中上来的社会财富的二次分配是否优先安排到教育、医疗、住房、保险等关系到民生的领域,转移支付是否考虑到不同地区之间的差异等问题,通过对公共财政收支的监督,确保包括弱势群体在内的所有民众享受公平的待遇。因此,现代国家治理理念下的国家审计职能变革应将维护社会的公平、正义作为根本原则,最大限度地保护社会公众的利益 。

第三节　我国国家审计职能变革的路径选择

一、改革国家审计在国家治理中的制度安排

理论上分析,国家审计在国家治理体系中的地位决定着国家审计的职能及作用的发挥。因此,为了更好地发挥国家审计的治理功能,必须改革我国国家审计的制度安排。如前文所述,我国现行的行政型政府审计体制肩负着双重职能:一是代表"人大"对政府的监督,即国家审计的职能;二是政府内部的不同层级之间的监督,即政府内部审计的职能。然而,随着新《预算法》的颁布和实施,"人大"对预算各环节的监督职责更加明确,新《预算法》对各级"人大"在预算、决算审查中如何利用审计机关的结果作了具体规定,突出了"人大"对预算的监督作用,而现有的"人大"内部的财经委员会虽然也有预算审查的职责,但受人员和专业力量的限制,无法胜任新《预算法》对预算监督的要求,尽快设立一个隶属于"人大"的专门的国家审计监督机构势在必行。因此,随着新《预算法》的颁布和实施,社会公众越来越希望有一支专业的独立于政府行政权力之外的监督队伍履行对国家预算的审查和监督职能,实现国家审计监督由行政型向立法型模式的转变。

我国可以考虑学习美国的经验,将现有的国家审计机构一分为二,其中一部分隶属于全国人大,类似于美国审计总署,主要担负起对政府的外部监督的职责,以审查公共预算和公共受托责任的落实为主要职责;另一部分隶属于政府,类似于美国的监察长办公室,主要扮演内部审计的角色,对政府内部各层级的合法、合规及绩效进行审计监督。近些年已经有专家、学者提出了我国国家审计实行"双轨制"的改革思路,也就是在保留现有政府审计体系不变的情况下,分流一部分工作人员隶属于人大,把国家预算的审计监督权交还给交给"人大",在"人大"体系里重新设立专门审查国家预算的国家审计机构,人、财、物都独立于政府之外归"人大"管理,成为真正意义上的履行委托人对受托人监督职责的国家审计机关。

二、加强国家审计机关与其他监督机构的协同机制

由于我国国家审计机关是行政型监督,存在着监督手段的局限性、信息资源获取的有限性等方面的缺陷。从系统论的角度分析,国家审计在完善国家治理的过程中不应只关注其内部管理制度、质量控制、领导关系等问题,还应注重加强与其他监督机构的协同与合作,只有与其他监督机构相互协调和配合,才能实现信息共享,工作成果相互利用,各监督机构形成合力,共同促进国家治理这个大系统有效地运转,提高国家审计监督的效率和效果。我国国家治理系统中的其他监督形式主要有以下几种:

(一)立法监督

立法监督是指立法机关对各级行政机关是否依法履行职责实施的监督。我国的立法机构是全国人民代表大会,拥有制订法律的权力。立法机关在国家治理中的监督作用主要体现在两个方面:一是通过制订法律为国家治理提供行为依据。在不违背宪法的前提下,可以根据国民经济和社会发展的需要,有针对性地制定相关的法律,为依法治国提供法律依据。二是通过监督法律的实施实现对国家治理过程的监督。目前我国"人大"对政府行政权力的监督方式主要有:(1)听取和审议政府工作报告;(2)审查和批准国民经济和社会发展规划;(3)审查政府财政预、决算及执行情况的报告;(4)对政府主要领导人提出质询和询问;(5)对政府工作开展执法检查。

(二)司法监督

一般来说,司法监督是与立法监督和行政监督相对应的概念,通常指国家审判机关将法律适用于纠纷或者案件的过程。在我国,司法监督主要是指人民检察院和人民法院的监督。

(三)纪检、监察监督

纪检监督指的是中国共产党纪律检查委员会的监督,是一种党内监督机构,各级纪委是监督的主体,监督的客体是各级党组织和中共党员。监察监督是一种行政监察,是各级政府内部设立的监督机构,各级监察机关是监督的主体,监督的客体是各级国家机关、公务员和国家机关聘用的其他工作人员。由于我国纪检、监察机构合署办公,监督的客体有时同时具备党员干部和公务员双重身份,因此,二者通常不能截然分开。

(四)新闻媒体监督

新闻媒体包括广播电视、报纸、网络媒体、新闻出版物等多种形式。在国家政治生活中,媒体监督发挥着举足轻重的作用。在西方,记者被称为无冕之王,新闻工作者是社会公平正义的维护者,新闻从业者的职业道德被看作是社会的良心。尤其是互联网时代,网络传播的实时性和广泛性,为新闻媒体监督提供了一个更为广泛、快捷的平台,极大地扩展了新闻媒体监督的地域和时空。

(五)社会组织监督

社会组织监督主要是指行业协会、自治型组织和社会团体站在社会公众的角度对公权力的监督。现代民主社会的基础是广泛存在的多种形式的社会组织和多元化利益,社会组织可以发挥在公民个人和政府管理者之间的缓冲作用。西方发达国家的国家治理安排中,很重要的方面就是公权力要为社会组织的发展提供空间,通过社会组织把个体力量集合成集体力量,协调处理各种社会矛盾。社会组织对公权力的监督是另一种监督视角,更多的是站在行业、团体的监督,从维护本行业、团体的利益出发监督公权力的运用。

基于国家治理监督体系是个有机的整体,国家审计监督只有与其他监督形式有机的结合,才能形成合力,做到信息共享、优势互补。具体说来,国家审计机关应做好以下几个方面的工作:

1.建立信息交流平台,形成信息共享机制。国家审计机关应加强与其他权力机构及监督部门的合作与沟通,特别是应加强与"人大"监督、纪检监察监督、司法监督以及新闻媒体监督的协作,国家审计机关要在信息交流、问题查找、案件移送、审计结果公开等方面与上述机构建立广泛的合作关系。对于审计中发现的问题,情节严重的要及时移送司法机关,领导干部违纪的要一并通知纪检、监察部门。

2.建立任务合作机制。国家审计监督的内容可以和纪检、监察等部门的工作重心结合起来,形成国家审计监督与司法监督、纪检监察监督相结合的综合治理体系,将国家审计监督与案件查办、组织人事任免、行政问责相结合,从而加大国家审计监督的力度,实现国家审计监督效率的提升。

3.建立公众参与机制。国家审计应广泛地吸收新闻媒体和社会公众的参与,通过召开听证会及新闻发布会的形式,充分发挥社会监督的作用。

因此,国家审计要围绕着国家治理目标,形成一个以国家审计监督为主、其他国家治理主体包括公民和社会组织积极参与的网络治理结构,只有这样,才能形成多层次、多渠道、多主体的资源共享,最大限度地发挥国家审计的效力。

三、转变审计理念,提高国家审计机关的审计能力

国家治理体系现代化和治理能力现代化是相辅相成的,有了设计良好的国家治理体系,如果参与国家治理人员的能力没有与之相匹配,那么国家治理体系作用的发挥就要大打折扣。反之,国家治理人员的能力很强,但是缺乏一个设计良好的治理体系,那么治理能力的发挥也会受到影响。因此,国家治理体系和治理能力现代化是一个有机的整体。

审计能力是国家审计机关履行职责、实现国家治理目标的关键。国家审计机关能力建设是个系统工程,需要进行顶层设计,科学制定战略规划,从审计能力、方法、技术、审计管理及外部协调等方面进行规范,形成长效机制,以适应国家审计不断变化的内外部需求。世界审计组织也非常重视各国国家审计机关的能力建设,早在 2006 年,世界审计组织专门成立了能力建设委员会,通过培训、技术援助、咨询及顾问服务、同业复查等方式帮助各国最高审计机关加强能力建设。国外很多国家最高审计机关也非常重视审计能力建设,将审计能力建设作为其有效履行职责的重要因素,并将审计机关能力建设写入了审计战略规划。2007 年世界审计组织发布了由英国审计署开发的《最高审计机关能力建设指南》,以帮助世界各国最高审计机关加强审计能力建设,更好地履行法定职责。指南主要包括两部分内容:一是介绍审计能力建设的战略管理流程,包括战略分析、战略制定、战略实施三个环节。主要是指审计机关围绕其所处的客观环境,正确认识自身的优势与劣势,客观评估自身的运行状况,准确把握能力建设方面需要解决补足的短板,制定正确的审计机关能力建设的战略规划并有效实施。二是审计能力建设框架,主要涵盖了职业胜任能力、业务管理能力以及与外部利益相关者的协调能力三个方面。其中职业胜任能力建设主要包括以下内容:(1)充分考虑财务审计和绩效审计的不同特点,开发适当的审计方法,并与国际公共部门审计准则相一致;(2)开发适用的审计指南或手册;(3)改进人力资源计划管理;(4)制定审计质量框架,以开展有效的内部质量控制;(5)实施人力资源培训战略。

要提升国家审计服务国家治理的效率,实现国家治理能力现代化,提高国家审计人员的素质是至关重要的。拥有一支高素质的专业队伍,有利于提升国家审计机关自身的专业水准和治理水平,更有效地发挥国家审计的治理功能。审计人员是国家审计工作的具

体执行者和操作者,在整个审计过程中居主导地位,其素质高低直接影响到审计质量。因此,全面提高审计人员素质,提升国家审计机关的治理能力,实现国家治理能力现代化具有重要的意义。审计工作涉及面广,要对被审计单位的所有经济活动进行评价,并覆盖所有职能部门,从最高决策层到基层员工,这就要求审计人员要有很强的综合分析能力和判断能力,并且要不断地学习,经常性地接受业务培训,以适应不断变化的审计环境和新的审计事项。审计工作是一种主动性非常强的工作,要求审计人员有很强的敬业精神,保持职业责任感,工作中积极进取,具有扎实的专业知识和良好的职业操守。

提高国家审计人员的素质主要应从两个方面来进行:一是要注重提高审计人员的业务素质,加强审计业务培训,不断更新和补充与审计相关的各种知识,改善审计人员的知识结构,提高其业务水平,使审计人员能胜任各自的工作岗位,满足审计工作的要求;二是要加强对审计人员的职业道德教育,树立廉洁从政、恪尽职守、爱岗敬业、甘于奉献的精神,提高审计人员的职业道德水准,以确保审计质量,降低审计风险。从发达国家的实践经验看,国家审计机关自身素质和治理水平的提升是一个持续的过程,国家审计机关只有不断地提升自身的专业素养和治理水平,才能不断地提升自身的社会公信力,树立良好的国家审计形象,更好地为国家治理服务。

四、增强我国国家审计署在全球治理中的影响力

全球经济一体化和互联网时代的到来,使得世界各国在政治、经济、文化方面的合作与交流愈发广泛和深入,国家治理也突破了传统意义上的国与国之间的地理边界。随着中国经济的不断增长,尤其是改革开放以来我国综合国力的不断增强,我国对世界政治和经济的影响力逐年提升。面对全球化的挑战,中国积极参与全球治理,在国际事务中承担起了更多的责任,在应对全球金融危机、促进区域一体化发展和保护环境等方面发挥着重要作用。与此同时,国际社会也日益重视与中国建立稳定的战略合作关系,希望分享中国经济高速发展所带来的机遇。习近平总书记在第十八届中央政治局常委与中外记者见面会上强调:"中国需要更多地了解世界,世界也需要更多地了解中国。"面对世界的新格局,中国国家审计署理应在全球治理中提升其影响力。

早在1982年,我国审计署尚处于筹建阶段就加入了世界审计组织。1983年审计署成立初期,主要以学习国际上的先进经验为主,接受国际审计组织的援助和培训。随着我国国家审计工作的深入开展,各项工作流程、规章制度逐步规范化,工作人员的业务素质也得到了显著提升,逐步做到与其他国家审计组织平等地对话与交流。进入21世纪,中国综合国力进一步提升,我国国家审计署在国际事务中也承担起了更多的责任和义务。我国审计署在2007年作为亚洲代表担任世界审计组织理事会成员,标志着中国审计走向世界取得了重大的突破。同年,我国审计署审计长通过竞选成为联合国审计委员会委员。目前,我国已经与世界上150多个国家和地区的最高审计机关建立了合作关系。2013年10月,最高审计机关国际组织第21届大会在北京召开,我国审计署提出的"国家审计与国家治理"成为大会的议题之一,我国审计署审计长在此次会议上当选为该组织主席。

我国国家审计三十多年的发展历程表明,中国有意愿积极地融入国际事务中,担当起

大国的责任。面对全球治理的新挑战,我国审计署应当更加积极地参与国际审计组织的各项事务,用一种开放的胸怀和世界各国审计机关进行广泛的合作与交流,在全球治理中发挥更加重要的作用。

五、建立健全相关法律体系

国家审计是依法审计,有关法律、规范的健全和完善,不仅可以规范国家审计行为,还可以明确国家审计人员的法律责任,增强国家审计机关及其工作人员的法律意识和法律观念,使其充分认识到审计失职所要承担的法律责任和法律后果。从世界各国国家审计的发展过程可以看出,凡是国家审计机关成熟度比较高的国家,其国家审计方面的相关法律和规范也是制定得比较完善的。

我国在 1982 年《中华人民共和国宪法》(以下简称《宪法》)中确立了国家审计监督制度,随后《宪法》经多次修改,但国家审计监督制度的内容一直没有变动逐渐被延续下来。1983 年我国审计署依据《宪法》的规定成立,标志着我国国家审计制度的正式恢复。为了进一步推动国家审计工作的开展,1985 年国务院颁布了《国务院关于审计工作的暂行规定》,这是新中国成立后的第一部审计行政法规。1988 年国务院颁布了《中华人民共和国审计条例》,1994 年第八届全国人大审议通过了《中华人民共和国审计法》(以下简称《审计法》),标志着我国第一部《审计法》的诞生。为了配合《审计法》的实施,1995 年颁布了《中央预算执行情况审计监督暂行办法》,1997 年 10 月国务院颁布了《审计法实施条例》并于颁布之日起施行。为了适应我国国家治理的需要,2006 年全国人大通过了修正后的《审计法》并于 2006 年 6 月 1 日实施。除了上述和国家审计领域直接相关的法规,我国在其他领域的法规中也都对国家审计作了相关的规定,如《预算法》《税收征管法》《海关法》等。尤其是 2015 年新《预算法》的颁布和实施,对国家审计的影响极为重大。

为了适应国家治理的需求,近些年来我国立法机关逐步加快了相关领域的立法步骤,自《宪法》确立国家审计制度以来,我国颁布了一系列的相关法律、法规以及部门规章。但是,和发达国家相比,我们的审计法律、法规仍然很不完善,还没有形成一套成熟、完备的法规体系,国家审计准则的建设也不完备,存在着很多缺陷。比如我国目前法律体系中对官员廉政、财产公开方面尚没有相关的立法。审计相关法律、法规体系的不健全已成为制约我国国家审计工作开展的一个重要因素。理论上说,完善审计相关法规体系主要有两条途径:一是通过制度创新,制定新法规。随着国家审计参与国家治理理念的逐步深入,国家审计的职能已经突破了传统审计监督领域,审计职能得到了极大的拓展:已经从以经济领域监督为重点向政治领域的监督拓展;从微观经济领域监督为主向宏观经济领域的监督拓展;从一国领域内的监督向全球治理拓展。国家审计功能的拓展势必要求国家要在相关领域立法,要从法律上明确国家审计在国家治理中的地位及职责,其功能的拓展领域也要有相关的立法。二是对现有法规进行补充和完善。随着社会的发展,国内外政治、经济、环境等因素已经发生了深刻的变化,原有的法律、法规的相关规定已经不适合现实的需求,需要加以改进和完善。通过完善相关法律、法规,更好地保障国家审计服务国家治理,让国家审计工作真正做到有法可依、有章可循、依法审计。

六、完善审计结果公告制度,促进政府信息的公开、透明

审计结果公告制度即国家审计机关对审计事项的审计程序、内容、结果、举报方式等内容向社会公众进行公开,公开审计活动的过程和结果,主动接受社会监督的制度。审计结果公告制度是目前世界各国审计机关通行的做法,也是国家治理背景下我国国家审计的必然选择。实行审计结果公告制度有利于提高国家审计工作的透明度,让社会公众及时了解审计结果,更好地发挥社会监督的作用。具体说来,实行审计结果公告制度的作用主要体现在以下两个方面:

(一)有利于政府行政的公开、透明

从本质上说,国家审计同民间审计一样也是一种受托监督,政府信息的公开、透明是提高政府治理效率的重要手段,也是公民参与国家治理的基本条件。随着民主的进步,社会公众参与管理国家和社会事务的愿望逐步增强,公众希望获得公共事务决策的知情权,希望了解公共事务决策的全过程,希望通过对公共事务的关注和广泛参与实现国家治理效率的提升。

2001 年,IMF 推出了《财政透明度手册》(修订版),对政府财政透明度作了基本的规范,并明确了政府财政透明度的四项基本要求:(1)对政府作用和责任的澄清,涉及确定政府的结构和职能、政府内部的责任以及政府与经济中其他部门的关系;(2)公众获得信息的难易程度,强调在明确规定的时间公布全面财政信息的重要性;(3)预算编制执行和报告的公开,涉及提供关于预算程序信息的种类;(4)对真实性的独立保证,涉及数据的质量以及对财政信息进行独立检查的需要。财政透明要求政府公开其公共财政收支及其结果的信息,从而使社会公众能够及时、完整的了解政府公共财政收支情况,并对其结果做出评价。《财政透明度手册》要求国家审计机构应向立法机关和社会公众及时提供政府财政收支的真实信息,这实质上就是对国家审计结果公告提出了基本的要求。

把审计的结果公告于社会,不仅可以缓解社会公众与政府之间的代理冲突,解决信息不对称问题,还可以提高国家审计的透明度,增强信息的公开性,还人民群众以知情权,有助于通过民主监督来推动政府治理效率提升。而且,审计结果公告于社会,实质上是把整个国家审计工作置于全社会的监督之下,整个国家审计工作的程序,内容、结果都置于社会公众的监督之下,对国家审计工作本身是个很好的约束,有助于提高政府的透明度,促进国家审计质量的提升。国家审计的一个重要职责是评价和监督公共预算资金的使用,我国 2015 年实行的新《预算法》明确规定国家预算、预算调整、决算、预算执行情况等内容均要依法向社会公开。公共预算资金来自于全社会,政府有义务将公共预算资金的来源、使用过程及其效果向全社会公开,保证预算信息的公开和透明,而审计结果公告制度就是一个行之有效的方法。

审计结果公布之后可能会出现三种情况:一是社会公众怀疑有问题而在审计结果公告中并未体现,社会公众可能会对审计结果表示怀疑;二是国家审计发现的问题是否全部公开了,审计人员或审计机关有没有隐瞒发现的问题;三是审计公告的结果没发现问题,但是过了一段时间问题通过别的途径暴露出来了,社会公众就会对国家审计机关本身进

行问责。因此,随着国家政治文明的进步,国家审计工作的质量和结果越来越受到社会公众的关注,国家审计机关应进一步完善审计结果公告制度,要广泛地利用网络、新闻媒体等各种渠道将审计计划、审计过程及审计结果及时、准确、完整地向社会公布,提高社会公众对审计结果的关注度。通过多渠道、多角度的审计公告,为社会公众积极参与国家治理提供信息支持。

(二)实现对国家审计的再监督

谁来监督监督者一直是困扰审计界的一大难题。我国宪法规定国家的一切权力属于人民,人民通过人民代表大会行使国家权力,委托政府经营管理公共资源。从这个意义上讲,人民是国家审计的真正的委托人,国家审计要向人民负责,对人民报告工作。但是,在这种委托监督关系下,谁来监督监督者,也就是说如何对国家审计工作的结果实行再监督成为一个问题。假如再委派其他监督者对国家审计组织的行为进行再监督,必然陷入监督的逻辑怪圈,谁来监督再监督者。因此,长期以来,对国家审计组织自身的审计行为及其审计质量一直未能实现有效的再监督,更多地依赖审计组织的内部监督和审计人员的自律。

实行审计结果公告制度可以在一定程度上实现对国家审计的再监督。这种监督主要体现在三个方面:一是来自被审计单位的监督。通过审计结果公告制度,将对被审计单位的审计结果公告于社会,公告的内容表述的是否恰当、有没有不符合事实的地方,被审计单位会认真的监督。二是来自社会舆论的监督。审计结果公告后,社会公众会对国家审计结果做出一些评议,比如审计结果公告的质量如何,通过审计应该发现的问题发现了没有,对于发现的问题处理的是否恰当等。三是来自国家审计队伍内部的监督。审计结果公告后,国家审计机关内部也会进行相互比较,比较国家审计机关内部不同部门、不同机构、不同人员审计工作质量的高低。这种来自不同方面的对国家审计工作的再监督,对于提高国家审计工作质量有很大的促进作用。

我国审计署于 2002 年发布了《审计机关公布审计结果准则》《审计结果公共实行办法》等相关法规,2003 年开始推行审计结果公告制度。国家审计署在《2006 至 2010 年审计工作发展规划》中提出到 2010 年,除涉及国家秘密、商业秘密及其他不宜对外披露的内容外,所有审计和专项审计调查项目的结果,全部对社会公众公告,逐步健全科学规范的审计结果公告制度。这些规章制度的出台,体现了我国国家审计结果公告制度已经变得越来越完善。

2015 年我国实行新的《预算法》,新《预算法》要求国家预算资金实行全口径预算,所有公共财政资金统一纳入预算管理,不再有预算外资金,从法律层面上明确了国家审计的监督范围。新《预算法》对预算信息公开作了详细的规定,除了涉及国家机密的内容以外,所有预算内容都要公开,包括各级政府预算和部门预算,并对预算公开的时限做了法定要求。而原《预算法》由于未对预算公开做出明确的规定,致使各地预算公开的做法不一,公开的范围、内容、详略程度都有区别,普遍存在着公开内容没有细化、公众无法知晓公共资金使用的详细情况、难以实现对公共预算的民主监督等问题。按照法定程序,各级预算在公布之前都要经过国家审计机关的审计,如果参照民间审计的做法,各级预算在公布时都应同时公布国家审计机关的审计报告,这也意味着国家审计结果公告的内容和时限在法律上也进一步得到了明确。随着新《预算法》的颁布和实施,对审计结果公告的内容、程序、时间等方面提出了更高的要求,有利于我国国家审计结果公告制度向法制化、规范化方向进一步迈进。

(三)完善我国国家审计结果公告制度的举措

1.通过立法的形式明确国家审计结果公告的程序和范围

国家治理是以民主和法治为基础的,国家审计结果公告制度作为一种制度安排理应步入法制化的轨道。虽然我国已经颁布了若干国家审计结果公告制度的规章制度,但和发达国家相比还有一定差距。要尽快通过立法的形式规范国家审计结果公告活动,使得国家审计结果公告实现程序化、制度化,公告内容全面化、系统化,为审计结果公告做到"公开为原则,不公开为例外"提供切实的法律保障,除涉及国家秘密、商业秘密、个人隐私以及公开后可能危及国家安全、公共安全、经济安全和社会稳定的信息外,依法依规全面公告审计结果。应尽快修订和完善《政府信息公开条例》,并能通过人大对《政府信息法》予以立法。我们欣喜地看到实施了9年的《中华人民共和国政府信息公开条例》近期迎来修订,2017年6月6日由国务院办公厅、法制办公室起草的《政府信息公开条例(修订草案征求意见稿)》正式发布,该"修订草案"对政府信息公开放宽范围,明确了各级政府信息公开的职责和标准。做到政府信息以主动公开为主,以公民申请公开为辅,并对危害国家安全、公共安全、经济安全和社会稳定的几类可不予公开的政府信息进行了细化,力求为国家治理能力提升提供制度保障。根据《国务院2017年立法工作计划》的安排,《政府信息公开条例》的修订属于全面深化改革急需的优先立法项目。国家审计署理应依据修订后的《政府信息公开条例》进一步补充和完善国家审计结果公告制度的相关规章、制度,并在时机成熟的时候通过全国人大以立法的形式制定《审计结果公告法》,以使审计结果公告制度化、规范化和法制化,使审计结果公告制度由政府承诺变为法定职责,由原来的软约束变为硬约束。审计结果公告的范围、内容由模糊变得清晰,为建立一个公正、透明、廉洁、高效的现代国家治理环境创造良好的氛围。

2.完善审计结果公告的风险控制机制

国家审计结果公告的法制化要求审计结果在能公开的前提下要全部对社会公众公开,扩大了审计结果公告的范围和内容,有利于信息的公开、透明。原来只是审计机关内部的单项监督,现在社会公众可以依法对审计结果公告的程序,范围、内容等方面进行监督,实现了审计结果公告的双向监督,但同时也给国家审计机关带来很大的挑战。由于现代国家审计采用的是风险导向审计理念,审计过程中包含着很多的职业判断,审计方法是对内部控制评价基础上的抽样审计,审计风险是客观存在的,将审计结果公之于众,实质上是把国家审计质量置于社会公众的监督之下,如果审计结论不恰当,审计过程中有不符合法律程序的行为,势必会带来法律风险。因此,国家审计机关应进一步完善审计风险控制机制,加强审计质量的监督与控制,积极研究和分析国家审计风险产生的原因,主动寻求防范国家审计风险的对策。

3.将国家审计结果公告信息纳入政府信息共享平台

审计机关作为国家治理的一个子系统,有责任和义务将审计信息与国家的其他相关部门共享,以便产生协同效应,形成合力。审计发现的线索和问题既可以为其他诸如组织、纪检、检察、税务等部门提供发现问题的方向,又可以为其他部门提供佐证材料。比如对领导干部的经济责任审计、离任审计等信息可以为组织、纪检、检察等部门对干部的管理和监督提供帮助,而对国有企业经济效益的审计也可以为税务部门纳税稽查提供有用的信息。国家审计的结果向社会公开,一方面将审计结果传递给社会公众,将审计工作置于社会公众、媒体的监督之下,另一方面社会各界知晓审计结果后也可以及时进行信息反馈。因此,审计机关应开设多渠道、专门的信息反馈通道,及时收集和处理社会各界对审计结果公告的反馈意见和建议,对于反应的问题应及时处理,反馈的建议应积极地采纳、吸收,并适时地应用到今后国家审计的各个流程,以不断提高国家审计参与国家治理的效率和效果。

通过信息共享平台,让不同部门的监督者能够在同一时间和空间上做到信息实时共享,有利于部门之间的资源整合,打破部门之间的条块分割,部门之间形成合力,有利于实现多角度、综合的监督效果。并且,国家审计结果公告之后,对于审计查出的问题需要进行整改,整改主要注重两个方面的工作:一是注重落实主体责任,加强对干部问责的力度;二是注重长效机制建设,避免屡查屡犯的现象发生。而要真正地将整改工作落实到位,与组织、纪检、检察、税务等部门的配合是分不开的,需要多部门联动,综合治理才能起到良好的效果。

七、完善国家审计问责制度

问责制是民主政治的一个重要组成部分,是政治民主化和法治化的产物。建设一个高效、廉洁的责任政府是现代民主国家的必然诉求,也是当代中国国家治理变革的首要目标。问责机制是实现责任政府的一个重要手段,也是国家治理体系的一个重要组成部分。英国《牛津简明英语词典》(第九版)对"问责(accountable)"的解释是"在法律或道义上应负责任的,被要求对其行为负责任的","问责"一词包含"追究责任和承担责任"的含义。问责制实际上是一种责任追究制度,它涉及问责的主体和客体两个方面。按照公共受托责任理论,政府承担的公共受托责任来自于社会公众的委托,因此,公共领域的问责主体是社会公众,问责客体是政府,而代表社会公众对政府进行问责的专业机构就是国家审计机关。一般来说,政府公务人员应该承担的责任主要包括政治责任、法律责任和道德责任三类。福斯勒和科特(邓木佳,2010)在对政府承担的责任的定义中提到政府责任包括两方面的含义:一是负责,表现为忠实地遵守法律,遵守上级的命令和经济与效率的标准;二是道德的行为,坚守道德的标准,避免出现不符合伦理道德的行为。Etzioni(1975)认为政府运作过程中,可以从机关法制架构、公务员行为准则以及政治上的分权制衡来赋予问责明确的内涵。

审计问责机制可以发挥威慑作用,通过对本审计单位及相关责任人的处罚,可以起到一种心理威慑作用,避免后续再发生类似的问题。按照舞弊三角理论,舞弊的产生要具备三个要素:压力、机会和自我合理化。三个要素同时具备,才可能产生舞弊。在面临压力、获得机会后,真正形成舞弊还有最后一个要素——借口(自我合理化),即舞弊者必须找到某个理由,使其舞弊行为与其本人的道德观念、行为准则相吻合,也就是说舞弊者必须要从心理上说服自己,找到一个貌似合理的理由,无论这一理由本身是否真正合理。审计问责通过对想要舞弊者自我合理化因素的影响,改变其舞弊决策,从而杜绝违法、违规现象的发生。

审计问责制是国家治理体系中监督系统的一个分支,是国家审计在国家治理中发挥监督与制衡作用的体现。有效的国家治理需要问责机制,没有问责就会导致审计监督的权威性下降,影响审计监督的效果。1958年最高审计机关国际组织(INTOSAI)第一届大会通过的决议指出:"要保证最高审计机关能采取必要的经济手段以完成赋予他们的任务。"这里的"必要的经济手段"就是指的国家审计的问责手段之一。因此,完善审计问责制度是完善国家治理体系的重要内容之一。我国2004年3月颁布的《全面推进依法行政实施纲要》中明确提出了针对政府公务人员的决策责任追究制度和行政复议责任追究制度。2005年4月通过的《中华人民共和国公务员法》将行政问责进一步法制化和规范化。2007年4月国务院颁布了《行政机关公务员处分条例》,该条例中对公务员处分的种类、程序和适用权限均做出了明确的规定。

八、完善公共部门内部控制制度

(一)内部控制对国家审计的促进作用

政府内部控制是为了保证政府(机构或组织)有效履行公共受托责任,杜绝舞弊、浪费、滥用职权、管理不当等行为而建立的控制流程、机制与制度体系(王光远,2009)。内部控制是组织实现目标的基础,内部控制制度好,说明组织的各项活动能够有序地开展,组织的运转效率高。加拿大的安德逊认为,内部控制包含组织管理部门设置的全部协调系统和组织计划,以使组织尽可能有条不紊和高效率地进行业务活动,保证达到管理目标。内部控制强调以预防和控制为主,防患于未然,通过制度和程序控制来提高管理的效率和效果,防止舞弊和错误的发生。最高审计机关国际组织在2004年颁布的《公共部门内部控制准则指南》中指出:公共部门内部控制是公共部门管理层和员工为合理保证单位履行使命、实现总体目标而应对风险的过程。政府部门的内部控制一方面可以通过对某些行为的限制或者许可,协调组织成员之间的行为,防止机会主义和任意行为的出现;另一方面可以有效地解决或者缓解委托代理问题,降低代理成本,提高政府治理效率。

1.内部控制的发展历程

(1)内部牵制阶段。内部牵制的思想古已有之,其核心思想是不相容职务相互分离,实物牵制、机械牵制、制度牵制、簿记牵制等做法均体现了内部牵制的思想。内部牵制思想是基于两个假设:一是两个人或两个以上的人或部门无意识地犯同样错误的机会是很小的;二是两个或两个以上的人或部门有意识地合伙舞弊的可能性大大低于单独一个人或部门舞弊的可能性。

(2)内部控制制度阶段。20世纪40年代开始,随着企业规模的扩大,对内部控制的要求也越来越高,有关内部控制的研究走上了规范化之路,发达国家相继出台了一系列的内部控制规范制度。

(3)内部控制结构阶段。随着会计、审计界对内部控制研究的不断深化,内部控制理论也不断升华。1988年美国注册会计师协会(AICPA)发布了《审计准则公告第55号》(SAS55),取代了1973年发布的《审计准则公告第1号》,该公告首次以"内部控制结构"取代了"内部控制"。

(4)内部控制整体框架阶段。1992年,美国COSO委员会颁布的《内部控制——整体框架》提出了内部控制整体框架思想,后续又做了进一步的补充和完善,COSO报告世界上最早发布的权威性内部控制整体框架。1999年,GAO发布了全新的、基于风险导向和业绩导向的《联邦政府内部控制准则》,在框架和内容上大部分借鉴了COSO框架的成果。安然事件后,美国出台了《萨班斯—奥克利法案》,该法案的404条款要求上市公司管理层需要建立和维持充分的与财务报告相关的内部控制,并评估公司与财务报告相关的内部控制有效性。美国证券交易委员针对第404条款所制定的"最终条例"明确表示CO-SO内部控制框架可以作为评估企业内部控制的标准。

2.内部控制在提升国家审计治理效果方面的作用

(1)健全、有效的内部控制有助于提升国家审计的效率和效果。从审计的发展史可以看出,传统的账项基础审计发展到制度基础审计最后演变为现代风险导向审计,都和内部控制的发展密不可分。随着社会经济的发展,被审计单位的规模日益扩大,一定时期内经济业务的内容繁多,要在较短的时间内对每一笔业务做到详细审计是做不到的,而且也会耗费大量的人力物力,不符合成本效益原则。现代审计是以抽样审计为主,是在对内部控制评价基础上的抽样审计,没有内部控制理论的发展,就没有现代抽样审计。而国家审计在人力资源有限的情况下,同样采用的是抽样审计的方式,内部控制的好坏不仅影响政府部门的效率,也直接影响到国家审计的效果。因此,国家审计机关希望政府部门加强内部控制制度建设,从技术上保证国家审计的效率和效果。

(2)健全、有效的内部控制可以降低审计人员风险。现代审计是建立在对被审计单位内部控制评价基础上的抽样审计,现代审计风险模型中审计风险是由重大错报风险和检查风险构成的,其中认定层次的重大错报风险是由固有风险和内部控制风险组成的。在期望的审计风险水平一定的前提下,重大错报风险和可以接受的检查风险之间成反比关系,同理可以推出内部控制风险与可以接受的检查风险也成反比关系。也就是说一个单位的内部控制越好,说明单位各个方面比较自律、规范,审计人员的审计风险相对较小。反之,内部控制薄弱,说明单位各方面管理比较混乱,存在错误或者舞弊的可能性比较大,审计人员发表不恰当审计结论的可能性也会增加。

(二)我国公共部门内部控制完善的途径

目前,加强政府部门的内部控制建设已经成为世界各国加强国家治理的重要手段之一。与发达国家相比,我国尚处于起步阶段。我国财政部于2012年5月颁布了《行政事业单位内部控制规范(试行)》并于2014年1月开始施行。今后我国要进一步规范和完善行政事业单位内部控制,具体要做好以下几个方面的工作:

1.改善控制环境

控制环境是整个内部控制的基础,决定了内部控制的效果。借鉴COSO报告有关内部控制环境组成要素的规定,我们认为国家审计机关的内部控制环境主要包括以下内容:(1)诚信和道德价值观念;(2)胜任能力;(3)管理者的理念;(4)组织结构及权责的划分;

(5)人力资源政策;(6)组织文化。

　　一个组织的内部控制是全员参与的,领导者的理念、员工的素质、组织文化、组织内部治理结构等因素都是构成控制环境的重要组成部分,而政府领导者又在内部控制中发挥着重要的作用,政府部门内部控制建设的好坏,很大程度上取决于领导者的理念和能力。因此,首先,应通过加强教育,提升政府公务人员的道德理念和价值观,尤其是政府领导者的综合素养和思想观念,让领导者真正从根本上认识到内部控制建设的重要性,形成良好的组织文化氛围,实现内部控制建设的全员参与,促使组织的每个成员都注重自身业务素养和综合能力的提升。只有这样,才能为实现将"权力关进笼子里"这一目标打下坚实的基础。其次,构建科学合理的组织架构。组织架构包括治理结构、内部机构设置和权责分配等内容,审计机关要对治理结构、内部机构设置、职责权限、人员编制、工作程序等内容做出科学、合理的制度设计,明确内部决策机构、执行机构以及监督机构三者之间的权责分配及运行方式。再次,要注重加强组织文化建设,提倡团队意识,注重人力资源建设。

　　2.注重风险评估

　　风险评估是政府内部控制的重要环节,风险评估要求对政府部门可能存在的风险要有预见性,评估风险发生的概率,包括内部风险和外部风险,定量确定部门的风险水平,并提前做好应对策略。2004年,最高审计机关国际组织充分吸收了 COSO 发布的《企业风险管理——合框架》,在风险管理理论基础上,结合公共部门管理特点,在《公共部门内部控制准则指南》中特别增加了风险评估方面的内容。

　　政府部门所面临的环境是复杂的,服务的对象是多样的,再加上公权力使用时具有很大的自由裁量权,这就有可能导致政府公权力使用过当或者政府不作为等问题的发生。公权力使用过当,会侵占市场和社会力量发展的空间,降低整个社会的资源配置效率,还容易产生权力寻租问题。政府不作为,意味着应该政府承担的公共受托责任政府没有尽到责任,该政府提供的公共产品和服务没有提供,应该政府尽到的监管职责没有做到,同样会损害社会公众的利益。因此,政府部门应综合识别管理风险,对风险的重要性程度、风险发生的可能性都要做出准确的预判,并对可能发生的风险准备好应对策略。风险评估应贯穿政府活动的全过程,包括决策、执行和监督等环节。

　　3.完善控制活动

　　控制活动是根据风险评估的结果所采取的总体应对策略和具体防范措施。控制活动包括授权批准、预算控制、复核、职责分离、会计记录、资产控制等措施。控制活动有助于部门的指令得到恰当的执行,降低组织风险,有效地保证机构战略目标的实现。2013年COSO 内部控制整合框架指出,组织应开展适当的控制活动以将风险降到可以接受的水平。审计机关可以通过组织内部治理结构的重新调整,重构权力和责任体系,设计合理的内部业务流程,建立内部的分权和制衡机制,保证国家审计机关有序地运转。

　　4.加强信息交流与沟通

　　国家审计机关的信息与沟通是和控制活动密切相关的。为使控制活动更加有效,必须与执行控制活动的相关人员明确沟通一些决策有用的信息,比如:控制活动的职责、部门之间如何相互配合等信息。决策有用的信息被记录下来,并被及时传递给决策者及其他信息使用者,这样才能保证组织的高效、有序的运转,最终实现组织的战略目标。这种信息的沟通与交流不仅包括审计机关组织内部,也包括审计机关与外部组织的信息沟通与交流。因此,应当在国家审计机关建立包括纵向、横向的信息沟通机制,让决策有用的信息能够及时地上传下达,内、外部信息得到充分的交流,以利于审计机关做出正确的判断和决策。

5.完善内部控制监督机制

监督是对内部控制的控制措施,是审计机关内部控制实施过程中的必要环节,是内部控制有效实施的重要保障。通过监督,对内部控制设计和运行的健全性、有效性做出评价,并将监督中发现的问题及时反馈给决策部门,以便对内部控制做出及时的调整,防止错误和舞弊的发生。一个良好的内部控制是离不开监督的,只有通过有效的内部监督,才能保障各项控制措施和控制活动落实到位,保证组织实现预期的目标。国家审计机关应专门制定内部控制的监督制度,明确包括内部审计在内的相关监督机构的职责和权限,规范内部监督的程序、内容和方法。对在监督检查中发现的违反内部控制规定的行为,要及时通报相关信息,属于制度设计缺陷的要及时地弥补,属于人员执行不到位的要严肃追究相关人员的责任,切实维护制度的权威性和执行的严肃性。

内部控制五要素中,控制环境是基础,它直接决定着其他四要素运行的好坏。风险评估是采取控制活动的依据,任何组织在运行的过程中由于受到内外部环境的影响都会存在着各种各样的风险,风险评估就是要找出那些影响组织目标实现的不利因素,并对其可能产生的不利影响进行定性或者定量的分析,便于组织采取相应的应对策略。控制活动是在风险评估的基础上进行的,但控制活动的开展需要在有效的监督之下进行。信息与沟通支持着整个内部控制活动的信息传递与交流,这一要素不断地与其他要素之间进行信息的搜集、传递和交流,对各环节反馈回来的信息及时地加工和处理,保证信息质量。因为只有高质量的信息传递和沟通交流,才能保证整个内部控制的有序运转。持续的监督可以保证内部控制各个要素能够按照设计的架构有效地运转,并不断地发现问题,及时修正和完善内部控制制度。

🔲 思考题

1.简述我国行政事业单位内部控制规范的发展历程。

2.行政事业单位内部控制规范包含哪些要素?

3.什么是国家经济安全?国家经济安全的内涵主要包括哪些方面?

4.谈谈你对我国国家审计体制改革的思考。

参考文献

[1]阿克顿.自由与权力[M].侯健,范亚峰,译.商务印书馆,2001.

[2]埃莉诺·奥斯特罗姆.公共事务的治理之道:集体行动制度的演进[M].余逊达,陈旭东,译.上海三联书店,2000.

[3]安妮·克鲁格.寻租社会的政治经济学[M]美国经济评论,1974(6).

[4]保罗·萨缪尔森,威廉·诺德豪斯.经济学[M].华夏出版社,1999.

[5]蔡春、蔡利.国家审计理论研究的新发展[J].审计与经济研究,2012(3).

[6]蔡春,朱荣,蔡利.国家审计服务国家治理的理论分析与实现路径探讨[J].审计研究,2012(1).

[7]蔡春.审计理论结构研究[M].东北财经大学出版社,2001.

[8]陈国权.权力制约监督论[M].浙江大学出版社,2013.

[9]陈汉文.政府审计变革:一种假说[J].审计与理财,2003(4).

[10]陈俊,吴青川.政府职能转型背景下的国家审计治理功能[J].审计与经济研究,2009(1).

[11]陈太辉.我国国家审计职能的演化规律研究[J].审计研究,2008(5).

[12]陈天祥.新公共管理——政府再造的理论与实践[M].人民人学出版社,2007.

[13]陈孝.现代审计功能拓展研究——概念框架与经验证据[D].西南财经大学,2006.

[14]陈英姿.国家审计推动完善国家治理的作用研究[J].审计研究,2012(1).

[15]陈振明.政治学[M].中国社会科学出版社,2004.

[16]陈之涛.德国国家审计及其对我国的启示[J].财会通讯(综合版),2006(12).

[17]崔振龙.政府审计职责及其发展展望[J].审计研究,2004(1).

[18]崔振龙,潘博.全面深化改革背景下的审计策略研究[M].中国时代经济出版社,2014.

[19]大川.杨时展教授讲国家审计的本质问题[J].财会通讯,1985(4).

[20]戴维·奥斯本特德·盖布勒.改革政府:企业精神如何改革着公营部门[M].上海译文出版社,1996.

[21]丹尼尔·F.史普博.管制与市场[M].上海三联书店、上海人民出版社,1999.

[22]道格拉斯·C.诺斯.制度、制度变迁与经济绩效[M].刘守英,译.上海三联书店,1994.

[23]邓木佳.香港高官问责制研究[M].中国地质大学出版社,2010.

[24]刁永伟.我国国家审计制度存在的问题及对策[D].吉林大学,2010.

[25]董大胜.对审计法院体制的新认识[J].中国审计,2011(12).

[26]董延安.国家审计质量的影响因素及其路径分析——基于我国财政政务收支审计的视角[J].审计与经济研究,2008(1).

[27]段兴民,赵晓玲.国家审计"免疫系统"论引发的思考[J].审计与经济研究,2009(2).

[28]樊刚.市场机制与经济效率[M].上海三联书店、上海人民出版社,1995.

[29]方福前.公共选择理论:政治的经济学[M].中国人民大学出版社,2000.

[30]冯均科.国家审计新观念:国家审计是国家治理的工具[J].现代审计与经济,2011(6).

[31]冯均科.论国家审计的政治化倾向[J].经济问题,2003(1).

[32]冯均科.审计关系契约论[M].中国财政经济出版社,2004.

[33]冯均科.以问责政府为导向的国家审计制度研究[J].审计研究,2005(12).

[34]弗里德曼.自由选择[M].商务印书馆,1982.

[35]弗朗西斯·福山.信任:社会美德与创造经济繁荣[M].海南出版社,2001.

[36]弗朗西斯·福山.国家共建——21世界的国家治理与世界秩序[M].中国社会科学出版社,2007.

[37]格里·斯托克.作为理论的治理[M].载俞可平主编.治理与善治,社会科学出版社,2000.

[38]葛笑天.政府职能转变中的政府审计变革初探[J].审计研究,2005(12).

[39]桂建平.对权力的监督和制约与国家审计职能定位研究[J].审计研究,2004(4).

[40]郭道扬.政府审计的新理念[J].中国审计,2009(8).

[41]国际行动援助办公室编译.善治:以民众为中心的治理[M].知识产权出版社,2007.

[42]郭小聪.财政改革:国家治理转型的重点[J].人民论坛,2010(5).

[43]哈贝马斯.公共领域的结构转型[M].上海学林出版社,2004.

[44]哈耶克.法律、立法和自由[M].中国大百科全书出版社,2000.

[45]哈斯.曼德.穆罕默德.阿斯夫.善治:以民众为中心的治理[M].知识产权出版社,2007.

[46]韩乃志,王鸿.推进审计公开透明,有效服务国家治理[J].审计研究简报,2011(7).

[47]何力军.论政府审计质量外部监督体系的构建,[J].审计月刊,2007(10).

[48]胡贵安.国家审计权法律配置的模式选择[M].中国时代经济出版社,2012.

[49]胡伟.政治过程[M].浙江人民出版社,1998.

[50]黄京菁.独立审计目标及其实现机制研究[M].暨南大学出版社,2001.

[51]黄荣冰,王跃堂.我国省级审计机关审计质量控制的实证分析[J].会计研究,2010(6)

[52]江必新.国家治理现代化基本问题研究[J].中南大学学报(社会科学版),2014(3).

[53]康保锐.市场与国家之间的发展政策:公民社会组织的可能性与界限[M].人民大学出版社,2009.

[54]康芒斯.制度经济学[M].商务印书馆,1962.

[55]科斯等.财产权利与制度变迁——产权学派与新制度学派译文集[M].上海三联书店,1994.

[56]莱斯特·M.萨拉蒙,等.全球公民社会[M]贾西津,等译.社会科学文献出版社,2002.

[57]赖维尧.行政学入门[M].台湾空中大学出版社,1996.

[58]李凤雏,王永海,赵刘中.绩效审计在推动完善国家治理中的作用分析[J].审计研究,2012(3).

[59]李慧凤.对国家审计"委托—代理"关系及监督问题的思考[J].审计月刊,2005年第1期。

[60]李嘉明,刘永龙.国家审计服务国家治理的机制和作用比较[J].审计研究,2012年第6期。

[61]李建发.政府财务报告研究[M].厦门大学出版社,2006.

[62]李金华.中国审计25年回顾与展望[M].人民出版社,2008.

[63]李金华.国家审计是国家治理的工具[J].财经,2004(24)

[64]李金华.我国将推行审计结果公告制度[J].人民日报,2004(7).

[65]厉国威.基于契约观的现代国家审计本质[J].财会通讯,2012(11)

[66]厉国威.试论我国政府会计基础的选择[J].财会研究,2010(5).

[67]厉国威.西方国家开展政府绩效审计情况及对我国的启示[J].经济问题,2006(8).

[68]厉国威.审计结果公告制度下的国家审计风险[J].河北科技师范学院学报,2006(3).

[69]厉国威.关于政府绩效审计产生和发展基础的探讨[J].财会月刊,2005(12)

[70]厉国威.新公共管理背景下的政府绩效审计[J].山西财专学报,2005(5)

[71]厉国威.独立审计质量与政府管制[M].经济管理出版社,2014.

[72]刘恒等.政府信息公开制度[M].中国社会科学出版社,2004.

[73]刘家义.国家审计与国家治理[J].中国审计,2011.

[74]刘家义.审计要担当国家经济运行的"免疫系统"[J].中国青年报,2008(4).

[75]刘家义.世界主要国家审计制度的比较与思考[J].中国审计,2004(21).

[76]刘家义.在新的起点上开创审计工作科学发展的新局面[J].审计月刊,2011(9).

[77]刘家义.国家审计与国家治理——在中国审计学会第三次理事论坛上的讲话[J].审计情况通报,2011.

[78]刘家义.论国家治理与国家审计[J].中国社会科学,2012(6).

[79]刘力云.政府审计与政府责任机制[J].审计与经济研究,2005,20(4).

[80]刘笑霞,李建发.中国财政透明度研究[J].厦门大学学报(哲学社会科学版),2008
(6).

[81]廖洪.论我国政府审计实践中的几个关系问题[J].审计研究,2007(5).

[82]廖义刚,韩洪灵,陈汉文.政府审计之职能与特征:国家理论视角的解说[J].会计
研究,2008(2).

[83]林毅夫.再论制度、技术与中国农业发展[M].北京大学出版社,1999.

[84]刘博,金静,孙国平.基于国家治理的国家审计职能定位及实现路径[J].兰州商学
院学报,2014(3).

[85]路军伟,田五星.政府会计改革:驱动因素与变革效率——基于政治伦理,市场逻
辑与组织行为的视角[J].会计研究,2014(2).

[86]卢梭.社会契约论[M].商务印书馆,2008.

[87]卢现祥.寻租经济学导论[M].中国财政经济出版社,2000.

[88]罗飞.对财政运行内部控制的问题的探讨[J].财政监督,2003(10).

[89]罗斯·L.瓦茨,杰罗尔德·L.齐默尔曼.实证会计理论[M].陈少华,黄世忠,等
译.东北财经大学出版社,1999.

[90]马丽丽.美国审计总署(GAO)更名[J].国外审计动态,2004(9).

[91]马曙光.利益冲突与政府审计法律制度变迁[J].审计研究,2006(5).

[92]马曙光.政治制度、历史传统与中国政府审计体制选择[J].审计与经济研究,2006
(11).

[93]马昕,李泓泽.管制经济学[M].高等教育出版社,2004.

[94]毛寿龙.西方政府的治道变革[M].中国人民大学出版社,1998.

[95]孟德斯鸠.论法的精神[M].张雁深,译.商务印书馆,2007.

[96]南京审计学院课题组.论我国现代审计职能和作用[M]审计与经济研究,1997
(3)

[97]戚振东,吴清华.政府绩效审计:国际演进及启示[J].会计研究,2008(2).

[98]秦荣生.公共受托经济责任理论与我国政府审计改革[J].审计研究,2004(6).

[99]秦荣生.深化政府审计监督完善政府治理机制[J].审计研究,2007(1).

[100]青木昌彦.比较制度分析[M].上海远东出版社,2001.

[101]全球治理委员会.我们的全球之家[M].牛津大学出版社,1995.

[102]让-皮埃尔·戈丹.何谓治理[M].社会科学文献出版社,2010.

[103]山东省审计科研所.关于实现审计全覆盖的初步探讨[J].审计研究报告,2013
(14).

[104]尚虎平.从治理到政府治理绩效:数据挖掘视域下的政府治理绩效评估[J].辽宁
师范大学学报,2009(1).

[105]尚虎平.美国与中国公共部门绩效评估研究比较:基于《公共管理评论》与《中国
行政管理》2002-2007年数据[J].科研管理,2009(3).

[106]审计署科研所.美国政府审计准则(2003年修订版)[M].中国财政经济出版社,
2004.

[107]审计署审计科研所.审计署 2010 年度优秀审计论文和研究报告评选获奖文集[M].中国时代经济出版社,2011.

[108]石爱中.国家审计的政治思维[J].审计与经济研究,2003(6).

[109]石爱中.现代国家审计发展的真实动因[J].中国审计,2003(17).

[110]世界主要国家审计编写组.世界主要国家审计[M].中国大百科全书出版社,1996.

[111]史云贵.中国现代国家构建过程中的社会治理研究[M].上海人民出版社,2010.

[112]宋常,胡家俊.政府审计二十年来实践成果之路经研究[M]审计研究,2006(3).

[113]宋常,田莹莹,赵懿清.基于国家战略的国家审计与国家治理[J].中国审计,2011(12).

[114]宋夏云,陈一祯.国家审计在政府官员腐败治理中功能发挥的优化对策思考[J].管理世界,2016(7).

[115]宋夏云,马逸流,沈振宇.国家审计在地方政府性债务风险管理中的功能认知分析[J].审计研究,2016(1).

[116]宋夏云.我国政府绩效审计人员的能力框架研究[J].会计研究,2013(4).

[117]宋夏云.西方政府审计质量控制的经验及启示,[J].财务与会计,2010(9).

[118]宋夏云.国家审计目标的理论分析及调查证据[J].审计与经济研究,2007(6).

[119]宋夏云.浅析国家审计报告的信息特征[J].财务与会计,2007(13).

[120]宋夏云..国家审计目标及实现机制研究[D].上海财经大学,2006.

[121]隋学深,奚冬梅.国家审计与国家治理哲学关系辨析[J].审计月刊,2012(8).

[122]孙永军.国家审计推动完善国家治理的现实要求与路径研究[J].审计研究,2013(6).

[123]谭劲松,宋顺林.国家审计与国家治理:理论基础与实现路径[J].审计研究,201(2).

[124]唐皇凤.大国治理:中国国家治理的现实基础与主要困境[J].中共浙江省委党校学报,2005(6).

[125]王翊,李明.国家审计的国家治理功能——理论基础与现实困境[J].财会通讯,2014(16).

[126]王德升,阎金铎.试论审计的本质[J].经济理论与经济管理,1985(2).

[127]王芳,周红.政府审计质的衡量研究:基于程序观和结果观的检验[J].审计研究,2010(2).

[128]王刚.从治理走向秩序:经济转型中的市场治理研究[M].经济管理出版社,2010.

[129]王光远.中美政府内部控制发展回顾与评述[J].财会通讯,2009(12).

[130]王光远.受托责任会计观和受托责任审计观[J].财会月刊,2002(2).

[131]王昊.政府审计与国家治理体系[J].中国经济问题,2006(4).

[132]王华.基于政府治理的国家审计研究[D].西南财经大学.2009.

[133]王姝.国家审计如何更好地服务国家治理[J].审计研究,2012(6).

[134]王淑梅.国家审计质量与效果的研究[D].吉林大学,2008.

[135]王素梅,李兆东,陈艳娇.论政府审计与国家经济安全[J].中南财经政法大学学报,2009(1).

[136]文炳勋.行政控制、政治控制与公共预算——试论论我国公共预算改革[J].湖南师范大学社会学报,2007(3).

[137]文硕.世界审计史[M].企业管理出版社,1996.

[138]吴敬琏.建设一个公开、透明和可问责的服务型政府[J].财经,2003(12).

[139]吴秋生.政府审计职责研究[M].中国财政经济出版社,2007.

[140]吴联生.政府审计机构隶属关系评价模型——兼论我国政府审计机构隶属关系的改革[J].审计研究,2002(6).

[141]吴水澎,毕秀玲.论政府对企业监管的必要性、缺陷和效果[J].厦门大学学报(哲学社会科学版),2002(4).

[142]项贤国.国家审计推动国家治理的功能定位研究[J].中国内部审计,2015(5).

[143]萧英达,张继勋,刘志远,等.国际比较审计[M].立信会计出版社,2000.

[144]肖振东.关于审计本质的思考[J].审计月刊,2008(8).

[145]小约翰·科菲.市场失灵与强制披露制度的经济分析[J].经济社会体制比较,2002(1).

[146]谢识予.经济博弈论[M].复旦大学出版社,2002.

[147]邢俊芳,陈华,邹传华.最新国外绩效审计[M].中国审计出版社,2001.

[148]许宝强.对我国国家审计未来定位问题的探索[D].厦门大学,2005.

[149]徐湘林.中国的转型危机与国家治理:历史比较的视角[M],上海人民出版社,2011.

[150]徐湘林.转型危机与国家治理[M].上海人民出版社,2011.

[151]徐政旦,谢荣,朱荣恩.审计研究前沿[M].上海财经大学出版社,2002.

[152]亚里士多德.政治学[M].人民出版社,1965.

[153]亚当·斯密.国富论[M].华夏出版社,2006.

[154]杨时展.杨时展论文集[M].企业管理出版社,1997.

[155]杨时展.审计的发生和发展[J].财会通讯,1986(6).

[156]杨肃昌,李敬道.从政治学视角论国家审计是国家治理中的"免疫系统"[J].审计研究,2011(6).

[157]杨肃昌,肖泽忠.试论中国政府审计"双轨制"体制改革[J].审计与经济研究,2004(1).

[158]杨肃昌.国家审计理论属性的探索[J].审计与经济研究,2010(1).

[159]杨肃昌.审计监督的政治学思考[J].审计与经济研究,2008(2).

[160]杨肃昌.中国国家审计:问题与改革[M].中国财经出版社,2004.

[161]杨肃昌,肖泽忠.论宪法思想对审计制度的影响[J].审计研究,2004(1).

[162]杨志勇,等.公共经济学[M].清华大学出版社,2005.

[163]尹平,戚振东.国家治理视角下的中国政府审计特征研究[J].审计与经济研究,

2010(3).

[164]俞可平.推进国家治理体系和治理能力现代化[J].前线,2014(1).

[165]俞可平.治理与善治[M].社会科学文献出版社,2000.

[166]俞可平.中国地方政府创新[M].社会科学文献出版社,2002.

[167]俞可平.中国治理变迁30年(1978-2008)[J].吉林大学社会科学学报,2008(3).

[168]俞可平.国家治理评估:中国与世界[M].中央编译出版社,2009.

[169]郁建兴.治理与国家建构的张力[J].马克思主义与现实,2008(1).

[170]约瑟夫·E.斯蒂格利茨.政府为什么干预经济[M].郑秉文,译.中国物资出版社,1998.

[171]臧乃康.和谐社会政府治理职能的让渡与回归[J].理论探讨,2007(6).

[172]詹姆斯·N.罗西瑙.没有政府的治理[M].江西人民出版社,2001.

[173]张慧君.俄罗斯转型进程中的国家治理模式演进[M].经济管理出版社,2009.

[174]张金男.政府审计效能之研究——以台湾为例[D].暨南大学,2006.

[175]张军.国家审计与国家治理:美国的经验与启示[J].中央财经大学学报,2012(8).

[176]张立民,许钊.审计人员视角下的国家审计推动完善国家治理路径研究[J].审计研究,2014(1).

[177]张立民,张阳.国家审计的定位与中国政治民主建设——从对权力的制约和监督谈起[J].中山大学学报(社会科学版),2004(3).

[178]张立民,赵彩霞.论善治政府治理理念下政府审计职能的变革[J].中山大学学报,2009(2).

[179]张立民,聂新军.构建和谐社会下的政府审计结果公告制度——基于政府审计信息产权视角分析[J].审计研究,2006(2).

[180]张龙平."国家审计免疫系统论"的哲学内涵[J].中国审计,2008(7).

[181]张明杰.开放的政府[M].中国政法大学出版社,2003.

[182]张琦.公共受托责任、政府会计边界与政府财务报告的理论定位[J].会计研究,2007(12).

[183]张庆龙.走向良治的政府审计宪政建构研究[J].中央财经大学学报,2008(3).

[184]张庆龙,谢志华.论政府审计与国家经济安全[J].审计研究,2009(4).

[185]张庆龙.政府透明与国家审计结果公开[J].当代财经,2005(4).

[186]张庆龙,聂兴凯.政府部门内部控制研究述评与改革建议[J].会计研究,2011(6).

[187]张维迎.博弈论与信息经济学[M].三联书店,2001.

[188]张维迎.产权、政府与信誉[M].三联书店,2001.

[189]张文祥.论国家审计与宏观经济管理[D].安徽大学,2005.

[190]张文秀,郑石桥.国家治理、问责机制和国家审计[J].审计与经济研究,2012(6).

[191]赵保卿,谭先华,王巧荣.政府绩效审计供需均衡分析——基于公共产品供需均

衡视角[J].审计研究,2008(1).

　　[192]赵劲松.关于我国政府审计质量特征的一个分析框架[J].审计研究,2005(4).

　　[193]赵伟江.公共审计服务治理理念与政府审计机制创新[J].审计研究,2004(3).

　　[194]郑石桥.政府审计功能:理论框架和例证分析[J].会计之友,2015(13).

　　[195]曾寿喜,刘国常.国家审计的改革与发展[M].中国时代经济出版社,2007.

　　[196]植草益.微观规制经济学[M].中国发展出版社,1992.

　　[197]《中国特色社会主义审计理论研究》课题组.国家审计功能研究[J].审计研究,2013(5).

　　[198]朱尧平.中国国家审计发展趋势[J].审计与经济研究,2008(1).

　　[199]V.奥斯特罗姆,D.菲尼,H.皮希特.制度分析与发展的反思——问题与选择[J].王诚,等译.商务印书馆,1992.

　　[200]Asian Development Bank. Governance:Sound Development Management[R].1995.

　　[201]Asian Organization of Supreme AuditInstitutions.Statement of Guidelines on the Roleof Supreme AuditInstitutionsin Promoting Public Accountability[R].Tokyo,1985.

　　[202]Audit Commission. Corporate Governance:Improvementand Trustin Local Public Services[R].London:Audit Commission,2003.

　　[203]C G Watch.Corporate Governance in Emerging Market[R].Credit Lyonnais Securities Asia,2001.

　　[204]Chadwick F.Alger.Expanding Governmental Diversityin Global Governance:Parliamentarians of Statesand Local Governmental[J].Global Governance,2010.

　　[205]Commissionon Global Governance.Our Global Neighborhood:The Report of the Commissionon Global Governance[R].Oxford:Oxford University Press,1995.

　　[206]Walker M D.Enhancing Government Performance,Accountability and Foresight[R/OL].(2007-08-26).

　　[207]David F.Philosophy and Principles of Auditing:An Introduction[J].The British Accounting Peview,1989,21(2):200-202.

　　[208]David A D.Independence of StateAudit[J].International Journal of Government Auditing,1988(7).

　　[209]De Angelo.Auditor Sizeand Audit Quality[J].Journal of Accounting and Economics,1981(12).

　　[210]EtzioniE.Alternative Conception of Accountability:The Example of Health Administration[J].Public Administration Review,1975.

　　[211]Funnell W.Government by Fiat:The Retreatfrom Responsibility[M].Sydney:University of New South Wales Press,2001.

　　[212]GAO.Standards for Audit of Governmental Organizations:Programs,Activities and Functions[R].1988.

[213]GAO.Government Auditing Standards[R].2004.

[214]GAO.Government Auditing Standards[R].2011.

[215]Gary S.Chinese Governmentalities:Government,Governance and the Socialist Market Economy[J].Economy and Society,2006.

[216]Gerry S.Was Local Governance Sucha GoodIdea? A Global Comparative Perspective[J].Public Administration,2011.

[217]Goran H,Julius Court,Ken Mease.Government and Governance in 16 Developing Countries[C].World Governance Survey Discussion Paper,2003.

[218]HMTreasury.Corporate Governance in Central Government Department:Code of Good Practice[R].London,2011.

[219]James C.Comprehensive Auditing in Canada:Theory & Practice[J].Proeger, 1988.

[220]Kelly J.The Audit Commission:Guiding,Steering and Regulating Local Government[J].Public Administration,2003.

[221]Hewson M,Sinclair T J.Approaches to Global Governance Theory[M].New York:University of New York Press,1999.

[222]Malan.Performance Auditing in Local Government[R].Chicago:Government Finance Officers Association,1984.

[223]Mark S.When Accountability Fails:A Framework for Diagnosis and Action. Ottawa:IOG,2000.

[224]Mark H M,William H D,Stephen G,et al.Summit Report 2008:From Government to Governance:The Challenge of Managing Cross-Sectoral Partnerships[R]. President and Fellows of Harvard College,2009.

[225]Mautz R K,Sharaf H A.The Philosophy of Auditing[J].The Accounting Review,1962,37(3):599-600.

[226]Merilee S G.Good Enough Governance:Poverty Reduction and Reformin Developing Countries[J].Governance,2004.

[227]Vinten G.Managing the Audit Function:A Corporate Audit Department Procedures Guide[J].Managerial Auditing Journal,2003,18(9):772-773.

[228]OECD,Development Assistance Committee.Evaluation of Programmers,Promoting Participatory Development and Good Governance[R].1997.

[229]OECD,Development Assistance Committee.Orientations on Participatory Development and Good Governance[R].1993.

[230]Patton J.Accountability and Governmental Financial Reporting[J].Financial Accountability and Management,1992,8(3):165-180.

[231]Rhodes R.The New Governance:Governing without Government[J].Political Studies,1996.

[232]Rhodes R.Understanding Governance:Ten Years On[J].Organization Stud-

ies,2007(28):1.

[233]Robbie W R.The Mosaic of Governance:Creatinga Picture with Definitions, Theories,and Debates[J].The Policy Studies Journal,2011,29(S1).

[234]Rosenau J N.Towardan Ontology for Global Governance[M]//Approaches to Global Governance Theory. Hewson M, Sinclair T J. Albany, NY: State University of New York Press,1999.

[235]SEC.Final Rule:Strengthening the Commission's Requirements Regarding Auditor Independence[R].2003.

[236]Sharmain S.What Is the Role of the Internal Audit Functionin Establishing and Ensuring Effective Coordination among the Audit Committee of the Board of Directors,Executive Management,the Internal Auditors,and the External Auditors? [R].IIA Research Foundation,2005.

[237]Steve L.Local Government Reorganization:The Review and Its Aftermath [M].London:Frank Cass,1998.

[238]Stoker G.Transforming Local Governance[M].Basingstoke:Palgrave Macmillan,2004.

[239]The World Bank.Governance and Development[R].1992.

[240]The World Bank.Governance:The World Bank's Experience[R].1994.

[241]The World Bank.World Development Report 1997:The Stateina Changing World[R].Oxford University Press.

[242]The IIA.The IIA's Global Internal Audit Survey:A Component of the CBOK Study 2010 Bundle[R].2011.

[243]The Nether lands Ministry of Finance.Government Governance:Corporate Governance in the Public Sector,Why and How? [R].2000.

[244]Tie R.Concerns over Auditing Quality Complicate the Future of Accounting [J].Journal of Accountancy,1999.

[245]Watts R,Zimmerman J.The Markets for Independence and Independent Auditors[C].University of Rochester,1982.

[246]The World Bank.From Crisis to Sustainable Growth:A Long-Term Perspective Study[R].1989.